U0439553

本书为国家社科基金项目"中印发展伙伴关系及路径研究"
(项目批准号:15BGJ055)最终成果

中印发展伙伴关系及路径研究

PARTNERSHIP OF TWO NATIONS

随新民 著

中国社会科学出版社

图书在版编目（CIP）数据

中印发展伙伴关系及路径研究／随新民著． －－ 北京：
中国社会科学出版社，2024.11
ISBN 978 － 7 － 5227 － 3699 － 0

Ⅰ．①中… Ⅱ．①随… Ⅲ．①国际合作－研究－中国、
印度 Ⅳ．①D829.351

中国国家版本馆 CIP 数据核字（2024）第 110757 号

出 版 人	赵剑英
责任编辑	范晨星
责任校对	冯英爽
责任印制	李寡寡

出　　版	中国社会科学出版社
社　　址	北京鼓楼西大街甲 158 号
邮　　编	100720
网　　址	http://www.csspw.cn
发 行 部	010 － 84083685
门 市 部	010 － 84029450
经　　销	新华书店及其他书店
印　　刷	北京君升印刷有限公司
装　　订	廊坊市广阳区广增装订厂
版　　次	2024 年 11 月第 1 版
印　　次	2024 年 11 月第 1 次印刷
开　　本	710×1000　1/16
印　　张	23.25
字　　数	366 千字
定　　价	119.00 元

凡购买中国社会科学出版社图书，如有质量问题请与本社营销中心联系调换
电话：010 － 84083683
版权所有　侵权必究

目 录

绪　论 ··· (1)

导　论 ··· (13)
 一　缘何研究中印发展伙伴关系？ ································ (14)
 二　研究的主要内容 ·· (19)
 三　思路与方法 ·· (25)

第一章　中印发展伙伴关系理论适用：观念和应然路径 ········ (27)
 第一节　理性主义国际合作理论的演进 ·························· (27)
 第二节　从地缘政治/经济到政治经济交融：地缘政治
    经济学的启示 ·· (32)
 第三节　国际体系社会建构思想及对中印关系构建的启示 ······ (40)
 第四节　社会认知视野下的国家利益和国家形象 ··············· (45)
 第五节　中印构建发展伙伴关系的合理性与可行性 ············· (49)

第二章　国际体系动态均衡下中印地缘战略的恒变关系 ······· (52)
 第一节　动态均衡系统内中印关系演进的逻辑：相互关联
    命题 ·· (52)
 第二节　中印行为互动的价值取向——合作与竞争交织 ······· (56)
 第三节　基于地缘政治经济学双重属性的中印地缘战略的
    恒变逻辑 ·· (57)

第三章　印度的外交战略、对华政策及中印双边关系嬗变 ……（59）
　　第一节　印度对华认知的恒常性与政策的工具性 …………（59）
　　第二节　印度的世界观、外交理念与政策实践——恒与变 ……（61）
　　第三节　印度对华认知与对华政策的调整 …………………（65）
　　第四节　基于认知结构性调整的印度对华政策演变 …………（71）

第四章　中印发展伙伴关系与国家安全 …………………………（101）
　　第一节　冷战后全球"伙伴—伙伴关系"理念与实践 ………（102）
　　第二节　冷战后印度的伙伴外交政策与实践效用 ……………（106）
　　第三节　中国"伙伴—伙伴关系"理念与实践 ………………（108）
　　第四节　中印伙伴关系的内在逻辑与实践：从安全单维到
　　　　　　安全与发展并重 …………………………………（111）
　　第五节　强化区域次区域合作：舒缓安全困境与构建发展
　　　　　　伙伴关系的预期 …………………………………（115）

第五章　中印发展伙伴关系的内涵与建设进程 …………………（121）
　　第一节　"发展"概念的内涵 …………………………………（121）
　　第二节　中印发展伙伴关系建设原则 …………………………（124）
　　第三节　中印发展"伙伴—伙伴关系"的内涵 ………………（125）
　　第四节　中印两国合作伙伴关系的进程 ………………………（132）
　　第五节　中印战略合作伙伴关系建设中的制度性安排 ………（147）

第六章　中印构建更加紧密发展伙伴关系的路径 ………………（174）
　　第一节　双边经贸合作路径 …………………………………（174）
　　第二节　BRICS/SCO 机制路径 ………………………………（200）
　　第三节　"东盟+"模式下区域全面经济伙伴关系协定
　　　　　　（RCEP） …………………………………………（221）
　　第四节　次区域合作层面的孟中印缅经济走廊（BCIM）
　　　　　　路径 ………………………………………………（237）

第七章　路径依赖与中印发展伙伴关系建设策略 …………（261）
　　第一节　制度变迁的路径依赖及启示 ……………………（261）
　　第二节　路径依赖与中印发展伙伴关系建设的路径、策略
　　　　　　选择 ………………………………………………（267）
　　第三节　中印发展伙伴关系建设路径选择效用评估与优化
　　　　　　建议 ………………………………………………（271）
　　第四节　探索并审慎推进中印发展战略对接 ……………（279）

余论　关于中印发展伙伴关系建构的思考 ………………（290）

参考文献 …………………………………………………………（297）

附录　中印政府间重要文献及领导人重要讲话 ……………（304）

后　记 ……………………………………………………………（365）

绪　　论

20世纪70年代末中国的改革开放和90年代初印度以自由化、市场化和全球化为导向的经济改革，标志着占世界人口总量约1/3的两个最大发展中国家都把发展和实现民族复兴作为治国理政的第一要务，这是顺应和平发展时代潮流的战略抉择，也是两国实现国际合作、共同发展、合作安全、合作共赢的观念与利益基础。然而，中印两国在共享国家发展愿景和全球治理体系结构性改革目标的同时，又面临诸多难以回避的双边和体系层次的不确定性甚至挑战，这可能会制约两国合作与双边关系的健康发展。譬如，历史遗留的边界问题不定期地在两国边境实控线地区呈现出规模与烈度各异，但互动模式及结果相同或近似的常态性危机，由边界纠纷、安全认知差异和基于传统地缘政治思维而引致的两国间低水平战略互信甚至互信赤字，因发展阶段与产业发展结构差异而产生的双边贸易不平衡问题，国际体系结构性调整中的不确定性因素，等等。显然，传统大国均势逻辑和冷战集团对抗思维是无法有效应对这些问题的，所幸两国决策者的政治远识和大局观念、大国关系思维创新等使边界纠纷和上述问题或不确定性因素控制在不至于影响中印多领域、多层次的合作和双边关系的正常发展，但这些因素无疑不利于增进两国间的战略互信。中印两国关系定位表述从"（长期）睦邻友好关系"（1988—1996年）到"长期建设性合作伙伴关系"（2003年），再到"面向和平与繁荣的战略合作伙伴关系"（2005年），2014年9月习近平主席访印，中印两国依据国际情势与双边关系发展面临的新任务新挑战，将双边关系进一步明确为"构建更加紧密的发展伙伴关系"。中印对双边关系的目标定位是一个从笼统到指向和内涵都更加具体的过程，既反映出两国关系恢复正常化以来取得的成就，也彰显了和平发展与国际体系结构性调整对中印双边关系互动的客观要求。20世纪80年代末90年代初，中印关系恢复正常化时达成的共识——两国在通过和平协商寻求双方都能接受的边界问题解决办法的同时，积极发展其他方面的关系，努力创造有利于合情合理解决边界问题的气氛和条件——也一直是两国关系发展的指导性原则，增信释疑、相互安全、合作发展始终是中印关系进程的主旋律。两国合作领域不断拓展，合作层次持续深化，边界问题谈判及边境实控线（LAC）地区的局势管控机制也不断优化，无疑也构成了中印两国构建更加紧密发展伙伴关系的物质和观念基础。

为了进一步夯实两国面向和平与繁荣的战略合作伙伴关系，作为两大发展目标相通并具高契合度的发展中国家和新兴经济体，中印两国在中国国家主席习近平2014年9月访印时决定：两国各自发展进程相互促进，优势互补，构建更加紧密的发展伙伴关系；把发展伙伴关系作为两国战略合作伙伴关系的核心内容。这预示着中印关系步入一个新阶段，在机遇和不确定性甚至挑战并存的当下，中印两国缘何以及如何能够抓住机遇、克服不确定性甚至挑战引致的负面影响而构建更加紧密的发展伙伴关系？换言之，依据传统地缘政治和均势逻辑，中印两大邻国不可能成为战略合作伙伴，竞争与冲突应是中印关系的常态。面对国际体系的深刻调整，中印两国能否超越"强邻对抗"逻辑而选择合作？双方应该秉持什么样的大国关系理念和政策思路才能克服或舒缓国际关系传统思维的羁绊而构筑起更加紧密的发展伙伴关系？有哪些具体措施和路径能够助力中印两个崛起中的发展中国家实现各自的发展目标？在共同筑梦的创新实践中，中印两国应如何审慎选择合作发展路径、实现合作共赢？这些正是本研究要探索解决的问题，中印发展伙伴关系及其建构逻辑和路径则是本项目研究的核心议题。

就中印构建更加紧密的发展伙伴关系的理论合理性与实践可行性而论，理论合理性源于：一是地缘政治经济学的客观性和可塑性双重属性使全球化时代地理因素及其观念对于世界政治经济系统运行和体系结构性调整依然极端重要，基于此，国际体系动态均衡下中印两国地缘战略间恒变关系逻辑外显为竞争性合作表征，即合作与竞争交织，合力推进两国关系进程；二是社会认知视野下国家利益的构成性而非先验自在之物；三是相互依存论和新功能主义对中印多层次合作的启示；四是国际政治经济学秉持的权力和市场、安全和经济并非二律背反式运行，而是交织互动推进国际体系演进的逻辑为理性主义国际关系理论（现实主义和自由主义）普遍接受。

中印发展伙伴关系的实践可行性主要源自：一是国际格局调整下的国际社会远非"帕累托改进"状态，这为中印两国开展多领域对话合作、合作安全、合作发展、合作共赢提供了空间；二是欧洲一体化的经验为中印在运筹双边和区域合作时提供了借鉴；三是中印双边政治安全关系进展和经贸合作的既有成就及经验甚至教训反思等也为双向思考深化两国合作关系奠定了基础，如曾经的边境冲突和教训、边界谈判与边境地区管控机制、战略安全对话机制与领导人会晤机制、包括两国战略经济对话和经贸科技联合小组对话等在内的经贸合作机制；四是中印两国共同参与了"东盟+"模式的东亚区域合作进程，"东盟+1"模式的5个既有自贸区为整合提升亚洲区域一体化水平提供了基础。印度虽然暂不签署更高水平的区域全面经济伙伴关系协定（RCEP），但在没有更优选择的条件下，印度融入RCEP进程只是时间问题，RCEP为中印构建更加紧密发展伙伴关系提供了多边合作路径。

国家安全与发展虽各有侧重，却相互包含；综合安全和新发展理念观照下的安全与发展互为依托，互促共生，没有持续发展的安全难以持久，而缺乏安全保障的发展同样难以为继。面对深刻调整中的国际体系和诸多不确定性，作为两个最大的发展中国家和有着边界遗留问题的邻国，中国和印度如何做到既成为关系密切的发展伙伴，又能切实维护自身国家安全利益就是两国必须妥善解决的问题甚至是挑战。

建立各种伙伴关系是冷战后国际关系主导行为体尝试取代集团对抗、盟友VS对手甚至敌人思维定式的一种实践。中国是伙伴—伙伴关系的积极倡导者和实践者，中印两国面向和平与繁荣的战略合作伙伴关系及其核心支柱——发展伙伴关系就反映了国际体系变革、共同发展的时代要求。作为两国战略合作伙伴关系的核心内容，中印发展伙伴关系越紧密，耦合性就越强，两国战略合作伙伴关系与地区和平稳定的基础越牢固，相互同等安全与合作共赢的动力越强劲。那么如何才能实现构建更加紧密的中印两国发展伙伴关系目标呢？换言之，两国通过哪些途径和举措方有可能建成更加紧密发展伙伴关系？

　　毫无疑问，诸如在WTO、UN气候变化框架公约及相关协定、国际秩序变革等全球治理层面的共识与合作、安全对话合作是构筑中印两国发展伙伴关系最基础、最持久甚至最具影响力的路径，尤其是政治安全领域的对话合作和战略增信则构成两国开展其他领域对话合作的前提基础，并渗透于中印互动的全领域、全过程。鉴于此，本研究不再单独分析中印发展伙伴关系建设的政治安全路径和在世贸组织、全球环境与气候治理、非传统安全等全球治理层面的路径，而着力从双边经贸合作、以金砖集团（BRICS）和上合组织（SCO）为代表的多边合作机制、孟中印缅经济走廊建设（BCIM）、"东盟+"模式的区域全面经济伙伴关系协定（RCEP）建设等层面和视角来分析考察中印发展伙伴关系的建设路径。当然，每一种路径除其合理性和可行性讨论分析外，都不可避免地会遭遇不确定性甚至不同程度的挑战。譬如，2020年春夏以来，中印西段边境实控线附近的多点持续紧张对峙（天南河谷对峙持续4年之久仍未解除）、传统地缘政治思维等因素正使上述可行路径面临困难挑战，也使中印关系暂时呈现出停滞甚至倒退困局。

　　就双边经贸合作推进中印发展伙伴关系的可行性而论，随着两国经贸关系内涵的拓展和深化，中印经贸关系已经形成比较成熟的合作机制，如中印经贸科技联合小组、中印财金对话与合作机制以及中印战略经济对话机制等。这些双边层面的制度性安排和合作路径是最富有成效的，无疑已经并将持续推动中印两国发展合作，在构筑两国更加紧密发展伙伴关系进程中发挥核心支撑作用。

　　中印两国因产业结构和发展阶段上的差异在双边经贸合作中也出现了突出的贸易不平衡问题。中印双边贸易失衡需要双方共同努力解决加以克服，中方也积极尝试扩大印度对华出口，但结构性矛盾很难在短期彻底解决，这恐怕是经由双边经贸合作路径推进中印发展伙伴关系面临的现实，甚至是最大的挑战。此外，政治安全领域的低水平互信同中印舆论叠加会造成双边关系中的不确定性，在特殊时空和境况下，这种不确定性极有可能对中印发展伙伴关系产生破坏性的影响。

　　关于以金砖机制（BRICS）和上合组织（SCO）为代表的多边机制路径。金砖合作机制为中印两国构建更加紧密的发展伙伴关系提供了多边框架下的有效路径（下称"金砖路径"）。此外，金砖路径的外溢效应和社会学习也使多边合作行为及思维模式延展至中印双边互动进程，进而助推或强化双边合作观念并塑造互动模式，使中印关系进程即使面临不确定性甚至遭遇意外挑战也能呈现出巨大的韧性和张力，两国之间的竞争性合作变得不可逆。但是，建设中印更加紧密发展伙伴关系的金砖路径也存在一定的风险和不确定性，需要中印双方倍加珍惜呵护，尤其是中国更要审慎处置。其主要原因在于以下三个方面。

一是金砖国家内部发展的不平衡性诱发金砖机制的不确定性。一方面，可能使金砖合作进程遭遇曲折，中印双边合作的多边助推器动力衰减；另一方面，金砖框架内的消极因素也可能外溢至中印双边层面，使中印战略合作伙伴关系建设进程遭遇负面影响。就金砖机制内部而言，金砖国家经济总量和增长呈现出明显的非均衡性，中国和印度的情况要优于俄罗斯、巴西、南非3国，尤其是中国的GDP总量是其他4国GDP总量（6.62万亿美元）的2倍多，2019年金砖国家之间经济发展的非均衡状况没有明显变化。中国与印度在未来相当长的时期内仍将保持较高的经济增速，经济总量和全球占比还有进一步提升的空间。虽然金砖合作机制是以平等参与、协商一致运行，如金砖机制唯一的实体机构——新开发银行（New Development Bank）启动金1000亿美元也是5国均摊，但各方的实际影响力和参与度并不均衡。金砖新开发银行在获得金砖成员国支持的同时，其放贷规模在一定程度上仍受制于金砖国家各异的经济状况、政府财政空间大小、非纯商业性的联合融资方式、当地货币融资与放贷风险等因素，这些限制因素无疑都使金砖合作面临大的现实挑战。此外，相关国家对中国在金砖机制内相对巨大的体量也存有疑虑，这种疑虑在特定条件下极有可能成为制约金砖合作甚至外溢至中印双边层面的互动过程。二是金砖国家间的这种经济发展和分布的非均衡性将长期存在，需要金砖国家进一步增信释疑，精心呵护。金砖成员在深化和扩大合作时需审慎对待和妥善处理可能因此而产生的分歧，避免因金砖国家内部发展阶段、发展水平、发展质量上的差异制约合作机制的常态运行或运行成效，乃至产生负向外溢效应。所以说，影响力和责任担当相辅相成，中印两国自然也需要承担更大的国际责任。三是中国和印度共同参与的金砖机制和上海合作组织功能上的重叠可能产生双重效应，即一方面可能是双向正强化,推进并强化金砖国家和上合组织框架内合作,进而外溢至中印双边层面,促进中印发展伙伴关系建设;另一方面,可能是因功能性重叠而导致合作动力衰减,同样外溢至中印双边层面而制约更加紧密发展合作伙伴关系构建的进程。

以"东盟+"(ASEAN+)方式演进的区域全面经济伙伴关系协定(RCEP)框架内的中印发展伙伴关系建设也可能遭遇如下风险或不确定性。具体地讲,第一,RCEP参与成员的多样性、运行机制的灵活性既是优势,也是亚洲区域一体化水平和强制约束力的限制,要取得突破性进展和更高层次的区域一体化,绕不过参与成员间的双边合作。体系成员相互间的紧密互信关系同体系进化及凝聚力互为条件,正负向外溢都是双向的。第二,相对于中方服务业的比较劣势,印度制造业的劣势更明显,且无望短期内赶超,出于战略需要和对民族工业的保护,印度势必谨慎行事并依对中国的评估而做出政策选择。这是中印经由东盟主导的区域全面经济伙伴关系协定(RCEP)建设实现两国更加紧密发展伙伴关系遭遇的现实挑战,同在双边层面的困顿没有本质差别。第三,区域一体化不能排除国家间的竞争,即中印在区域一体化进程中的竞争难以回避,但地缘政治经济学视域内的国家间竞争不再是均势思维支配下的零和博弈,而是互惠互利,合作共赢。这跟双边层面的中印互动和利益再塑在本质上是同质的,多边合作机制更便于舒缓中印两国之间既有或新生的疑惧,促成更高层次的战略互信。第四,RCEP域内外非经济因素的干扰。这些干扰因素主要包括:一是区外大国(核心是美国)的全球和地区战略考量对以"ASEAN+"模式推进的RCEP覆盖地理空间内政治经济社会互动关系的消极影响。二是东亚属性中的多样性、协商一致性、规则规范的非强制性既是"ASEAN+"模式聚合力的来源,也可能在特殊情况下成为区域贸易自由化和便利化的抑制因素,尤其是同外力协同共振最易产生这种效应。三是无论迅速崛起中的中国如何刻意保持低调,真诚地支持东盟在区域合作进程中的核心地位,亚洲区域一体化进程中的"中国因素"、更确切地说是对成长中的中国的担心疑惧始终挥之不去。对此,我们要有充分的思想准备。这也印证了亚洲区域合作的另一大特性,即多样多元叠加环境下的政治互信度偏低的现状。四是RCEP体系内成员国之间或通过第三方介质导致的非经济范畴的政治安全、领土纠纷、历史问题等可能产生的制约因素。鉴于本项目的研究议程和主题（侧重于以经贸合作为核心的发展问题），这些干扰因素并未做深入的分析。

关于次区域合作层面的孟中印缅经济走廊（BCIM）建设风险。尽管孟中印缅次区域合作已经取得了初步进展，但目前在推进孟中印缅经济走廊和相关次区域合作方面仍然存在诸多不确定性或风险。一是孟中印缅4国缺乏战略互信，尤其是在中印两国之间的互信缺失使印度对经济走廊的态度不明，内部不同部门发出不同的声音。二是各方就经济走廊的内涵、目标、合作方式尚未形成共识，造成孟中印缅次区域合作的整合力不强。三是孟中印缅次区域合作同多个现存的合作机制交叉重叠，相关各方基于安全和相对收益等考虑，存在逆协同效应的风险。

制度经济学关于制度生成、稳定发展、创新变迁和路径依赖理论对于中印发展伙伴关系建设具有启发意义。因此，中印发展伙伴关系建设的初始路径、策略及互动方式选择既要考虑直接、即时的效果，又要研究其长期影响，确立正向的预期效用路径模型和制度规范。构筑更加紧密的发展伙伴——伙伴关系是面向和平与繁荣的中印战略伙伴关系的核心内涵，是有着共同或相似的谋求民族复兴使命的中印两国关系的新起点。良好的政治安全关系既是中印两国构筑更加紧密发展伙伴关系的基础，也是发展伙伴关系的题中之义。因为"发展"本身也是一种社会意义上的进化，即从政治、经济、社会的某种欠发达状态到更高阶状态。

关于中印发展伙伴关系建设路径与机制选择的几点思考。印度既是一个有着世界抱负且快速崛起中的大国，又是中国的重要邻国。面对后冷战国际体系结构性调整背景下复杂的国际安全形势、增长放缓的世界经济、全球治理体系变革，作为两大新兴经济体和有着全球或地区影响力的中印两国无疑应该顺应历史潮流和各自谋求民族复兴的战略需要，超越传统地缘竞争和均势思维的羁绊，秉持共同安全、合作安全、共同发展、合作共赢理念，构建更加紧密的发展伙伴关系。从理论合理性和适用性来看，中国倡导的以合作共赢为核心的新型大国关系、人类命运共同体、周边外交理念等均适用于中印发展伙伴关系建设，因为冷战思维和零和博弈已经过时，合作共赢成为普遍共识。正如习近平总书记所指出的："世界长期发展不可能建立在一批国家越来越富裕而另一批国家却长期贫穷落后的基础之上。只有各国共同发展了,世界才能更好发展。那种以邻为壑、转嫁危机、损人利己的做法既不道德,也难以持久。"①从地缘层面来看,思考经略包括印度在内的周边问题、开展周边外交要有立体、多元、跨越时空的视角。鉴于此,思考和处理中印发展伙伴关系建设路径时无疑就需要:一是要有全局观念和区域合作整体观;二是既要分析把握某建设路径与机制的经济效应,又要关注其外溢效应;三是秉持路径与制度创新同传承借鉴相结合,既重视"一带一路"背景下中印发展合作路径和制度创新的主渠道功效,又善于利用既有机制,消除疑虑和增进互信,多渠道、多层面、多机制协同推进两国更加紧密的发展伙伴、引领增长的合作伙伴和战略协作的全球伙伴建设进程。这些是就构建中印两国更加紧密发展伙伴关系的应然路径而论的,体现出观念和思维的创新,也是构建两国间良性互动关系的观念基础。

就印度外交政策取向调整和两国关系演进实践来看,实际情况要远比应然路径复杂得多。其一,两国政治安全关系持续改进和战略互信提升的全局性影响。良好的政治安全互动是中印关系的基础,也是两国构建更加紧密发展伙伴关系的核心要义。其影响广泛而深刻地渗透到中印双边关系的各领域和各层面,本研究未单独分析讨论政治安全路径的可行性及效用并非意味着政治和战略安全渠道对构筑两国发展伙伴关系不重要,而恰恰是因为其基础性支持作用太过重要并且广泛融入中印关系的全方位和全领域而不便单独剥离之缘故。第四章("中印发展伙伴关系与国家安全")和第五章("中印发展伙伴关系内涵与建设进程")算是对此缺憾某种程度上的弥补。

其二,在实践中,本研究涉及的中印双边经贸合作、BRICS 和 SCO 机制、"东盟+"模式下的 RCEP 制度安排、BCIM 次区域合作四种构建中印两国发展伙伴关系的路径是相互关联的,并非各行其道、独立运行。这里只是为了逻辑分析和行文表述上的便利而分别加以考察。四条构建两国发展伙伴关系的路径之间既可正向外溢相互促进,推动中印发展伙伴关系建设,也有可能因不当制度安排或处置而导致负向外溢、相互掣

---

① 《习近平谈治国理政》第 1 卷,外文出版社 2018 年版,第 273 页。

肘，从而对构建两国更加紧密发展伙伴关系形成负面效应，正向联动毫无疑问是中印两国决策者和两大社会的共同期许和福祉。

其三，"中印+X"互动框架下中印关系的复杂性。冷战后国际体系的结构性调整要求国际政治观念调整和思维创新，国际政治实践也在某种程度上反映出了此类变化，但传统地缘政治思维惯性和现实影响力依然强大，这在学术界和决策层均表现明显，甚至在很多情境下传统思维和现实影响都居于主导地位。在可预期的相当长时段内，国际政治传统观念与创新思维、竞争对抗与合作对话两种思维、两种势力交织互动，使国际社会呈现出纷繁复杂和令人眼花缭乱的景观。竞争与合作一直以来就是以主权国家为主导行为体之国际体系的两种力量和互动方式，究竟是竞争还是合作为主流？这恐怕是见仁见智，并且都能找到足够多且颇具说服力的理论和现实支撑。就中印关系而论，鉴于两国国情、发展战略目标、历史与现实等因素，用看似自相矛盾的竞争性合作描述中印关系现状与走势或许不失为贴切。换言之，在边界和安全以外的绝大多数领域或层面，两国关系互动以对话合作为主流，但可控的竞争也无可避免，甚至特定环境下可能还很激烈，对此我们应该有足够的思想准备。至于"中印+X"互动模式下中印关系走向的基本判断，印度是一个有着世界大国抱负、战略文化和外交政策兼具自主性和功利性的发展中大国，"不结盟"被普遍视作印度的国际身份，而"不结盟"与"结盟或类结盟（alliance-like）"则在印度外交实践中分野非常模糊。即使在两大集团对立的冷战高峰期，印度的不结盟外交也内含浓厚的经济实用成分。冷战结束以后，被长期尊奉为圭臬的"不结盟"理念和政策以超越政治分野的方式逐渐淡出印度的外交议程，开启了所谓"超越不结盟"的"战略自治"阶段，"结盟思想（尽管以极为有限的形式展现）从此扎根于印度的国际战略思维中。在与美国建立某种类同盟关系的同时，保持同俄罗斯的特殊关系，探索深化同欧盟日本的关系，管理好同中国的复杂关系等成为印度的国家战略目标。这即使没有完全取代不结盟，但也已经侵蚀了其核心内涵"。[①] 印度外交政策取向的调整，一方面彰显出其大国

[①] C. Raja Mohan, "Beyond Non-alignment", in Kanti P. Bajpai and Harsh V. Pant, eds., *India's Foreign Policy*, New Delhi: Oxford University Press, 2013, p. 47.

诉求、日渐增强的国力与影响力，另一方面是其更加灵活自主大国外交的体现。印度无疑会审时度势充分利用看似左右逢源的国际境况，谋求最大化国家利益，甚至在特别时空或领域内同某个大国合作以平衡抑制中国影响力不可逆式的增长。但是，我们也不宜因此就推断出印度会同某大国或大国集团结成类冷战同盟关系的结论。这既不符合印方长远利益，也有违印度自主性与功利性兼容并蓄的外交传统。从理性选择视角来看，印度无疑会努力延续左右逢源的国际境遇，这也是其最佳策略选择。鉴于此，即使基于两国竞争考量，印度同某大国或大国集团结成固定的类冷战同盟以全面遏制中国崛起的可能性也属于小概率事件。两国关系恢复以来的实践也足以证明，中印两国决策者有足够的智慧和能力避免小概率事件的出现，构筑两国更加紧密发展伙伴关系的目标是现实可期的。

其四，历史固然是记事之书，但研究历史不只是故纸堆里的故事或满足各形各色的谈资，究史以资治是中国史学研究的传统，至于是否准确则在其次，这一取向折射出了史家和读者之家国情怀。本研究用一定篇幅从社会认知视角分析印度对华政策及中印关系的演进，主旨就在于考察观念和利益认知对决策和两国关系发展进程的影响，并从中获得某些妥善处理两国分歧和推进双边关系健康发展的启示。

其五，边界纠纷和战略互信不足导致中印关系发展中的"天花板效应"。尽管中印关系恢复正常化时两国就积极探索协商解决边界问题的同时发展其他领域友好合作关系达成重要共识，近年来两国在战略沟通和增信措施、边境实控线地区管控等方面业已形成较为成熟的机制且成效显著，两国经贸合作在步入21世纪后突飞猛进，成就斐然——从置于双边关系中微不足道地位发展成为核心内涵，在全球和地区事务上也有着广泛共识和合作，但中印关系的整体状况则不尽如人意，在边境实控线（LAC）地区和以媒体为代表的两大社会之间龃龉不断，两国深化合作和提升双边关系水平的预期或努力总是遭遇常态性且几乎相同的制约因素或阻力，核心是由边界纠纷引发的边境实控线地区对峙危机和"中印+"框架内双边低水平战略互信，中印关系水平很难有实质性的提升，呈现出某种意义上的"天花板效应"。

客观地讲，关于边界问题的谈判对话机制和较为成熟的边境实控线地区管控机制的确发挥了保持边境实控线地区总体稳定和安宁的功效，基本达到制度安排的设计初衷，但边境实控线地区军事领域建立信任措施的实际效果则不尽如人意。其中的关键原因在于中印双方对边境实控线认知存在差异，在各自认知的实控线之间存在一个交叉地带，边境实际控制线地区的对峙危机具有必然性，只是在对峙危机的时空上存在偶然而已。

边界问题和中印关系也因此遭遇另外四个层面的困顿：其一，现有的边境实控线地区管控机制本质上是一种过渡性制度安排，其初衷是在边界问题妥善解决前能够保持边境实控线地区的和平与安宁，而非解决两国边界纠纷的制度安排。如前所述，该制度设计的初衷基本实现——边境实控线地区总体上保持了武装对峙下的和平状态，但从解决边界问题的终极目标来看，该机制也在某种程度上抑制了双方尽早解决边界问题的动力和决断力，解决边界问题的决断力无疑也受到各自国内因素的制约。其二，从制度设计的路径依赖视角来看，中印两国边境实控线地区常态性对峙危机和通过管控机制下的一系列互动暂时化解具体危机的做法固然避免了边境冲突和局势进一步恶化，但也呈现出一种负效应的路径依赖。换言之，每次具体危机或对峙事件因边境管控机制或双方领导人对话机制的存在和有效运作而都不至于使两国再次陷入大规模或高烈度的边境冲突甚至战争，但维持边境管控机制有效运作的交易成本（直接成本和间接成本）极其高昂，而且每次边境对峙危机和暂时化解无不在消磨侵蚀两国间艰难培育起来且原本根基并不牢固的战略信任和中印两大社会之间的互信基础。其三，中印两国各自内部社会舆论也强化了双边关系中的"天花板效应"，进而增加了双方决策层在解决边界问题上做出战略决断的难度和社会成本。其四，也是根本性的制约因素，即中印两国对边境实控线的认知存在差异，两国在边境实控线地区不同规模、不同烈度的对峙无不同双方在边界实控线上的认知差异相关。

关于边界问题与其他领域双边关系发展脱钩（下称"脱钩"）问题。所谓"脱钩"是20世纪80年代末和90年代初中印关系恢复正常化时中印两国达成的共识，双方还就边境实控线地区管控做了制度性安排。"脱钩"与相关制度安排旨在避免再现20世纪50年代末和60年代初中印关系因边界纠纷乃至冲突战争而陷入全面倒退和僵冷的境况。从两国互动实践来看，自20世纪90年代初以来，在探索协商解决边界问题和维持过渡性的边境实控线地区和平安宁、增加军事领域信任等管控机制的同时，中印关系的确摆脱了边界纠纷的干扰而取得实质性改善和发展，经贸合作领域不断拓展并深化，政治安全关系也明显改善，这无疑也是"脱钩"的实践效用。

"脱钩"安排固然使中印关系绕开边界问题再入常态发展轨道，但边界谈判进程和两国关系深化发展之间并未呈现出齐头并进式的良性互动。由边界纠纷引发的、虽不定期但却具必然性的两国边境实控线地区对峙危机时不时地会干扰中印双边关系常态化发展进程，中印发展伙伴关系建设受此干扰而出现严重倒退虽属小概率事件，但其可能性也不能完全排除，甚至在某特定情境下被印方利用以达到其他目的。对此，中方应有基本的认知评估并保持警觉。

2020年春夏中印在边境西段实控线（LAC）附近爆发多点对峙危机甚至冲突以来，在经历了21轮军长级会谈后，个别地段的紧张对峙至今（2024年9月）仍未解除。边境对峙危机同新冠疫情、印度外交与对华政策再调整等多因素叠加，致使中印关系演进中的小概率事变（停滞甚至倒退）近乎成为现实。虽然中印关系互动正在磨合孕育一种新模式，但竞合共生、矛盾共处的基本形态不会根本改变。中印关系的不确定性是在双边关系发展大势总体确定可控下演进的。

导 论

中印两国在共享国家发展愿景和全球治理体系结构性改革目标的同时,又面临诸多难以回避的双边和体系层次的不确定性甚至挑战,可能制约两国合作与双边关系健康发展。譬如,历史遗留的边界问题不定期地在两国边境实控线地区呈现出规模与烈度各异,但互动模式及结果相同或近似的常态性危机①,由边界纠纷、安全认知差异和基于传统地缘政治思维而引致的两国间低水平战略互信甚至互信赤字,因发展阶段与产业发展结构差异而产生的双边贸易不平衡问题,国际体系结构性调整中的不确定性因素,等等。显然,传统的大国均势逻辑和冷战时期经典的大国对抗思维是无法有效应对的。所幸两国决策者的政治远识和大局观念、大国关系思维创新等使边界纠纷和上述问题或不确定性因素控制在不至于影响中印多领域、多层次的合作和双边关系的正常发展②,但这些因素无疑不利于增进两国间战略互信。中印两国关系定位表述从"(长期)睦邻友好关系"(1988—1996年)到"长期建设性合作伙伴关系"(2003年),再到"面向和平与繁荣的战略合作伙伴关系"(2005年),

---

① 中印关于在边境实控线(LAC)地区保持和平与安宁、增加军事领域互信等各种对话协商及分歧管控机制总体上是有效的,也达到了制度设计的初衷——在两国边界问题妥善解决之前保持边境实控线地区的和平安宁,管控好分歧,避免冲突。客观上讲,有效的边境实控线地区的分歧管控机制无法阻止不定期但又无法避免的形式不同、规模和烈度各异的实控线地区对峙危机,故而称为"常态性危机"。如规模较大的 2013 年春的"帐篷对峙危机"、2017 年夏持续 70 余天的"洞朗对峙事件"、2020 年春夏持续时间更长的"西段(加勒万河谷和班公湖、手指地区)对峙事件"等。中印边境实控线地区"常态化危机"的根源在于两国对所谓的"实际控制线"(下称"实控线")缺乏共识,双方对边界实控线有着各自的认知和定位。两国各自认知的实控线之间的交叉地带就成了危机的引爆点。

② 随新民:《中印边境互动:一种博弈视角的分析》,《南亚研究》2014 年第 4 期。

是一个从笼统到指向和内涵都更加清晰具体的过程，既反映出两国关系恢复正常化以来取得的成就，也彰显了和平发展与国际体系结构性调整对中印双边关系互动的客观要求。20世纪80年代末90年代初中印关系恢复正常化时达成的共识——两国在通过和平协商寻求双方都能接受的边界问题解决办法的同时，积极发展其他方面的关系，努力创造有利于合情合理解决边界问题的气氛和条件[①]——也一直是两国关系发展的指导性原则，增信释疑、相互安全、合作发展始终是中印关系进程的主旋律。两国合作领域不断拓展，合作层次持续深化，边界问题谈判及边境实控线（LAC）地区的局势管控机制也不断优化。

为了进一步夯实两国面向和平与繁荣的战略合作伙伴关系，作为两大发展目标相通并具高契合度的发展中国家和新兴经济体，中印两国在中国国家主席习近平2014年9月访印时决定：两国各自的发展进程相互促进、优势互补，构建更加紧密的发展伙伴关系；把发展伙伴关系作为两国战略合作伙伴关系的核心内容。[②] 这预示着中印关系步入一个新阶段，在机遇和不确定性甚至挑战并存的当下，中印两国缘何以及如何能够抓住机遇、克服不确定性甚至挑战引致的负面影响而构建更加紧密的发展伙伴关系？换言之，双方应该秉持什么样的大国关系理念和政策思路才能克服或舒缓国际关系传统思维定式的羁绊而构筑起更加紧密的发展伙伴关系？有哪些具体措施和路径能够助力中印两个崛起中的发展中国家实现各自的发展目标？在共同筑梦的创新实践中，中印两国应如何审慎选择合作发展路径、实现合作共赢？这些正是本研究要探索解决的问题，中印发展伙伴关系及建构的逻辑和路径则是本项目研究的核心议题。

一 缘何研究中印发展伙伴关系？

构建更加紧密的中印发展伙伴关系被2014年9月中印联合声明界定为两国战略合作伙伴关系的核心内容，此前有关中印两国之间建设性合

[①] 《中印两国联合新闻公报》（1988年12月23日），载《中华人民共和国国务院公报》1988年第26期。

[②] 《中印关于构建更加紧密的发展伙伴关系的联合声明》，2014年9月19日，中国政府网，http://www.gov.cn/xinwen/2014-09/19/content_2753299.htm。

作关系、战略合作伙伴关系的研究可纳入该项目研究的学术史范畴。

(一) 中印关系研究评估

关于中印关系的研究议题和视角日趋多元化，中印关系多被置于各种三角互动框架内考察，尤以中、印、美三角关系为主流。这既同国际体系调整相关，也折射出国际关系领域大国均势思维和制衡逻辑持久的影响力。学界关于中印两国关系的观点和认知大致分为三类。

一是战略竞争对手论。这种观点流行于国外学界：亨廷顿（1998）和约瑟夫·奈（2011）都认为，印度不是中国的战略伙伴而是竞争对手，是美国遏制平衡中国崛起的亚洲盟友之一；阿什利·特里斯（Ashley Tellis）的《中国与印度》（2004）一文专门分析了中印两国在资源保障和预防对方取得优势等领域不可避免的竞争甚至冲突关系；[①] S. 甘古力（2004）认为，尽管中印关系明显改善，但战略竞争仍是中印关系的主导因素；S. 科恩（2001）更早指出，中印两国战略竞争是必然的，印度的最佳对华战略是避免无准备的冲突。在印度洋方向，大卫·布鲁斯特尔（David Brewster）断言，2008年12月中国海军在西印度洋亚丁湾海域护航行动以来，包括潜艇在内的中国海上力量在北印度洋地区的存在已经实质性常态化，这不可避免地会改变印度洋地区既有的战略平衡，再加之"21世纪海上丝绸之路"倡议的实施，一直本能地视印度洋为其当然势力范围的印度，对中国维护同印度洋相关的海上贸易资源战略通道安全的相关行动高度敏感，中印两国之间的战略竞争更加凸显。[②]

其他研究也表达了近似的观点：如 A. 特里斯的《全球大国：美国的行动议程》（2005）、J. 霍尔斯拉格的《中国和印度：和平的展望》（2009）、M. 马立克的《中国与印度：大国竞争》（2011）、J. 切拉尼的《危机即将来临：中印水资源争夺战》（2012），等等。R. 卡普兰

[①] Ashley J. Tellis, "China and India in Asia", in Francine R. Frankel and Harry Harding, eds., *The India-China Relationship: What the United States Needs to Know*? New York: Columbia University Press, 2004, pp. 134–77.

[②] See David Brewster, *India's Ocean: The Story of India's Bid for Regional Leadership*, London: Routledge, 2014; and "The MSRI and the Evolving Naval Balance in the Indian Ocean", in Jean-Marc F. Blanchard, ed., *China's Maritime Silk Road Initiative and South Asia: A Political Economic Analysis of its Purposes, Perils, and Promise*, Singapore: Palgrave Macmillan Ltd., 2018, pp. 55–79.

(2012)、M. 格林（2012）、R. 莫汉（2013）等分别考察了中印在陆地和海上的战略互动，尽管切入点有所不同，但结论却如出一辙。

上述研究内涵的基本逻辑是地缘决定论，忽视了地缘经济对中印关系的正向影响。

二是竞争与合作并存论。认为中印间共生性的竞争与合作关系表现在传统和非传统安全领域；中印在海上的行为越来越引起学界的关注。

在国外学界，F. 弗兰科尔（Francine R. Frankel）和H. 哈丁（Harry Harding）主编的《印中关系：美国需要知道什么》（*The India-China Relationship: What the United States Needs to Know?* 2004）是代表性成果。谢淑莉（Susan L. Shirk）、M. 弗雷泽尔（Mark Frazier）分别从综合安全与核安全方面分析了中印之间的竞争与合作关系；J. 科拉德（James Clad）认为，中印为确保资源安全和防止对方取得支配性优势而在相关地区的竞争将更加激烈，但以避免恶性竞争为前提。G. 基博（2013）则指出，在中美印三方互动中，中印间利益契合点更多，印度崛起不只是平衡中国的力量，更是对美国霸权的挑战，这是中印两国之间合作的基础。类似观点还有J. 霍尔姆斯（J. Holmes）的《印度洋上的中美印》["China-US in the Indian Ocean: Emerging Strategic Triangle?", *Naval War College Review*, 2010 (3)]、P. 哈什的《印度外交政策与中国》（2006）、袁经栋（Jing-dong Yuan）的《21世纪中印关系》（2007）①、A. 阿查亚（A. Acharya）的《中国与印度：扩大接触的政治学》（*China-India: Politics of Incremental Engagement*, Haranand Publications Pvt. Ltd., 2008）、S. 辛格和司乐如的《中印关系：朋友还是敌人》（2010）等从不同视角分析了中印间的竞争与合作状态。大卫·马龙（David M. Malone）的《现代印度外交政策》（2012）一书②、高龙江（John Garver）的《印度对华政策的演变》（2013）、S. 曼辛格（Surjit Mansingh）的《21世纪崛起中的

---

① 袁经栋（Jing-dong Yuan）同辛格·赛杜（Wahenuru Pal Singh Sidhu）在《中国与印度：合作还是冲突？》（2003）从战略视角分析长时段的中印关系前景，得出相同的结论，即合作与冲突并存。参见 Wahenuru Pal Singh Sidhu and Jing-dong Yuan, *China and India: Cooperation or Conflict?* Boulder (Colorado): Lynne Rienner Publishers, Inc., 2003。

② David M. Malone, *Contemporary Indian Foreign Policy: Does the Elephant Dance?* Oxford: Oxford University Press, 2012, pp. 129–152.

中国和新兴的印度：朋友还是竞争对手?》（2013）、J. K. 瑞（Jayanta Kumar Ray）的《印度的外交政策》（2016）、D. 卡尔（David Karl）的《斯里兰卡、海上丝绸之路和中印关系》（2018）一文等均表达中印关系将呈现竞争加合作的总体态势。①

国内学界多数人认为，中印之间的竞争是非对抗性的，合作共赢将是中印关系的主流。关于战略合作伙伴关系专题的代表性研究有：孙士海（2005）最早从全球、地区、双边层面勾勒出中印两国战略合作伙伴关系的内涵，强调增进中印两国战略互信的必要性；荣鹰（2011）和许利平（2013）分别从两国共同政治、经济、社会文化等利益基础探讨战略合作伙伴关系的可能性；赵干城（2014）则只把印度视为一个潜在的合作伙伴；张力（2010）和张立（2014）等从不同视角分析了中印两国竞争合作关系及良性互动的合理性。一些研究虽不探讨中印战略合作关系，但其视角有启发意义，如张宇燕（2006）考察了亚洲经济一体化下的中印关系，戴永红（2014）分析中印关系的机制化建设。

三是"中印大同说"。曾任印度商业与工业部部长的 J. 拉米什（Jairam Ramesh）在《理解 CHINDIA：关于中国与印度的思考》（2005）一书中提出 Chindia 概念，即把 China 和 India 两个英文书写成不可分割的整体符号，被普遍称为"中印大同"②；谭中、刘朝华（2007）等从文明对话融合角度也积极倡导这一理念。显然，"中印大同说"只是一种理想化的愿景，反映了主张中印友好人士对发展两国关系的强烈愿望和对中印携手共同发展的期待。这虽拓展了思维空间，但忽略了现实基础，可

---

① 参见以下文献：John Garver, "Evolution of India's China Policy", in Sumit Ganguly ed., *India's Foreign Policy, Retrospect and Prospect*, New Delhi: Oxford University Press, 2010, pp. 83 – 105; Surjit Mansingh, "Rising China and Emergent India in the 21st Century: Friends or Rivals?" in Kanti P. Bajpai and Harsh V. Pant, eds., *India's Foreign Policy*, New Delhi: Oxford University Press, 2013, pp. 281 – 302; Jayanta Kumar Ray, *India's Foreign Relations 1947 – 2007*, New Delhi: Routledge, 2016, pp. 97 – 323; David Karl, "Sri Lanka, the Maritime Silk Road, and Sino-Indian Relations", in Jean-Marc F. Blanchard, ed., *China's Maritime Silk Road Initiative and South Asia: A Political Economic Analysis of its Purposes, Perils, and Promise*, Singapore: Palgrave Macmillan Ltd., 2018, pp. 137 – 172.

② Jairam Ramesh, *Making Sense of Chindia: Reflections on China and India*, New Delhi: India Research Press, 2005.

操作性差。

（二）中印关系研究学科谱系的缺失和拓展空间

中印两国综合国力的提升和双边关系的改善催生了一批研究成果，但也存在一些缺失。

一是中印之间战略合作伙伴关系的推演逻辑不完整。研究多着力分析两国战略合作的必要条件——相同的利益诉求，却不同程度地忽视了充分条件——思维逻辑的转换和国家利益再认知的过程，仅有合作基础并不必然导致中印合作。

二是就战略合作伙伴专题研究来看，虽有个别学者从双边、地区、全球层面勾勒出中印之间战略合作伙伴关系的内涵，但系统而具体的研究则稍显不足；至于中印发展伙伴关系的内涵和路径研究尚无人涉及，这为本研究留下了学术探索空间。

三是有关研究多聚焦地缘政治的功效，而不同程度地忽略了地缘经济甚至地缘政治经济对中印关系的影响，更缺乏地缘政治经济学视角的分析成果。

（三）中印发展伙伴关系研究的学科和实践价值

简言之，本研究的学术价值在于：第一，既尊重地缘政治经济学的物质基础——地理空间的客观性，又坚持地缘理论系主观构成而具可变性的理念。传统思维无法解释中印战略合作伙伴关系的合理性，本研究从地缘政治经济学的双重学科属性切入，认为在格局转换、文明互容、利益再认知等多力作用下，"强邻对抗"命题属假，这是创新的体现。第二，国际战略格局调整下，中印所处的全球和地区社会远非"帕累托改进"，这为中印共同崛起而避免战略对抗提供了理论支撑。第三，借鉴路径依赖和自由主义的分析范式探讨中印发展伙伴关系的路径。作为"主体间合作属真"命题的逻辑延伸，自由主义范式、路径依赖是本课题的理论工具。

实践应用价值在于：一是印度及南亚是"一带一路"地缘上的交会处，本研究对落实"一带一路"倡议有现实意义；二是中印发展伙伴关系的路径研究既利于夯实两国战略合作伙伴关系的基础，又验证中国外交新理念的合理性；三是印度兼具新兴大国和发展中国家双重身份，处理好中印竞争与合作关系既可舒缓中国的安全压力，又能在维护地区稳定和推进国际新秩序建设上有所作为。

二 研究的主要内容

（一）研究对象

本课题的研究对象是中印发展伙伴关系及路径问题。鉴于发展伙伴是两国战略合作伙伴关系的核心内容，中印两国战略合作伙伴关系的合理性也属本课题的研究范畴。

（二）总体框架

若依据传统的地缘政治和均势逻辑，中印两大邻国不可能成为战略合作伙伴，竞争与冲突应是中印关系的常态。兼具海陆地缘特性的中国和印度均怀揣民族复兴的梦想，面对国际格局深刻调整的时代背景，中印两国为什么能够超越"强邻对抗"逻辑而选择合作？怎样合作？合作前景如何？这正是本研究要回答的基本问题。

本研究从以下 6 个方面展开论证。

1. 中印战略合作伙伴关系的合理性与可行性

①合理性：第一，基于地缘政治经济学的客观性和可变性双重属性分析；第二，源于社会认知视野下国家利益的构成性；第三，相互依存和功能主义对中印多层次合作的启示。

②可行性：第一，国际格局调整下的国际社会远非"帕累托改进"状态，这为中印两国合作共赢提供了空间；第二，欧洲一体化的经验为中印在运筹双边和区域合作时提供了借鉴。

2. 国际体系动态均衡下中印地缘战略的恒与变关系

①基本前提——中印关系的独立性。鉴于中国和印度的国家特性，把中印置于任何三角互动中，中印关系都具有独立性，不依附于彼此同任何第三方的关系。

②地缘政治经济学科的双重属性分别为中印地缘战略的恒与变提供理论支撑。

地缘战略的恒常性表现为：一是中印两国自然地理属性的恒定性和非战环境下国际政治经济秩序调整的渐进性；二是中印从国家中心和整体主义的地缘观界定自我身份、评估他者意图、分析和预测世界政治经济体系的护持和变迁之方法的有效性保持稳定。所以，传统思维和观念将对两国的地缘战略判断产生持续的影响，这对中印良性互动有负面效应。

地缘战略的可变性表现为：一是世界体系和亚洲区域体系处于一种动态均衡状态，均衡孕育着变化，调整是一种必然；二是尽管存在竞争，但经济相互依存、共同的安全威胁、维持能源的稳定供给等已经成为抑制中印对抗和大规模冲突的堡垒，并促使两国转变对抗制衡思维；三是基于内外环境、价值信仰、社会学习的社会认知系统使中印渐进性地调整其对地缘环境和国家利益的认知，并影响其地缘战略取向和伙伴关系建设路径的选择。

③中印地缘战略恒与变的关系既警示双方陷入地缘对抗、强化安全困境的可能性，又提供增进两国战略互信、深化合作、避免恶性竞争的理论路径。

3. 中印发展伙伴关系与国家安全

①发展伙伴关系的内涵：依据2014年9月签署的中印两国《关于构建更加紧密的发展伙伴关系的联合声明》和习近平主席访印时在印度世界事务委员会的演讲——《携手追寻民族复兴之梦》等文献，分析两国发展伙伴关系在双边、地区、全球经济治理三个层面的体现。

②中印经贸关系的紧密程度同国家安全之间的相关性：实证分析。作为战略合作伙伴关系的核心内容，中印发展伙伴关系越紧密，耦合性就越强，两国战略合作伙伴关系与地区和平稳定的基础越牢固，相互同等安全与合作共赢的动力越强劲。

4. 中印发展伙伴关系的进程与制度建设

基于2003年以来两国联合宣言/声明的文本分析与经贸关系的实证研究。

两国经贸合作议题地位提升，即从政治战略安全关系的依附品到全面战略合作伙伴关系和更加紧密的发展伙伴关系的核心支柱。

两国合作关系的机制化建设，从保持中印边境实控线地区和平安宁、增加军事领域信任措施等机制化安排到两国边界问题特别代表会晤机制，从中印战略对话到两国领导人会晤机制，从经贸科技联合小组到财政金融对话机制，从中国国务院发展研究中心与印度政府经济事务局的对话机制到两国战略经济对话机制。

5. 中印发展伙伴关系的路径

毫无疑问，诸如中印在 WTO、UN 气候变化框架公约及相关协定、国际秩序变革等全球治理层面的共识与合作、安全对话与合作是构筑中印两国发展伙伴关系最基础、最持久甚至最具影响力的路径，尤其是政治安全领域的对话合作和战略增信则构成两国开展其他领域对话合作的前提基础，并渗透于中印互动的全领域、全过程。鉴于此，本研究不再单独分析中印发展伙伴关系建设的政治安全路径和在世贸组织、全球环境与气候治理、非传统安全等全球治理路径，而着力从双边经贸合作、以金砖集团（BRICS）和上合组织（SCO）为代表的多边合作机制、孟中印缅经济走廊建设（BCIM）、"东盟＋"模式的区域全面经济伙伴关系协定（RCEP，印度加入只是时间问题）建设等层面和视角来分析考察中印发展伙伴关系的建设路径。当然，每一种路径除其合理性和可行性讨论分析外，都不可避免地会遭遇不确定性甚至挑战。

（1）路径一：双边经贸合作

①可行性：鉴于中印两国相对或绝对资源禀赋上的差异，在不危及经济和社会安全前提下，可以做到：第一，两国经济结构有较强的互补性，双方发挥各自的比较优势，能实现更广泛的贸易收益；第二，通过拓展合作领域、扩大规模、提升质量，可推进两国经济可持续发展；第三，中印经贸合作现状同两大新兴经济体的地位与影响不匹配，这为扩大并深化合作提供了空间；第四，面对发达市场渐趋饱和及贸易保护，中印都需要拓展有巨大潜力的对方市场；第五，政治互信有所改善与日渐机制化的双边关系。

②可操作性：第一，在达成自贸协定前，两国认识到优先解决双边贸易失衡问题的必要性和紧迫性，并致力于此；第二，推进经贸投资合作便利化；第三，以经济技术合作项目为支点。

③风险源于如下制约因素：第一，较低的战略互信与边界纠纷的外溢效应；第二，发展阶段、目标、战略上的近似性不可避免地诱发中印间的竞争；第三，印度国内多元化的利益集团和政党政治的负面效应；第四，两国以外因素的干扰。

④预期效用：两国利益契合大于分歧，日趋机制化且具独立性的中印关系能够克服各种干扰和抑制因素，扩大并深化双边的经贸合作。

(2) 路径二：基于"东盟+"区域全面经济伙伴关系协定（RCEP）框架内的中印自贸安排

①可行性：第一，区域贸易安排存在贸易转移和创造带来的双重收益并降低交易成本，中印两国分别实施推进"一带一路"和"东进战略"都需要参与RCEP。第二，RCEP的核心东盟已分别同中、印签订自贸区协定，这为RCEP多边区域贸易安排奠定了基础。第三，印度尽管暂不签署于2020年年底出台的自贸协定，但仍参与RCEP谈判进程，并依贸易自由化准备情况，择机签署。其实，除主要围绕边境措施、货物关税、服务贸易等传统内涵的RCEP外，印度也无其他选择，参与是大势所趋，只是稍迟一步。第四，东盟的居间角色可以舒缓中印两国之间的疑虑，RCEP为陷入停滞的中印双边自贸安排提供了新平台。

②可操作性：东盟主导RCEP进程，整合优化已有的5个自贸协定，改变规则过多、操作易乱状况，建成更高水平的区域自贸区具有很强的可操作性。

③风险主要有：第一，RCEP的灵活性也是其现代化水平和合法性的制约因素，要取得突破性进展绕不过成员间的双边合作。第二，相对于中方的比较劣势服务业，印度制造业的劣势更明显，且无望短期内赶超，出于战略需要和对民族工业的保护，印度势必谨慎行事。第三，竞争性难以回避，一是中印作为RCEP内部成员之间的利益竞争；二是RCEP同CPTPP之间的竞争。第四，区内外非经济因素的干扰。

④预期效用：东盟主导的、渐进性的RCEP能够如期实施生效；即使形式灵活、标准宽泛的RCEP也能为中印经贸合作创造更多的机会和收益。当然，自愿基础上的过于灵活宽泛的一体化制度安排也制约了合作效率和实效。

(3) 路径三：次区域合作层面的孟中印缅经济走廊（BCIM）建设

①可行性：第一，孟中印缅次区域合作已从智库协商提升到政府主导的经济走廊建设；第二，2011年孟中印缅商务理事会的成立标志务实合作的开端；第三，中方推进"一带一路"和互联互通建设、孟缅两国的积极参与是BCIM建设持续的内在动力；第四，周边其他区域合作的进展对印度的迟疑态度形成压力；第五，BCIM建设的灵活性与开放性可对冲印度的疑虑。

②可操作性：依循序渐进原则，在就 BCIM 经济走廊内涵、模式等取得共识前，可首先从加强基础设施建设、力促互联互通、推进边境商贸交流开始；再逐渐拓展到更深、更广的领域。

③风险主要来自：第一，印度对经济走廊的态度不明，内部不同部门发出不同的声音；第二，各方就经济走廊的内涵、目标、合作方式尚未形成共识，整合力不强；第三，BCIM 经济走廊同多个现存的合作机制交叉重叠，相关各方基于安全和相对收益等考虑，存在逆协同效应的风险。

④预期效用：4 国中的孟、缅属最不发达国家，中国西南和印度东北地区也属欠发达的民族或部落地区。出于经济社会可持续发展考虑，在不危及各方核心利益的前提下，BCIM 经济走廊建设能够得到稳步推进，合作内容、目标、模式会在探索中逐渐明朗定型；中印战略理解和政治互信的增强能促成 BCIM 同其他重叠的合作机制之间产生协同效应，并外溢到非经济领域；中印发展伙伴关系和区域、次区域合作进程可以实现良性互动。

(4) 路径四：上合组织（SCO）和金砖机制（BRICS）框架内的多领域合作

①可行性：第一，中国以大国气度和自信同意接纳印度为 SCO 成员，中印经济合作被纳入 SCO 的"三步走"区域经济合作框架，多边平台可对冲印方疑虑。第二，由于内部矛盾和印度引擎动力不足，SAARC 一直没取得实质性进展，除印度外的其他成员寄希望于有着特殊身份的中国的建设性参与。第三，从地缘上看，SCO 和 BRICS 所覆盖的地区是中国"一带一路"倡议中的核心区和海陆接合部，中方势必力推各种形式的区域合作，这既是区域合作的动力，也是中印双边合作的良机。第四，亚洲基础设施投资银行（AIIB）和丝路基金（SRF）拓宽了经济合作项目的融资渠道。

②可操作性：第一，中国同南亚在经贸、农业、基础设施建设、环保、防/减灾和扶贫等领域有着广泛的合作基础，中方有意愿也有能力促成合作。在中国成为 SAARC 成员前，更加紧密的"8+1"和"1+1"合作模式均具可操作性。第二，力促中国的"丝绸之路经济带"建设同 SCO 的相关规划和项目妥善对接。

③风险主要来自：第一，中印政治互信度低，印度视南亚印度洋地区为其势力范围的战略思维及行为的负面影响。第二，相关地区复杂的内部矛盾和安全形势的制约。第三，过度解读竞争性以及外部因素的干扰也会制约合作进程。

④预期效用：在转变地缘竞争观念和确立相互同等安全、相互照顾彼此关切的共识下，探索并渐进性地推进SCO和BRICS框架内的中印经济合作是一种有效的路径。

6. 路径依赖与中印发展伙伴关系建设的策略

路径依赖理论对落实"一带一路"倡议和推进中印发展伙伴关系有启发意义。两个过程相互促进，其内蕴的制度创新具有路径依赖的特征。探寻"一带一路"背景下中印发展伙伴关系的路径要考虑路径依赖的正负效应，做到以下五点。

①初始路径、策略及互动方式选择既要考虑直接、即时的效果，又要研究其长期影响，确立正向的预期效用路径模型和制度规范。

②优化合作路径的实施过程。评估既定路径、策略、制度的实施效果，强化路径依赖的正向效应，促成良性循环；及时纠偏，避免低效或无效的路径和制度锁定。

③树立中印关系的全局观和区域合作的整体观。既要分析某路径与机制的经济效应，又要关注外溢效应。

④路径与制度创新同传承借鉴相结合。既重视"一带一路"背景下中印发展合作路径和制度创新的主渠道功效，又善于利用既有机制，消除疑虑，增进互信；多渠道、多层面、多机制协同推进中印紧密的发展伙伴、引领增长的合作伙伴和战略协作的全球伙伴建设。

⑤探讨中印发展战略之间的契合点，推动中国的向西开放和印度的东向政策对接，实现共同安全、共同发展、合作共赢。

（三）重点难点

重点：①中印两国地缘战略的恒与变、诱发地缘冲突的逻辑和现实、推演地缘合作的机理和可行性等分析；②在"一带一路"背景下中印发展伙伴关系建设的可选路径、可操作性、风险及预期效应研究；③路径依赖理论对相关决策、机制创新、实施策略的启示研究。

难点：从地缘政治经济学视角分析中印两大邻国超越地缘竞争与冲

突逻辑、实现地缘调和、建立更加紧密的发展伙伴关系的合理性和可行性研究是本课题的难点。

（四）研究目标

第一，在国际格局深刻调整和"一带一路"背景下，提出中印构建更加紧密的发展伙伴关系的综合路线图，为相关决策提供参考。

第二，研究中印发展伙伴关系建设的路线图又逆向印证国际新秩序观的合理性和可行性，充实"一带一路"倡议的内涵和实施过程。

三 思路与方法

（一）基本思路

提出研究问题是本课题的逻辑起点。依传统地缘政治观和均势逻辑，竞争与冲突应是崛起中的两大邻国中国和印度关系的常态。首先，在国际格局深刻调整的时代背景下，中印两国为什么能够超越"强邻对抗"逻辑而选择合作？有哪些可供选择的路径和策略？

其次，分析中印战略合作伙伴关系的理论与实践依据。分别从地缘政治经济学科的双重属性、社会认知、格局转换、帕累托改进理论分析中印发展伙伴关系的合理性及可行性。

再次，研究国际体系动态均衡下中印地缘战略的恒变关系。

复次，用文本分析法考察作为中印发展伙伴关系的内涵、过程、制度建设。

最后，如何把发展伙伴关系理论上的合理性转变为现实呢？分析中印发展伙伴关系的路径、策略、路径依赖的正负效应及启示等就成了课题研究的重点。

（二）研究方法

实施本项目研究的具体方法有以下四种。

一是辩证唯物主义的方法论和具体方法既适用于对地缘政治经济学和路径依赖理论内生属性的考察，又适用于中印地缘战略与行为分析，该方法贯穿于课题研究的始终。

二是认知心理学的方法对国际格局调整下国家利益的界定、中印为何选择合作具有很强的解释力，是本课题重要的研究方法。

三是文本分析法适用于中印发展伙伴关系的内涵、制度建设等研究。

四是定性和定量分析分别适用于中印发展伙伴关系建设路径的规范研究和路径效用评估、经贸紧密度同国家安全相关性的实证研究。

(三) 研究创新

一是选题创新,中印发展伙伴关系及路径的专题研究尚鲜有人涉及。二是本研究一方面勾勒出中印发展伙伴关系建设的综合路线图,另一方面也逆向充实"一带一路"的内涵,使其更具可操作性。三是研究特色:从地缘政治经济学的学科属性切入,借鉴社会认知理论和方法、路径依赖理论,分析中印地缘战略的恒与变、探索从地缘竞争到合作及发展伙伴关系的路径既是特色也是创新。四是观点创新,中国落实"一带一路"倡议的过程也是区域公共物品的创造过程,而公共物品的非还原性为中印发展合作提供新的路径。

第一章

中印发展伙伴关系理论适用：
观念和应然路径

维护世界和平，促进发展，离不开主权国家行为体间的国际合作。而处于无政府状态下国际体系行为体之间的合作能否及如何达成？这是各主流国际关系理论流派无法回避的理论和现实问题，并基于不同的逻辑起点分别给出不同的解答。无论是先天性预设的还是后天性国际社会建构而来的，国际社会的无政府属性成了各主流理论派别的研究起点。

第一节 理性主义国际合作理论的演进

理性主义（现实主义和自由主义）国际合作演进路径总体上呈现出从权力和市场分离到政治经济学取向的回归，国际地缘政治经济学的生成。

一 理性主义的内在分歧与合作理论取向

现实主义（经典现实主义和结构现实主义）把均势奉为圭臬，国际行为体之间的竞争、冲突甚至对抗成为国际体系的常态，即国家尤其是大国为争夺权力和由权力界定的利益而进行的国际竞争和强邻对抗成为国际体系一种内生性逻辑和行为体间主导性的互动模式。[①]

[①] Xinmin Sui, "China's Strategy towards South Asia in the Context of the Maritime Silk Road Initiative," in Jean-Marc F. Blanchard, ed., *China's Maritime Silk Road Initiative and South Asia: A Political Economic Analysis of its Purposes, Perils, and Promise*, Singapore: Palgrave Macmillan Ltd., 2018, pp. 84–86.

自由主义则提出不同看法,认为国际社会的无政府性并非必然导致国际竞争或冲突。超越理性选择模式下一次性博弈思维的局限,在多回合重复博弈环境下国际行为体能够走出集体行动逻辑的悖论,通过制度规则避免公共地悲剧(tragedy of the commons),促成国际合作。① 即使在理性自私和最大化逻辑驱使下的博弈者,面对重复博弈环境也不得不顾忌对方采取"一报还一报"策略(a tit-for-tat strategy)——奖励合作行为而惩罚背叛或非合作行为——对其后续博弈结果可能产生的影响,这种可置信的报复转而成为国际合作的压力。② 尽管现实主义者以合作给双方带来非均衡收益——行动者更加关注相对收益(relative gains)为由强调重复博弈环境中国际合作依然困难重重③,但竞争甚至冲突已不再是国家间互动的唯一选项。新自由制度主义认为,国家所感知的安全困境之强弱决定其对相对收益的关注度,国际制度(international regimes)作为干预变量能够舒缓安全困境。④

综合结构主义、自由制度主义和国际政治经济学研究方法的克拉斯纳(Stephen Krasner)在分析南北关系时同沃勒斯坦世界体系方法论一样有着一个潜在的地缘逻辑前提,不同之处在于前者更加强调权力或由权力界定的利益诉求在国家政策和行为选择中的支配性功效,即在南北关系中国家对财富的追求最终会让位于权力追求,经济因素必然服务于政治因素;而后者则着力于体系成员的内外因素、现代体系(资本主义)与非现代体系(不发达体系)之间的矛盾来观察分析世界。总之,国际体系中的权力和市场、安全和经济并非独立二律背反式的运行,而是交织互动的演进系统。

---

① Robert O. Keohane, *After Hegemony: Cooperation and Discord in the World Political Economy*, Princeton: Princeton University Press, 1984, pp. 69 – 73.
② Robert Axelrod, *The Evolution of Cooperation*, New York: A Basic Books, 1984, Sec. 2.
③ Jesoph Grieco, "Anarchy and Limits of Cooperation: A Realist Critique of the Newest Liberal Institutionalism", in David A. Baldwine, ed., *Neorealism and Neoliberalism: The Contemporary Debates*, New York: Columbia University Press, 1993, pp. 116 – 142.
④ 参见 Stephen D. Krasner, "Structural causes and regime consequences: regimes as intervening variable"; Arthur Stein, "Coordination and collaboration: regimes in an anarchic world"; Robert Keohane, "The demand for international regimes", in Stephen D. Krasner, ed., *International Regimes*, Ithaca: Cornell University Press, 1982, pp. 1 – 21, pp. 115 – 140, pp. 141 – 171。

二 政治经济学取向回归与治理模式变革

国际体系核心行为体——主权国家的经济偏好和政治偏好、权力和财富诉求能清晰割裂吗？或许霸权稳定论代表性学者吉尔平（Robert Gilpin）的评价更加中肯切合实际，明辨国际冲突的"政治原因和经济原因是不切实际的。正在实践的政治动机只能用经济来表达，每一种冲突都是权力的冲突，而权力则依赖于人力、物力和财力"。① 所以，现代世界中的国际关系在很大程度上是经济和政治之间互动产生的一种效应。一方面政治很大程度上决定了经济活动的框架，一切形式的权势行使乃是经济体系的一大决定要素；另一方面，经济过程本身趋于权势和财富的再分配，并转变不同集团间的权势关系。②

国家与市场相互作用影响着国际关系中权力与财富的分配。③ 国家需要市场来正常发挥功效，市场必然成为取得并行使权力的一种手段，而国家则能够被用来并且正在被用来获得财富。"国家和市场是国际政治经济学知识谱系两个相互关联、缺一不可为学科的范畴。离开国家价格机制和市场力量会左右经济活动的结果，这无异于纯粹的经济学；反之，剔除市场因素，国家或其政府则配置资源，这又回到了政治学。"④

作为政治经济学回归后国际政治经济学的代表性人物苏珊·斯特兰奇（Susan Strange）强调国际政治经济学研究既要关注国际制度和国际体系，也不能忽视大国尤其是美国的全球性影响，要探究权力的来源——是建立在强制力量、市场成就和财富之上还是其他国家信奉的某种意识形态、信仰体系或观念体系之上？她提出集中研究权力机构和市场之间相互关系，并着力于安全、财富、自由和公正四种基本价值观念的研究

---

① ［美］罗伯特·吉尔平：《世界政治中的战争与变革》（汉译本），武军等译，中国人民公安大学出版社1994年版，第68页。

② Robert Gilpin, *US Power and the Multinational Corporation: the Political Economy of Direct Investments*, New York: Perseus Books Group, 1975, pp. i – xii.

③ ［美］罗伯特·吉尔平：《国际关系政治经济学》（汉译本），杨宇光等译，经济科学出版社1989年版，第17页。

④ Robert Gilpin, *The Political Economy of International Relations*, Princeton: Princeton University Press, 1987, p. 8.

范式。①

伴随着全球化的加速发展，在21世纪传统的国际安全关注一如既往，非传统安全疑虑俨然成为新的焦点。任何一种单向度的理论视角既不能令人信服地解释国际体系演变中的诸多老话题和新现象，更无法对纷繁复杂的国际社会给予合理的预测和政策指导。当然，客观上不存在、人们也不应苛求这样的万能理论。但是，理论流派间的包容互鉴则既可呈现一个更加立体多维的世界镜像，也使国际体系参与者有机会超越传统思维定式、多视角地思考甚至反思其国际政策和行为选择。这无疑也顺应了当代国际体系权力再分配和结构性调整、全球治理体系变革和治理效能提升的客观要求。新一波的全球化浪潮涉及议程多元和领域广泛，呈现出网络性特征。民族国家（政府）在维持全球治理中主导地位的同时，也无法回避或排斥非国家行为体——私人部门（跨国公司）和第三部门（非政府组织）的参与补台，经典的纯等级治理模式不仅难以被接受，其有效性也值得怀疑。因此，全球治理模式也应是网络性的，即所谓"网络性最低纲领"。② 在公私两个部门共同参与的国际体系中，即使国家行为体也无法完全排斥国际合作现象，市场逻辑更是竞争与合作兼容。

显然，全球治理体系结构和模式变革无疑为中国和印度两个新兴的发展中大国参与全球治理和在参与中改善双边关系提供了契机。

三 新功能主义一体化理论与实践启示

新功能主义的一体化理论与实践也为中印发展伙伴关系的建构提供了思维创新的空间和合作共赢的实践借鉴。英国脱欧使得欧洲一体化的深度发展遭遇挫折③，一体化进程进入一个反思调整期，但欧洲一体化

---

① ［英］苏珊·斯特兰奇：《国际政治经济学导论——国家与市场》（汉译本），杨宇光等译，经济科学出版社1990年版，第22—25页。

② ［美］罗伯特·基欧汉、约瑟夫·奈：《〈全球化世界的治理〉导论》，载［美］约瑟夫·奈和约翰·唐纳胡主编：《全球化世界的治理》（汉译本），王勇等译，世界知识出版社2003年版，第13页。

③ 英国脱欧无疑是欧洲一体化进程遭遇困难挫折的重要标志，说明超国家权力即使在全球化和相互依存加深的世界里依然限度明显。但新功能主义一体化理论中的核心概念——"外溢"、超国家的国际机制及作用环境、民族国家对国际合作行为的期许也依然对初级阶段区域一体化有着难以替代的吸引力。

的社会基础和动力源——国家/地区精英与权力集团——没有消失。"外溢效应"随着相互依存度的提升更加明显,正如哈斯所言的那样:"向新的经济和政治部门的外溢当然发生在纯粹精英介入的国家背景下不断发展的期望中。但这些期望沿着超国家路线得到强化,不仅是因为要求一个'高级权威',而且是因为来自其他国家工会领导人持续的联合游说活动变得既有必要又有可能。"① 再者,社会公众和政治精英原本就不是基于利他主义目的而从强民族主义转向国际合作或向超国家组织让与权力的,各主权国家之所以参与一体化进程首先是为了趋利避害,当一体化进程不能充分满足己方预期或遭受内部压力时也会力图避开该进程,但最终会从长远利益考虑融入一体化进程。② 所以,在欧盟向深度一体化发展中出现类似的倒退、反复、调整实属正常。新功能主义的核心概念——"外溢"是假定国家和地区的各种政治经济社会文化等因素是相互关联的,一个领域或层面的问题将会提出另一个领域或层面的问题,或要求另一个领域或层面上的解决办法。这些解决方案不要求各个国家的完全一致,而是要求围绕着最初设定的共同目标的各种近似利益的普遍集合。这样即使国家间存有分歧,但仍可以达成具有外溢效应的决策。③

但是,欧洲区域一体化的经验对于尚处于初级区域合作阶段的亚洲国家而言借鉴意义明显,对于中印两国通过双边或多边互动促进互信合作、建立发展伙伴关系尤其值得借鉴。在中国和印度两国之间互信度还相对较低的情况下,中印在疑惧相对舒缓的多边层面的多领域互动模式和培育出的合作文化可以外溢至两国双边层面和相关领域,有利于促成中印之间的良性互动;反之亦然。多边互动"不仅为中印提供新的合作平台,而且该进程正在孕育的合作模式和行为规范必然产生外溢效

---

① Ernst B. Haas, *The Uniting of Europe: Political, Social and Economic Forces*, Stanford University Press, 1958, p.292.

② Clive H. Church, *European Integration Theory in the 1990s*, University of North London Press, 1996, p.19.

③ Hans J. Michelmann, Panayotis Soldatos, eds., *European Integration Theories and Approaches*. University of America Press, Inc., 1994, p.29.

应,影响双边关系和两国的域外行为"。①

第二节 从地缘政治/经济到政治经济交融：
地缘政治经济学的启示

如果说国家地理的物质性决定地缘思维客观性的话,那么各类人文地理及其学科发展、国际国内环境的变化则是地缘思维可塑性的动力源。地缘思维从纯粹的地缘政治到地缘政治经济交融,乃至国际地缘政治经济学的生成就是客观性和可塑性互动及其变迁状况的反映,并进而影响国际政治经济体系变迁调整。

一 地理客观性与地缘政治逻辑本性

地理及其相关因素计算是地缘政治学（Geopolitics）或政治地理学（Political Geography）产生的学科前提②,也是地缘政治学/政治地理学学科客观性的物质基础。

地缘政治学同诞生之初欧洲的政治景观相结合,催生了地理/地缘决定论的国际政治观。当其成为德国纳粹世界观的内核——"国家有机体"

---

① 随新民：《东亚合作进程与中印关系调整》,《现代国际关系》2006 年第 7 期。
② "地缘政治学"一词最早由瑞典政治地理学家契伦（1864—1922）在所著《论国家》（1917）一书中提出,地缘政治学被定义为"把国家作为地理的有机体或一个空间现象来认识的科学",着重研究国家形成、发展和衰亡的规律；边缘地带论的倡导者斯皮克曼给地缘政治学下的定义是"一个国家依据地理因素对于安全政策的统筹规划",佩尔蒂尔和潘赛则把地缘政治学看作"运用地理学为政治目的寻求指导方针的艺术或科学"。显然,美国学者把地缘政治学视为战略地理学,也就是研究国家的对外政治战略（包括国防和外交战略）决策与地理环境相互关系的学科。英国《牛津英语辞典》（第 2 版,1989）对地缘政治学提出两种解释：一是地理学对国际政治的特征、历史、结构尤其是与他国关系的影响,以及这种影响的研究本身；二是在民主社会主义德国发展起来的一门伪科学。显然,第一种解释是给地缘政治学下的定义,与美国学者定义的内涵本质上一致；第二种解释专指为德国法西斯对外侵略扩张提供理论依据的"地缘政治学说"。从上述定义不难看出,地缘政治学实际上是地理和政治的结合体,地理学和政治学的交叉,无论是叫"地缘政治学"还是"政治地理学",地理因素（如地理位置、国土面积、人口、民族、资源、经济实力及战略军备等）被视为影响甚至决定国家对外政治决策和行为的一个基本因素；并依据这些地理因素和政治格局的地域形成,分析预测世界或地区范围的战略形势及有关国家的政治行为。

和"生存空间"①——并用于解释指导其国家扩张政策时,"二战"后的地缘政治学的命运——学界和政界无不与其撇清关系——就已经注定。但地缘思维在国际政治学和国际政治现实中并未因此销声匿迹,反而在"非地缘政治(学)"——政治现实主义名头下大行其道,至20世纪70年代恢复正名和90年代地缘经济学的出现,地缘政治学和地缘思维一直是国际政治经济舞台上的一种主导逻辑。

地理决定论者弗里德里希·拉策尔(Friedrich Ratzel)的地缘政治逻辑起点无疑是地理位置和地理区域。所有地缘政治学的核心内核,陆权论、海权论、边缘地带说、地缘战略区理论、格雷厄姆(Daniel O. Graham)的"高边疆论"(High Frontier)、布热津斯基的"棋局论"等均因循这一路径延展,这同经典现实主义理论逻辑有着本质上的一致性。

"国家有机体论"本质上是拉策尔路径。受社会进化论的影响,鲁道夫·契伦(Rudolf Kjellen)在《作为有机体的国家》一书中把"国家"定义为"作为空间的一个地理有机体或现象,即陆地、领土、地域,或者最为特别的作为一个政府的理论"。② 国家是一个基本地理单位,国家力量取决于地理空间(战略纵深)、人口数量和素质、经济发展水平、社会意识形态、社会管理5个主要指标,这与上述主流国际关系理论一致,国家都是基本的分析单位。而影响国家战略形成的因素很宽泛,几乎囊括了一个国家的历史、政权性质、意识形态(包括宗教与文化)、经济因素(包括技术)、政府和军事体制等。③ 有研究认为,在所有影响国家战

---

① 拉策尔系慕尼黑工业学校和莱比锡大学的地理学教授,受斯宾塞社会达尔文主义关于人类社会与生物有机体有相似性——人类社会与生物有机体间在调节系统(生物是中央神经系统,人类是政府系统)、能量系统(生物是消化系统,人类社会是经济系统)、分布系统(生物有血管和动脉,人类社会有电讯和道路)——思想的影响,提出了有机体的国家理论,即国家形态是"国家有机体""生存空间"和"边疆动态"的统一体。拉策尔的地缘政治思想的影响深远,尽管"地缘政治学"概念由瑞典政治地理学家契伦提出,但拉策尔则被普遍认为是现代地缘政治学的开山鼻祖。

② 参见刘丛德《地缘政治学:历史、方法与世界格局》,华中科技大学出版社1988年版,第51页。

③ Williamson Murray and Mark Grimsley, "Introduction: on Strategy", in William Murray, MacGregor Knox, and Alvin Bernstein, eds., The Making of Strategy: Rulers, States, and War, Cambridge: Cambridge University Press, 1994, pp. 6 – 20.

略形成的因素中，最重要的是地理因素，即人类活动（政治经济或战略层面等）的物理空间和环境。① 斯皮克曼（Nicholas Spykman）则提出"由于其最持久性，地理因素系外交政策中的最根本性的因素"。地理环境给一个国家的外交政策和战略施加明显的限制，但同时也提供了显著的机遇。② 地理至少可以界定国际关系中的参与者（player）、参与者之间的利害关系以及评估相对于他者自身的安全语境。③

当然，对地理学的理解可以从很多不同的视角和方法入手。地缘政治学家 S. 科恩（Saul Cohen）的界定具有一定的代表性，他把地理学定义为"区域差异的科学""空间关系和互动的科学""分布的科学"，所以地理学家就是要分别研究对应的空间、地形和气候。④ 尽管地理学研究日渐细化和深入，但政治学家和战略家们最关心的还是涉及的物质因素和人口、政治制度、文化、通信、产业及技术等互动关系的各类人文地理，从而形成诸如政治地理、经济地理、文化地理、军事地理和战略地理等人文地理分支学科。⑤ 而涵盖上述各分支学科的则是地缘政治学——国际政治权力和地理环境的关系⑥，研究聚焦于国际权力诉求和政治战略地理之间的相关性，即地理对国际权力结构的政治战略意义。⑦

地缘政治思维的基本逻辑是：大国或地缘战略区的主导国之间关系的本性就是竞争与冲突，实力均衡。无论是陆权论还海权论，抑或是兼具陆海取向的边缘地带说（Nicholas Spykman）和地缘政治战略区论（Saul Cohen），甚至塞缪尔·亨廷顿（Samuel P. Huntington）的文明冲

---

① Mackubin T. Owens, "In Defense of Classical Geopolitics", *Naval War College Review*, Vol. 52 (No. 4, 1999): 463 – 478.

② Nicholas Spykman, *The Geography of the Peace*, New York: Harcourt, Brace, 1944, p. 41.

③ Colin S. Gray, "The Continued Primacy of Geography", *Orbis*, Spring 1999, 248 – 249.

④ Saul B. Cohen, *Geography and Politics in a World Divided* (Second Edition), New York: Oxford University Press, 1973, p. 3.

⑤ 约翰·柯林斯等人把人文地理定义为客观物质地理、文化地理和政治—军事地理三大领域。见 John M. Collins, *Military Geography for Professionals and the Public*, Washington D. C: National Defense University Press, 1998; Geoffrey Kemp and Robert Harkavy, *Strategic Geography and the Changing Middle East*, Washington D. C.: Carnegie Endowment for International Peace/Brookings, 1997。

⑥ Saul B. Cohen, *Geography and Politics in a World Divided* (Second Edition), p. 29.

⑦ Mackubin T. Owens, "In Defense of Classical Geopolitics", *Naval War College Review*, Vol. 52 (No. 4, 1999): 464.

突论都概莫能外，国家对外政策和国际行为似乎无可超越地理宿命而成为地理的囚徒也就是一种铁律①。全球化的加速发展尤其是冷战结束，使长期居主导地位的地缘政治思维——大国均势和竞争逻辑遭遇前所未有的国际政治现实和理论的挑战，亨廷顿的"文明冲突"只是从另一视角——文明分野与互动——重现了经典地缘政治思维模式，并没有提供任何新的思想源。即使如此，亨廷顿也没有忘记捎带上被视为主导国家行为的冷战集团分野、国家的地理属性、政治制度模式、发展程度等传统影响因子。②在冷战结束后的国际背景下，国际政治经济研究的主流范式受到的冲击越大也就越是能催生打破思维定式、现实观念变革的动力。

二 地缘政治经济思维向度内国家行为取向变化

几乎与"文明冲突论"同时出现的还有"地缘经济（学）""地缘政治经济（学）"等新概念，甚至有人效仿陆权论思想的经典之作《历史的地理枢纽》提出"历史的地缘经济枢纽说"③。当然，必须承认，即使萌发了诸如地缘经济、地缘政治经济等审视国际现象的新视角和新观念，但经典的地缘政治观和大国均势逻辑依旧占据主导地位，国家依旧是最基本的分析单元，即使讨论区域发展，国家尤其是区域内核心国家无疑依然是地缘经济分析的重点；或者以另一种面孔出现，如"民主和平论"和"权力转移说"等本质上还是经典地缘

---

① 参见 Tim Marshall, *Prisoners of Geography: Ten Maps That Explain Everything About the World*, Elliott & Thompson Limited, 2016; Ricardo Hausmann, "Prisoners of Geography", *Foreign Policy*, Vol. 122 (Jan/Feb 2001): 44 – 53.

② 塞缪尔·亨廷顿认为，分属于不同文明的国家更易于陷入彼此间冲突；冷战之后这种倾向也更加明显；文明因素又与分属不同冷战集团的成员国身份、异样的政治模式、邻国地缘因素、不同程度的现代化等因素交织在一起，发挥着或强化或抑制这些影响因子的功能。参见 Samuel P. Huntington, "The Clash of Civilizations?" *Foreign Affairs*, Vol. 72, No. 3 (Summer, 1993): 22 – 49; and *The Clash of Civilizations and the Remaking of World Order*, New York: Simon & Schuster, 1996. Giacomo Chiozza, "Is There a Clash of Civilizations? Evidence from Patterns of International Conflicts Involvement, 1946 – 97", *Journal of Peace Research*, Vol. 39, No. 6 (Nov. 2002): 711 – 734。

③ Wolfgang Natter, "On the Geo-economic Pivot of History", *Political Geography*, 24 (2005): 245 – 250.

政治思维的另类呈现形式；其中也不乏为经典地缘政治思维辩护和高唱赞歌者①。

索尔·科恩是地缘政治学的笃信者，但其"地理能动论"（Geographical dynamism）显然已经超越传统地缘政治的思维定式，糅入了一些结构主义、自由主义、国际政治经济学的思想元素。②

美国无疑是地缘经济和地缘经济学的原发地。供职于华盛顿战略与国际关系研究中心、美国国防部的战略研究顾问爱德华·鲁特瓦克（Edward N. Luttwak）从冷战后国家（尤其是发达国家或地区集团）间竞争领域和政策的经济转向视角最早（1990）提出地缘经济及地缘经济学（Geo-economics）概念。鲁特瓦克认为，冷战结束标志着地缘经济时代的来临，国际关系中诸如经济、社会、环境生态等传统上属于低阶政治范畴的事务日渐超越政治军事安全而上升为主导要素，地缘经济思维业已对基于战略利益零和博弈的自由主义相互依存范式提出了挑战，因为零和思维不适用于商业逻辑（Logic of Commerce）。③ 国家利益固然依旧是主权国家行为体的基本诉求，竞争也不可避免，但方式方法手段正在发生变化。传统地缘政治思维主导下的国家，尤其大国行为主要表现为军事征服或控制、政治版图的拓展和势力范围的扩大，而冷战后国家间互动越来越多地通过国家调控和参与经济领域竞争等新模式来实现，这种国家间竞争的新模式就是所谓"地缘经济学"。④ 乔治·德姆科（George J. Demko）和威廉·伍德（William B. Wood）更是明确提出"地缘政治经济学"（Geo-polinomics）的概念，旨在探寻把世界政治和经济进程整合为一种权力空间来表述。其他作者虽未使用地缘政治经济学概念或表述，但都强调经济

---

① Mackubin T. Owens, "In Defense of Classical Geopolitics", *The Naval War College Review*, Vol. 52 No. 4 (Autumn, 1999): 59 – 76.

② Saul Bernard Cohen, *Geopolitics: The Geography of International Relations* (3rd edition), London: Rowman & Littlefield, 2015, pp. 4 – 6.

③ Edward N. Luttwak, "From Geopolitics to Geo-Economics: Logic of Conflict, Grammar of Commerce", *National Interest*, 20 (1990): 17 – 24.

④ Edward N. Luttwak, *The Endangered American Dream: How to Stop the United States from Becoming a Third World Country and How to Win the Geo-economic Struggle for Industrial Supremacy*, New York: Simon & Schuster, 1993, pp. 34 – 39.

或环境过程形成政治地理的基本属性。①

　　这里,我们需要思考这样的问题,即冷战后国际秩序调整又面临什么样的地缘政治经济环境?从经济层面来看,全球化加速发展,同时因不满全球化带来的各种弊端而诱发的反全球化力量也在发展,至于逆全球化原本就是全球化的依存共生物。从政治层面来看,两极格局的结束,单极独霸和多力量中心(新兴经济体)两种趋势并行,在不同层级的相关领域各有进展。从非物质/社会文化层面来看,多种势力交互作用的现象更加明显,似乎在验证亨廷顿的"文明冲突"逻辑。这就是当今国际社会所处最大、最突出的地缘政治经济环境。作为有机体且统一的世界被从不同层级和领域分割成若干个地缘政治/经济/文化区,曾经的中心/枢纽式微衰落;反之,边缘或半边缘地带日渐走到国际政治经济体系的中心。然而,国际体系演进既非线性亦非单向的,而是呈现出曲折、双向甚至多向、多维延展的特性。

　　由此可见,鲁特瓦克的地缘经济说所强调的国家间竞争的经济转向或经济战略取向未能对全球化的合作需求作积极回应,很大程度上依然视经济为达成权力分配的手段。如果地缘政治学被视为源于空间和地理学观念的国际关系空间研究、主要通过分析政治地图理解其所揭示的现象和滋生其形态过程的话②,那么地缘政治经济学就基于地理空间及相关观念的国际政治经济关系研究,在一体化与多元化、相互依存不断增强与民族或地区特色不退多种趋势并行不悖的全球化世界,国际政治经济关系的呈现不再是单维的政治版图,国际秩序的护持也不再仅仅是传统的等级模式,而是多维立体镜像,全球治理模式呈现出全球网络性特质。世界政治经济秩序参与者的形象塑造已超出"单面人"局限,参与主体间关系沿着互动多渠道、关系结构呈现多方位的逻辑延展。

---

　　① George J. Demko and William B. Wood, eds., *Reordering the World: Geopolitical Perspectives on the 21st Century*, Boulder (Colo.): Westview Press, 1994.
　　② [英]杰弗里·帕克:《地缘政治学:过去、现在和未来》(汉译本),刘从德译,新华出版社2003年版,第8—9页。

三 地缘政治经济思维的客观性与可塑性

世界政治经济体系赖以存在的地理空间之客观性因自然存在而毋庸置疑，但体系构成部分的相互作用和关系结构则因参与主体（民族国家、跨国公司、非政府国际组织）的主观性而非自然存在的东西，只是一个主体间的创造物而已。这正是地缘政治经济学之客观性和学科谱系可塑性的体现。鉴于此，体系参与各方秉持"万物各得其生为和"的理念，而非"十字军"表现出的宗教极端与狂热，实现国际政治经济体系内部的良性互动、呈现双赢或多赢局面是可期的景观。

基于地缘政治经济学的客观性和可塑性，全球化时代地理因素及其观念对于世界政治经济系统运行和体系结构依然重要。

无论是以通信和运输技术进步为前提、相互依存为特质的经济全球化还是以某种意义上的巨型国家或共同体形式呈现的一体化，都从根本上改变了国家在国际体系中的基本角色和功能，经济市场和经济利益无法履行政府的功能，一体化更需要或假定有个政府去保护、指导甚至控制。① 这说明全球经济演进中的两种趋势不仅未能消除或削弱国际关系中传统角色——政府及其功效，而且更加离不开国家政府的推动，也验证了世界经济和政治不可分割，权力和治理是调控现代国际系统运行的两大杠杆。

现代通信和交通运输技术培育并日渐强化人们的地球村意识，仿佛也在孕育某种意义上的"世界公民"意识或观念。但全球化背景下的国际系统并没有超越地理空间和民族国家本性的限制。进入 21 世纪人类依然面临两难困境，当市场努力成为全球性市场的同时，为其提供支持的制度仍在很大程度上是国家性的，按国境线划分的管辖权边界依然对经济一体化造成限制，尽管诸如厂商和投资者的非国家行为体渴望的全球化某种程度上削弱侵蚀了各国经济制度的基础。② "地理上邻近的重要性

---

① ［美］肯尼斯·沃尔兹：《全球化与治理》，载罗伯特·阿特（Robert J. Art）和罗伯特·杰维斯主编《国际政治：常在概念与当代问题》（汉译本），时殷弘等译，中国人民大学出版社 2007 年版，第 383 页。

② ［土耳其］丹尼·罗德里克：《经济全球化的治理》，载［美］约瑟夫·奈和约翰·唐纳胡主编《全球化世界的治理》（汉译本），王勇等译，世界知识出版社 2003 年版，第 291—92 页。

在传统战争和跨境贸易活动中的许多方面尽显无遗……人口密度则是国际关系中不容忽视的另一重要的地理考量因素。"①

尽管贸易、投资、媒体、高端武器无处不及,但现有国际等级体系是建立在动态的地缘政治区结构而非全球主义之上②。国际等级体系范畴的延展和收缩是对系统内核心国家变迁的反映,其模式和特征依地理本性框定。因此,"地理在国际事务中扮演着核心角色"。③

如何理解地缘因素对当代国家行为的影响?这是一个见仁见智的问题,但如上分析,其根本的地理因素依旧无可超越的。克鲁格曼(Krugman)因而提出地理本质属性(nature)的概念,即有两大地理本质属性制约着地理结构的演进,进而影响人们地缘观的形成和演化,其一是自然禀赋,其二是人类社会活动中的选择——聚集和区位。④ 中国学者在此基础上将当代信息技术的发展定义为第三地理属性,对应的是信息革命,以便同早期的工业革命相区分。⑤ 从地理本质属性与现代国家形成前后的国际行为关系来看,古典的国际贸易理论(绝对成本说和相对成本说)本质上是第一地理本质属性——自然禀赋的反映,再往前追溯至早期的殖民扩张和殖民体系实际上也是资本逐利本性同第一地理本性自然禀赋融合驱动的产物。自然禀赋及其依存的土地、自然资源、劳动力成为国家之间争夺的焦点,控制尽可能多的土地和资源、构筑以自我为中心的国际政治经济体系——殖民/帝国体系是当时主要国家的基本目标,最终

---

① Saul Bernard Cohen, *Geopolitics: The Geography of International Relations* (3rd edition), London: Rowman & Littlefield, 2015, p. 4.

② 索尔·科恩(Saul Bernard Cohen)认为:地理视角的分析是动态的,随国际体系及其运行环境的变化而变化。在很大程度上,地理环境的动态性是地缘政治格局和特征变化的原因。此类环境根据诸如自然资源的发现或枯竭、人口及资本流动以及长期的气候变化等现象而变迁。从乡村风光到城市景观、或者从制造业转变为服务业经济,代表了地理的变革,这些变革都最终会体现在不断变化中的国家理想和目标诉求上。大规模的移民也会产生这样的效果。譬如美国制造业的衰落、对进口商品的高依赖度、国家石油储备的耗竭、数目庞大的国家债务等都增加了其对国际贸易的依赖,并制约甚至使得超级大国的"独立行动"不切合实际。参见索尔·科恩《地缘政治学:国际关系的地理学》(汉译本),上海社会科学院出版社2011年版,第4—5页。

③ Saul Bernard Cohen, *Geopolitics: The Geography of International Relations* (3rd edition), p. 7.

④ Paul R. Krugman, "First Nature, Second Nature and Metropolitan Location", *Journal of Regional Science*, Vol. 33, No. 2 (1993): 129–144.

⑤ 夏海滨、王铮:《中国大陆空间结构分异的进化》,《地理研究》2013年第12期。

形成以西方主要国家为中心的殖民—帝国主义体系，也是当时之世界地缘政治经济结构。第二产业革命加速了各主要国家的工业化进程，贸易自由化成为基本需求，世界经济依赖的第二地理本质属性——经济区位和劳动力聚集优势，促成了新的经济地理结构，加之各国政治区位的选择，世界地缘政治经济结构呈现出索尔·科恩（Saul Cohen）称之为"海洋域"和"大陆域"二元结构①，在学界则呈现出"海权"和"陆权"的对立。显然，无论是"海权"还是"陆权"在全球化加速发展的当下均已经超越了传统地缘政治的范畴，即使仍用来指代地缘战略，其基本内涵也不再局限于纯粹的政治领域，国际现象的经济背景或职能已经受到越来越多的关注。地缘政治和地缘经济密不可分、地缘政治经济研究同产业发展及气候变化联系起来、国际组织或是新建或是通过调整重构具备了政治经济双重功能。所有这些都预示着地缘思维正在经历深刻变化。②

第三节　国际体系社会建构思想及对中印关系构建的启示

国际政治建构主义理论的代表亚历山大·温特（Alexander Wendt）认为，国际政治的运行方式不是给定的，而是生成性的，因为（国家）身份和利益都是由主体间的实践（intersubjective practice）建构和支撑的。③ 在建构主义理论视域内，身份是较之于利益更为基础的核心概念。

---

① Saul B. Cohen, "Global Geopolitical Change in the Post-Cold War Era", in *Annals of the Association of American Geographers*, Vol. 81 (Issue 4, 1991): 551 – 580. https://www.tandfonline.com/doi/abs/10.1111/j.1467-8306.1991.tb01709.

② 参见 A. Smith, "Imagining Geographies of the 'New Europe': Geo-economic Power and the New European Architecture of Integration", *Political Geography*, Vol. 21 (issue 5, 2002): 647 – 670; L. Ojanen, "Geopolitics to Geo-polinomics: A Case Study of Political Domination though Economic Means: The Canadian Defense Industry", *British Journal of Pharmacology*, Vol. 53 (issue 1, 1984): 139 – 141; Kate Manzo, "Earthworks: the Geopolitcal Visions of Climate Change Cartoons", *Political Geography*, 31 (2012): 481 – 494, www.elsevier.com/locate/polgeo; Rizwan Zeb, "Pakistan and the Shanghai Cooperation", *China and Eurasia Forum Quarterly*, Vol. 4 (Issue 4, 2006): 51 – 60.

③ Alexander Wendt, "Levels of Analysis vs. Agents and Structures: Part Ⅲ", *Review of International Studies* 18 (1992), p. 183.

自我（self）和环境（environment）既形成互动，又为互动所形成。故而社会现实（social reality）是创造的，现存竞争性国际体系（competitive international system）是可以重塑的。这无疑源于科学现实主义和社会结构理论的启示。①

温特把安东尼·吉登斯（Anthony Giddens）的结构理论借鉴至国际政治建构主义学派的理论框架。这种借鉴表现为两个层面：一是借鉴吉登斯"行动者—结构"问题的解决思路和方法②，温特在平等的本体论层面上把行动者和结构视作互构的实体来构筑其行动者—结构关系的范畴。③换言之，社会现实在互动中发展演进，这构成问题建构主义理论体系的基石。

二是结构真实存在的观念同经验主义是相互排斥的，温特借用科学现实主义逻辑作为其结构理论的哲学基础，提出包括因果关系机制确认在内的科学解释同样适用于社会科学，即在社会领域存在着一种独立于人们思想观念的社会事实（a social reality out-there）需要解释。④ 社会结构理论观照下，独立存在的实体身份和利益因为共享的环境和义务是可以转换变化的，这同理性主义（现实主义和自由主义）的无政府性和国家利益给定假设截然不同。国际体系结构不能离开进程（行动者实践）而独立存在。⑤ 温特认同结构现实主义关于国际体系特征——自助和无政府性——的规定，但拒绝接受自助系无政府体系的本质属性之命题，而

---

① Alexander Wendt, "The Agent-Structure Problem in International Relations Theory", *International Organization* 41 (1987), pp. 355–370; Ian Shapiro and Alexander Wendt, "The Difference That Realism Makes: Social Science and the Politics of Consent", *Politics and Society*, 20 (1992), pp. 197–223.

② See Anthony Giddens, *The Constitution of Society: Outline of the Theory of Structuration*, Cambridge: Polity Press, 1984.

③ Alexander Wendt, "The Agent-Structure Problem in International Relations Theory", *International Organization*, 41 (1987), p. 339.

④ See Alexander Wendt, "The Agent-Structure Problem in International Relations Theory", P. 350; Ian Shapiro and Alexander Wendt, "The Difference That Realism Makes: Social Science and the Politics of Consent", p. 210; Alexander Wendt, "The Agent-Structure Problem in International Relations Theory", p. 355; Alexander Wendt, "Bridging the Theory/Meta-Theory Gap in International Relations", *Review of International Studies*, 17 (1991), p. 391.

⑤ Alexander Wendt, *Social Theory of International Politics*, Cambridge: Cambridge University Press, 1999, p. 12 & p. 185.

是认为自助不过是在进程中形成并得以维持的一种惯性。①

借鉴符号互动和结构社会学思想，亚历山大·温特试图解释自助和权力政治是如何在无政府环境下社会建构出来的。这里符号互动理论为建构主义国际政治理论提供了两个基本理论来源：一是人们依据一定的意义（meaning）而行动，而这种意义是事物（objects）和其他行为者（other actors）赋予的；② 二是这些意义并非世间原本存在的，而是在互动中生成的。③ 所以，在无政府国际系统中，安全概念的原点并不必然是自利，国家的行为受主体间结构而非物质结构的影响。基于集体意义，行动者获得的身份认同构成利益的基础，而这种利益又是在行动者感知和界定安全环境的过程中生成的。④ 身份尤其是集体身份（collective identity）既在互动中形成并护持，又决定性地影响着安全环境的性质。至于身份是否被视作集体身份则取决于利益是如何界定的，个体社会身份是否或在多大程度上同其他行为者的命运产生共鸣（identification）。⑤ 其中的关键点不在于以集体身份取代自利身份（self-interested identities），而是基于正向共鸣的合作不仅仅改善回报结构，更可改变行动者的身份，进而改变居于主导地位的安全环境。⑥

鉴于以自助为基本属性的无政府国际系统是构成性的，而并非必然是源于自在的结构性无政府状态⑦，关注规则规范在政治环境中的角色就成了弗里德里希·克拉托赫威尔（Friedrich Kratochwil）建构主义学派关

---

① Alexander Wendt, *Social Theory of International Politics*, Cambridge: Cambridge University Press, 1999, p. 12 & p. 249.

② Alexander Wendt, "Anarchy Is What States Make of It: The Social Construction of Political Politics", *International Organization* 46 (1992), pp. 396 – 397.

③ Alexander Wendt, "Anarchy Is What States Make of It: The Social Construction of Political Politics", *International Organization* 46 (1992), p. 403.

④ Alexander Wendt, *Social Theory of International Politics*, Cambridge: Cambridge University Press, 1999, p. 122.

⑤ Alexander Wendt, *Social Theory of International Politics*, Cambridge: Cambridge University Press, 1999, pp. 106 & 229.

⑥ Alexander Wendt, "Identity and Structural Change in International Politics", in Yosef Lapid and Friedrich Kratochwil eds., *The Return of Culture and Identity in International Relations Theory*, Boulder and London: Lynne Rienner Publishers, 1996, pp. 53 – 54.

⑦ Alexander Wendt, "Anarchy Is What States Make of It: The Social Construction of Political Politics", *International Organization* 46 (1992), pp. 404 – 405.

注的重点。主流国际关系理论基于理性的科学实证方法遭遇了诸多不适应,得益于语言哲学(尤其是"言语行为理论",speech act theory)、实践哲学和法学的成果,克拉托赫威尔转而重点考察日常语言和规范对人们行为定向的影响,认为研究国际政治必须是基于对规范的正确理解上。①

把尤尔根·哈贝马斯(Jürgen Habermas)的交往行动理论引入国际政治研究,克拉托赫威尔把理性和常识性理解相联系,提出理性的意义应该是术语(措辞)的应用。某一行动或信仰只要有意义,就可以视为是理性的。② 显然,克拉托赫威尔再次把政治维度引入国际政治理论的尝试有赖于对政治行动的理解,理解(政治行动)的依据是看是否有意义,而非纯粹的工具性。③ 同时,受马克斯·韦伯(Max Weber)的启发,克拉托赫威尔认为只要某一行动被置于主体间共享、由规则规范构成并能沟通传播的环境中就具有意义。④ 规则规范尽管是影响人类行为的根本性因素,但并非决定性因素,对行为合理地解释则必须具体分析。⑤

人与社会之间持续的双向互构过程是建构主义的理论基础。尼古拉斯·奥努夫(Nicholas Greenwood Onuf)认为:行为体与结构是互相建构的,任何一个社会人的行为都被约定俗成的社会传统、社会习惯和个人身份制约或改变;建构主义适用于探究所有的社会领域,并且有潜力把当初看似互不相干的事务联系在一起。因为人是社会性的,并为社会关系赋予意义;同时社会人又通过行为(deeds)和话语(speaking),利用

---

① Friedrich Kratochwil, *Rule, Norms and Decisions: On the Conditions of Practical and Legal Reasoning in International Relations and Domestic Affairs*, Cambridge: Cambridge University Press, 1989, pp. 10 – 12.

② Friedrich Kratochwil, "Rules, Norms and Values and the Limits of Rationality", *Archiv Fur Rechts-und Sozialphilosphie* 73 (1987), p. 310; See also Maja Zehfuss, *Constructivism in International Relations: The politics of reality*, Cambridge: Cambridge University Press, 2002, p. 16.

③ Friedrich Kratochwil, "The Embarrassment of Changes: Neo-realism as the Science of Realpolitik without Politics", *Review of International Studies* 19 (1993), p. 65.

④ Friedrich Kratochwil, *Rule, Norms and Decisions: On the Conditions of Practical and Legal Reasoning in International Relations and Domestic Affairs*, pp. 24 & 34.

⑤ Friedrich Kratochwil, *Rule, Norms and Decisions: On the Conditions of Practical and Legal Reasoning in International Relations and Domestic Affairs*, pp. 10 – 11.

自然的原材料塑造世界。① 社会关系中任何行动（包括 speech acts 和 physical actions）的意义则有赖于现存的规则（rules）②，告诉人们应该做什么，并因此使行动者共享某种社会意义成为可能的规则固然在调控着世界的方方面面，但规则又总是要首先塑造世界。③

卡尔·马克思认为，政治斗争是经济冲突的反映。但同物质层面的自我利益驱动人类行为一样重要的还有其他非物质因素，如动机就能很好地解释当代社会现实中两个互不相干的事件，弗朗西斯·福山（Francis Fukuyama）称之为"仇视政治"（politics of resentment）。"从更加宽泛意义上看，政治领袖通过宣扬某个群体或集团的尊严受到冒犯、贬低或漠视来动员其支持者。"④

身份首先源于某一个体内在自我认定和外在的社会规则规范体系世界之间显著的差异性（即社会规则规范不能充分承认某一内在个体自我的价值或尊严）。内在自我是人类尊严的基础，但是尊严的属性（内涵）是不断变化的，而且内在的尊严感需要外界的承认。⑤ 黑格尔把精神哲学推崇为"最高的"学问，也是重视人的尊严之表现。青年时期黑格尔曾致函谢林说："人类被提升到了一切哲学的顶峰，这个顶峰高到令人头昏眼花，但是人类为什么这么晚才想到重视人类的尊严、赞赏人类可与一切神灵同等并列的自由能力呢？我相信，人类本身受到如此尊重，这一点乃是时代的最好标志，围绕在人世间的压迫者和神灵头上的灵光正在消失，就是一个证明，哲学家们正在论证人的这种尊严，民众将学着去体会这种尊严，他们不是乞讨他们受到践踏的权利，而是自己恢复——

---

① Nicholas Greenwood Onuf, "Constructivism: A User's Manual", in Vendulka Kubalkova, Nicholas Onuf and Paul Kowert eds., *International Relations in a Constructed World*, London: M. E. Sharpe, 1998, pp. 58 – 59.

② Nicholas Onuf, *World of Our Making: Rules and Rule in Social Theory and International Relations*, Columbia: University of South Carolina Press, 1989, pp. 21 – 22.

③ Nicholas Onuf, *World of Our Making: Rules and Rule in Social Theory and International Relations*, Columbia: University of South Carolina Press, 1989, p. 51.

④ Francis Fukuyama, *Identity: Contemporary Identity Politics and the Struggle for Recognition*, London: Profile Books, 2018, p. 7.

⑤ "Identity grows, in the first place, out of a distinction between one's true inner self and an outer world of social rules and norms that does not adequately recognize that inner self's worth or dignity", See Francis Fukuyama, *Identity*, London: Profile Books, 2018, pp. 9 – 10.

重新占有这种权利。"① 黑格尔进而认为，为（被）承认而进行的斗争是人类历史的终极动力，也是理解现代世界生成的关键。② 本质上讲，很多我们认为是源于经济动机的行为实际上并非反映出对财富和资源的直接索取，金钱仅仅是一种地位和尊重的标志。在当代社会，为了更加合理地解释人类行为的动机，人们需要超越迄今为止处于绝对支配地位的纯粹理性人假设和简单的经济模式。③

任何社会组织（无论诸如中国和俄罗斯这样的大国或是2016年美国大选和英国脱欧公投的投票者）均认为自己的某种身份没有被国际社会或国内社会其他成员充分接受承认，这些身份会因民族、宗教信仰、种族、性取向或性别等千差万别，但都是彰显了当代流行的身份政治属性。④

就国际政治经济系统而论，系统行为体的身份塑造和构成性的国家利益将会对行为体行为模式和体系结构产生影响，也为行为体（主导的是国家）之间关系调整提供新契机。像受社会规则规范约束和界定并逆向塑造或重塑规则规范的个体一样，包括中国和印度在内的民族国家也既受制于国际规则规范并界定自我身份和利益，又在参与国际体系多边或双边互动中再塑身份和利益。这正是中印关系优化调整的契机，当然也可能塑造成为对手甚至敌人意象。

第四节　社会认知视野下的国家利益和国家形象

遵循社会建构逻辑，社会认知视野下国家利益和国家形象的塑造也呈现出另一种景观。作为国际体系的主导行为体，国家追求自身的利益是必然的，这也是国家代言人——中央政府和领导人获得合法性的基础。国家在谋求利益的同时也塑造了自身形象。从社会认知的视角来看，国

---

① 参见黑格尔《哲学全书·第一部分·逻辑学》（汉译本）之中文版序（张世英撰写），人民出版社2002年版。
② Francis Fukuyama, *Identity*, London: Profile Books, 2018, p. 10.
③ Francis Fukuyama, *Identity*, London: Profile Books, 2018, p. 11.
④ Francis Fukuyama, *Identity*, London: Profile Books, 2018, p. 9.

家形象的塑造并不总是同其核心价值观或核心利益相吻合。

一 社会认知与国家利益的建构

社会认知分析并不排斥国家利益对行为体的刺激和驱动力。它与理性主义分析范式最大的不同在于：在理性主义的视野中①，国家利益是国家固有的属性，是研究议程中一个基本的前提假设。这种固有的国家偏好被假定源于国内，并集中于权力、安全和财富。社会认知分析不否认国家的这些需要，但对这些需要的来源和内涵却有着完全不同的研究议程和理论假设。国家的确需要权力、安全和财富，但国家需要什么样的权力、安全和财富？如何来定义国家的这些偏好？事实上，国家并不总是知道自己需要什么，国家利益也并非"那在"之物等着去发现，而是国家和国家的人通过与世界上其他国家和国家的人进行社会互动而形成的利益知觉和期盼的行为解释。②这样，国家利益就不是固有的自变量，而是基于一定社会环境（物质环境和人文环境）的行为体主观认知过程的结果，是一个因变量。这样一个结论性的判断包含着三层意义：第一，社会环境实际上形成了判定国家利益的大环境，或者说是利益界定的输入因素，但还不能确定国家利益的形态和结构，即国家利益是什么。第二，国家利益的形成还需要一种内在的能动机制，使外在的东西具有意义。主权国家实体的这种内在机制就由国家的最高决策者来承担，即最高决策者对决策环境的认知过程和能力。因为"环境中包括各种输入因素和涉及错综复杂的因素之间的关系，这些都要通过国家决策者的认知过程获得意义。国家决策人的认知能力又包括决策者对环境判断的理性成分、非理性成分和不理性成分以及其他属于个人的文化背景、信仰体系、心理素质等"。③第三，对于某一特定行为体，国家利益并非一成不变的；对于国际体系，国家利益的内涵也不是放之四海皆准的，不同行为体对利益的理解和定义是存在差异的。"物质事实只有经过人的认知和社

---

① 这里所说的"理性主义"分析范式，主要指现实主义和自由主义。
② Martha Finnemore, *National Interests in International Society*, Ithaca, New York: Cornell University Press, 1996, pp. 1 – 2, p. 128.
③ 秦亚青：《霸权体系与国际冲突：美国在国际武装冲突中的支持行为（1945—1988）》，上海人民出版社1999年版，第74页。

会交换才具有意义",如果"给予同样一组事实以不同的社会意义,就可能导致不同的行为甚至是冲突"。①

社会认知视野下的国家利益是构成性的,它既源于国家内部的属性,又受制于国际社会的主体间性(intersubjectivity)。国家利益一旦形成,就具有很强的稳定性,它要么排斥或忽视任何同现有认知系统不相符的信息,要么把那些不相符的信息纳入现有的认知体系,以便保持行为体内在的心理平衡。行为体只有在新的刺激或压力持续增加以至于使上述的平衡机制失效时,才考虑调整或改变自己原有的认知结构。能够对国家利益的构成过程产生影响的因素很多,这里我们仅仅选取国家政治精英的价值信仰体系、被感知到的外在环境、学习过程三个核心要素加以考察。这是基于以下考虑:第一,价值信仰是内化于行为体观念的人文因素,行为体的社会化是无法同这些因素分离的;第二,被感知到的外在环境(物质结构)既是利益实现的依托,又是新的知觉源;第三,以政治精英和国家最高决策者为载体的国家行为体在国际社会中同样面临着社会化和再社会化任务,而学习过程则是社会化进程无法超越的。从认知主体参与学习过程的态度看,学习既有被动性学习,又有主动性学习;从学习内容来看,学习过程包括经验性学习和创新性学习。

社会认知视野下中国和印度的国家利益是构成性的、可再塑的,社会认知的特性把国家利益分解至相关领域的国家关切中,即中印两国对每一主题的认知过程和认知结构都反映着国家在这一领域的利益关注。认知结构的固化意味着国家对本领域利益得失的持续关注,认知结构的调整则反映了国家利益甚至是国家身份的再定义。

二 社会认知领域的复合性和国家形象塑造的单维性

在现代国际体系中,决定某一行为体对其他行为体的总体知觉的因素同国家的核心利益关注未必总是重合的,即行为体认知到的核心利益领域可能在形成有关其他行为体形象的过程中居次要地位或者被忽略,

---

① Martha Finnemore, *National Interests in International Society*, Ithaca, New York: Cornell University Press, 1996, p. 6.

核心利益并不总是同国家形象挂钩。

鉴于国际体系行为体之间的互动涉及各个领域，知觉源是多维的。从理论上讲，A 行为体对 B 行为体的总体认知应该是多维知觉整合的结果，这种总体的认知实际上相当于通常意义上的国家形象。然而，在外交实践中，国家 A 最终形成关于国家 B 的总体知觉过程未必就是依此逻辑演进的，有时经事后反思会出现这样的情形：某一无足轻重或者并非当务之急的事务可能会在建构总体知觉的过程中居于主导地位，而那些重要的或者是需要优先关注的却被边缘化。一旦国家 A 形成了关于国家 B 的总体认知（国家形象），如果没有出现错误知觉的话，国家 A 对于国家 B 的决策和行为模式往往就是这种总体认知的结果。反过来讲，国家 B 对国家 A 的认知则是对国家 A 行为的回应，进而会做出相应的决策和行为。这样形成国家 A 和 B 之间的认知和行为互动过程。互动过程既有良性互动，也可能出现恶性螺旋和信任危机。国家间关系的失和或敌对、国际系统的不稳定和安全环境的恶化往往是恶性螺旋的结果。罗伯特·杰维斯对这一现象的心理机制做了比较深刻的分析："国家 A 错误地认为国家 B 的行为是欺骗行为，因此做出的反应是既愤怒又怀疑。国家 B 不理解国家 A 为什么会做出这样的反应。B 觉得自己的行为没有什么反常之处，而 A 却表现出过火的反应。于是，B 认为 A 的行为或是一种令人不愉快的讨价还价策略，或是别有用心的烟幕，或是拒绝遵守外交准则的表现。"[①]

具体到中印关系演进，上述恶性互动螺旋在边界纠纷、彼此核心或敏感关切、国家安全、战略目标、大国互动等领域表现尤为明显。譬如边界纠纷本可以暂时搁置，维持现状，这于中印双方都有利。印度方面的认知理路是：独立后印度对英印遗产的继承已经得到中国的承认，中印边界是清楚的，不存在争议，而且大部分是由国际协定确认的，其他部分也符合自然地理特征，1954 年协定和周恩来的有关谈话也确认了这一点；不仅如此，印度还应该"纠正"边界上的偏差，使所谓"麦克马

---

① ［美］罗伯特·杰维斯：《国际政治中的知觉与错误知觉》（汉译本），秦亚青译，世界知识出版社 2003 年版，第 356 页。

洪线"成为"科学"的边界线①；在西段，中国"侵占"了属于印度的阿克赛钦地区。中国方面的认知理路正好与印度相反：中印边界从未正式划定；1954年协定不涉及边界问题；阿克赛钦历来是中国的领土；"麦克马洪线"是非法的，历届中国政府都没有承认；中印之间的边界问题只能通过和平协商加以解决。基于上述认知，印度采取武力推进、先行强占的办法来解决问题；而中国则在和平努力失败后，也采取军事手段来维护自身的领土完整和国家主权。这样的恶性互动最终导致了1962年的边境冲突，而边境冲突及其后双边关系的长期冷战既不符合任何一方的利益，也超出了双方原有的预期。上述互动模式在中印关系其他领域均不同程度地存在，认知错位导致国家利益界定上的偏差，从而致使中印双边关系出现非预期性的结果。当然，社会认知机理也为两国关系的调整改进提供了足够多的机会和足够大的空间。

第五节 中印构建发展伙伴关系的合理性与可行性

上述分析是就中印构建发展伙伴关系的思想渊源和合理性而论的，主要基于四个层面：一是基于地缘政治经济学的客观性和可变性双重属性分析；二是源于国家身份和国际体系的互构、社会认知视野下国家利益的构成性；三是在国际体系的动态调整大背景下，国际合作在理性主义和建构主义的视域内都可能是可行的；四是相互依存和功能主义对中印两国发展多层次合作的启示。

就构建中印发展伙伴关系的可行性而言，第一，冷战后国际权力结构和秩序调整下的国际社会远未达到"帕累托最优"（Pareto Optimum）状态，国际结构与秩序的调整为"帕累托改进"（Pareto Im-

---

① 所谓"科学"的"麦克马洪线"是印度基于"麦克马洪线"划界原则的理解。印方认为，亨利·麦克马洪划界的原则是分水岭原则，而在地图上的"麦克马洪线"同地形实际不符，本应在塔格拉（Thag La）山脊的"麦线"实地落实则在所谓"山脊南边的印度一侧"。所以，印度应该使"麦克马洪线"变成"科学"的边界线，把实地控制线向北推进至塔格拉山脊。参见随新民《中印关系研究：社会认知视角》，世界知识出版社2007年版，第111页。

provement)① 提供了足够大的余地，这自然也为中印两国之间的合作共赢提供了空间。帕累托改进的核心在于，它能够在避免任何一方境遇变坏的情况下，改进所有或部分参与者的处境，增加收益。当然，实现帕累托改进也是有条件的，有时候人们提出即便只是一个微小的改进方案，实现起来都异常困难。但在大多数情况下，合作行为和合作机制能够为参与各方带来收益，甚至比公平更能够实现利益最大化，"猎鹿博弈"就给我们这样的启示。猎鹿博弈理论最初源自卢梭在《论人类不平等的起源和基础》中的表达的思想，即个体背叛影响集体合作的过程和结果。②

在生产工具不发达条件下，我们可以假设，甲和乙猎人一起去狩猎，才能猎获1只鹿；如各自为政，每人最多只能捕获4只兔子。那么，从效用函数来看，4只兔子能保证一个人4天的生活需求，而1只鹿则能保障2个人10日无忧。鉴于此，"猎鹿博弈"中就存在两个纳什均衡点，即要么两人分别捕捉兔子，各自满足4天的食物需求；要么合作猎鹿，确保每人10天饱食无忧（见表1–1）。

表1–1　　　　　　　　　　猎鹿博弈

甲 \ 乙	猎鹿	捕兔
猎鹿	(10, 10)	(0, 4)
捕兔	(4, 0)	(4, 4)

---

① 帕累托优化（Pareto Improvement），又称帕累托改进，源于意大利经济学家帕累托（Vilfredo Pareto）提出的"帕累托最优"（Pareto Optimum）——资源分配的一种理想状态。在帕累托最优状态下，是没有办法在不让参与资源分配的某一方利益受损的情况下，使另一方获得更大利益的。假定固有的一群人和可分配的资源，从一种分配状态到另一种状态的变化时，在没有使任何人境况变坏的前提下而能够使得至少一个人的情况变得更好，说明没有达到帕累托最优。换句话说，一方面，帕累托最优是指没有进行帕累托不平等改进余地的状态；另一方面，帕累托改进是达到帕累托最优的路径和方法。

② 卢梭在分析人类相互间义务的产生和履行义务的条件要求时指出，人的自私极易导致合作的失败，并以集体"猎鹿"活动因某一个体见兔转而"逐兔"而失利来说明这一逻辑。参见［法］让·雅克·卢梭《论人类不平等的起源和基础》（汉译本），李常山译，商务印书馆1997年版，第114—115页。

这样，猎鹿博弈就有两个纳什均衡点，即两种可能的结局。结果究竟会出现哪一种情形呢？人们单纯从纳什均衡本身是无法确定的。比较支付函数（10，10）（第1个数代表猎人甲的满意程度或收益，第2个数代表猎人乙的满意程度或收益，下同）和（4，4）两个纳什均衡，事实就非常明显，2人一起去猎鹿的效用比各自捕捉兔子多享用6天。

所以，合作猎鹿的纳什均衡比分头捕兔的纳什均衡具有帕累托优势。与（4，4）相比，（10，10）不仅有整体收益改进，而且每个个体的福利也能同时得到增加。严密地讲，支付函数（10，10）与（4，4）相比，其中某一方收益的增加并没有导致其他各方收益境况受损。支付函数（10，10）较之于（4，4）具有帕累托优势的关键就在于合作使得参与方的收益状况都得到了改善，而背叛毁约不仅没有增进任何一方的利益，反而使双方受损。这是与囚徒博弈最大的差异所在。

在全球化和相互依存日渐加深、国际秩序调整背景下，中国和印度两个面临同样历史使命的发展中大国之间几乎所有的领域都适用猎鹿博弈模型，合作行为与合作机制能够增进中印双方的收益，反之则双方利益受损。这也是中印构建发展伙伴关系的理论路径。

即使传统的领土安全领域——两国边界纠纷问题也越来越呈现出"虽不那么标准精致但却明显具有相关纳什均衡的属性"。相关策略均衡下的中印边境互动因贴现因子权重大增，边境冲突或对峙成本极高，边境战争更使双方得不偿失，中印之间再次爆发一定规模的边境冲突乃至战争的可能性基本排除。[①]

第二，欧洲一体化的经验为尚处于区域合作初级阶段的亚洲和中印在参与地域合作进程中运筹双边和区域层面上的合作提供了一定的经验借鉴。中国和印度在政府主导的东亚区域合作"10+6"框架、东盟居间的亚洲区域合作进程（如区域全面经济伙伴RCEP）、金砖机制（BRICS）等多边领域内的合作行为和效用不可避免地会外溢到双边层面，进而推进中印发展伙伴关系。

[①] 随新民：《中印边境互动：一种博弈视角的分析》，《南亚研究》2014年第4期。

第 二 章

国际体系动态均衡下中印地缘战略的恒变关系

肯尼思·沃尔兹（Kenneth N. Waltz）结构现实主义偏重"单元—结构"国际政治体系的静态分析模式，突出"极化均势"的结构属性及其影响，而对于国际体系尤其是经济因素日益成为各行为体关注焦点的国际政治经济体系的演变过程没有给予足够的观照。① 这显然没有充分或准确地反映出相互依存度日益提高和强化背景下国际政治经济体系演变规律和内生性特质，譬如国际体系内涵、测量维度、评估规范的拓展，即从国际政治体系到国际政治经济体系、从单维单向到多维立体、从个体分析到系统综合，等等。基于此，传统的国际政治静态结构系统理论分析就逐渐演变成国际政治经济动态演化均衡规范场系统理论，研究纲领也相应地从国际政治体系凸显极化均衡演进到国际政治经济体系的"规范场动态均衡"。②

第一节 动态均衡系统内中印关系演进的逻辑：相互关联命题

如何理解国际体系的动态均衡呢？首先动态均衡（Dynamic equilibri-

---

① ［美］肯尼思·沃尔兹：《国际政治理论》（汉译本），胡少华等译，中国人民公安大学出版社 1992 年版，第 43—119 页。
② 李子江：《国际体系的均衡规范场理论——兼论新型大国关系的结构、维持与转换》，载《复旦国际关系评论》第 13 辑（2013 年 12 月）。

um）源自经济学概念，是相对于静态均衡——不考虑时间因素的市场均衡状态，是一种时点性的分析描述——而言的。动态均衡是指一个经济系统在各种变量将随时间推移而变化时所处的均衡状态。在这种情况下，从一个时期到下一个时期，经济系统的均衡态势将发生调整。动态均衡分析目的在于研究在有外来干扰情况下，系统如何偏离均衡位置，又如何随着时间的推移而恢复到新的均衡状态以及均衡的稳定性问题。换句话说，动态均衡分析是对经济变动的实际过程进行分析，引入时间因素，并把经济现象的变化当作一个连续过程来对待，研究从一种均衡状态向另一种均衡状态变动的过程。

本研究是基于以下几个相互关联的命题假设或国际社会现实状况来分析中印关系演进的：一是国际体系的调整和均衡结构的恢复过程始终受两种逻辑的影响，即基于地缘战略思维、凸显大国间竞争取向的权力逻辑和基于相互依存、强调国家间合作取向的全球治理规制逻辑。换言之，国际体系恢复均衡和结构形态是受两种逻辑支配的力量——竞争与合作整合的结果。

二是中国和印度等国的群体性崛起和以大国关系调整为核心的国际体系结构性调整同步发生，并互为条件、相互影响。中印在共同参与构筑新的国际体系结构的过程中也在重塑中印双边关系，两国更加紧密的发展伙伴关系能否真正地确立取决于该过程。

三是作为现存世界体系霸主的美国试图利用任何资源和手段护持美国治下的国际秩序，但显得力不从心，尽管中国和印度均无主观意愿挑战美国的主导地位，但客观上美式霸权相对式微之势又不可逆。

四是中国和印度在国际体系中都是非依附性的独立行为体。中国的身份定位已发生微妙变化，即从有全球影响的地区性大国到兼具最大的发展中国家和世界大国的双重身份。成为世界大国一直就是印度的国家理想，尼赫鲁（Jawaharlal Nehru）那耳熟能详的印度要成为"有声有色"的世界级大国的呐喊和自我定位被无数次引述，独立后印度对外宣示的、曾一度走样了的不结盟政策和当今所谓的"战略自治"甚至"超越战略自治"也能够验证印度在国际系统中的独立性和世界抱负。① 正如印度前总理曼莫汉·辛格所言："印度国内政策和对外政策的重点是密不可分的，我们外交政策的主要任务是为快速发展创造一个有利的外部环境，我们的政策是要努力扩大发展的选择余地，在世界上实现战略自主。外交政策上的独立自主使我们能够同世界上所有的主流国家进行互利合作，同邻国建立和平、合作关系是我们外交政策的重要组成部分。"② 所以，把中印置于任何三角关系或多边互动环境，中印关系也都具有独立性，不依附于彼此同任何第三方的关系。③

五是快速崛起中的中国和印度一方面在客观上是美国主导的现存国际制度和国际体系的参与者和受益者，另一方面因话语权受限又是现存国际体系的不满者和体系调整的动力源。虽然中国和印度均表示在主观上无意挑战美国主导的国际体系，但鉴于体系动态平衡的绝对性和中印两国的建设性参与在客观上使中国和印度成为国际体系动态均衡的推动者。这样，现存国际体系的护持者美国同中国、印度之间的结构性矛盾就是不可避免的，所幸的是现有国际体系远非帕累托最优，实现帕累托

---

① 关于印度外交战略取向或指导思想的变化，从不结盟到准结盟，再到冷战后 "战略自治" 和 "超越战略自治" 阶段的演变，可主要参见 K. Subrahmanyam, "Non-alignment Under Stress", *Strategic Analysis*, Vol. IV, No. 9, December 1980; Sumit Ganguly, "The Genesis of Non-alignment", in Sumit Ganguly, ed., *India's Foreign Policy: Retrospect and prospect*, (New Delhi: Oxford University Press, 2012), pp. 1 – 10; Jayanta Kumar Ray, *India's Foreign Relations 1947 – 2007*, New Delhi: Routledge, 2016, pp. 18 – 51; C. Raja Mohan, "Beyond Non-alignment", in Kanti P. Bajpai and Harsh V. Pant, eds., *India's Foreign Policy*, (New Delhi: Oxford University Press, 2013), pp. 27 – 43 and *Crossing the Rubicon: the Shaping of India's New Foreign Policy*, (New Delhi: Viking/Penguin, 2003), pp. 29 – 56; Rajendra M. Abhyankar, *India Diplomacy: Beyond Strategic Autonomy*, (New Delhi: Oxford University Press, 2018).

② 曼莫汉·辛格2008年1月15日在中国社会科学院的演讲——《21世纪的印度与中国》，2008年4月18日，中国网，http://www.china.com.cn/book/zhuanti/qkjc/txt/2008-04/18/content_14978856.htm。

③ 关于 "中印+" 互动环境尤其是中印美三边互动下中印关系是独立自在的还是依附性的问题，判定的根本标准并非简单地依据中印两国在三方互动中采取什么样的具体政策策略，而要从四个相互关联的方面来评估，即外交主体是否独立？自我定位和外交抱负如何？是否具有独立的决策能力和意志力？是否拥有丰富的外交资源和外交执行力？从这四个方面看，对于中印两国而言，答案都是肯定的，中印关系是自在的。印度完全倒向美国一边结盟共同遏制中国的可能性不大，除非我们自己的战略和政策出现重大失误。2017年，夏洞朗边境危机的处理和中印两国领导人武汉会晤及此后准机制化的领导人会晤等也基本排除了上述的 "除非" 例外情况。

改进从本质上不会伤及国际体系霸主和体系参与者任何一方既得利益而实现包括中国和印度在内的参与方的收益增进，问题的关键在于"益""损"观念和思维逻辑的调整，这恐怕是国际体系实现动态均衡并更具可适性的最大挑战。至于美国、中国、印度以及其他主要参与者之间的互动则是另一个层面的问题。

国际体系无政府性使国家利益诉求依旧是国家行为选择的基本动力，所以被主体认知到的国家利益之间的协调就成了国家间合作的条件。正如修昔底德（Thucydides）所言："无论是城邦抑或是个人之间，相同的利益才是最可靠的联结纽带。"① 19世纪英国首相索尔兹伯利（Salisbury）用另一种表达方式描绘了完全相同的判断，即国家间"唯一经久的联合纽带"在于"全无彼此冲突的利益"。然而，利益何来？马克斯·韦伯则向前进了一步："观念虽不像物质和精神利益那样直接支配人的行为，但是由观念造就的'世界意象'却像扳道工一样发挥着确定运行方向的作用，使受利益驱动的行动沿着观念确定的方向行进。"② 显然，驱使行动的利益也受到人的主观判断的影响，如此这般利益就不再是先验的，而是基于经验构成性的。在经典现实主义的文本内，我们同样可以找到近似的表述，汉斯·摩根索寻着韦伯的逻辑——在一特定的历史时期内，究竟是哪一种利益决定政治行为则要视制定外交政策时所处的政治和文化环境而定——指出，"这一论断也适用于权力概念，其内涵及运用的方式取决于政治和文化环境"。此外，"国家的权力不仅依赖于外交的技术和武装力量的强大，而且依赖于它的政治哲学、政治机构和政治政策对其他国家的吸引力"。③ 由此推知，国家利益的内涵和追逐方式也受内外政治文化环境的影响制约，社会建构的蕴意不言而喻。中国与印度正是

---

① Hans J. Morgenthau, *Politics Among Nations: The Struggle for Power and Peace* (5$^\text{th}$ Edition Revised), New York: Alfred A. Knopf, 1978, pp. 8 – 9.

② Marianne Weber, *Max Weber*, Tuebingen: J. C. B. Mohr, 1926, pp. 347 – 48; see also Max Weber, *Gesammelte Aufsatze zur Religions sociology*, Tuebingen: J. C. B. Mohr, 1920, p. 252. 另见［美］汉斯·摩根索:《国家间政治：寻求权力与和平的斗争》（汉译本），徐昕等译，中国人民大学出版社1990年版，第14页。

③ ［美］汉斯·摩根索:《国家间政治：寻求权力与和平的斗争》（汉译本），徐昕等译，中国人民大学出版社1990年版，第14、203页。

在这样的社会文化语境下再塑两国关系和互动模式的。

第二节　中印行为互动的价值取向
——合作与竞争交织

就中国和印度之间互动和关系取向而论，竞争与合作是两国互动的常态模式，甚至在某些领域或某个时段竞争甚于合作，但世界体系或地区体系的非帕累托最优且常态化境况，为包括中国和印度在内的各相关参与方实现国际体系演进中的帕累托改进提供了客观条件。中印两国的崛起是一个渐进过程，GDP 总量固然是衡量国家力量的核心要素，但包括软硬实力在内的综合国力才是决定性因素。所以，中国和印度成为真正的世界级大国都尚有很长的路要走，漫漫征程还充满着各种不确定性甚至严峻的挑战。两国在接受融入和参与而非打破现有美国为主导的国际体系中实现自我身份的再界定，"从某种意义上说，中印与国际体系的关系已经越过了'战略十字路口'，踏上了融入国际体系的和平发展之路，它们的发展是有利于体系均衡的，也有利于现行体系的主导国……同时，这也将促进中印关系朝着良性的方向发展，即中印共同崛起的影响无论对于国际体系还是中印双边关系都不是零和的"。①

在这里，回顾一下历史经典同样具有启发意义。大卫·休谟（David Hume）关于富国和穷国以及富国（发达国家）如何面对穷国（后发国家）追赶的逻辑对于体系主导者美国和中印后发国家、中国和印度两国间互动模式等就值得包括中印在内的当今国际体系主要参与者深思。即使"敌对的国家之间的相互竞争一定会使所有这些国家的工业保持繁荣……如果英国和上述国家（德、意、西班牙和法国）的首脑们相互之间采取宽容和善意的态度，那么这些国家将更加繁荣"。② 亚当·斯密（Adams Smith）也表达了同样的观点："一个国家只有当其邻国都成为富有的、勤奋的和商业化国家时，才有可能通过对外贸易而致富繁荣。一

---

① 赵干城：《国际体系均衡与中印共同崛起》，《现代国际关系》2006 年第 7 期。
② Eugene Rotwein, ed., *David Hume: Writings on Economics*, Madison: University if Wisconsin Press, 1955, pp. 81–82.

个被野蛮的游牧部落和贫穷的原始部落包围的大国，无疑只能依靠开发自己的土地和发展内部商业，而不是通过对外贸易来积累自己的财富。"①

当人们尚纠结于国际合作带来的绝对收益（自由主义）或相对收益（现实主义）之算计和相关诉求之达成时，罗斯托（W. W. Rostow）在20世纪80年代对美欧发达国家的忠告言犹在耳，也颇发人深思："今天发达国家的社会和物质基础结构的命运不再取决于保守派和自由派政客们的力量对比，而是取决于政治秩序对于一个充满技术竞争的新时代的反应……（反应状况）将决定馅儿饼能否进一步增大以及能否保持和发展现已取得的成绩。为了迎接世界经济中的新技术挑战，美国和西欧必须在政策上改弦更张，不再强调对假设能自行增大的馅儿饼进行分配的零和斗争，而是强调长期合作以确保馅儿饼能真正不断增大。"② 面对21世纪世界经济政治的大规模调整，发达国家需要力量联合、均衡自信，保持自身活力并帮助整个世界完成复杂且具有一定危险的调整，其中"强有力的地区性国际组织是发达国家和欠发达国家之间关系调整得以顺利进行的一个有效机制"。③ 显然，这里强调国家间合作和区域合作是克服或避免国际体系调整中诸多不确定性和挑战的有效路径，无疑对中印发展伙伴关系的建构具有启示意义。

第三节 基于地缘政治经济学双重属性的中印地缘战略的恒变逻辑

地缘政治经济学科的双重属性——客观性和可塑性分别为中国和印度两国地缘战略的"恒"与"变"提供理论支撑。

地缘战略的恒常性表现为：一是中印两国自然地理属性的恒定性和非战环境下国际政治经济体系和结构性调整的渐进性；二是中印从国家

---

① Adam Smith, An Inquiry into the Nature and Causes of the *Wealth of Nations*, New York: Random House, 1937, p. 462.
② [美] W. W. 罗斯托：《富国与穷国》（汉译本），王一谦等译，北京大学出版社1990年版，第81页。
③ [美] W. W. 罗斯托：《富国与穷国》（汉译本），王一谦等译，北京大学出版社1990年版，第81—86页。

中心和整体主义的地缘观界定自我身份、评估他者意图、分析和预测世界政治经济体系的护持和变迁之方法的有效性保持稳定。所以，传统思维和观念将对两国的地缘战略判断产生持续的影响，这对中印良性互动有负面效应。但是，可变性则为打破思维定式和地缘战略调整提供了理论路径和现实空间。

地缘战略的可塑性表现为：一是世界体系和亚洲区域体系处于一种动态均衡状态，均衡孕育着变化，调整是一种必然；二是尽管存在竞争，但经济相互依存、共同的安全威胁、维持的能源稳定供给等已经成为抑制中印对抗和大规模冲突的堡垒，并促使两国转变对抗制衡思维定式；三是基于内外环境、价值信仰、社会学习的社会认知系统使中印之间渐进性地调整其对地缘环境和国家利益的认知[①]，并影响各自的地缘战略取向和伙伴关系建设路径的选择。

简言之，中印两国地缘战略的"恒""变"关系既警示双方陷入地缘对抗、强化安全困境的可能性，又提供增进两国战略互信、深化合作、避免恶性竞争的理论路径。

---

① 随新民：《中印关系研究：社会认知视角》，世界知识出版社2007年版，第41—56页。

第三章

印度的外交战略、对华政策及中印双边关系嬗变

鉴于中国对印度的认知和政策取向相对稳定，而印度对华认知和政策取向则经历了巨大的波动，中印双边关系的演进很大程度上取决于印度对中国的认知和对华政策。因此，我们在分析中印战略合作伙伴关系建设前，有必要对印度的外交战略、关于中国的认知及对华政策作简要的考察。

第一节 印度对华认知的恒常性与政策的工具性

自我认知和客体认知一旦形成就具有持久性，除非有持续的外在压力或突变而使原有的认知结构无法自我恢复平衡，否则原有认知总是能够自我找到平衡点，或者对同原有认知不符处做出自我满意的解释以恢复原有认知系统的平衡，这就是"认知相符"。1962年10月中印边境冲突的结果，使印度的世界大国地位和引领中国进入国际社会的认知系统无法恢复自我平衡，尽管印度不愿意承认中国在国际社会的地位和影响力超越了自己的现实，印度方面还是在对华冷漠或敌视中渐进性地调整了自我认知和对中国的认知，从更加理性客观的视角来审视中国。改革开放以来中国经济持续高速增长和综合国力的提升、20世纪90年代初印度经济改革的起步、冷战后国际体系变革、中印两国利益交汇点的增多、两国决策者的政治远识与大局观等诸多因素共同推进了印度对华认知的

调整。印度对华政策调整和中国对印外交调整的努力相向而行，中印双边关系在遗留的边界问题尚没有解决、互信赤字明显的背景下得以持续改善。当然，这种对华认知和政策的渐进性调整直到今天也很难说已经到位，印度认知系统中的中国形象和定位依然同"威胁或潜在威胁""竞争对手甚至敌人"联系在一起。人们不禁产生这样的疑问：印度如何认知中国？这是一个综合而复杂的问题。从印度独立建国到现在，中国被视为朋友还是敌人？是合作伙伴还是竞争对手？同对华政策调整尚未完全到位相对应，其对华政策的模糊性仍然存在。中印关系发展一直受困于此，即使在双边关系的"蜜月期"，情况也是如此。新中国成立之初，围绕中国人民解放军进驻西藏问题，印度朝野展开了一场激烈的辩论，印度决策层承认新中国存在和解放西藏的现实，并不意味着在观念上解决了西藏地方同中国中央政府之间关系的问题。印度对华认知的背后有着什么样的深刻原因呢？换言之，印度是如何看待西藏的历史地位以及西藏对印度认知的国家利益的影响呢？中印两国共同倡导了国际关系的基本原则——和平共处五项原则，但两国因边界遗留问题反倒是刀戈相见。

深究印度对华政策和中印关系演变的事实，无论印度视新中国为敌人或是朋友、合作伙伴或者竞争对手，印度的对华政策都包含着用单一逻辑无法解释的问题，如既承认中国中央政府同西藏地方关系的现实，又不明确承认西藏是中国领土的一部分；20世纪50年代初既坚持对华友好，在一些涉华问题上支持新中国，又在朝鲜战争期间蚕食传统上属于中国西藏地方管辖的领土。我们的问题是：印度接受和平共处五项原则的根本动机何在？是友善之举，还是另有他图？显然，印度对华政策中的工具性无可回避。20世纪50年代后期，中印边界分歧日渐凸显，印度国内就边界问题展开了一场激烈的辩论，印度的对华政策再次成为朝野的焦点。边境冲突后，争论虽然结束，但印度对中国的认知似乎更加偏离实际。在安全领域，印度对中国的认知或许更加复杂，精英层也从未形成共识，不结盟外交思想及其相关政策的工具性自是不言而喻。[1]

---

[1] 随新民：《印度对中国的认知与对华政策》，河南人民出版社2008年版，第22—23页。

第二节　印度的世界观、外交理念与政策实践——恒与变

分析印度的国际战略和外交政策有两个因素无论如何都是绕不开的，一是世界大国目标，渊源可追溯至印度自始至终笃信的"印度自公元前 2500 年印度河文明以来一直处于人类文明的前沿，印度的伟大是一种宿命（destiny）。这种潜在的信仰已经植根于印度持续谋求国际体系中大国地位的进程"。① 至于现代印度的世界大国梦则直接源于殖民地时期以尼赫鲁为代表的民族独立运动领袖们的世界观。二是独立后印度外交政策的取向问题，这是很多考察分析印度外交政策与实践的学者和观察者都面临的困惑。即"有多少印度外交关系的主要实践者笃信国际道义原则或是现实主义准则，抑或是二者的混合兼容？以及相应的是谁在独立之初促成的"？② 无论答案如何，都无一例外地聚焦于"不结盟"，被视为印度外交基石的"不结盟"思想和外交实践（也无论是否名副其实）成了难以超越的。不结盟政策策略缘起几乎与印度立国同步，"历经嬗变的印度外交政策和国际关系策略手段追根溯源于不结盟（non-alignment），再经由战略自治（strategic autonomy）到战略接触（strategic engagement）思想"。③ 至于"不结盟"的复杂渊源（远不止源于甘地的非暴力思想）以及实践中的权力元素、实用性、工具性以及不结盟运动等，印度学者贾彦塔·瑞（Jayanta Kumar Ray）做了比较中肯的分析。④

世界级大国诉求是印度独立前就已萌发并始终如一恪守的发展目标。在当今印度社会，成为世界级大国绝非仅仅是政治家和社会精英魂

---

① Rajendra M. Abhyankar, *India Diplomacy: Beyond Strategic Autonomy*, New Delhi: Oxford University Press, 2018, p. 135.

② Jayanta Kumar Ray, *India's Foreign Relations: 1947 – 2007*, New Delhi: Routledge, 2016, p. 1.

③ Namrata Goswami, "India's Strategic App. roach to Asia", in Namrata Goswami, ed., *India's App. roach to Asia: Strategy, Geopolitics and Responsibility*, New Delhi: Pentagon Press, 2016, p. 1.

④ 参见 Jayanta Kumar Ray, *India's Foreign Relations: 1947 – 2007*, pp. 18 – 51.

牵梦萦的夙愿，而是一种社会共识和国家意志，是驱动印度社会发展、展示国家力量的动力。尼赫鲁关于印度要做"有声有色的大国"[①] 的名言被无数次地用来描绘印度的大国心态和诉求，它的确也最能反映印度的这一战略文化特性。即使在面临困境、国力不济时，印度人也依然如此。"暂时忘掉目前的问题，我们向前看，印度将崛起为一个强大的合众国，一个自由组合的联邦，与她的邻国建立起亲密的关系，并在世界事务中扮演着重要的角色。她是世界上为数不多的有能力、有资源自力更生的国家之一……不管发生什么，如果印度能够发挥她的影响，世界将变得美好。因为印度的影响将一直有利于和平与合作，一直反对侵略。"[②]

尼赫鲁在印度独立之初曾就外交政策指出："我可以理解欧洲和亚洲某些较小的国家为形势所迫屈从于某些大国，因为无奈而在实际上成为那些大国的卫星国或附属国。那些强加的力量如此之大，以至于他们没有别的选择。但是，我们不是弱小或中庸国家的公民……如果某个军事大国进攻我们，我们无疑会受到伤害，对此我不能自欺欺人，然而过去我们终究在民族独立运动中反对过最强大的世界大国之一。"[③] 所以，"考虑任何一个亚洲国家或是一组国家的重大问题，印度因素都必须计算在内。无论问题属于国防、贸易、工业或是经济政策方面，印度都不能被忽视。她之所以不能被忽视，是因为她那令人信服的地理位置，也是因为她拥有事实的或潜在的力量和资源。无论她的实际国力如何，印度是

[①] 这是尼赫鲁的《印度的发现》论及印度的国际地位时的名言——"印度以它现在的地位，是不能在世界上扮演二等角色的。要么做有声有色的大国，要么销声匿迹，中间地位不能引动我，我也不相信中间地位是可能的"，恐怕是迄今分析印度国际地位时引证率最高的。尼赫鲁还在一次著名的全国广播讲话中说到，印度注定要成为世界上第三或第四位最强大的国家。印度的国际地位不是与巴基斯坦相比，而应该同美国、苏联、中国相提并论（见 V. M. Hewtt, *The International Politics of South Asia*, Manchester University Press, 1992, p. 195）。事实上，独立后印度的外交战略和政策至今没走出"巴基斯坦困境"，其成为一流世界大国的诉求还远没有变成现实。

[②] ［印度］贾瓦哈拉尔·尼赫鲁：《印度的发现》（汉译本），齐文译，世界知识出版社 1958 年版，第 57 页。

[③] 尼赫鲁 1948 年 3 月 8 日讲话中的内容，参见 *India's Foreign Policy*, New Delhi: Publication Division, 1962, p. 32。

一个潜在的强国,并且拥有支撑国家持续繁荣富强的资质"。① 在国家力量尚未强大到足以颐指气使时,积极推进世界多极化进程最有利于印度国家利益的达成。当然,直到21世纪关于印度是否为世界大国一直存有争议,正如史蒂芬·科恩(Stephen Cohen)所言,在"印度自我认知的过去现在将来的伟大"(greatness)和怀疑派及印度社会贫困的现实(the reality of a still-poor people)之间存在巨大的反差,印度何时以及如何成为亚洲乃至世界大国总体上无疑取决于印度自身,但在一些关键领域,美国等外部力量无疑将产生重大影响。②

不结盟是冷战时期印度外交政策的基石。这既是印度大国逻辑的延伸,也是实现大国诉求的外交战略和路径。鉴于综合国力和可资利用的资源所限,独立后印度明确地宣称把不结盟作为其外交政策的基础。③ 印度的不结盟外交源于其对联合国投票机制的认知和评估。冷战时期集团对立在联合国的表决过程表现得淋漓尽致,面对如此国际背景,印度认为应保持自身的独立性,避免在东西方两大集团之间做出选择④。"这种独立处理国际事务的方法逐渐演变成为印度的不结盟外交政策。尼赫鲁把不结盟视为保持印度外交独立的保障。"随着不结盟外交的日渐明朗,印度也在对抗的两大阵营之间扮演着和平缔造者的角色,在20世纪50年代印度扮演的斡旋者角色给世人留下了非常深刻的印象。⑤

---

① Jawaharlal Nehru, *Independence and After: A Collection of Speeches*, 1946 – 1949, New York: John Day, 1950, p. 32.

② Stephen P. Cohen, *India: Emerging Power*, Washington DC: The Brookings Institution, 2001, pp. 3 – 5.

③ Rajendra M. Abhyankar, *Indian Diplomacy: Beyond Strategic Autonomy*, New Delhi: Oxford University Press, 2018, p. viii.

④ 关于印度不结盟(non-alignment)政策的起源与演变,印裔美国学者苏吉特·甘古力(Sujit Ganguly)从个人、国家、体系三个层次做了简洁清晰的分析,认为甘地的遗产和尼赫鲁个人的世界观与价值观、印度国家历史、两极对立的国际体系综合促成了不结盟政策,其演变终结也同时是三种力量共同作用的结果。参见 Sujit Ganguly, "The Genesis of Non-alignment", in Sujit Ganguly, ed. , *India's Foreign Policy: Retrospect and prospect*, New Delhi: Oxford University Press, 2010, pp. 1 – 5.

⑤ Yeshi Choedon, "Politics and Diplomacy in the UN", in G. P. Geshpande and Alka Acharya, eds. , *50 Years of India and China: Crossing a Bridge of Dreams*, New Delhi: Tulika, 2000, p. 469.

总之，不结盟外交不是消极被动的，而是一种积极进取型的外交战略，其实质就是基于国家利益的认知，赋予印度在战略决策上的自由，是一种"战略自治"而非处理国际关系的道德准则。这种战略自治使力量并不强大的印度在两大集团之间保持独立性甚至扮演某种调停者角色，既可以推进世界多极化进程，圆世界大国的梦想，又能更好地保障印度的安全利益。"印度正在成为并注定会是一个在世界事务中有影响的国家。这并非是我希望的军事意义上的，而是其他更为重要、更加有效的层面。"① 对于中立不结盟战略的功利性，尼赫鲁也毫不讳言："如果爆发大的战争，我们没有什么特别的理由非参加进去不可……如果我们能有所作为，我们就不参战；当时机到来需要我们做出抉择时，我们将加入有利于我们的利益的一方。"② 印度主导的不结盟运动确曾发挥某种超越其实力所及的作用，印度在20世纪60年代也的确在美苏之间有着较大的回旋空间，固有的大国情结进一步强化，以至于其战略目标和行为预期超出自己的资源限度。当然，最能折射出不结盟工具性的是1971年的《印苏和平友好合作条约》。所以，有印度战略分析家精辟地评价道："尽管尼赫鲁拒绝以结盟方式谋求印度的国家利益，继任者也传承了不结盟思想，然而结盟的政治诱惑力还是渗入印度外交政策计算的各个层面。"这种"类结盟关系"（alliance-like relations）在冷战结束后印度外交实践中更是比比皆是，并且堂而皇之地以构筑多方位接触（multi-directional engagement）的大国间伙伴关系的名义呈现出来。③ 所谓"战略自治"或"超越不结盟"取代"不结盟"成为一种时尚，但所谓"不结盟"并未

---

① 这是尼赫鲁1948年3月22日解释印度不结盟实质时的表述。参见"the Prime Minister's Statement That Non-alignment Does not Mean Isolation from the Rest of the World, 22 March 1948", in A. App. adorai ed., *Select Documents on India's Foreign Policy and Relations* 1947—1972, Vol. 1, London: Oxford University Press, 1982, p. 14。

② 这是尼赫鲁1947年12月在印度制宪会议上的言论，参见K. Subrahmanyam, "Evolution of the Indian Defence Policy 1947 – 1964", in *A History of the Congress Party*, Delhi: AICC and Vikas Publishing House, 1990。

③ C. Raja Mohan, "Beyond Non-alignment", in Kanti P. Bajpai and Harsh V. Pant, eds., *India's Foreign Policy: Reader*, New Delhi: Oxford University Press, 2013, pp. 27 – 43; see also C. Raja Mohan, *Crossing the Rubicon: the Shaping of India's New Foreign Policy*, New Delhi: Viking/Penguin, 2003, pp. 29 – 56。

在印度外交话语和文献中销声匿迹。不结盟的工具性在印度 1998 年 5 月核试验后同美国关系互动中的表现尤其凸显。①

第三节 印度对华认知与对华政策的调整

关于印度对华认知及政策调整,可从以下三个层面考察。

一 印度对华认知理路和"敌对"角色的固化

新中国成立之初,居印度对华认知系统核心地位的是西藏问题、边界和安全问题。当时,印度最优先关注的还是自己从英国继承过来的、在中国西藏的"特权"能否得以维持,印度反对中国人民解放军进入西藏很大程度上是出于这方面的考虑。其次才是同西藏问题密切联系着的安全战略和边界方面的考虑。

1954 年 4 月 29 日签订的中印《关于中国西藏地方和印度之间的通商和交通协定》是印度对华知觉的转折点,此前,印度对中国的总体形象是非敌非友,尼赫鲁、梅农等人的谈话印证了这一知觉。

此后至 1958 年,印度对华的总体知觉是善意和友好。这是基于印度这样的认知逻辑:1954 年的协定解决了中印之间包括通商、交通、边界等在内的所有遗留问题,新中国中央政府"默认"了历史上的《西姆拉条约》和"麦克马洪线"。以 1954 年 4 月 29 日中印两国关于撤出印度在中国西藏地方的武装卫队等问题的换文为文本,内容分析显示:印度对

---

① 印度领导人的相关谈话和声明就颇具代表性。时任印度总理的阿塔尔·比哈里·瓦杰帕伊(Atal Bihari Vajpayee)在 1998 年 5 月核试验后遭到美国谴责制裁时宣称,印度和美国是"天然盟友"(natural allies);并写信给美国总统克林顿辩称邻国中国构成印度的威胁,也是印度核试验的原因。See Atal Bihari Vajpayee, "India, USA and the World: Let Us Work together to Solve the Political Economic Y2K Problem", the Speech at the Asia Society, New York, 28 September 1998 in Foreign Relations of India: Select Statements, May 1998-March 2000, New Delhi: Ministry of External Affairs, 2000, pp. 57 – 69. 1998 年 5 月 13 日,《纽约时报》公开了印度总理瓦杰帕伊致美国总统克林顿的信件。该信件主要是为印度的核试验寻找借口,他在信中不指名地把核试验归罪于中国。The New York Times, 13 May, 1998. 见 Susan L. Shirk, "One-sided Rivalry: China'sPerceptions and Policies toward India", in Francine Frankel and Harry Harding eds., The India-China Relationship: What the United States Needs to Know, New York: Columbia university Press, 2004, p. 83

中国的总体知觉是友好和善意。换文除去列举的事务和涉及的地名外，总计约 500 字，"愉快""协商""提供协助和便利"三类措辞出现 11 次，单位概率高达 2.2%。①

从 1959 年夏秋的朗久事件和空喀山口事件到 1962 年的边境冲突，印度关于中国的总体认知发生逆转——从善意和友好转变为侵略和敌意。从边境冲突结束到 20 世纪 70 年代中后期，"侵略者"和"敌人"是印度对中国的基本定位，两国之间的敌意和对立也达到了高潮。英迪拉·甘地在不同场合多次公开表明了印度的这一基本看法：1967 年中国的态度仍然不友好，它采取了威胁印度的行动。但印度一直耐心等待中国，以便在适当的条件下开始对话。②"我们没有同中国作过任何竞争，我们对它也没有任何敌意。"③ 言外之意，印度受到中国"不公正"的对待，中国"冒犯"了印度。这种知觉的持久性在今天也没有完全失效。

边境冲突后，印度对华认知趋于固化，我们可以从有关人的谈话或回忆录觉知这一固化现象。连中美之间的友谊也被证明是可能的，那么印中之间为什么不可以友好呢？甘地夫人说过："为了同中国重新建立良好的关系，我愿意同中国会谈。但是，如果另一方没有反应，我们也不可能反复不停地这样说下去。"④ 显然，英迪拉·甘地总理把中印关系的冷漠状况归咎于中国对印度的"敌意和不友好"。"从 1962 年中印边境冲突起，印度的总体对华政策都是围绕边界纠纷而展开的，1976 年恢复大使级外交关系后情况也是如此。英迪拉·甘地政府无疑促成了这一建设性行动。"⑤ 但是，印度的对华政策至少还有另一方面，在边界问题上印

---

① 这里的单位概率是指每一百个文字中出现某类措辞（强调的是"措辞"，而非字数）次数的比率。
② ［印度］伊曼纽尔·波奇帕达斯笔录：《甘地夫人自传》，亚南译，时事出版社 1981 年版，第 125 页。
③ ［印度］克里尚·甘地：《英迪拉·甘地》，上海师范大学外语系译，上海人民出版社 1977 年版，第 330 页。
④ ［印度］克里尚·甘地：《英迪拉·甘地》，上海师范大学外语系译，上海人民出版社 1977 年版，第 330 页。
⑤ Steven A. Hoffmann, "Perception and China Policy in India", Francine R. Frankel and Harry Harding eds., *The India-China Relationship: What the United States Needs to Know*, New York: Columbia University Press, 2004, p. 37.

度政府的立场没有任何松动，"印度历届政府基本上继续了尼赫鲁时期的政策，把边界争端作为关系正常化的核心障碍"。① 尽管英迪拉有与"中国实现和解的冲动"，但在她内心深处则是对中国的怨恨和憎恶。② 所以，许多分析家指出了在印度普遍存在的一种社会心理："在印度，影响自信与和平预期的一个障碍就是1962年中印边境冲突造成的心理创伤，这种心理上的创伤一直延续到今天。"③

即使到了20世纪80年代拉吉夫当政时期，巴基斯坦已经取代中国成为印度现实安全和心理威胁的首要源头，并促使印度走上核武器化道路，但印度并没有放松对中国的警惕。④ 20世纪90年代中印关系中的曲折再次印证了这一社会心理的持久性。

从20世纪70年代末和80年代初到90年代，印度对中国的知觉虽然从此前的"侵略者"和"敌对"角色上有所后退，1976年两国恢复了大使级外交关系，高层互访增多，1993年和1996年先后签订了《关于在中印边境实际控制线地区保持和平与安宁的协定》和《关于在中印边境实际控制线地区军事领域建立信任措施的协定》，但中印两国之间的互信度仍然很低。中印双方尽管在签订"军事领域建立信任措施的协定"时把两国关系定位为"建立面向21世纪的建设性合作伙伴关系"，但"安全威胁"和"竞争对手"仍然是印度对中国的基本定位。1998年印巴核试验后印度领导人瓦杰帕伊和费尔南德斯等人的言论固然有为其核试验寻找借口的考虑，更反映了印度对中国的基本看法和两国之间缺乏信任的事实。2003年6月，印度总理瓦杰帕伊访华，中印两国总理共同签署的中印《关系原则和全面合作的宣言》重申要建立"长期建设性合作伙伴关系"，并承诺"两国互不为威胁，互不使用武力或以武力相威胁"，加

---

① John Garver, *Protracted Contest: Sino-Indian Rivalry in the Twentieth Century*, Seattle: University of Washington Press, 2001, p. 220.

② Shashi Tharoor, *Reasons of States*, New Delhi: Vikas Publishing House, 1982, pp. 86–87.

③ Surjit Mansingh, "Why China Matters to India", in Kanti Bajpai and Amitabh Mattoo, eds., *The Peacock and the Dragon: India-China Relations in the 21st Century*, New Delhi: Har-Anand Publications PVT Ltd., 2000, p. 159.

④ J. N. Dixit, *My South Block Years: Memoirs of a Foreign Secretary*, New Delhi: USB Publishers, 1996, p. 230.

强"两国国防交流的广度和深度"。但是,就当前中印关系现状来看,"合作伙伴"还只是公开的政策宣示,或者说是一种愿望预期,从社会认知的内在规律来看,这种"合作伙伴关系"要真正地调整到位还要经历一个渐进的过程。当然,愿望思维的最大特点是通过认知主体有选择地使用信息、解读信息进而采取符合自身愿望和预期的行为等过程最终使愿望或预期变成现实。约瑟夫·奈描述中美关系的名言同样适用于中印关系:"如果你把中国当成敌人的话,她就真的会变成敌人。"反之也成立,如果你把中国看作朋友的话,她就会真的变成朋友。如果"合作伙伴关系"的确出于中印双方真实愿望的话,这既是构建良性中印互动希望所在,又是双边关系的新起点。

二 印度对华认知调整尝试

由于有了认知相符和认知固化等内在机理的存在,认知主体会自然地简化认知过程,或是把新信息套用到认知系统库存的各种图式、刻板印象的框架内,或是完全忽略那些与已有图式相矛盾的信息,这就使认知调整显得非常困难。但是,认知的相符性和固化特性没有完全排斥可变性,认知结构的调整无论多么困难,它始终是社会认知过程的题中之义。认知调整有两种模式,一种是突变式的调整,即重大事变使原有的认知图式和知觉印象彻底崩溃;另一种是渐进式的调整,与原有认知图式或刻板印象不相符的信息持续增加,使认知相符机制无法恢复平衡,认知主体开始关注新信息,尝试用新的模式解读新的输入源。

就印度对中国的认知和对华政策而言,上述认知理路的每一个阶段都不同程度地包含有认知调整因素:从非敌非友到善意和友好,到敌意和敌人,到安全威胁和竞争对手,到"建设性合作伙伴",再到"战略合作伙伴"。只不过相对于强势的固化知觉——"敌意和敌人、威胁和对手",这种认知调整非常缓慢且不易察觉,其对印度的中国政策的影响自然很小,效用也不大,甚至被完全忽视。1969年元旦和9月,英迪拉·甘地总理就中印关系问题的简短谈话就是一次知觉调整而效用又微乎其微的尝试。英迪拉·甘地表示:我们设法寻求解决中印争端的途径,印度一直没有放弃通过谈判解决一切悬而未决问题的努力;印度准备同中国进行有意义的会谈，以便寻求中印争端的解决。① 这两次谈话都没有提及印度此前一直坚持的谈判的先决条件。中国对此也做出了积极的回应，毛泽东于1970年"五一节"在天安门城楼上同印度驻华临时代办米什拉握手时说："印度是一个伟大的国家，你们是一个伟大的人民"，"我们总要友好的，不能老是这么吵下去嘛"。② 1976年两国恢复互派大使级外交代表的同时，印度也一改以前的态度，使边界问题和发展正常经贸、文化关系问题脱钩，双边经贸和文化关系在中断了14年之后得以恢复。

三 冷战后印度对华认知的结构性调整

印度对中国认知结构的质变性调整则是冷战后的事。调整的原因是多方面的，首先，冷战的结束使印度外交运作的国际环境发生重大变化，原有的外交支点不复存在，相关调整也就在所难免。其次，尼赫鲁的外交遗产——国际道义、理想主义、世界大国——即使在冷战年代也面临多重挑战，后尼赫鲁时代的印度历届政府都在有意或无意中作了某些调整，冷战的结束使印度原有的认知结构平衡遭遇空前的挑战和压力。最后，社会化和再社会化是认知主体的基本属性，学习是社会进程中的关键环节。作为国际社会的行为体之一，印度也从历史经验、国际制度中不断学习国际行为的适当性规范，学习过程也是认知调整的过程。就对华政策而言，拉奥政府全面审查了独立以来印度的对外战略，在继承"尼赫鲁路线"传统、调整外交政策的同时，也在寻求同中国改善关系，实现印中关系正常化。承认"两个亚洲大国之间存在着许多共同利益，中印联合至少能够部分地冲抵西方在国际体系中的支配地位和维护其他第三世界国家的利益"。③ 开启了中印边界问题会谈进程，在安全信任程度很低的环境下，中印两国关于在边境实际控制线地区"保持和平与安宁"和"军事领域建立信任措施"两个协定的签订、在"边界问题联合工作组"框架内的非正式安全对话磋商、1999年启动独立的安全对话和

---

① 《国际新闻大事记》1969年1—6月卷，第74页；7—12月卷，第4页。转引王宏纬著：《喜马拉雅山情结：中印关系研究》，中国藏学出版社1998年版，第297—299页。

② 郭书兰编：《中印关系大事记》，中国社会科学出版社1987年版，第107页。

③ M. S. Rajan, *Studies on India's Foreign Policy*, New Delhi: ABC Publishing House, 1993, Introduction.

磋商机制①等外交行为，不仅具有象征意义，也折射出印度对华认知的渐进性调整过程。

仅从形式上看，印度对中国的认知经历了从非敌非友到善意友好、到敌意和威胁、到对立和冷漠、再回归到非敌非友并致力于合作伙伴关系构建的轮回。但在内容上，非敌非友知觉的回归和建立战略合作伙伴关系的努力②则完全不同于20世纪40年代末和50年代中前期，印度此时对中国的认知少了些扭曲，多了些理性和更加客观中肯的评估。这也是构筑以更加紧密的发展伙伴关系为核心内容的面向和平与繁荣的中印战略合作伙伴关系的观念认知基础。③ 当然，印度对华观念认知的调整同冷战后国际政治经济体系大发展大变革大调整的时代背景、基于共同利益诉求的中印双边调整密不可分，形势比人强的逻辑再次在印度对华观念认知系统中得以验证。

---

① 1999年7月印度外长贾斯万特·辛格访华，两国外长商定把中印之间的安全对话从"边界问题联合工作组"中分离出来，正式启动安全领域的磋商和对话，安全对话的内容也从原则性的战略安全概念过渡到具体问题和具体地区事务等。

② 2005年4月温家宝访印，中印总理就两国如何发展合作伙伴关系和加强经贸等方面的联系进行磋商，并就解决中印边界问题的政治指导原则达成协议。访问使中印关系从"缓和、改善"阶段跃升至"战略合作"和"共同繁荣"的新阶段，即把双边关系提升到"面向和平与繁荣的战略合作伙伴关系"。印度外交秘书萨兰评论说：战略合作伙伴关系的确立表明"在一些国际事务中我们有共同的关切和立场，也使我们的关系具体化，具有全球影响"。温家宝称之为一次"历史性的访问"，并总结出三项重要成果：中国和印度两国政府签署了联合声明，宣布两国建立面向和平与繁荣的战略合作伙伴关系，这就把中印关系提高到一个新的阶段；双方签署了解决两国边界问题的政治指导原则，这是1981年中印边界谈判以来第一个政治指导性文件，标志着两国边境谈判进入一个新阶段；两国签署了全面经贸合作五年规划。温家宝总理还同印度总理曼莫汉·辛格以及其他印度领导人就双边关系和广泛的国际问题交换了意见，基本达成一致。2006年胡锦涛访印，双方发表《联合宣言》，确立中印合作十项战略。在两国领导人的关心和工商界的共同努力下，中印经贸合作成果显著，在中国主要贸易伙伴中，印度对华贸易增长速度是最快的，2007年中印贸易额达到386亿美元，同比增长56%，中国已成为印度第二大贸易伙伴，印度也已成为中国的第十大贸易伙伴。尽管近年来中印双边贸易略有起伏，但总体发展平稳，据中国商务部的公开信息，2017年两国间贸易突破844亿美元大关，增幅超过20%；2018年双边贸易额达955.4亿美元，同比增长13.2%。依据中国海关总署数据，2019年中国和印度的贸易总值是6395.2亿元人民币（约970.7亿美元），同比增长1.6%。中印经济联系日益紧密，互相成为密不可分的重要经济合作伙伴。

③ 2014年9月习近平主席访印，两国签署《关于构建更加紧密的发展伙伴关系的联合声明》，把发展更加紧密的发展伙伴关系作为中印面向和平和繁荣的战略合作伙伴关系的核心内容。中国政府网，http：//www.gov.cn/xinwen/2014 - 09/19/content_ 2753299.htm。

第四节　基于认知结构性调整的
印度对华政策演变

　　印度对新中国的认知同对华政策及行为实践并不吻合。印度精英层普遍认为，新中国对西藏这一国际关系结构中非常敏感地区的和平解放，使印度的领土和国家安全受到前所未有的威胁和挑战。在意识形态对立（所谓的"马克思主义的中国"和"自由主义的印度"）、认知差异巨大（西藏地位）、彼此相互戒备的前提下，中印关系走向对立甚至敌视是合乎逻辑的。然而，事实是1950年不仅没有导致中印敌对和仇视，反而使中印关系超越了一般的友好而成为"创造历史"的年份。这是出于何故？中印关系没有出现敌对的原因首先在于冷战大环境和朝鲜战争的爆发；其次，尼赫鲁和毛泽东的世界观既是其个人观点，又是中印两个国家的看法，他们的世界观也就支配着中印两国的外交政策、国际角色和国际行为。中印两国相互认知分别以毛泽东和尼赫鲁的世界观棱镜折射出来，在两极对峙的冷战环境下，中印两国互为朋友和合作伙伴，有着共同的关注和利益。尽管是相互警觉的邻国，中印两国领导人毛泽东和尼赫鲁还是感知到：只有彼此友好才能使中印两国在国际事务中发挥超乎寻常的独特作用，所以，他们都有意识地超越分歧，致力于中印友好。为此，"尼赫鲁不仅面临着更大的国内压力和对中国把主权范围扩展到西藏的担心，而且还要冲销来自苏联和中国对他本人、不结盟政策和印度的尖锐批评，以避免出现中印对立的局面"。[①]

　　在20世纪50年代初的对华政策上，尼赫鲁的世界观——崇尚和平，反对战争；坚持不结盟，反对排他性的同盟关系；提倡超越意识形态的发展合作——起了决定性作用，他不否认社会主义的合法性，继续支持北京获得在联合国安理会的合法席位，支持中国参与国际事务。因为尼赫鲁一直"把对华友好作为其世界观和外交政策大厦的基石，并把其信任建立在共产主义中国的'中国性'、民族自豪感和'亚洲性'

[①] M. S. Rajan, *Studies on India's Foreign Policy*, New Delhi: ABC Publishing House, 1993, pp. 434 – 435.

之上"。① 当然，"尼赫鲁并没有忽视一般意义上的国家需求。他采取措施来界定印度的领土范围，强化印度的国家安全，限制印度共产党（CPI）的活动，静观中国的相关反应"。②

印度对华政策实践大致经历了如下四个阶段。

一 印度自独立至20世纪50年代初的对华政策

首先，众所周知，独立后印度外交政策有着浓厚的理想主义和道德正义色彩，颇有国际公平、道德正义、世界和平之捍卫者舍我其谁的英雄主义气概。但是，这种理想主义色彩丝毫不排斥在东西方冷战的国际大背景下印度为谋取现实国家利益而做的努力。其次，印度和平结束殖民地历史的特殊经历和印度政治精英层的英国教育背景，使独立后印度的安全战略和外交政策秉承了英印政府的一贯做法，并且继承了英印政府诸多在华既得利益。再次，印度的外交政策也是尼赫鲁世界观和印度大国诉求的反映。印度奉行不结盟政策，固然有取得东西方尽可能多的资金和技术援助的考量，但更有印度政治上的计算，即希望通过发展以印度为中心、以不结盟运动为载体的第三种力量。而此时亚洲的另一个大国中国正为内战困扰，无暇顾及国际事务，这正是印度展示世界大国地位的时机，1947年3月印度临时政府在新德里主持召开的第一届亚洲关系会议就有这方面的考虑。最后，尼赫鲁公开宣称的同私底下的谈话、外交行为也有着很大的差异。他对驻外使节和私人代表的谈话就非常耐人寻味："考虑任何问题首先必须着眼于印度的利益，其次才是事情本身的是非曲直。"③ 这是一种典型的现实主义观念。所以说，印度的国际战略和外交政策是理想与现实、道德与利益、传统与现代的统一。

就印度的对华政策来看，在新中国政权稳固确立后，尼赫鲁就有把新中国"纳入正确轨道"的考虑。尼赫鲁认为新中国的成立是"民族主义的

---

① S. Gopal, *Jawaharlal Nehru: A Biography* (abrdged), London: Oxford University Press, 1989, p. 209.

② Mira Sinha Bhattacharjea, "1962 Revisited", in G. P. Geshpande and Alka Acharya, eds., *Crossing a Bridge of Dreams: 50 Years of India and China*, New Delhi: Tulika Print Communication Services, 2000, p. 435.

③ *Parliamentary Debates*, vol. 3, 1950, col. 1699.

胜利,而非共产主义的胜利",他完全赞同潘尼迦的看法,即中国共产党首先是中国人,只是遥远的共产主义者,对华友好能够引领中国成为亚洲和平的堡垒。所以,印度必须了解中国,尽力让中国进入正确轨道,避免其误入歧途,而执行对华友好政策将使中国加入和平和进步事业,甚至使中国放弃对苏联的依赖。① "尽管尼赫鲁谴责中国中央政府对西藏地区采取的军事行动,但他还是坚持友好和不反对是把中国引入正确轨道的方法。当西藏问题被提交到联合国时……印度设法阻止了联合国安理会讨论西藏问题的计划。"② 此外,印度虽然对新中国的出现和人民解放军进军西藏有种种顾虑和疑惧,在对华政策上也存在不同的声音,甚至有人主张出兵"保卫西藏",但尼赫鲁认为中国当时还不具备"威胁"印度的条件。"中国要优先解决内部问题,对印度不会构成严重的现实威胁,虽然从长远来说,印中之间的某种竞争不可避免。"但印度在竞争中还占有某些优势。如印度独立时的发展起点高于中国,当时印度就希望在印中竞赛中大大超过中国,因为那时的中国政府还没有全面进行和平建设,而印度则计划通过社会动员加速经济发展进程;新中国政府不仅面临众多国内问题,而且还面临外来的安全威胁,卷入朝鲜战争直接与美国对抗,等等。可以说,"40 年代末和 50 年代初,印度制定对华政策是希望印中之间的密切关系有助于改变国际力量对比,从而使印度能更加有效地与中国竞争"。③

在西藏问题上,印度一再强调"西藏自治",与此同时,印度决策者又从不否认中国中央政府与西藏地方的特殊关系。在印度国内就中国的未来走向、解放西藏对印度安全和在西藏既得利益的影响、中印边界问题等存在激烈争论的环境下,印度对华政策选择还是归于现实主义的取向。因为尼赫鲁认识到了新中国存在的现实意义,即中国是一个伟大的国家,无论印度议会对华政策辩论产生什么样的结果,中国都不可忽视。"谁能否认中国作为目前世界大国的权利……无论你喜欢与否,她都是一个大国。"在印度议会的辩论中,尼赫鲁重申了印度政府对西藏的政策:

---

① 赵蔚文:《印中关系风云录 1949—1999》,时事出版社 2000 年版,第 23—24 页。
② Shri Ram Sharma, *India-China Relations 1947–1972: Friendship Goes with Power*, New Delhi: Discovery Publishing House, 1999, p. 14.
③ P. C. Chakravarti, *India's China's Policy*, Bloomington: Indiana University Press, 1962. And Gyaneshwar Chaturvedi, *India-China Relations: 1947 to Present Day*, Agra, India: MG Publisher, 1991.

任何一个国家都无权对在其当下控制的领土范围之外的任何地区谈论主权或宗主权问题。也就是说，如果西藏在版图上不属于中国，那么西藏人民的意愿应当超越任何法律或宪法层面的争论而成为最终的决定因素……西藏人民是否强大到足以去那样做，则是另一回事儿；我们或是任何其他国家是否强大到足以去那样做，则是另一回事儿。但是，告诉中国政府事实是正确和适当的，而且我也没有发现这样做有何困难，即依据你我宣称的任何原则，无论你对西藏享有事实上的宗主权或者主权，关于西藏的地位问题，最后的声音应该是西藏人民的声音，而不是任何其他人的。①

显然，尼赫鲁这番论述有一个基本的前提假设，即上述引语的第一句话，而这一基本的假设与中国中央政府同西藏地方关系的历史事实不符。再者，所谓"西藏人民"概念的界定和内涵也是一个值得讨论的话题。

1. 关于西藏历史地位的认知

就历史上的西藏政治经济社会状况而论，有能力或权利表达心声的只是极少数世俗农奴主、官僚和上层僧侣，绝大多数农奴没有言论权利。依据尼赫鲁的逻辑，这绝大多数人自然也就不属于"西藏人民"的范畴。此乃其一。其二，对于从英印政府继承下来的在西藏的各种特权和商业利益②，印

---

① *Parliamentary Debates*, vol. 3, 1950, cols. 1375 – 1380.
② 关于印度从英印政府那里继承的在中国西藏的特权和商业利益，印度驻华大使潘尼迦在1952年2月拜会周恩来总理时向中方提出的《关于印度在西藏利益现状的备忘录》详细地开列了七项权益：第一，在西藏拉萨驻有使团；第二，在江孜和亚东设有商务代表处；第三，在噶大克驻有商务代表；第四，享有在商业市场以外地方进行商业活动的权利；第五，在通往江孜的商路上设立邮电机构，经营邮政和电信业务；第六，在江孜一带驻扎有军事武装卫队；第七，印度人享有到西藏朝圣的权利。潘尼迦大使表示：印度切望继续保持这些权利，并且认为这是由惯例和协定而产生的。针对印方开列的这些涉及中国主权问题的权益，中国既坚持原则，又策略灵活，适当地照顾到印度方面的利益。周恩来在1952年6月1日对印度驻华大使潘尼迦指出："中国同印度在中国西藏地方的关系现存情况，是英国过去侵略中国过程中遗留下来的痕迹，对于这一切，新的印度政府是没有责任的。英国政府与旧中国基于不平等条约而产生的特权，现在已不复存在了。因此，新中国与新的印度政府在中国西藏地方的关系，要通过协商重新建立起来，这是应该首先声明的一个原则……（这）需要时间和步骤，中国政府建议：将印度过去留驻在拉萨的代表团改变为印度驻拉萨总领事馆。这是可以首先解决的一个具体问题。"根据对等原则，中国要求在孟买设立总领馆，印度接受中国政府的建议。参见韩念龙主编《当代中国外交》，中国社会科学出版社1990年版，第175页。

度在 20 世纪 50 年代初逐渐采取了现实主义态度和对华政策。经过新中国政府成立和关于和平解放西藏"十七条协定"签订前后一段时间的试探和双边互动，印度不得不接受中国中央政府与西藏地方关系的现实，以及中国关于解决印度在藏权益的政策。1952 年早些时候，作为一种友善姿态，印度曾经表示：愿意经适当的程序放弃其在西藏的邮路和武装卫队，把贸易代表及其附属机构纳入正常的领事关系框架。① 1952 年 9 月，印度驻拉萨政治处改名为印度总领馆。为此，印度一些精英从其认知的中印关系、中国政府可能采取对印政策等视角出发，认为印度"在拉萨代表机构的主要问题已经得到圆满解决，我很高兴中印两国在我的任期内再没有什么突出问题悬而未决了"。② 克里希纳·梅农也明确表示："西藏，包括各种贸易安排，是我们和中国之间唯一的、需要合法化的问题。我们之间注定没有其他任何领土（纠纷），而且我们需要做出一些现实安排。"③ 这同中国对该问题的认知有着很大的出入④，即使对于印度方面承诺放弃的在藏特权，事情解决也并不顺利，印度似乎不甘心放弃从英印政府那里继承来的许多特权。⑤ 1953 年 9 月 2 日，印度总理尼赫鲁致电中国总理周恩来，建议中印两国尽早就中印在西藏地方的关系问题进行谈判，中方为了增进双边关系，本着睦邻友好与和平共处的原则，经过 4 个月的谈判，与印度于 1954 年 4 月 29 日签订《关于中国西藏地方与印度之间的通商和交通协定》，印度在藏特权基本被废止，其合法的商业利益也得到了维护。

经过中国人民解放军进军并和平解放西藏前后短暂而激烈辩论之后，

---

① Nancy Jetly, *India-China Relations*, 1947–1977: *A Study of Parliament's Role in the Making of Foreign Policy*, Atlantic Highlands, N. J.: Humanities Press, 1979, p. 31.

② K. M. Panikkar, *In Two Chinas*: *Memoirs of a Diplomat*, London, 1955, p. 175.

③ See Michael Brecher, *India and World Politics*: *Krishna Menon's View of the World*, London, 1968, p. 142.

④ 随新民著《中印关系研究：社会认知视角》（世界知识出版社 2007 年版）的第四章对此有详细的分析，在中英协定的谈判过程中，中印对边界问题、西藏问题的理解存在重大差异，但奇怪的是，中印两国又分别以自己对中印关系中相关问题的理解/认知为基础，达成了谈判不涉及边界问题的默契。这无疑有利于中印协定的谈判，但同时也为中印关系后来的恶性互动埋下了伏笔。详见第 99—114 页。

⑤ 参见王宏纬《喜马拉雅山情结：中印关系研究》，中国藏学出版社 1998 年版，第 84—85 页。

印度政界主张对华友好的一方成为对华政策的主流派。印度对华政策的基本考虑是：利用西藏和平解放的时机，主动加强文化、经济、人员交往，努力改善并逐渐构筑起更加友好的中印关系。在政策层面上，印度也开始采取更加积极的步骤帮助中国取得国际社会的尊重和承认。反对任何形式的"两个中国"论调，不同台湾地区建立所谓"外交关系"；印度是最早提议允许中国进入联合国的亚洲国家之一，坚决支持苏联在联合国安理会提出的关于取消国民党的代表资格而恢复新中国合法席位的议案，这在印度也逐渐成为各政治派别间的一种共识。"尼赫鲁似乎相信中国会逐渐回报印度就中国进入联合国所付出的努力。"[①] 印度在中国进入联合国问题上每年都顶着来自许多非共产主义国家的压力，带头支持或提议新中国获得在联合国的合法席位；努力使新中国在新独立的亚洲国家中获得良好的声誉。[②]

2. 在朝鲜战争、恢复新中国的联合国席位、台湾问题上

第一，朝鲜战争期间，印度在涉华问题上持客观立场。1950年6月朝鲜战争爆发之初，印度一方面投票支持联合国谴责朝鲜的决议，呼吁朝方军队撤回"三八线"以北，支持联合国干预恢复朝鲜半岛地区的和平与安全。另一方面，尼赫鲁也热切希望通过和平谈判解决问题，反对所谓"联合国军"越过"三八线"深入朝鲜境内，并提议中国参加联合国安理会，同美苏一起永久性地解决朝鲜半岛问题。因为尼赫鲁坚信：中国把美国主导的"联合国军"越过"三八线"打击北方势力的行为视作严重的安全威胁，并且会采取一切手段予以抵制，这必然加剧地区冲突；没有中国的支持，任何解决东亚问题的方案无济于事，中国加入联合国能够制止朝鲜危机。尼赫鲁反对称中华人民共和国为"侵略者"的联合国决议，认为中国卷入朝鲜战争只是对"联合国军"越过"三八线"的本能反应[③]，印度因此拒绝出席旨在对中国和朝鲜实施武器禁运的联合国大会；印度担任中立国战俘遣返委员会主席，对最终解决朝鲜战争战

---

① Nancy Jetly, *India-China Relations*, 1947 – 1977: *A Study of Parliament's Role in the Making of Foreign Policy*, Atlantic Highlands, N. J.: Humanities Press, 1979, pp. 25 – 26.

② Shri Ram Sharma, *India-China Relations* 1947 – 1972: *Friendship Goes with Power*, New Delhi: Discovery Publishing House, 1999, p. 14.

③ *Parliamentary Debates*, vol. 8, 1951, col. 2700.

俘问题发挥了某种建设性作用,中国政府对此给予大力支持和充分肯定。

第二,印度拒不出席旧金山对日和会,也不签署《对日和约》。这是基于如下考虑:一是中华人民共和国被排除在旧金山和会之外,会议是片面的,缺乏代表性①;二是《对日和约》没有恢复中国对台湾的主权,台湾地位悬而未决既不公正,又无助于事;② 三是印度投票支持联合国关于谴责朝鲜的决议同美国的台湾政策是两回事,不支持美国在台湾问题上的任何行动。③

第三,在台湾问题上,印度政府一直坚持一个中国原则,中华人民共和国政府是中国的唯一合法代表,反对美国等承认在台国民党当局的政策。从政策层面来看,尼赫鲁和梅农等在不同场合多次表达了印度政府的相关立场,甚至就缓和台海地区局势在中美之间扮演着调停者或中间人的角色。尼赫鲁在人民院就其对华政策辩论时明确指出:"首先,很显然,我们不能承认两个中国。我们只承认一个中国……我们(之所以)刻意承认一个中国,是因为那是一个真正的中国。台湾明显不是中国。"几百年来,无论中国政府的性质如何,台湾都是中国的一部分,开罗宣言和波兹坦公告也都确认了这一事实。④ 万隆会议期间,尼赫鲁和梅农多次就台海危机交换意见,此后还利用其他场合沟通中国与西方相关国家间的信息⑤。1958年12月8日,人民院议员赫姆·巴鲁阿(Hem Barua)提出在联合国代理人中立国的监督下就台湾问题举行所谓"全民公投"、国际社会各方均接受公投结果的建议。尼赫鲁反对巴鲁阿的提议,重申了印度的相关立场:"对于我们来说,那里没有其他的合法政府……台湾

---

① Shri Ram Sharma, *India-China Relations* 1947–1972: *Friendship Goes with Power*, New Delhi: Discovery Publishing House, 1999, p. 15.

② Nancy Jetly, *India-China Relations*, 1947–1977: *A Study of Parliament's Role in the Making of Foreign Policy*, Atlantic Highlands, N. J: Humanities Press, 1979, p. 28.

③ *Parliamentary Debates*, vol. 5, 1950, cols. 217–236. Also in vol. 6, 1950, cols. 2161–2165.

④ *Lok Sabha Debates*, vol. 7, 1954, cols. 511–519.

⑤ 1955年1—2月,英联邦政府首脑会议在伦敦召开,尼赫鲁同英国首相、加拿大总理讨论了台湾局势;同年3月,梅农同美国总统艾森豪威尔和国务卿杜勒斯就台湾问题交换意见,希望美国同中国谈判缓和地区局势。参见 Nancy Jetly, *India-China Relations*, 1947–1977: *A Study of Parliament's Role in the Making of Foreign Policy*, Atlantic Highlands, N. J: Humanities Press, 1979, p. 308, note 40。

及其附近岛屿必须是中国的一部分,即现存的大陆上的中国。"①

3. 在涉华政治与安全领域

为了应对认知中的"西藏消失"后可能来自新中国的安全威胁,印度一方面构筑起了同北部山地国家间的条约体系,以强化喜马拉雅山脉的安全屏障功能。另一方面,印度继承了英印政府试图在东北部构筑"三层疆界线"的安全战略②,继续向中印边境地区传统习惯线以北推进,蚕食"麦克马洪线"以南的中国领土。尼赫鲁在1950年12月6日的人民院演讲中,详细地阐释了印度对北部山地国家的安全知觉:"印度主要的安全屏障(喜马拉雅山)就在尼泊尔的北边,我们决不容许任何人跨越这一屏障。因此,尽管我们体恤尼泊尔的独立,但是我们不能因尼泊尔的任何错误举措——允许外来势力穿越其边境线抑或是削弱我们的边疆——而使我们的国家安全担负任何风险。"③

经过缜密的筹划和准备,印度于1949年6月出兵原属中国西藏地方藩属的锡金,1950年12月迫使锡金签订协定,接管锡金的外交事务,出于印度安全利益的考虑承担锡金的防务,印度驻锡金行政专员以锡金王公以无法维护秩序为由实际接管了一切政务。印度为何此时出兵并完全

---

① *Lok Sabha Debates*, vol. 20, 1958, col. 6441.

② 20世纪初,英印政府为加强自身安全和扩大对中国西藏的侵略,仿效在西北部对付俄国南下扩张而构筑起了一个包括英印控制的内层边界线、杜兰线、以阿富汗与俄国间的边界为外线的"三层疆界线"战略,在东北部也试图构筑一个东方"三层疆界线"战略。第一层边界就把英印政府的有效行政管辖范围稳定在"外线"(Outer Line);第二层是从"外线"向北部山地部落地区推进,以便形成一条对英印有利的印藏边界线;第三层则是清晰地划定西藏同中国内地其余部分之间的界线。其中,第二层和第三层是所谓的东方"三层疆界线"的核心。这也就是后来在西姆拉会议期间英印代表麦亨利·麦克马洪和西藏地方代表伦钦夏扎背着中国中央政府代表陈贻范秘密划定的"外藏线"和"内藏线"。这里的"外藏线"的延伸就是所谓的"麦克马洪线",在安全构想上相当于西北部的"杜兰线",而西藏与中国内地其余部分之间的"内藏线"则相当于西北部的外层战略疆界线——阿富汗同沙俄的边界线。区分"内藏"与"外藏"的目的是把所谓的"外藏"变成一个类似于阿富汗的缓冲国。也就是说,英印政府为了在东北边境获得所谓的"安全疆界"就必须执行向北推进政策。这实际上也是一种寇松"西藏前进"政策在东北边疆的体现,20世纪50年代末印度对华推行的"前进政策"也源于此。关于寇松的西藏前进政策,详见随新民《寇松总督时期英国(印)"西藏前进政策"及其遗产》,《南亚研究》2019年第4期。

③ *Parliamentary Debates*, vol. 6, 1950, p. 1269. Also see C. V. Ranganathan and Vinod C. Khanna, *India and China: the Way ahead after "Mao's India Wa"*, New Delhi: Har-ANAD Publications PVT Ltd., 2000, p. 110.

控制锡金呢？据同年 7 月 27 日《印度斯坦时报》报道，这"同西藏最近发生的动乱有着密不可分的联系……政府某高级官员私底下透露，最近对锡金采取的行政措施并非仅仅为了补救锡金政局之故，而是与整个印度有关"①。这里所谓"西藏发生的动乱"系指 1949 年 7 月 8 日"驱汉事件"前后西藏的变局。1975 年印度正式兼并锡金，变锡金为印度的一个邦。

1949 年 8 月印度与不丹签订《永久和平友好条约》，使两国关系远超出正常双边关系的范畴。② 自此，印度完全控制了不丹的内政、外交和市场，变不丹为印度的附属国。1950 年 7 月印度利用尼泊尔拉纳家族担心自己会像其他土邦一样被印度吞并的恐惧心理，强迫尼泊尔签订《和平友好条约》，把尼泊尔纳入印度的安全体系。条约的第二条和第五条直接或间接地涉及了第三方。第二条规定："双方政府约定，如有与任何邻国发生任何严重摩擦或误会而可能损害双方政府间现有的友好关系时，应互相通知。"第五条则是"共同防御和控制尼泊尔武器进口"的内容。而更重要的内容则是通过双方交换信件的方式确定的③，其中有这样的内容："两国政府都不能容忍外国侵略者对双方安全的威胁。为对付任何此类的威胁，两国政府要彼此磋商并设计有效的反制措施。"④ 众所周知，尼泊尔地处喜马拉雅山脉中段南麓，是一个同中国和印度为邻的内陆山地小国，印度与尼泊尔签订的《和平友好条约》中所谓的"任何邻国"和"外国侵略者"显然是有其特定内涵的。

4. 关于中印边界问题

在中印边境西段地区，印度力图用武力改变西段边界状况，1954 年出兵占领了中国一侧的巴里加斯地区。1959 年 10 月两国也曾在空喀山口发生小规模的武装冲突。在中段边界，双方有争议的 2000 平方公里领土，

---

① 转引自王宏纬《喜马拉雅情结：中印关系研究》，中国藏学出版社 1998 年版，第 57 页。
② 《永久和平友好条约》规定：印度"保证不干涉不丹内政"，不丹同意在对外关系上接受印度的"忠告"和"指导"；没有印度的同意，不丹不能单方面终止或要求修改该条约；印度还负责训练不丹军队，不丹境内的一切道路都由印度国防边境筑路机构承建等。
③ 两国互换信件的内容在很长一段时间里是保密的，1959 年 12 月 3 日在尼赫鲁记者招待会上首次披露。
④ A. S. 巴辛编：《1949—1966 年尼泊尔与印度和中国关系文件集》，第 28 页。转引自王宏纬《喜马拉雅山的情结：中印关系研究》，中国藏学出版社 1998 年版，第 59 页。

除葱沙、桑两地区于1919年被英印侵占外,1954—1959年印度先后占领了巨哇、曲惹、什布奇山口、波林三多、香扎、拉不底等地。

在东段,印度加强了对东北边境区山地部落的政治控制和行政管辖,在当地修筑公路和机场、建立医院的计划都是基于这一目的的行为。[①] 对日后中印边界实际控制线产生更大影响的行动是:在自我认知的驱使下,印度乘新中国忙于筹划国家安全和朝鲜战争之机,逐步把边界控制线推向"麦克马洪线"甚至该线以北。1950年,印度在传统习惯线以北的东北地区建立了20多个军事据点或哨所;1951年2月,印度背弃英印政府在20世纪40年代对西藏地方政府的承诺[②],出兵占领了门隅地区的政治经济中心达旺,赶走西藏地方政府在达旺地区的官员;到1954年,印度已经把东北部的边界推进到"麦克马洪线",并在该线以北的朗久和兼则马尼建立哨所。为使新占领的传统上属于中国西藏的领土"合法化",1950年印度政府在传统习惯线以北和"麦克马洪线"以南地区设立"东北特区",并建立相应的管辖机构——"北部和东北部边境委员会";1954年改"东北特区"为"东北边境特区",归外交部管辖,这意味着有待通过外交途径最终确认。1959年8月25日的朗久冲突事件实际上拉开了中印边境冲突的序幕,经过1962年10月的武装冲突,中印边界实际控制线基本上没有变化。1972年印度把"东北边境特区"改名为"阿鲁纳恰尔中央直辖区",归联邦政府直接管辖,"合法化"程度大大提高;1986年12月印度议会通过法案,将"中央直辖区"正式升格为他们所谓的"阿鲁纳恰尔邦",从法律和行政管辖上完成了对新占领土的"合法

[①] P. C. Chakravarti, *India-China Relations*, Calcutta: Firma K. L. Mukhopadayay, 1961, pp. 45 – 49.

[②] 1940年8月在阿萨姆西隆的政府大厦召开有阿萨姆省督、省督秘书、驻锡金政治官员、驻萨地亚边境地带以及驻巴利帕拉边境地带政治官员等参加的会议,讨论"东北边境问题"。他们接受英印政府的建议,不再坚持对达旺的要求,而是在"麦克马洪线"南面的色拉山脉或者在南面的德让宗附近划一条边界线(见伦敦印度事务部图书档案馆档案: Pol. External Dept.: Collection 36/ File 23, Register No. P. 5515/1940)。1944年12月,英国驻锡金政治官员巴兹尔·古尔德(Basil Gould)向西藏地方官员表示:"我们的政府愿意改变边界,即从色拉起,不是在达旺以北,而是达旺以南",并要求"西藏地方政府官员不要在色拉以南行使权力"(见《中印官员报告》,第103页)。转引自王宏纬《喜马拉雅山情结:中印关系研究》,中国藏学出版社1998年版,第124页。

化"进程。

总之,虽然印度对新中国怀有深深的疑虑,但尼赫鲁非常清楚,两个亚洲大国之间的敌视和对抗更加不利于印度国家利益的维持。所以,印度一方面在安全上加强对中国的防范,甚至乘朝鲜战争期间中国无暇顾及中印边界问题而向北蚕食传统上属于中国西藏的领土,完全占领"麦克马洪线"以南和传统习惯线以北的中国领土;另一方面,又对华示好,在涉华问题上执行对华友好政策,试图以此赢得中国在涉及双边利益问题上的某种让步或回报。如上分析,印度代表团一再提议中华人民共和国政府应获得中国在联合国的代表资格;坚持一个中国原则,反对美国的对台政策;尽管对中国西藏有不同于中国的认知,国内就此问题也存在着很大的争议,印度政府还是不赞同在联合国大会上讨论西藏问题,1950 年 11 月支持英国关于暂时不讨论西藏问题的提议①,反对并拒绝出席在旧金山召开的没有中国参加的对日和会,拒不签署 1951 年的对日和约;担任中立国遣返委员会主席,积极推动朝鲜战争中战俘问题的解决;等等。

这里,我们有必要就 20 世纪 50 年代中前期印度对中国的认知和对华政策之间的看似悖论的现象略作解释。新中国成立之初,印度并不把中国看作印度的朋友。但印度朝野经过短暂的对华政策辩论②之后,印度政府还是选择承认新中国政府的对华政策,并成为第一个同中华人民共和国建立正式外交关系的非社会主义国家。印度承认新中国的政策选择同其奉行中立不结盟理念相吻合,即在世界分为东西方两大对抗阵营的背

---

① 1950 年 11 月 24 日萨尔瓦多(El Salvador)代表在西藏分裂分子的唆使下,呼吁在联合国大会上讨论所谓"西藏问题"。在联合国大会讨论萨尔瓦多提议时,英国代表第一个发言,以西藏的法律地位尚不清楚为由提议暂不讨论此问题。这也使印度避免在西藏问题上直接表明态度的困境。参见 Shri Ram Sharma, *India-China Relations 1947 – 1972: Friendship Goes with Power*, New Delhi: Discovery Publishing House, 1999, pp. 27 – 28. Charles H. Heimsath and Surjit Mansingh, *A Diplomatic History of Modern India*, Calcutta: Allied Publishers Private Limited, 1971, pp. 189 – 190.

② 印度决策层就是否承认新中国以及执行什么样的对华政策的辩论主要分为两派:一是以尼赫鲁、梅农、潘尼迦为代表的主流派,主张承认现实,同新中国建立正常的国家间关系,使中国成为国际事务,特别是亚洲事务的正常参与者;另一是以内政部长瓦拉布哈·帕特尔为首的强硬派,认为新中国是印度的安全威胁,主张明确反对新中国解放西藏,甚至提出出兵西藏维护印度从英印政府继承的在藏既得利益。

景下，为显示印度的世界大国的地位，印度采取了走中间路线来维护国家利益的国际战略。承认新中国、在朝鲜战争问题上的中立立场和行为、在台湾问题和中国在联合国代表权问题上的表态，并不意味着新中国被界定为印度的朋友，非敌非友是印度对新中国的基本定位。印度在联合国的行为模式对其外交观念和政策产生了很大的影响，因为"印度在联合国的独立处事方法自然地演变成为不结盟政策，尼赫鲁把不结盟视为维持印度外交政策独立的保障"。① 印度一方面承认中国中央政府同西藏地方的关系现状，另一方面又试图维持在西藏的某些特权，并在朝鲜战争期间逐渐占领传统习惯线以北和所谓"麦克马洪线"以南之间属于西藏地方管辖的地区。

二 印度20世纪50年代中期的对华政策

中印关系在20世纪50年代中期出现短暂的所谓"印地—秦尼—巴伊—巴伊"（Hindi-Chini bhai-bhai，印中人民是兄弟）的"蜜月期"，是双方依据各自的认知和国家利益目标而采取亲善外交的结果，这其中不乏依据错误知觉所作的推断。

以中印《关于中国西藏地方和印度之间的通商和交通协定》（简称"中印通商协定"或"1954年协定"）的签署、共同倡导和平共处五项原则、两国总理互访为契机，中印双方在政治、经济、军事、文化各领域的交往频繁②，中印关系达到了高潮。印度的对华政策主要表现为：

在解决朝鲜战争战俘问题上，在中国的坚持下，印度参加依据朝鲜停战协定成立的中立国战俘遣返委员会，并担任该委员会主席。为顺利完成遣返战俘的工作，印度派出一支多达数千人的看管部队，在美国压力、李承晚集团和蒋介石集团的阻挠下，中立国遣返委员会做了大量的

---

① Yeshi Choedn, "Politics and Diplomacy in the UN", in *50 Years of India and China: Crossing a Bridge of Dreams*, New Delhi: Tulika, 2001, p. 469.

② 中印两国的高层互访主要有：在中国方面，周恩来总理利用各种机会于1956年11月28日至12月10日和1957年1月24—31日两度访问印度；人大常委会副委员长宋庆龄、副总理贺龙分别于1955年和1957年访问印度；以叶剑英元帅为团长的军事代表团于1958年1月访问印度。在印度方面，继尼赫鲁1954年10月访华后，1957年9月印度副总统萨瓦帕利·拉达克里希南访华，5次与毛泽东主席会谈；1958年7月印度海军舰队司令查克拉瓦蒂少将率印度海军旗舰"迈索尔"号访问中国，受到中国海军舰队的热烈欢迎。

工作，尽管其中也包括一些错误的决定和行为，如把众多朝中战俘分别交给李、蒋集团，但毋庸置疑的是，印度为最终解决遣返战俘这一棘手问题作了巨大的努力。周恩来在接见印度看管部队参谋长高尔将军时也充分肯定了中立国遣返委员会的工作，认为中立国遣返委员会"在接受和看管战俘的工作上……都尽了很大的力量，对朝鲜和平做了贡献"①。

在解决印支问题上，印度一贯主张和平解决问题，支持中国关于和平解决印支问题的立场。印度因美国的反对没有被邀请参加日内瓦会议，但尼赫鲁特派自己的亲信、外交决策层的重要人物、时任印度驻联合国代表的克里希纳·梅农在会议开始讨论印支问题后去日内瓦进行外交活动②。梅农利用印度的特殊身份在对立双方之间纵横捭阖，苏比莫·杜德在《与尼赫鲁在外交部》中对此作了概括："尽管美国持保留态度，西方国家认为梅农代表了亚非意见，因此梅农的出色表现使他成了以英法为一方和苏中为一方的调停者。"③ 根据1954年7月21日达成的《日内瓦会议最后宣言》，由印度、波兰、加拿大3国代表组成国际监督监察委员会（印度为主席国），负责监督监察各项协定的实施。日内瓦会议期间，印度积极组织参与由印度、巴基斯坦、缅甸、印度尼西亚、锡兰5国总理参加的科伦坡会议，一方面呼吁在印度支那停火，建议冲突各方举行直接谈判，另一方面要求恢复中国在联合国的合法权利。

总之，无论是出于何种考虑，印度在关系亚洲和世界和平的朝鲜战争问题和印度支那问题上秉持了独立公正的政策主张，并同中国保持密切的磋商和协调，这有助于消除中印两国之间的误解，增强彼此间的信任。

在发起筹备亚非会议期间，印度坚持正义，力主邀请中国参加会议。

---

① 中华人民共和国外交部外交史研究室编：《周恩来外交活动大事记，1949—1975》，世界知识出版社1993年版，第54页。

② 尼赫鲁的行为既有对和平解决印支问题的关注和期待，又有不甘美国压力排斥，乘机提高印度国际地位、展示世界大国风范的考虑。正如尼赫鲁1954年5月15日在人民院演讲所说："由于我们和印度支那在地理上很接近，印度支那问题与我们关系就更密切，我们的一贯态度是不强求参加进去，但同时也不能使我们孤立起来"。参见赵蔚文《印中关系风云录1949—1999》，时事出版社2000年版，第44页。

③ 转引赵蔚文《印中关系风云录1949—1999》，时事出版社2000年版，第44页。

万隆会议期间，尼赫鲁也努力在中国和一些对中国存在误解的国家之间做沟通工作，同周恩来等人一道使万隆会议获得圆满成功。针对会上某些敌视中国或受人指使公开提出所谓"台湾在历史上是一个独立国家""把台湾托管4年或5年再建独立国家"的谬论，尼赫鲁和吴努等人坚决反对。尼赫鲁、梅农还多次同周恩来就台海危机交换意见，会后梅农代表印度政府就缓和中美之间的紧张关系进行斡旋；1955年5月梅农访华后，中国方面为表达维护和平、改善中美关系的诚意，释放了被俘获的4名美国飞行员；后又委托印度协助处理（依据中美大使级会谈达成的"关于平民返乡协议"）在美国的中国平民回国事宜。至于远东地区紧张的原因，印度总统1956年2月15日在议会讲话中把远东和亚洲紧张局势、冲突归因于西方国家继续将中国排除在联合国之外、对中国的禁运和其他歧视性政策①。此外，印度在1954年10月14日同新中国签订了第一个贸易协定；派遣技术人员来华学习中国的农业技术；支持建立印中友好协会和其他促进印中关系的社会团体；② 在中印边界分歧公开，甚至出现小规模冲突的环境下，1959年10月在联合国大会讨论包括中国西藏问题议程时，印度还是投了弃权票③。

至于同中国共同倡导和平共处的动机，尼赫鲁于1954年9月29日在印度人民院的演讲中非常坦率地表达了他的想法："我想归根结底，没有哪一个国家会相信另一个国家……因此，问题不在于我相信那些大国或者小国，而在于我们遵循的某个政策……该政策能够使其他国家对我们失去信任变得越来越困难。我们无须生活在一个事事完美无瑕的神话般的世界里……但是，我们能够使他国因背弃承诺而面临更加危险的国际

---

① 王宏纬：《喜马拉雅山情结：中印关系研究》，中国藏学出版社1998年版，第106页。

② A. Appadorai, "Chinese Aggression and India," *International Studies*, July-October 1963, p. 405.

③ 1959年10月12日联合国大会讨论由爱尔兰和马来亚（Malaya）等国先前提出的、包括中国西藏问题在内的相关议案，并于21日通过指责中国在西藏"实行镇压"的联大决议。尼赫鲁在人民院演讲中说明了印度就此投弃权票的原因：一是中国不是联合国成员，因此联合国不能起诉中国在西藏"违反人权"；二是西藏已经在很长时间内不是独立的国家了，这也使得西藏不能成为联合国的成员。见 Shri Ram Sharma, *India-China Relations 1947 – 1972: Friendship Goes with Power*, New Delhi: Discovery Publishing House, 1999, p. 28; Charles H. Heimsath and Surjit Mansingh, *A Diplomatic History of Modern India*, Calcutta: Allied Publishers Private Limited, 1971, p. 198。

环境。"① "对尼赫鲁及其政府的绝大多数成员来说,一项刻意使中国不得不友好、培育其和平共处习惯的对华政策是印度在喜马拉雅山地区捍卫国家安全最好的保障。"②

20世纪50年代中期以后,随着印度进一步单方面地向北推进控制线,中印之间的潜在分歧就逐渐演变成了潜在的边界冲突。1954年尼赫鲁访华后,印度出版的官方地图就改变了对中印边界的传统画法,以英印政府阴谋制造的中印边界线为已定边界,并以此给中国方面施加压力。与此同时,印度还对中国地图关于中印边界的画法提出质疑。1958年12月14日,尼赫鲁给周恩来发来一封长信,全面而详细地阐明了印度方面对中印边界各段的认知和政策主张:"我们之间不存在边界争端……印度的这些大片领土(系指'麦克马洪线'以南和传统习惯线以北传统上隶属于中国西藏地方政府管辖的地区——笔者注)只能是属于印度的,这是无疑问的,而且对这些土地不存在争端。我不知道什么样的勘察能够影响这些人所共知和确定了的界线。"③ 印度对中国的领土要求和拒不谈判做法到20世纪50年代末演变为步步推进的"前进政策",中印边界冲突在所难免,1959年8—10月的朗久事件和空喀山口事件就是在这样的背景下发生。为缓解边境地区的紧张局势,周恩来总理建议中印两国武装部队即刻从东段所谓的"麦克马洪线"和西段双方的实际控制线各自后撤20千米;在双方撤出武装部队地区只保留民政人员和非武装警察,以便执行行政任务和维持秩序;举行最高级会晤,讨论边界和双边关系问题。④ 尼赫鲁则提出了毫不妥协的反建议:边界应该是1959年11月7日以前的状态,中国撤出印度要求的地区,印度则继续占领中国主张的领土;中国军队必须从印度主张的边界线后撤20千米,在西段撤出阿克赛钦地区;委婉拒绝举行最高级会晤,坚持任何就边界问题的谈判都必

---

① *Lok Sabha Debates*, vol. VIII, Part II, Sept. 29, 1954, col. 3683.
② Charles H. Heimsath and Surjit Mansingh, *A Diplomatic History of Modern India*, Calcutta: Allied Publishers Private Limited, 1971, p. 193.
③ 中华人民共和国外交部编:《中国和印度关于两国在中国西藏地方的关系问题、中印边界问题和其他问题来往文件汇编》(1950年8月—1960年4月),第174—175页。
④ 中华人民共和国外交部编:《中国和印度关于两国在中国西藏地方的关系问题、中印边界问题和其他问题来往文件汇编》(1950年8月—1960年4月),"1959年11月7日周恩来给尼赫鲁总理的信",第212—213页。

须以中国军队单方面撤退为先决条件。① 此外，在周恩来访印前夕，印度最高法院于 1960 年 3 月 14 日作出裁决，规定政府方面无权出让任何印度领土给外国。依据这一判决，如果政府要让出领土或者更改任何辩解主张，就必须修改宪法。换句话说，如果尼赫鲁在即将同周恩来进行的会谈中就西段边界达成协议的话，就必须使协议得到议会 2/3 多数的赞成和在全国所有各邦立法议会 2/3 多数通过。② 这无疑增加了尼赫鲁的政治压力和达成边界协议的难度。1960 年 4 月周恩来访印的结果可想而知。印度加紧筹备实施由尼赫鲁、梅农及高级将领制订的"前进政策"计划。"前进政策"的基本假设是：第一，在内忧外患的背景下，中国不会对印度的军事推进行动作出强烈的反应，更无力发动大规模的军事行动；第二，印军只要进入阿克赛钦并赖着不走，印度就会在双方力量对比中由劣势转为均势，进而占据优势，最终形成对中国的压力；第三，作为不结盟运动的倡导国，印度避而不谈战争，但可派遣巡逻部队切断中国的供给线，迫使中国撤出争议地区，变争议地区为印度的领土。

1962 年 9 月尼赫鲁授权国防部部长梅农组织制订旨在把中国军队"清除"出去的作战计划——"里窝那计划"③。该计划的核心内容是：在中印边境东段，不仅要全部占领非法的"麦克马洪线"以南传统上属于中国的领土，而且还要纠正"麦克马洪线"的偏差，使其"科学化"，即把边界线推进东"麦克马洪线"以北三四英里的塔格拉山脊一线；在西段，拔除中国军队的 21 个据点，完全占领阿克赛钦地区。印度的不妥协态度和"前进政策"以及相应的军事行动最终引发了原本可以避免、负面影响巨大的中印边境冲突。

此外，这一时期印度还不同程度地介入或支持了西藏上层反叛集团的阴谋活动，印度在西藏问题上的双轨政策——既承认西藏为中国的自

---

① 中华人民共和国外交部编：《中国和印度关于两国在中国西藏地方的关系问题、中印边界问题和其他问题来往文件汇编》（1950 年 8 月—1960 年 4 月），"1959 年 11 月 16 日尼赫鲁总理给周恩来总理的信"，第 214—219 页。
② 王宏纬：《喜马拉雅山情节：中印关系研究》，中国藏学出版社 1998 年版，第 190 页。
③ 里窝那（Livorno）又名来克亨（Leghorn），是意大利西南部的港口城市，因时任印度陆军总参谋长的塔帕尔"二战"时曾在那里指挥作战，印度对中国的作战行动计划故而得名。"里窝那计划"又称"来克亨计划"。

治区,又在西藏地方与中国中央政府的关系上有所保留——也给中印关系的健康发展蒙上了阴影。

三 中印边境自卫反击战后印度对华政策:敌视和冷漠

1962年10月边境战争后,印度对中国的总体知觉发生逆转,"侵略者""友谊的背弃者/出卖者"是印度对中国的基本定位。印度的对华政策也以敌对、对抗为基调,中印双方的认知和行为互动导致双边关系跌入谷底,并长期处于冷漠或尘封状态。英迪拉·甘地在不同场合多次公开表明了印度的这一基本看法:1967年中国的态度仍然不友好,它采取了威胁印度的行动。但印度一直耐心等待中国,以便在适当的条件下开始对话。① "我们没有同中国作过任何竞争,我们对它也没有任何敌意。"② 言外之意,印度受到中国"不公正"的对待,中国"冒犯"了印度。

从20世纪70年代末和80年代初到90年代,印度对中国的知觉虽然从此前的"侵略者"和"敌人"角色上有所后退,1976年两国恢复了大使级外交关系,但印度在边境冲突期间构筑的"中国镜像"直到今天也很难说已经完全消失。正如印度资深外交官、现国家安全顾问迪克西特所言:"尽管中印关系在1988年12月19—23日拉吉夫·甘地总理访华后有所改善,但从长期看,问题和猜忌依旧。"③ 这也是知觉持久性的体现。"从1962年中印边境冲突起,印度的总体对华政策都是围绕边界纠纷而展开的,1976年恢复大使级外交关系后情况也是如此。英迪拉·甘地政府无疑促成了这一建设性行动。"④ 但是,印度的对华政策至少还有另一方面,在边界问题上印度政府的立场没有任何实质性

---

① [印度]伊曼纽尔·波奇帕达斯笔录:《甘地夫人自传》,亚南译,时事出版社1981年版,第125页。

② [印度]克里尚·甘地:《英迪拉·甘地》,上海师范大学外语系译,上海人民出版社1977年版,第330页。

③ J. N. Dixit, *India's Foreign Policy and Its Neighbours*, New Delhi: Gyan Publishing House, 2001, p. 219.

④ Steven A. Hoffmann, "Perception and China Policy in India", Francine R. Frankel and Harry Harding eds., *The India-China Relationship: What the United States Needs to Know*, New York: Columbia University Press, 2004, p. 37.

松动,"印度历届政府基本上继续了尼赫鲁时期的政策,把边界争端作为关系正常化的核心障碍"。① 甘地夫人尽管有与"中国实现和解的冲动",但在她内心深处则是对中国的怨恨和憎恶。② 所以,许多分析家指出了在印度普遍存在的一种社会心理:"在印度,影响自信与和平预期的一个障碍就是1962年中印边境冲突造成的心理创伤,这种心理上的创伤一直延续到今天。"③

在安全领域,印度把中国视为主要的安全威胁源。除了强化国防、增加对抗中国的军事实力外,印度还试图巩固独立以来一直在苦心经营的北部山地国家安全体系,以便应对中国的安全威胁。然而,实际效果不遂人愿。印尼(泊尔)关系几乎同中印关系同步趋于恶化。1960年马亨德拉国王解散议会政府,印度认为这是中国唆使下的"反印、反民主"行为,中国"乘提供经济军事援助之机把势力渗透到了尼泊尔,构成了对印度国家安全的威胁"④;20世纪70年代,印度先后肢解巴基斯坦、进行核爆炸,尼泊尔国王比兰德拉1975年2月则以倡导建立尼泊尔和平区和增进同中国的友好关系作为回应。对此,印度认为这违反了《印尼(泊尔)和平友好条约》的原则,等于单方面终止了条约;而对于中尼(泊尔)友好合作关系,印度则认为这是无视自己的安全利益,尼泊尔从中国进口武器尤其不能容忍。

在印度看来,"中国一直以来都在向(印度的友好邻国)不丹施加压力以便使其拉开同印度的距离,并转而靠近中国,这是一个公开的秘密"。⑤ 此外,印度认为,中国不仅在边界问题上与印度为敌、对印度与不丹的关

---

① John Garver, *Protracted Contest: Sino-Indian Rivalry in the Twentieth Century*, Seattle: University of Washington Press, 2001, p. 220.

② Shashi Tharoor, *Reasons of States*, New Delhi: Vikas Publishing House, 1982, pp. 86–87.

③ Surjit Mansingh, "Why China Matters to India", in Kanti Bajpai and Amitabh Mattoo, eds., *The Peacock and the Dragon: India-China Relations in the 21st Century*, New Delhi: Har-Anand Publications PVT Ltd., 2000, p. 159.

④ 在中印关系、印尼(泊尔)关系日趋恶化时,中尼(泊尔)关系则明显升温,1960年中尼两国签订了《和平友好条约》、1961年两国签订了《边界条约》。马亨德拉国王解散政府后,印度对中尼关系非常敏感,认为中国对尼泊尔援助和修筑连接加德满都和拉萨之间公路的主要目的是战略性的,这构成了对印度的安全威胁。

⑤ T. S. Murty, *India-China Boundary: India's Options*, New Delhi: ABC Publishing House, 1987, p. 91.

系有所保留，而且对印度东北部地区的各种叛乱或抗议活动怀有浓厚的兴趣。印度认为纳加族（Naga）叛乱、梅忒族叛乱（Meitei Insurgency）和米佐族（Mizo）叛乱都得到中国的"支持"，这种支持包括武器供应、人员培训和道义声援等。"在'阿鲁纳恰尔邦'，中国甚至诱惑年轻人逃到西藏建立中国支持的反抗组织。"① 同时，印度还声称，中国还同情或支持逃往缅甸北部的纳加族和米佐族叛乱分子。"中国给予缅甸北部地区的各种叛乱组织或运动以道义上的同情和某些反叛组织以物质上的支持，这是不争的事实，尽管物质支持的数量因时而异。"② 这是对印度的领土完整、国内社会秩序的稳定、国家安全的威胁。

　　印度控制不丹、把尼泊尔纳入自己的安全体系一方面是弥补心态失衡和实现大国梦的举措，另一方面则是为了对付中国。印度的政治精英和战略分析家一直认为：尼泊尔的传统做法是在中、印、尼三边关系中利用一方抑制或平衡另一方，以便维护自身的安全利益。20世纪90年代以来，中印关系的明显改善限制了尼泊尔这种传统策略的功效。"但是，中国仍然把自己塑造为尼泊尔可靠的伙伴。中国企业在积极承建尼泊尔重要的基础设施项目的同时，中国方面还暗中鼓励尼泊尔在卡拉帕尼问题（Kalapani）③ 和其他印尼（泊尔）边界纠纷方面采取更加激进的立场。此外，中国方面还一直不停地向尼泊尔定期提供军事装备。"④

---

① T. S. Murty, *India-China Boundary: India's Options*, New Delhi: ABC Publishing House, 1987, p. 93.

② T. S. Murty, *India-China Boundary: India's Options*, New Delhi: ABC Publishing House, 1987, p. 87.

③ 所谓"卡拉帕尼问题"，是由尼泊尔左翼力量共产党（"毛主义"）1996年在尼泊尔中西部地区开展政治活动引出的。该组织宣称其将同印度的极左组织建立松散的关系，目的是建立起一个包括印度比哈尔（Bihar）、马迪亚邦（Madhya pradesh）以及安达拉邦（Andhra Pradesh）部分地区的"完整革命区"（Compact Revolution Zone）。

④ Satish Kumar, "India's Strategic Neighbourhood", Satish Kumar ed., *India's National Security Annual Review* 2001, New Deli: Vikas Publishing House PVT Ltd., 2002, p. 128.

总之，基于上述对华认知，印度的对华政策自然可想而知，在极少有直接的国家间交往背景下，印度主要通过调整同美苏、中国周边国家、南亚国家之间的关系来实现抑华、御华的战略目标，其不结盟外交自此也就大打折扣。

四　20世纪80年代末和90年代初以来印度对华政策的调整

如上分析，"敌人/对抗"是边境冲突后印度对中国认知和对华政策的基调和主流，认知固化属性在印度的对华外交中得以充分体现。但与此同时，在对华敌视和冷漠中，印度对中国的认知结构也悄然地出现些许微调，这为日后调整对华政策提供了观念基础。印度对华政策的调整除传统关注的政治安全事务外，一个非常值得关注的变化是：对华关系领域的拓展，经贸事务日渐侵蚀传统政治安全事务的核心地位。

1. 在政治安全领域的变化调整

1969年元旦和9月，英迪拉·甘地就中印关系问题的简短谈话就是知觉调整而效用又微乎其微的尝试。英迪拉·甘地表示：我们设法寻求解决中印争端的途径，印度一直没有放弃通过谈判解决一切悬而未决的问题的努力；印度准备同中国进行有意义的会谈，以便寻求中印争端的解决。① 这两次谈话都没有提及印度此前一直坚持的谈判先决条件。时任印度副总理德赛的讲话也折射出印度对华认知微调的尝试，尽管他依然在叫嚣决心"收复"被中国"占领"的"印度领土"，但拒不谈判的态度已经明显松动。"如果通过和平谈判做到这一点，那就很好。否则，我们将使用武力收复这些领土。"② 中国方面也做出了积极的回应，毛泽东主席于1970年"五一节"在天安门城楼上同印度驻华临时代办米什拉握手时说："印度是一个伟大的国家，你们是一个伟大的人民"，"我们总要友好的，不能老是这么吵下去

---

① 《国际新闻大事记》1969年1—6月卷，第74页；7—12月卷，第4页。转引自王宏纬《喜马拉雅山情结：中印关系研究》，中国藏学出版社1998年版，第297—299页。

② Shelton U. Kodikara, ed., *South Asian Strategic Issues*, New Delhi, 1990, p. 60.

嘛"。① 1972 年 4 月，印度外长斯瓦兰·辛格宣称，印度政府打算通过"双边会谈和和平手段"解决中国"撤离"拉达克问题，1976 年 7 月和 10 月中印两国重新互派大使，印度政府不再强调使用武力收复所谓"被占领土"，而较多地谈论和平解决争端。1980 年 1 月英迪拉·甘地再度出任总理，印度的对华政策出现微妙变化，不再坚持以中国"撤出所占印度领土"作为谈判的先决条件，也不再强调边界问题解决前不可能实现中印关系全面正常化②。同年 3 月，印度外长纳拉辛哈·拉奥发表声明：印度愿意同中国讨论包括边界问题在内的一切问题，以便寻求一种和平、公正的解决办法；渴望采取适当的步骤开展两国之间的往来。③ 但在回应邓小平的"一揽子方案"和人民院的质询时，拉奥外长表示："印度政府绝不接受以下列说法为依据的前提条件，即中国方面在东段以放弃他们所谓的被非法并入印度的领土作为让步。然而，我们欢迎东段边界在没有任何特别困难的情况下获得解决的前景。"④ 显然，印度认为，"一揽子方案"使自己在西段作出重大让步，即放弃"依法属于印度领土"而被中国"侵占"的阿克赛钦地区，而中国方面则无须任何让步，因为中国"从来没有对东段争议地区实行过有效的行政管辖"。正如有些分析家指出的那样："印度拒绝中国的合理建议，以此表明它的傲慢态度：我的是我的，你的还是我的。"⑤ 由此可见，中印两国在边界问题认知上的鸿沟和相关政策调整的艰难程度。在双方共同努力下，自 1982 年 12 月起，中印两国启动边界问题副部长级会谈机

---

① 郭书兰编：《中印关系大事记》，第 107 页。转引自张敏秋主编《中印关系研究》（1947—2003），北京大学出版社 2004 年版，第 351 页。

② 此前的德塞政府也不排除通过和平谈判解决边界问题的可能性和准备同中国实现关系正常化，但德赛同时表示：在包括边界问题在内的某些问题得到解决之前，"全面正常化的进程是不可能的"。

③ 中国方面对此再次作出积极回应。继 1979 年 2 月 14 日会见来华访问的印度外长瓦杰帕伊时提出解决中印边界问题的"一揽子方案"（中国在东段让，印度在西段让）后，邓小平在 1980 年 6 月 21 日和 1982 年 10 月 23 日分别会见印度友人克里尚·库马尔和印度科学理事会代表团时两次重申了"一揽子方案"，并提出友好协商、互谅互让、逐步解决边界问题的方针。但是，在对华外交实践中，印度并没有采取切实的行动。

④ 转引自张敏秋主编《中印关系研究》（1947—2003），北京大学出版社 2004 年版，第 104 页。

⑤ John W. Garver, *Protracted Contest: Sino-Indian Rivalry in the 20th Century*, Seattle: University of Washington Press, 2001, p. 103.

制，印度主张以"科伦坡建议"①为谈判基础，以"互惠互利"来应对中国的"互谅互让"原则。

印度对华政策的实质性调整始于 1986 年拉吉夫·甘地总理在会见反对党领袖时就边界问题的一次谈话："'麦克马洪线'是用一支'粗大的笔'在一张'比例尺极小的地图'上画出来的。"② 显然，甘地总理的谈话至少暗示两方面的变化：第一，印度决策层对边界问题的认知发生了微妙的变化；第二，中印边界线有调整的余地，无论这种调整是更有利于哪一方，这表明印度从长期坚持的边界问题不谈判、不妥协的立场上后退了。1988 年 12 月印度总理拉吉夫·甘地访华，两国政府商定成立边界问题联合工作组，寻求谈判解决边界问题和保持边境地区和平与安宁的途径，从 1999 年起边界问题联合工作组还就政治、安全、经贸、科技、文化及共同关心领域的合作交往进行切磋。进入 21 世纪以来，中印两国又开辟一些新的重要沟通渠道，如中印边界问题外交和军事专家小组会议，2000 年启动的安全对话机制和 2003 年开始的双方特别代表会晤机制等。2005 年 4 月温家宝访问印度时，双方特别代表还签署了中印关于《解决中印边界问题政治指导原则的协定》，这是继 1993 年签署的《关于

---

① 在中印边境冲突爆发的第二天，阿联（今埃及）总统纳赛尔致电尼赫鲁和周恩来，建议中印和解，中印两国均接受建议。纳赛尔在 10 多个亚非国家的支持下于 10 月 26 日提出了包括停火、划定非军事缓冲区、谈判、撤军到 9 月 8 日前的控制线四点建议。中国认为这太接近印度的立场，并予以拒绝。在纳赛尔以四点建议为基础再次努力斡旋中印危机而遭到冷遇时，12 月 10 日锡兰总理班达拉奈克夫人倡议召开由锡兰、印尼、缅甸、柬埔寨、加纳、阿联 6 个亚非国家参加科伦坡会议，调停中印危机。12 月 12 日科伦坡 6 国会议提出了"六点建议"，即"科伦坡建议"——关于西段，（甲）会议呼吁中国军队后撤 20 千米，（乙）会议呼吁印度政府保持现有的军事驻地，（丙）在边界争端最后解决以前，中国军事撤退所空出的非军事区，由有待商定的双方民政点进行管理，而不损及印中双方过去处在这个地区的权利。关于东段，会议认为，在实际控制线为两国政府承认的各地段，该线可以作为停火线，其余地段可以在今后的讨论中予以解决。关于中段，会议建议用和平方式加以解决而不诉诸武力。印度方面立即接受了"科伦坡建议"，并把该建议视为一种仲裁，目的在于恢复到印度提出的 1962 年 9 月 8 日以前的边界状态。中国政府对"科伦坡建议"虽有所保留，但在提出两点解释后，原则上接受了把"科伦坡建议"作为中印直接谈判的初步基础，而且并没有把接受这些解释当作谈判的先决条件。参见王泰平主编《中华人民共和国外交史 1957—1969》（第二卷），世界知识出版社 1998 年版，第 81—84 页。赵蔚文：《印中关系风云录 1949—1999》，时事出版社 2000 年版，第 179—183 页。

② M. S. Charan Shandilya, *India-China War of 1962: Reality of Mcmahon Line and Facts about the "Chinese Agression in 1962,"* Ghaziabad, India: Supriya, Art Press, 1998, p. 161.

在中印边境实际控制线地区保持和平与安宁的协定》和 1996 年签署的《关于在中印边境实控线地区军事领域建立信任措施的协定》之后的又一实质性成果,表明印度对华政策调整进入一个新阶段。2003 年 6 月瓦杰帕伊总理访华,双方签订了《关系原则和全面合作的宣言》,印度首次公开以书面形式"承认西藏自治区是中华人民共和国领土的一部分",印度在西藏问题上的模糊性褪色,其对华政策也出现一些新发展。正如时任印度人民党政府外长的贾斯万特·辛格 2003 年 1 月在亚洲安全问题研讨会上所说:"印度既不追求也不制定建立在印中之间冲突不可避免的信念之上的对华政策。印度的政策建立在印度必然繁荣昌盛的信念基础之上。中国的繁荣也是不可避免的。因此,两国学会共存、解决分歧和建立互信是合乎逻辑和理性的,也是符合两国利益的。"[①] 同年 11 月 22 日,辛格就对华政策发表演讲,全面地阐述了这一思想和对华政策。曼莫汉·辛格对中印关系前景也表达了同样的观点:"地理位置和历史渊源将我们的命运联系在一起,印度和中国都寻求周边及地区的安定与稳定。世界多极化正在发展,主要大国经济上相互依赖,寻求互利合作是很自然的事,印度和中国必须参与这一合作框架……对印度和中国注定要在亚洲和整个世界变革中发挥作用感到乐观。这种乐观根植于我们的一个信念,那就是世界足够大,可以让印度和中国在加强合作的同时共同发展和繁荣。"[②] 由此可见,以求同存异、互利合作为政策目标的对华政策已经成为印度超越党派分野的共识。

2. 谋求中国支持其成为联合国安理会常任理事国

随着大国情结的积淀和对综合国力认知水平的提高,20 世纪 90 年代末印度正式提出要在联合国改革过程中竞争安理会常任理事国的目标。此后,寻求中国支持自然成为印度对华政策的一项重要内容,更成为两国领导人会晤时的一个重要话题。近年来中印两国发表的联合宣言或声明中,对此都各有表述。2003 年的中印《关系原则和全面合作的宣言》

[①] 参见印度驻上海总领馆新闻简报《印度新闻》(月刊),2003 年 2 月第 7 卷第 2 期。

[②] 曼莫汉·辛格 2008 年 1 月 15 日在中国社会科学院的演讲——"21 世纪的印度与中国",2008 年 4 月 18 日,中国网,http://www.china.com.cn/book/zhuanti/qkjc/txt/2008-04/18/content_14978856.htm。

这样写道："双方重申，愿意就推动联合国的改革开展合作，联合国安理会的改革应优先考虑增加发展中国家的代表性。"2005年的《中印联合声明》更进一步指出："中国和印度一致认为，联合国的改革应该是全方位和多层面的，应该注重增加发展中国家的代表性。印方重申其成为联合国安理会常任理事国的愿望。中方重申，印度是重要的发展中国家，在国际舞台上发挥着日益重要的影响。中方高度重视印度在国际事务中的地位，理解并支持印度在联合国和国际事务中发挥积极作用。双方重申，愿意在联合国改革进程中进行密切磋商与合作。"2006年的《中印联合宣言》称："双方应就联合国改革包括安理会改革进行磋商。印方重申其成为联合国安理会常任理事国的愿望。中方高度重视印度在国际事务中的地位，理解并支持印度在联合国发挥更大作用的愿望。"2008年的《中印关于21世纪的共同展望》基本上延续了此前的表述，即"双方支持对联合国进行全方位的改革，包括优先增加发展中国家在安理会的代表性。印方重申其成为安理会常任理事国的愿望。中方高度重视作为发展中大国的印度在国际事务中的地位，理解并支持印度在联合国，包括安理会中发挥更大作用的愿望。"显然，中国对是否支持印度"争常"的表态越来越积极，但文字上还存在一定的模糊性，同印度的期待还有不小距离。

3. 在经贸、非传统安全领域的调整变化

在调整对华认知和相关政策的过程中，印度除就边界问题和相关安全事务同中国谈判磋商外，还逐渐拓展了对华关系的范畴，经贸事务占了越来越大的比重。① 近年来，中印两国在地区合作、非传统安全（反恐、环境保护、能源安全、海上搜救）等领域也展开了积极的合作。

边境冲突使中印贸易中断。随着中印政治关系的改善，贸易往来也得以恢复，但双边贸易额长期徘徊在微不足道的1亿美元左右。冷战结束后，中印双边贸易经历了从无到有的快速发展过程。从1991年到1999年，中印贸易额年均增长31.2%，从最初的2.64亿美元增长到19.88亿美元，8年间增长了6.5倍（见表3-1和图3-2）。2000年以后，随着印度领导人对综合国力、经济安全、中国经济实力和发展前景等认知水

---

① J. N. Dixit, *India's Foreign Policy and Its Neighbours*, New Delhi: Gyan Publishing House, 2001, pp. 221 – 222.

平的提高,印度更加重视对华经贸关系的发展,两国经贸关系取得积极进展,尤其是双边贸易关系更加密切(见表3-1和图3-1、图3-3、图3-4)。一方面,他们看到中印贸易大有潜力可挖,作为当今世界两个经济发展最快的国家,加强双边贸易是互利共赢的;另一方面,他们也认为密切的经贸联系会成为两国政治关系的稳定器。① 当然,由于发展阶段、产业和行业结构上的差异,中印双边贸易关系快速增长的同时也产生了贸易不平衡问题,印方贸易赤字大幅增加,不平衡问题业已引起双方的高度重视,并积极尝试相关解决方案。

表3-1　　　　　1991—2020年中印双边贸易发展　　　　　(单位:亿美元)

年份	进出口额	同比增长(%)		
		进出口	出口	进口
1991	2.64	—		
1992	3.39	28.40%		
1993	6.76	99.41%		
1994	8.94	32.25%		
1995	11.62	29.98%		
1996	14.06	21%		
1997	18.30	30.16%		
1998	19.22	5.03%		
1999	19.88	3.43%		
2000	29.14	46.58%	—	—
2001	35.96	23.40%	21.46%	25.55%
2002	49.45	37.51%	40.88%	33.76%
2003	75.95	52.05%	25.15%	86.93%
2004	136.14	79.07%	77.57%	80.62%

---

① Yashwant Sinha, "Maturity Marks India-China Relationship", November 22, 2003, *Facets of Indian Foreign Policy: Statements and Media Interaction (February-November 2003)*, Vol. 2, New Delhi: Ministry of External Affairs, Government of India, 2003, pp. 225, 230-231.

续表

年份	进出口额	同比增长（%）		
		进出口	出口	进口
2005	187.01	37.37	50.51%	27.20%
2006	248.59	32.93%	60.20%	5.24%
2007	386.29	55.39%	64.70%	42.22%
2008	518.44	34.21%	31.52%	38.60%
2009	433.83	-16.32%	5.84%	-32.24%
2010	617.61	42.36	37.97%	51.86%
2011	739.08	19.67%	23.52%	12.11%
2012	664.73	-10.06%	-5.66%	-19.58%
2013	654.03	-1.61%	1.58%	-9.71%
2014	706.05	7.95%	11.96%	-3.48%
2015	716.2	1.44%	7.40%	-18.31%
2016	701.5	-2.05%	26.00%	-12.11%
2017	844.4	20.37%	16.63%	38.95%
2018	955.4	13.15%	12.64%	15.24%
2019	970.68	1.60%	2.10%	-0.20%
2020	875.9	-5.6%	-10.8%	16%

资料来源：根据中国海关公布的数据整理。2020年度数据源自中国商务部网站。

单位：亿美元

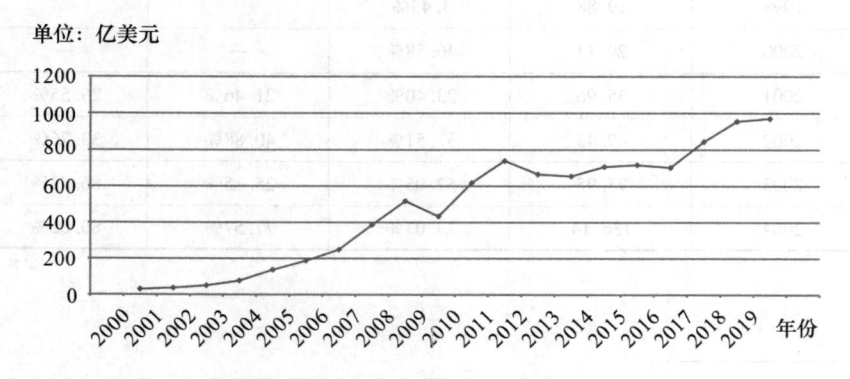

图3-1 2000—2019年中印双边贸易发展

资料来源：中国海关统计。

中国海关统计数据显示，2000年以来双边贸易额增长迅速，从2001年的35.96亿美元增长到2008年的51.44亿美元，年均增长高达45%以上，而且高增长是在高基数上实现的（见表3-1和图3-3）。中国对印出口商品主要有机电产品、化工产品、纺织品、塑料及橡胶、陶瓷及玻璃制品等。印度对华出口商品主要有铁矿砂、铬矿石、宝石及贵金属、植物油、纺织品等。中印已开设西藏普兰—北阿肯德邦贡吉和西藏久巴—喜马偕尔邦南加两对边贸点。2006年7月6日，两国开通西藏仁青岗—锡金邦昌古边贸市场。中国在印度开展工程承包业务取得突破性进展。2006年，中国在印度新签经济合作合同金额32.98亿美元，完成营业额11.34亿美元。印度已成为中国最重要的海外工程承包市场之一。双边相互投资逐步扩大，截至2006年年底，中国对印度投资（非金融类）1700万美元。印度在华投资256个项目，合同额5.48亿美元，实际投资1.72亿美元。2005年4月温家宝访印期间，两国签署《中印全面经贸合作五年规划》，同意就建立中印区域贸易安排的可行性进行研究。2006年3月双方召开中印经贸科技联委会第七次会议，确定落实《中印全面经贸合作五年规划》的工作计划，草签《中印双边投资促进和保护协定》，启动中印区域贸易安排联合可行性研究。同年11月胡锦涛访印期间，两国签署《关于促进和保护投资的协定》，同意2007年10月前完成中印区域贸易安排的可行性研究；2008年印度总理辛格访华，两国总理商定把原定到2010年实现双边贸易额400亿美元的目标调整为600亿美元。由此可见，对华经贸政策已经从地位微不足道上升为举足轻重的程度。

近年来，中印两国战略互信不断加深，经贸合作取得长足发展，为构建新型大国关系奠定了坚实基础。习近平主席和莫迪总理在不同场合的多次会晤，牢牢把握和引领两国关系发展，武汉会晤开启的中印两国领导人互动的新模式，也推动了双边关系全面而深刻的发展。中国持续成为印度的第一大贸易伙伴和重要的经贸合作伙伴，印度也已成为中国对外经贸合作的重要伙伴之一。2018年中印双边贸易额达到955亿美元，2019年中印双边贸易再创历史新高约为970亿美元（见表3-1和图3-3）。

截至2018年年底，中国对印直接投资已超过80亿美元，在印已完成基础设施建设投资累计超过 500 亿美元，为印度经济发展发挥了积极作用。① 作为世界上仅有的两个拥有 10 亿多人口的发展中大国，中印都在聚焦发展，两国近 30 亿人口的巨大市场，不仅是两国开展持久经贸往来的合作之基，而且必将成为世界经济增长的活力之源。

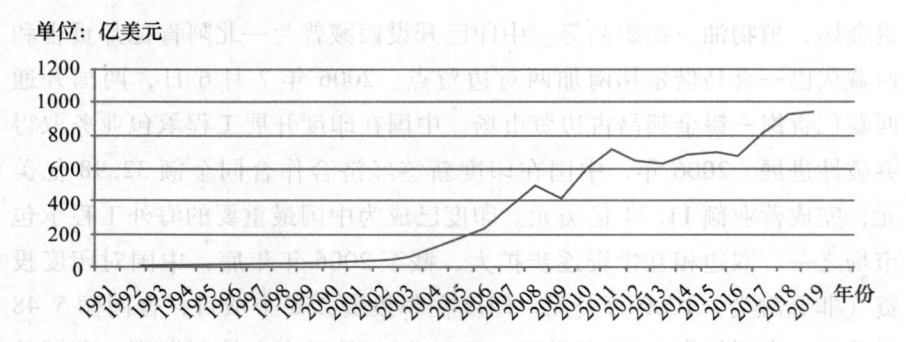

单位：亿美元

图 3－2　1991—2019 中印进出口贸易总额增长

资料来源：中国海关历年统计。

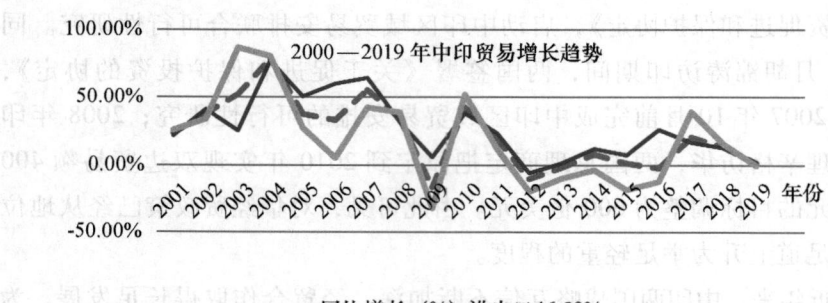

图 3－3　2000—2019 年中印双边贸易增长趋势对比

资料来源：中国海关数据。

---

① 《中国是印度重要的经贸合作伙伴》，2019 年 10 月 11 日，人民网，http：//world. people. com. cn/n1/2019/1011/c1002－31395102. html。

单位：亿美元

图 3-4　2000—2019 年中印双边贸易额

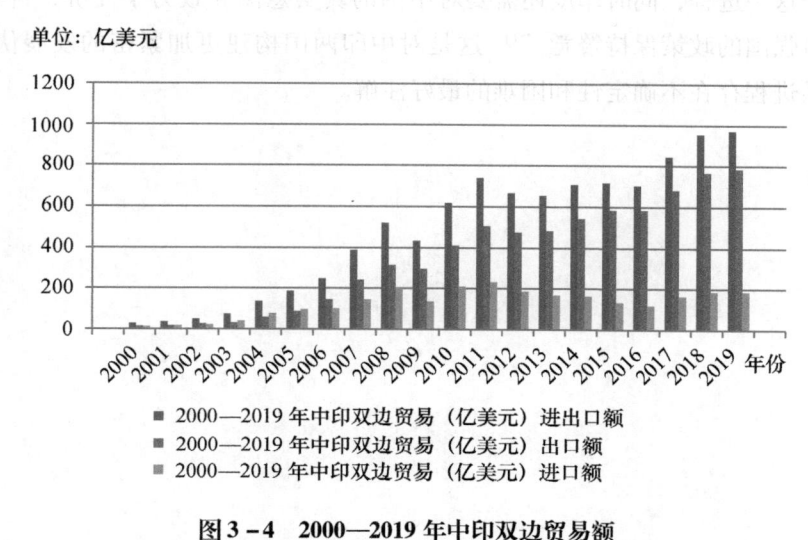

资料来源：中国海关统计。

进入 21 世纪，中印双边贸易迅速增长，尤其是在 2002—2008 年 7 年间平均增幅 46.93%，最低年份（2006 年）双边贸易增幅也在 32% 以上（见图 3-2）。而且在中印双边贸易额大幅增加的同时，印度对华出口增幅更快；2008 年国际金融危机对中印双边贸易冲击较大，进出口总额、进口和出口三项指标全面下滑，前两项指标呈负增长，2012—2013 两年更是呈全面下降之势。2014 年至今，中印双边贸易中的进出口总额和对印出口两项在高基数基础上持续稳步增长，而印度对华出口在 2014—2016 年则连续出现负增长，印度对华贸易逆差拉大。在中印双方共同努力下，2017 年后双边着力解决中印贸易不平衡现象的举措效果显现。

当然，双方决策层也很清楚，中印经贸合作依然是在两国战略互信水平较低水平基础上进行的，发展合作伙伴建设的不确定性在所难免。加之印度传统安全思维和零和博弈思想的残留，未来的对华政策还面临着许多困难和不确定性。"构筑起同中国长期、稳定的合作关系仍旧是一项复杂的任务，这需要时间和耐心……高层互访和多渠道的沟通磋商有助于这一进程,同时印度还需要对中国的真实意图和致力于经济、科技、军事强国的政策保持警觉。"① 这是对中印两国构建更加紧密的发展伙伴关系进程存在不确定性和困难的最好注解。

---

① J. N. Dixit, *India's Foreign Policy and Its Neighbours*, New Delhi: Gyan Publishing House, 2001, p. 234.

第四章

中印发展伙伴关系与国家安全

国家安全是一直存有争议和发展演进中的概念,用"模棱两可且因人而异"①描述似乎也毫不夸张,所谓"安全威胁"也因时空和人文差异而各有不同。然而,冷战期间决策圈和学术界对国家安全的理解却形成了共识,安全内涵和意义是由主要竞争对手遵循国际关系现实主义的思维方法而确定的。②冷战结束似乎使"国家安全"再次回归到"因人而异且模棱两可"的境况,但无可否认的是,就"国家安全"概念内涵延展的事实也是存有共识的,即在保持冷战传统安全内涵共识基础上,国家安全内涵已经拓展至人口增长、经济社会发展、资源供给、通道保障、恐怖活动预阻、全球气候变暖等领域,相应的安全护持观念也不可避免地会发生程度各异的转变调整,包含发展维度的综合安全迅速成为国家安全议程的重要议题。换言之,国家安全与发展虽各有侧重,但相互包含;综合安全和新发展观观照下的安全与发展互为依托,互促共生,没有持续发展的安全难以持久,反之缺乏安全保障的发展同样难以为继。面对上述复杂的国际安全和发展环境,作为两个最大的发展中国家和有着边界遗留问题的邻国,中国和印度如何做到既成为关系密切的发展伙伴,又能切实维护自身国家安全利益就是两国必须妥善解决的问题甚至

---

① 阿诺德·沃尔夫(Arnold Wolfers)把国家安全(national security)说成"一个模棱两可的象征性符号,不同的人赋予其不同的意义和内涵"(an ambiguous symbol meaning different things to different people)。参见 Arnold Wolfers, "National Security as an Ambiguous Symbol", *Political Science Quarterly*, Vol. 67, No. 4, December (1952), pp. 41 – 502.

② Kanti P. Bajpai and Harsh V. Pant, "Introduction to India's National Security", in Kanti P. Bajpai and Harsh V. Pant, eds., *India's National Security: A Reader*, New Delhi: Oxford University Press, 2013, pp. 1 – 2.

是挑战。

第一节 冷战后全球"伙伴—伙伴关系"理念与实践

"伙伴—伙伴关系"是在冷战结束后国际关系实践中被逐步接受并广泛使用的概念和国际关系形态,① 是冷战时期"遏制+均势"思维定式下的"盟友—同盟关系""敌人—对抗关系"概念与国际关系状态的对立物,这既是世界多极化、经济全球化和区域一体化、社会信息化、文化多元化以及安全威胁或挑战多元化深度发展的国际环境下国际关系理论和实践双重创新的尝试,也同新型国际地缘政治经济观的内在逻辑相吻合。

冷战结束后,唯一超级大国美国以外的国际社会各主要力量如何同美国以及彼此之间相处?围绕此问题的思考和尝试催生了不同于以往的国家间行为模式,正如有学者所言的那样,一些国家,尤其是亚欧大陆以及亚洲地区的一些国家,尝试"对冲"战略(hedging strategy)来应对两极国际结构终结出现的挑战或不适应,以灵活多变的方式同仅存的"孤独的超级大国"及其他地区性力量打交道,同时又避免在动荡不稳时期承诺缔结新的盟约并承担不确定的相关义务。对于俄罗斯这样一个原超级大国,以及中国和印度等新兴力量而言,国际环境太不稳定,发展速度也太快,因此无法在全球层面(针对美国)或地区层面(针对其他

---

① 关于"战略伙伴关系"概念在冷战后的出现及实践形态,参见 Sean Kay, "What is a Strategic Partnership?", *Problems of Post-Communism*, Vol. 47, No. 3, 2000, pp. 15–24; Vidya Nadkarni, *Strategic Partnerships in Asia: Balancing without Alliances*, Abingdon: Routledge, 2010. 欧洲智库(比利时艾格蒙特国际关系皇家研究所)学者托马斯·雷纳德(Thomas Renard)撰文(The Treachery of Strategies: A Call for True EU Strategic Partnerships)指出,欧盟直到20世纪90年代末和21世纪初才提出"战略伙伴关系"(Strategic Partnership)并在对外关系文献中载入此概念,而且欧盟的战略伙伴关系面临在传统上无能为力的两个维度——在外交政策方面采取的战略性立场,以及与其他大国的双边关系。参见〔比利时〕托马斯·雷纳德《战略的背叛:呼吁真正的欧盟战略伙伴关系》,《欧洲研究》2011年第5期。国内学界关于战略伙伴和伙伴关系的学理分析,参见唐健《伙伴战略与伙伴关系:理论框架、效用评估和未来趋势》,《国际关系研究》2016年第1期。

地区性力量）选择与强国结成固定的联盟，也无法采取均衡立场。①

关于"伙伴—伙伴关系"的词源蕴意，《辞海》注"伙伴"即"火伴"，源自古代兵制中被编入同作战单元——"火"，即10位同一炉灶炊煮、出生入死的战友，现引申为生活或工作在一起的同伴；②《现代汉语词典》则载明现在"伙伴"泛指共同参加某种组织或从事某种活动的人。显然，"伙伴"的原意更加突出组织成员之间关系的密切程度。英文"伙伴"或"伙伴关系"（partnership）在不同的词典里词源意义虽不完全相同，但基础内涵一致，即都强调有着共同或相似诉求的两个或两个以上个体或组织，尤其是企业，结成权利收益分享和责任风险同担且具有法律效力的、紧密的合作关系（close cooperation between parties having specified and joint rights and responsibilities）或生意中的合伙关系。③ 总之，中英文语境下"伙伴—伙伴关系"的词源内涵接近，都强调行为体共同的组织背景和权利义务分享分担，结成紧密的互动关系。

当"伙伴—伙伴关系"被引申至以无政府性为第一本性的国际社会领域，国家行为体之间的"伙伴—伙伴关系"既移植了其基于共同或近似利益诉求而采取合作行为的属性，又发生了不同于国内科层体系清晰甚至对责任分担具有法律强制约束力的行动环境上的变化。换言之，在无政府国际体系中，构成伙伴关系的国家或经济体之间为共同利益目标而进行的国际合作可能因某一方或多方的背叛行为无法受到强制力的惩罚而遭遇挫折或失败。但是，在全球化加深和重复博弈环境下，一方面现存的国际规制（regime）会约束限制国家或经济体可能的不合作意愿或背叛行为，另一方面理性行为体对长期目标的关注和"猎鹿博弈"逻辑

---

① Vidya Nadkarni, Strategic Partnerships in Asia: Balancing without Alliances, Abingdon: Routledge, 2010. 另见［比利时］托马斯·雷纳德《战略的背叛：呼吁真正的欧盟战略伙伴关系》，《欧洲研究》2011年第5期。

② 中国古代兵制规定：五人为列，二列为火，十人共一火炊煮，同火称为火伴（见《通典·兵一》引一说），因用以称同在一个军营的人。古乐府《木兰诗》："出门看火伴，火伴皆惊忙。"见《辞海》（1979年版）缩印本，上海辞书出版社1980年版，第1552页。

③ 参见 *The College Edition Webster's New World Dictionary of American English*, New York: Webster's New World, 1986, p. 985；*Merriam-Webster's Collegiate Dictionary* (the 11th Edition), Merriam-Webster, Incorporated, 2014；*Longman Dictionary of Contemporary English* (5th Edition), Pearson Education Limited, 2009；*Oxford Dictionary of English* (the 2nd Editon), Oxford University Press, 2006.

的存在也使国际合作成为可能。相对于冷战时期盛行的、凸显安全利益的"盟友—同盟关系","伙伴—伙伴关系"更具包容性和非第三方针对性,是安全和发展利益兼顾并重,是"不结盟框架下的一种战略安排,是更具弹性的新型双边合作关系"。① 显然,"伙伴—伙伴关系"是一种功能主义视角的界定,具有强烈的目标导向并含有强烈的国际体系行为体间平等相待的意蕴。此外,也有人提出伙伴关系还具有情感因素的观点,认为两国之间的情感因素来源于历史渊源、意识形态上的接近以及对国际格局共同的看法。② 这显然限制了"伙伴—伙伴关系"模式的适用范围,历史渊源和意识形态的相同或接近的确为构筑国际合作伙伴营造了亲近感,但这未必是促成伙伴关系的充要条件。"志同道合,是伙伴。求同存异,也是伙伴。"③ "伙伴精神是二十国集团最宝贵的财富。我们虽然国情不同、发展阶段不同、面临的现实挑战不同,但推动经济增长的愿望相同,应对危机挑战的利益相同,实现共同发展的憧憬相同。只要我们坚持同舟共济的伙伴精神,就能够克服世界经济的惊涛骇浪,开辟未来增长的崭新航程。"④

同冷战后初期传统大国之间或国家集团间"伙伴—伙伴关系"(如20世纪90年代的"美俄成熟的战略伙伴关系"、美国主导的"北约和平伙伴计划"、"日俄相互信任的伙伴关系""印俄战略伙伴关系""美国—波罗的海伙伴关系"等)偏重近似的价值观和战略利益基础、具有某种意义上的结盟或准结盟属性⑤不同,中国倡导的"伙伴—伙伴关系"更强调国家间的相互尊重、平等互利、不结盟不对抗不针对第三方的合作安全和共同安全,世界大国理应承担更大的全球性责任,建立协调合作、总体稳定、均衡发展的大国关系框架。

---

① 门洪华、刘笑阳:《中国伙伴关系战略评估与展望》,《世界经济与政治》2015年第2期。
② 唐健:《伙伴战略与伙伴关系:理论框架、效用评估和未来趋势》,《国际关系研究》2016年第1期。
③ 习近平:《谋求持久发展 共筑亚太梦想》,《光明日报》2014年11月10日。
④ 《习近平谈治国理政》第2卷,外文出版社2017年版,第474页。
⑤ 美国学者沈大伟(David Shambaugh)认为,大凡真正意义上的战略伙伴应该具有十分接近的价值观、世界观、战略利益和政治制度,能够做到机制化的信息共享和军事联系。参见 David Shambaugh, "Sino-American Relations: From Partner to Competitors", *Survival*, Vol. 42, No. 1, 2000, pp. 97–115。

面对世界正在发生的大发展大变革大调整环境，中国倡导以合作共赢为核心的新型国际关系理念就是对零和思维的否定，伙伴关系思维是对结盟—对抗关系思维的超越。正如习近平主席所指出的那样："零和思维已经过时，我们必须走出一条和衷共济、合作共赢的新路子。"① 我们需要"要跟上时代前进步伐，就不能身体已进入 21 世纪，而脑袋还停留在过去，停留在殖民扩张的旧时代里，停留在冷战思维、零和博弈老框框内"。②

那么如何理解冷战后的"伙伴—伙伴关系"呢？在学理上，本研究关于"伙伴—伙伴关系"的界定没有沿袭惯用的程式化陈述来概括，而是从几个相互关联的层面来解释无政府国际系统中"伙伴—伙伴关系"的内涵。如上分析，"伙伴—伙伴关系"首先是对国家之间传统的"盟友—结盟关系"和"敌人/对手—遏制对抗关系"的否定和超越，既是国际关系理论思维的进化，更是冷战后国际关系实践的创新，反映了经济全球化、世界多极化、社会信息化、安全和发展挑战多元化、应对变革世界中诸多不确定性因素的客观要求，是顺应国际地缘政治经济发展的时代潮流。对此，用"形势比人强"和歌德名言"一切理论都是灰色的，唯生活之树常青"来描述"伙伴—伙伴关系"概念缘何出现和伙伴关系实践的发展就再贴切不过了。

其次，"伙伴—伙伴关系"固然主要是基于共同或相似的利益诉求和责任分担的国际体系参与方之间的一种新型国际关系模式，更加强调合作共赢的结果，就像 20 世纪 80 年代奥地利财政部部长汉斯·赛迪尔所言："社会伙伴（social partnership）不仅意味着我们全部坐在一条船上，它还意味着我们愿意根据大多数人的一致意见，把船驶向一个方向。"③就全球贫富差距和南北差距问题，在追问什么才是大多数人同意的航向时，罗斯托（W. W. Rostow）的回答至今仍具有深刻的现实意义，即"在北半球，维持足够的经济活力以使公民们在追求更高质量的生活和社会

---

① 《习近平谈治国理政》第 1 卷，外文出版社 2018 年版，第 250 页。
② 《习近平谈治国理政》第 1 卷，外文出版社 2018 年版，第 273 页。
③ ［美］W. W. 罗斯托：《穷国与富国》（汉译本），王一谦译，北京大学出版社 1990 年版，第 54 页。

中前进；在南半球，根据各国人民的文化和志向在避免发生马尔萨斯或李嘉图灾难的情况下，通过相应的增长阶段；南北半球理解到双方视野的成功符合双方的基本共同利益，因而通力合作"。① 但是，国际体系中伙伴之间的利益未必总是或全领域范围的相同或接近，有时甚至在某些个领域有着严重分歧，这并不妨碍全球性问题日渐凸显的国际体系中国家间求同存异式的国际合作共赢和不同领域、不同层级伙伴关系的建构。

再次，鉴于此，国际合作伙伴之间并不完全排斥竞争行为，同冷战思维主导下的竞争行为所不同的是伙伴关系下的竞争是非排他性的，是变量和博弈。这是"伙伴—伙伴关系"模式的另一大属性。

最后，双边伙伴与伙伴关系是国际社会伙伴关系网的主导形态，但又不仅限于此，多边合作平台同样也可以是伙伴，区域合作就是很好的例证。习近平主席在阐释亚太经合组织（APEC）合作平台的建构时就用通俗质朴的语言表达了极富创意的区域多边合作伙伴的内涵："亚太经济体需要共同构建互信、包容、合作、共赢的亚太伙伴关系，为亚太地区和世界经济发展增添动力……伙伴意味着一个好汉三个帮，一起做好事、做大事。我们应该将亚太经合组织打造成推动一体化的制度平台……伙伴意味着合作共赢，互学互鉴。"②

第二节 冷战后印度的伙伴外交政策与实践效用

印度冷战后的外交实践多是在"战略伙伴关系"名义下推进的，这是印度外交最显著特征之一。③ 美国、日本、澳大利亚、越南、印度尼西亚、东盟、韩国、中国、俄罗斯、阿富汗、伊朗等是印度特别关注的战

---

① ［美］W. W. 罗斯托：《穷国与富国》（汉译本），王一谦译，北京大学出版社1990年版，第54页。

② 《习近平谈治国理政》第2卷，外文出版社2017年版，第453—454页。

③ 冷战结束后，"不结盟"在印度的外交话语中日渐式微，"超越不结盟"（beyond nonalignment）也因此成为战略分析家和学界探讨的新话题，但究竟如何"超越不结盟"？新的外交基础和原则应该是什么？目前还没有定论，至少在印度外交政策的相关文献中尚未找到明确的替代"不结盟"外交基石的选项。

略伙伴。在安全层面，中国往往成为印度同诸如美国、日本、越南、印度尼西亚、东盟等国家或集团发展战略伙伴关系的参考点，近乎演绎成为这样一种逻辑——"印度之所以同相关国家发展为战略合作伙伴关系，是因为中国和巴基斯坦构成印度潜在的安全威胁"。①

印俄伙伴关系是印度最早启动的大国伙伴关系实践，在地缘政治框架下俄国始终是印度战略算计中的关键因素，这无疑同印苏（俄）关系的历史传统相关，并且从1971年《印苏和平友好条约》确定的同盟关系演变为冷战后的"战略伙伴关系"（2000）和升级版"特殊且优先的战略伙伴关系"（2010）。②"9·11"恐怖袭击后反恐的需要促成了印美之间的战略伙伴关系，从"致力于构建战略伙伴关系"（2001）到实施"战略伙伴关系后续步骤"（2004），再到"全球战略伙伴关系"（2005），进展神速。但真正实质意义上的印美战略伙伴关系则始于2005年7月18日印度总理辛格访美时和小布什总统共同宣布的"印美民用核能合作倡议"，这使得1974年印度所谓的"和平核试爆"以来美国对印实施长达30多年，并成为印美关系改善最大障碍的制裁解除取得突破性进展。③"小布什政府打破美国对印政策传统，公开承认印度为合法核国家，实现了新德里30年孜孜以求的国际社会承认其核国家地位之诉求。"④在共同应对恐怖主义挑战的利益目标下，印度、俄罗斯、中国均同美国保持很好的合作关系，但与此同时，印俄中三国又都对仅存的超级大国美国和小布什政府的单边主义深感忧虑不安，三国都试图通过构建一个多极或多力量中心的国际体系来确保自身外交政策的自主权。这很大程度上也促成了经由俄罗斯扮演居间角色的中印俄三国战略伙伴关系，美国在打

---

① Satoru Nagao, "The Japan-India Strategic Partnership: a New Hope for Asia", in Namrata Goswami, ed., *India's Approach to Asia: Strategy, Geopolitics and Responsibility*, New Delhi: Pentagon Press, 2016, pp. 85 – 97.

② P. Stobdan, "The Geo-strategic Context of the India-Russia Partnership", in Namrata Goswami, ed., *India's Approach to Asia: Strategy, Geopolitics and Responsibility*, New Delhi: Pentagon Press, 2016, p. 127.

③ Shivshankar Menon, *Choices: Inside the Making of India's Foreign Policy*, DLF Cyber City (Haryana): Penguin Random House India Pvt. Ltd., 2016, p. 49.

④ Ashton B. Carter, "America's New Strategic Partner?", *Foreign Affairs*, Vol. 85, No. 4, July/August 2006, p. 33.

击恐怖主义名义下发动的阿富汗战争和进程,以及阻止激进宗教政治势力尤其是塔利班控制阿富汗的努力等因素很大程度上促成了印俄中(RIC)安全伙伴集团的形成。"尽管除印俄双边关系外印俄中三方中的任何双边关系并非总是在反恐、宗教极端势力和全球治理保持最大的共识,但这方面的共同利益以及越来越关注各自的经济发展之需还推动印俄中三国走到了一起。"① 冷战时期曾经非常紧密的印俄军事防务合作关系也就此复活。②

中印伙伴关系进程也正是在冷战后国际体系大发展大变革大调整的时代大背景和这样的区域小环境下启动并取得较快进展。2003年6月两国确定进一步推动"长期建设性合作伙伴关系"的原则;2005年4月在就中印关系具有全球和战略意义取得共识的基础上,同意建立中印面向和平和繁荣的战略合作伙伴关系;2014年9月习近平主席访印,中印两国领导人在重申遵守共同确定的原则与共识,进一步夯实面向和平与繁荣的战略合作伙伴关系的基础上,作为两大发展中国家和新兴经济体,两国应致力于互促发展,优势互补,构建更加紧密的发展伙伴关系,并把发展伙伴关系作为两国战略合作伙伴关系的核心内容。③

第三节 中国"伙伴—伙伴关系"理念与实践

中国是"伙伴—伙伴关系"国家间行为互动模式的大力倡导者和积极实践者。摒弃冷战思维,倡导互利合作,实现共商、共建、共享、共赢已经成为中国外交实践和参与国际体系行为的指导原则。习近平主席多次强调:"我们要坚持合作共赢,推动建立以合作共赢为核心的新型国际关系,坚持互利共赢的开放战略,把合作共赢理念体现到政治、经济、

---

① Rajendra M. Abhyankar, *Indian Diplomacy: Beyond Strategic Autonomy*, p. 269.

② Francine Frankel, "An Introduction to the Book of the India-China Relation", in Francine Frankel and Harry Harding, eds., *The India-China Relation: What the United States Needs to Know*, New York: Columbia University Press, 2004, pp. 4–7.

③ 见《中华人民共和国和印度共和国关于构建更加紧密的发展伙伴关系的联合声明》(2014年9月19日), http://www.gov.cn/xinwen/2014-09/19/content_2753299.htm。

安全、文化等对外合作的方方面面……要维护发展机遇和发展空间，通过广泛开展经贸技术互利合作，努力形成深度交融的互利合作网络。要在坚持不结盟原则的前提下广交朋友，形成遍布全球的伙伴关系网络。"①敌人只存在观念中，他是人为塑造的。这里套用国际红十字会创始人亨利·杜楠的话："真正的敌人不是我们的邻国，而是饥饿、贫穷、无知、迷信和偏见。"习近平主席在 2017 年世界经济论坛达沃斯年会讲话中指出世界经济增长、治理和发展模式存在且急需解决的问题时，就引用了这句名言，并且重申了中国的建议主张。"我们既要有分析问题的智慧，更要有采取行动的勇气。"面对世界经济长期低迷、发展失衡导致的贫富差距和南北差距问题、全球经济治理滞后等问题，提出了中国建议，即坚持创新驱动，打造富有活力的增长模式；坚持协同联动，打造开放共赢的合作模式；坚持与时俱进，打造公正合理的治理模式，坚持公平包容，打造平衡普惠的发展模式。中国的发展是世界的机遇，中国是经济全球化的受益者，更是贡献者。中国经济快速增长为全球经济稳定和增长提供了持续强大的推动……（我们）不会抱怨他人从中国发展中得到了巨大机会和丰厚回报。中国人民张开双臂欢迎各国人民搭乘中国发展的"快车""便车"。②大卫·休谟在两个半世纪以前对先发国家和后发赶超国家，以及邻国之间关系竞争中实现共同繁荣的理念和断言在中国当代外交政策中得到充分的展示。"任何国家都不必担心他们的邻国会在每种技艺和制造业上都完善到对他们没有需求的地步。上天赋予各国人民各种各样的才能、气候和土壤，已经保证了他们的相互交往，互通有无，只要他们全都坚持勤劳和文明化。而且任何国家的技艺越多，对其勤劳的邻国的需求也将越多。"③

周边国家既是邻居更应成为好伙伴，我们"要诚心诚意对待周边国家，争取更多朋友和伙伴。要本着互惠互利的原则同周边国家开展合作，编织更加紧密的共同利益网络，把双方利益融合提升到更高水平，让周

---

① 《习近平谈治国理政》第 2 卷，外文出版社 2017 年版，第 443—444 页。
② 《习近平谈治国理政》第 2 卷，外文出版社 2017 年版，第 479—484 页。
③ Eugene Rotwen, ed., *David Hume: Writings on Economics*, Madison: University of Wisconsin Press, 1955, p. 80.

边国家得益于我国发展，使我国也从周边国家共同发展中获得裨益和助力。"①

积极推动并践行全球伙伴关系是冷战后中国外交的政策目标，也是顺应时代潮流在国际关系领域的反应。正如习近平主席指出的："中国积极发展全球伙伴关系，扩大同各国的利益交汇点，推进大国协调和合作，构建总体稳定、均衡发展的大国关系框架，按照亲诚惠容理念和与邻为善、以邻为伴周边外交方针深化同周边国家关系，秉持正确义利观和真实亲诚理念加强同发展中国家团结。"②

中国外长王毅将中国倡导的"伙伴—伙伴关系"归纳为三大基本特征：第一是平等性，即国家不分大小贫富，都要相互尊重主权、独立和领土完整，相互尊重各自选择的发展道路与价值观念，相互平等相待，相互理解支持；第二是和平性，伙伴关系与军事同盟最大的区别是不设假想敌，不针对第三方，排除了军事因素对国家间关系的干扰，致力于以合作而非对抗的方式，以共赢取代零和思维处理国与国之间的关系；第三是包容性，超越社会制度与意识形态的异同，最大限度地谋求共同利益与共同追求。诚然，秉持伙伴关系理念并不意味着放弃原则，我们在国际事务中仍将坚持独立自主的外交方针，根据事情本身的是非曲直决定自己的立场，作出自己的判断。③

当然，中国的伙伴关系外交政策与各国或国际组织关系实践也并非是等距离的，伙伴—伙伴关系也是有远近亲疏的，从"伙伴或伙伴关系"前面的限定词可大致判断出中国与伙伴之间伙伴关系的密切程度，伙伴→战略伙伴→战略合作伙伴→全面战略合作伙伴→全面/全方位合作伙伴→全天候战略合作伙伴→战略协作伙伴等所反映双边关系密切度是呈递进式强化的。

---

① 《习近平谈治国理政》第1卷，外文出版社2018年版，第297页。
② 《习近平谈治国理政》第3卷，外文出版社2020年版，第46—47页。
③ 《王毅盘点2014中国外交：丰收之年》，2014年12月26日，中国网，http：//www.china.com.cn/opinion/think/2014-12/26/content_ 34412905.htm。

第四节　中印伙伴关系的内在逻辑与实践：
　　　　从安全单维到安全与发展并重

冷战后中印双边关系在诸多领域取得实质性进展。传统安全领域的单维思维——冲突对抗、零和博弈——为多元性的思维取代，对话互信、合作共赢也是国家间互动模式的重要选项。至于在非传统安全、经贸关系、全球性事务领域，作为有着诸多共同诉求且快速发展中的两个最大发展中国家，中国和印度之间更是有着广泛的利益交汇点，实现合作共赢是完全可行的。中印边界纠纷及边境地区的过渡性制度安排也为双方把上述各领域的共识转变为合作实践创造了条件。

从双边层面来看，20世纪90年代以来中印关系发展势头良好（尽管存在1998年印度核试验引致的短暂曲折和反复），高层互访和双边协定[①]增强了中印两国间的互信度，"建设面向和平与繁荣的战略合作伙伴关系"的定位也大体上为中印两国关系发展定下了基调。2000年印度总统K.P.纳拉亚南和江泽民主席达成共识：即中印两国必须停止类似于过去为争夺亚洲而开展的竞争，转为进行相互有利的合作，特别是朝信息技术方面的合作、同世界恐怖主义斗争的合作方向发展。尽管中印两国之间还存在分歧、边界问题尚未彻底解决，但双方彼此需要，都有着超越传统思维模式和改善双边关系的愿望。有了意愿才有相应的行动，目前的中印关系已经形成了良性互动螺旋，即使最敏感的边界问题也已经取得了某些进展。这种共识是中印两国构筑新型国家间关系的信念基础，

---

① 中印签订的协定与对话机制有：1993年9月中印两国签订《关于在中印边境实际控制线地区保持和平与安宁的协定》，这实际上启动了两国间的非正式安全对话进程，即"边界问题联合工作组"兼有非正式安全对话磋商职能（1998年5月印度核试验后一度中断）；1996年11月两国签订《关于在中印边境实际控制线地区军事领域建立信任措施的协定》，把中印关系定位成"面向21世纪的建设性合作伙伴关系"；1999年7月印度外长贾斯万特·辛格访华，两国外长商定把安全对话从"边界问题联合工作组"中分离出来，正式启动安全领域对话磋商机制；2003年6月瓦杰帕伊总理访华，两国就边界问题和"西藏是中国领土不可分割的一部分"达成某种共识，同时启动两国边界问题特别代表会晤机制；2005年1月两国正式启动每年一度的双边战略对话机制，每年举行一次；2005年4月，温家宝访印，签订《解决中印边界问题政治指导原则的协定》，并把中印关系界定为"建设面向和平与繁荣的战略合作伙伴关系"。

信念"就像棱镜或者过滤器一样,不仅影响行为者的知觉和对政治形势的判断,而且还为具体环境中的行为选择提供规范和标准"。① 区域合作进程为中印两国从信念转换到具体的行动提供了一个平台。

随着中印两国政治安全关系的改善,双边经贸关系发展迅速。1977年中印两国恢复双边直接贸易,1984年签订贸易协定并逐渐增长,1985年双边贸易额为1.2396亿美元,1989年达到2.7119亿美元。② 冷战结束后,中印双边贸易经历了低速到快速发展过程。从1991年到1999年,中印贸易额年均增长31.2%,从最初的2.64亿美元增长到19.88亿美元,8年间增长了6.5倍(见表3–1)。2000年以后,随着印度领导人对综合国力、经济安全、中国经济实力和发展前景等认知水平的提高,印度更加重视对华经贸关系的发展。一方面,他们看到中印贸易大有潜力可挖,作为当今世界两个经济发展最快的国家,加强双边贸易是互利共赢的。另一方面,他们也认为密切的经贸联系会成为两国政治关系的稳定器。③

中国海关统计数字显示,除极个别年份略有下降外,2001年以来中印双边贸易额总体增长迅速,从2001年的35.96亿美元增长到2007年的386.29亿美元,年均增长高达45.64%,同比增长55.5%,而且高增长是在高基数上实现的。2010—2016年长期徘徊在600亿—700亿美元,2017年突破800亿美元关口,达840亿多美元;2018年中印双边贸易额955.4亿美元,同比增长13.2%,其中中国对印出口767.1亿美元,同比增长12.7%;印对华出口188.3亿美元,同比增长15.2%④(见表4–1)。

另据中国海关总署统计,2019年中国和印度的贸易总值是6395.2亿元人民币(约合970.69亿美元),同比增长1.6%,其中中国对印度出口5156.3亿元(约合783.2亿美元),增长2.1%,印度对华出口1238.9亿

---

① Alexander L. George, *Presidential Decision-making in Foreign Policy: The Effective Use of Information and Advice*, Boulder, Colo.: Westview, 1980, p. 45.
② 田增佩:《改革开放以来的中国外交》,世界知识出版社1993年版,第108页。
③ Yashwant Sinha, "Maturity Marks India-China Relationship", November 22, 2003, *Facets of Indian Foreign Policy: Statements and Media Interaction (February-November 2003)*, Vol. 2, New Delhi: Ministry of External Affairs, Government of India, 2003, pp. 225, 230–231.
④ 《中国印度经贸合作简况》,2019年2月20日,商务部网站,http://yzs.mofcom.gov.cn/article/t/201902/20190202836075.shtml。

元（约合187.92亿美元），同比略降0.2%。①

表4-1　　　　2001—2020年中印双边贸易发展　　　　（单位：亿美元）

年份	进出口额	同比增长		
		进出口	出口	进口
2001	35.96	23.40%	21.46%	25.55%
2002	49.45	37.51%	40.88%	33.76%
2003	75.95	52.05%	25.15%	86.93%
2004	136.14	79.07%	77.57%	80.62%
2005	187.01	37.37%	50.51%	27.20%
2006	248.59	32.93%	60.20%	5.24%
2007	386.29	55.39%	64.70%	42.22%
2008	518.44	34.21%	31.52%	38.60%
2009	433.83	-16.32%	5.84%	-32.24%
2010	617.61	42.36%	37.97%	51.86%
2011	739.08	19.67%	23.52%	12.11%
2012	664.73	-10.06%	-5.66%	-19.58%
2013	654.03	-1.61%	1.58%	-9.71%
2014	706.05	7.95%	11.96%	-3.48%
2015	716.2	1.44%	7.40%	-18.31%
2016	701.5	-2.05%	26.00%	-12.11%
2017	844.4	20.37%	16.63%	38.95%
2018	955.4	13.15%	12.64%	15.24%
2019	970.68	1.60%	2.10%	-0.20%

资料来源：根据中国海关公布的数据整理。

依据中方统计，截至2017年年底，中国累计在印直接投资47.47亿美元；截至2018年年底，印度对华累计实际投资额9亿美元。在工程承

---

① 《海关总署：2019年中印贸易总值6395.2亿，同比增长1.6%》，2020年1月14日，中国网，http://finance.china.com.cn/news/special/jj2019jjsj/20200114/5173276.shtml。

包方面，2018年，中国在印新签工程承包合同额28.9亿美元，同比增长12.2%；完成营业额23.2亿美元，同比下降6.1%。截至2018年年底，中国在印累计签订承包工程合同额734.8亿美元，完成营业额506.2亿美元。①

中印两国启动区域贸易安排的可行性研究。2005年4月温家宝访印时两国签署《中印全面经贸合作五年规划》，同意就建立中印区域贸易安排的可行性进行研究。2006年3月双方召开中印经贸科技联委会第七次会议，确定落实《中印全面经贸合作五年规划》的工作计划，草签《中印双边投资促进和保护协定》，启动两国区域贸易安排联合可行性研究。同年11月胡锦涛访印期间，两国签署《关于促进和保护投资的协定》，同意2007年10月前完成中印区域贸易安排的可行性研究。至2019年年底，区域全面经济伙伴关系协定（RCEP）谈判取得实质性进展，印度虽然拒绝签署RCEP协议②，但RCEP大门对印度是敞开的，若印度准备好了可随时加入。由此可见，对华经贸政策已经从地位微不足道上升为举足轻重的程度。

迅速发展的中印经济关系即使不能带来或决定两国政治平衡，也已经达到可以弥补双边政治关系领域缺失的程度。此外，经济联系也暂时搁置了政治上的分歧，并培育共同思维和联合战略。这不仅可以解决双边问题，而且能够应对因西方主导地区和全球事务而引发的挑战。③

当然，印度决策层也很清楚，其未来的对华政策还面临着许多困难和不确定性。之所以拒签区域全面经济伙伴关系协定，很大程度上也是对开放市场可能给印度产业结构调整和经济增长带来冲击的担心、对中

---

① 《中国印度经贸合作简况》，2019年2月20日，商务部网站，http：//yzs.mofcom.gov.cn/article/t/201902/20190202836075.shtml。

② 经过长达7年之久的漫长谈判，2019年11月4日，区域全面经济伙伴关系协定（RCEP）正式公布了谈判结果。东盟10国、中国、日本、韩国、澳大利亚、新西兰15个成员国结束了协议市场准入问题的谈判，并在2020年签署协议。印度权衡利弊最终还是决定不签署该协议，解释是将在解决某些"重大的悬而未决的问题"后，再考虑加入。印度总理莫迪给出的理由是：绝不出让核心利益，良心不允许他这么做。

③ Swaran Singh, "China-India Ties: Beyond the Bilateral", *World Focus* (New Delhi), Oct. – Nov. – Dec., 2004, pp. 37 – 40.

国竞争优势和战略意图的忧虑。①

第五节　强化区域次区域合作：舒缓安全困境与构建发展伙伴关系的预期

中印双边互动和对话合作制度安全固然是实现两国战略安全诉求和发展目标的主渠道，但同时也必须看到区域合作对建设中印战略合作伙伴关系和更加紧密发展伙伴的推动作用。中印两国参与以东盟（ASEAN）居间或"东盟+"模式的亚洲区域合作过程，既建构了各自相对于区域体系的成员身份，又建构双边关系。进程孕育的规范不仅约束中印在东亚区域内的合作行为，而且会外溢到其他舞台。双边互动和多边框架内的合作就成了推动中印关系良性发展的两个轮子。

从多边层面来看，区域合作进程为建构中印战略合作伙伴关系提供了一个多边平台。东亚区域合作和RCEP是经济全球化和国家间相互依存不断加深的必然结果，是亚洲不同国家和地区之间取长补短的客观需求。客观地讲，目前的国际体系依然以主权国家为主要行为体，中印在参与东亚共同体建设进程中的确存在着竞争成分和多重三角关系网，但全球化下的竞争又不同于以往，绝大多数是良性多赢的。印度学者斯瓦兰·辛格指出："尽管中国很成功地强化了与韩国、日本的经济联系，并以此来稳定政治—战略平衡，但东南亚地区已经成为中印两国开展积极合作的场所。中国同在其他亚洲地区一样，正在努力构建以中印信任措施为起点的软安全框架，进而解决两国之间根深蒂固、长期未决的纠纷。"②印度政治家也希望在东南亚地区框架内解决与中国的合作问题，前总理瓦杰帕伊说："在东南亚，印度与中国之间将是一种健康的竞争关系。"中印东盟等行为体之间的互动的直接结果是东亚地区主义的加速发展和参与者观念的变化。目前，中印双方已经同意仿效与东盟谈判的模式，

---

① J. N. Dixit, *India's Foreign Policy and Its Neighbours*, New Delhi: Gyan Publishing House, 2001, p. 234.

② Swaran Singh, *China-India Economic Engagement: Building Mutual Confidence*, Okhla: Raman Naahar-Rajdhani Art Press, 2005, p. 159.

尽早启动有关建立中国—印度自由贸易区的谈判，并提出把未来的中国—东盟—印度自由贸易区发展成为全球增长最快的经济区。① 此外，孟中印缅经济走廊（BCIM）次区域合作也取得了一定进展。

从地缘政治和现实主义的范式考量，印度的"东向战略"（从 Looking East 到 Acting East）与中国的"21 世纪海上丝绸之路"（MSRI）和"周边睦邻外交"战略必然在东南亚地区产生重叠，中印之间的竞争和制衡似乎是不可避免的，东盟或者是其他区域合作进程的参与者都可能成为中印两国用来牵制对方的力量，从而形成传统的以权力争夺为特征的多重三角关系网。然而，全球化趋势和中印两国发展战略的客观要求、东亚共同体建设进程正在孕育的区域文化和规范、中印相互认知的调整和双边关系发展势头等正在改变人们习以为常的历史逻辑，并催生出新的国际关系演变逻辑——合作安全、共同发展。中国和印度参与区域合作的实践也印证了这一逻辑，大国参与甚至是某种意义上的竞争并未导致有悖于东亚共同体建设目标的零和博弈，竞争是朝着有利于推进东亚区域一体化方向发展。

再者，中印两国的实力虽然都在不断增强，但均无力单独与以发达国家主导的国际体系抗衡/对话。两国合作可以增强发展中国家在国际规则（特别是经济规则）修订或制定中的实力，保障共同的利益。中国和印度在 WTO 和二十国集团范围已经开展了相关合作。如 2004 年 7 月中印巴（西）等国共同促成了 WTO 在日内瓦总理事会上达成共识。在中国、印度、巴西等发展中国家的共同努力下，2005 年 9 月 G20 伊斯兰堡部长会议发表联合宣言，要求发达国家立即承诺停止对其农产品进行任何形式的出口补贴，并在 5 年之内最终消除所有补贴；敦促发达国家逐渐降低对发展中国家农产品征收的进口关税，向发展中国家扩大市场开放程度，为发展中国家农产品出口营造公平的竞争环境。

以"东盟＋"方式推进东亚共同体建设的原则逐渐被包括中国和印度在内的所有成员接受，东亚合作属性日渐显现，这标志着成员国之间彼此正向认同度的提高。中印两国在东亚共同体建设进程中的行为规范

---

① Mario B. Lamberte, "An Overview of Economic Cooperation and Integration in Asia", http://www.adb.org.Documentsbooks/Asian-Economic-Cooperation-Integration.

具有"外溢"和发散功能，能够延伸到东亚区域合作以外的多边和双边关系领域。

当然，在参与东亚共同体建设的过程中，大国在争取合作伙伴时很可能会呈现出某种竞争态势，中印之间也难免会出现这种情况。但是，问题的关键在于如何避免出现有悖于东亚共同体建设和中印两国发展战略目标的、传统的零和博弈，并且使竞争朝着有利于推进东亚区域一体化方向上发展，在很大程度上这种竞争就转变为东亚共同体建设的内在动力。[①] 2002年中国与东盟签署全面经济合作框架协议，2003年10月正式加入《东南亚友好合作条约》；印度以此为契机加速实施"东向战略"，2002年开始与东盟举行首脑会议，即东盟与中日韩以外的"10＋1"峰会，2003年加入《东南亚友好合作条约》并签署全面经济合作协议。中印之间的这种竞争是变量和竞争（variable-sum competition），对于东亚共同体的整体建设起到了推动作用。

全球化和区域一体化及其相关的合作制度安全在理论和实践上能够促成中印两国转变安全思维和发展观念，选择合作安全、合作发展。审视区域合作背景下的中印关系，人们自然会关注中印两国在新平台上的所有议程，其中就包括两国之间的分歧甚至是竞争成分，但区域合作同时也是一个建构新观念和新规范的过程。中印两国都是建构共同体认同的成员，传统的战略三角制衡思维模式显然遭遇了很多反常现象，正视反常和应对反常本身就是建构认同的必经环节。在和平、发展、合作的主题下，"一旦这些观念被国际社会广为接受，就会成为人的自觉行动和国际社会的事实"。[②] "和谐世界"现在还是一种理念、一种理想，这恐怕也正是人类的希望所在。反观国际关系研究中的三角关系分析模式，有些东西是值得我们反思的。

说起"三角关系"，人们难免会联想起冷战时期的"中美苏大三角"

[①] 中国香港《远东经济评论》周刊前主编、新加坡东南亚问题研究所访问学者迈克尔·瓦迪基奥迪斯在2006年3月4日发表题为《中国、印度和两者之间的区域》的文章，其核心论点与本书观点是一致的。见迈克尔·瓦迪基奥迪斯《中国、印度和两者之间的区域》，《参考资料》2006年3月15日。

[②] 迈克尔·瓦迪基奥迪斯：《中国、印度和两者之间的区域》，《参考资料》2006年3月15日。

关系，这是人们最熟知的经典战略大三角关系，在特定年代和特定环境下，中美苏三角关系对国际关系结构起到了稳定器作用。从学理层面来看，三角关系分析范式也的确具有很强的解释力。三角关系的理论渊源是国际关系理论的现实主义理念，均势是核心。如果说所谓"冷战思维"在国际政治实践尚有遗存甚至非常流行的话，那么在学术研究领域，现实主义的均势思维定式和零和博弈算计的影响力同样不容忽视，各种各样的三角关系分析模式就是这种思维定式的一种表现。尽管它已经不能对诸如三角关系结构中每两个参与者之间或者三方间的合作行为作出令人信服的解释。似乎一提起三个行为体，三角关系分析就是当然的、最有效的，也是最无须劳神的方法。

毋庸置疑，现实主义仍然是国际关系研究的主流范式之一，对国际关系体系的演进具有很强的解释力，因为安全困境尚未消退。但正如国际关系理论界讨论的热门话题那样，在当今时代环境下，现实主义的基本理论假设、研究议程、研究范式受到越来越大的挑战。合作共赢、非零和博弈、国际规范体系的日渐完备也在不断地弱化国际社会的无政府性，不同程度地平抑参与体的安全焦虑感，自然也对传统的认知定势形成冲击。

以中印关系为基点，"中印＋1"三角关系提法很多，如中美印、中印越、中印巴、中印俄、中日印等各式三角关系。这里无意批判上述分析模式，也不否认三角关系分析范式的合理性和解释力，更无意颠覆这种研究范式。这里只是想提出一点：我们在研究中印关系时不同程度地忽视了三角关系分析范式以外的视角，在呼吁放弃冷战思维的时候，我们的学术研究或许需要更为广阔的视野。三角关系是一种传统的思维模式，在很大程度上是现实主义话语霸权的遗产，也可以说是冷战的遗产。以中印美为例，中印美三角关系分析无非基于近年来美国与印度关系的升温，走出了冷战时期的美印关系模式。美印接近是发展正常的国家关系，还是就是针对中国而来的呢？答案可能是见仁见智，后一种因素不能完全排除。但如果说印美关系是在正常的国家关系范畴内的改善和演进，这是符合和平发展合作大势的，与中国的国际战略设想是吻合的。同样，中国增进与巴基斯坦、美国、斯里兰卡、俄罗斯等国的双边关系，也是发展正常的国家关系，印度方面也无须过于疑惧忧虑。

中印关系长期的冷漠无疑同悬而未决的边界问题、西藏问题有关，甚至是核心障碍，日渐改善的中印关系今后仍将面临这些难题。但是，这还都是些具体问题，更为深层的困难恐怕还是观念的转变和认知的调整，在考量双边关系时能否摆脱传统的战略三角关系思维定式的束缚，超越第三方对中印关系的负面影响。这似乎有些异想天开，甚至被指责为"幼稚病"，因为客观事实是别人没有按我们"设想"的那样出牌。笔者认为，有这样的顾虑是正常的，因为现实主义的观念和思维逻辑实在是太根深蒂固了。其实，观念的力量也是无可估量的[1]，只是以一种潜在之物，看不见摸不着，并附着在物质载体上。观念"为探索导致行为动机的基本价值提供了一些线索。这些路标是不可能被忽视的。具有更大重要性的是在把行为指引向特定路线上的作用。正是占主导地位的观念体系，对于在各种与基础性的思想情操同样兼容、可供取舍的行动模式之间做出选择时起着决定性"。[2] 人们常常说到的"客观性"在建构主义和科学社会学（sociology of science）的视域内并非先验的，即一切科学知识都并非描述性的，而是建构性的。[3] 科学知识与其他知识体系（如社会科学、人文科学领域的知识）并没有什么两样，都是由社会、文化和个人建构起来的，同样具有主观性、偶然性、可错性。"无论在历史中任何时候被视作正确的东西，在未来的某个时候就会被当成错误的东西。而事实上也往往是如此。"[4] 对于非常具有解释力的现实主义范式，无论是政治精英还是知识界似乎也不该忽视用发展的眼光审视，更何况世界本身就在变化中。

世界和时代在变，中国和印度在变，国家间互动的观念和思维也应

---

[1] 关于观念对行为体认知和行为选择的影响，可参见 Judith Goldstein and Robert O. Keohane eds., *Ideas and Foreign Policy: Belies, Institutions, and Political Change*, Ithaca: Cornell University Press, 1993；[美] 亚历山大·温特：《国际政治的社会理论》（汉译本），秦亚青译，上海世纪出版集团，2000年版；[美] R. K. 默顿：《科学社会学》（汉译本），鲁旭东等译，商务印书馆2003年版。

[2] [美] R. K. 默顿：《科学社会学》（汉译本），鲁旭东等译，商务印书馆2003年版，第321页。

[3] 随新民：《中印关系研究：社会认知视角》，世界知识出版社2007年版，第217页。

[4] [美] 史蒂芬·科尔：《科学的制造》（汉译本），林建成等译，上海人民出版社2001年版，第16页。

该变化。2005年1月两国举行了首次战略对话。印度外交部部长纳特瓦尔·辛格（K. Natwar Singh）发人深思的告诫言犹在耳："亚洲需要和平与发展，那些还带着'实力制衡'以及'利益冲突'等旧脑筋的人，已经跟不上如今快速发展的时代了。"① 观念变化对行为体的影响不可估量，正如马克斯·韦伯所说："（是物质的和精神的）利益而不是观念，直接支配着人们的行动。可以这些观念所创造的'世界的形象'经常像转轨器一样决定着行动的轨道，循此轨道，利益的动力使人们不断地行动。"②

---

① 曲星：《2005中国外交关键词》，《世界知识》2006年第2期。
② ［美］汉斯·摩根索：《国家间政治：寻求权力与和平的斗争》（汉译本），徐昕等译，中国人民公安大学出版社1990年版，第14页。

第 五 章

中印发展伙伴关系的内涵与建设进程

构建更加紧密的发展伙伴关系是面向和平与繁荣的中印战略合作伙伴关系的核心内容，也是有着同为实现民族复兴伟大使命的中印两国关系发展的新起点。"发展是中印两国最大的共同战略目标。中印两国当务之急都是让本国人民生活得更舒心、更安心、更幸福。我们应该聚焦发展、分享经验，深化互利合作，努力实现两国和平发展、合作发展、包容发展。"中国被称为"世界工厂"，印度被称为"世界办公室"，双方应该加强合作，实现优势互补。① 那么如何理解"发展伙伴关系"中的"发展"内涵呢？这是讨论构建更加紧密的中印发展伙伴关系必须优先厘清的概念。

第一节 "发展"概念的内涵

在哲学意义上，"发展"是事物不断演化的一种状态或过程，即事物由小到大，由简到繁，由低级到高级，由旧物质到新物质的运动变化过程。事物的发展是量变和质变的辩证统一，是事物内部矛盾斗争的结果。② 英文中的"发展"（develop）综合起来有两层含义：一是强调一种动态的内生性变化过程，如从无到有、从小到大、从弱到强、从模糊到清晰等过程；二是一种社会意义上的进化，即从政治、经济、社会的某

---

① 习近平：《携手追寻民族复兴之梦》，《光明日报》2014 年 9 月 19 日。
② 《辞海》（1979 年版缩印本），上海辞书出版社 1980 年版，第 490 页。

种欠发达状态到更高阶状态。① 显然，中西方文化中的"发展"在基本内涵上存在共识。就本研究而论，社会意义上的发展内涵——经济、政治、社会层面上的进步改善过程或状态更具适用性；同时考虑到人类发展的全面性，精神文化层次的需求和对美好生态环境向往也是"构建更加紧密的中印发展伙伴关系"的题中之义，是一种可持续性的发展。

一 联合国的"发展观"

基于发展的哲学蕴意，1987年以挪威首相布伦特兰为主席的联合国"世界环境与发展委员会"报告——《我们共同的未来》中首次提出的"可持续发展观"适用于中印发展伙伴关系，并把中印发展伙伴关系的内涵置于中方倡导的、反映国际共识的新发展理念的语境中。因为"理念是行动的先导，一定的发展实践都是由一定的发展理念来引领的……发展是一个不断变化的进程，发展环境不会一成不变，发展条件不会一成不变，发展理念自然也不会一成不变"。②

具体而言，联合国关于"发展"内涵的界定也经历了一个渐变过程。联合国界定的"发展"概念大致经历如下变化：早期的"发展"主要意味经济的增长（growth）。随后关于"发展"的认识水平不断提高，联合国的有关文献也验证了其"发展"内涵的变化。简言之，联合国的发展观和内涵主要有以下三个方面。

一是整体全面的综合发展观。发展不只是经济增长，还需有社会发展；经济增长固然是首要的，但增长应当是可持续的，必须兼顾环境保护和为子孙后代留下足够的空间，这是一种责任；因此，应适当控制人口增长幅度，同时发展应当惠及全体人民。

二是坚持共同且多样性发展，发达国家和发展中国的发展优先目标存在差异。发展是全球性的问题，是世界各国都面临的共同任务，但广大发展中国家尤其最不发达国家的发展应优先得到关注；同时，还要尊重发展模式或路径的多样性；发展与和平、民主、人权、社会公正相互

---

① *The College Edition Webster's New World Dictionary of American English* (3rd College Edition), New York: Webster's New World Press, 1986, p. 376.

② 《习近平谈治国理政》第2卷，外文出版社2017年版，第197页。

促进，发展权是一项不可剥夺的人权；实现男女平等，保障妇女儿童各项权利；各国政府对保障发展的基本条件负首要责任，但有利的外部条件对发展中国家的经济社会发展也很重要。

三是国际发展合作要在平等基础上进行，联合国是制定国际发展战略的中心和协调促成国际合作的重要场所。同时应积极推进联合国改革，以应对新的全球性挑战；和平、经济增长、环境保护、社会正义和民主是相互联系的，和平是根基，经济是发展的动力，环境是可持续发展的基础，公正是社会的支柱，民主是善治。① 显然，"民主是善治"反映的是西方秉持的观念，无疑带有难以超越的偏见。

二 中国倡导的新发展理念

中国倡导的新发展理念同样适用于包括中印发展伙伴关系在内的中国与外界的关系，共商、共建、共享、共赢和包容性的可持续发展就是中国倡导的新发展理念在国际社会的延伸。习近平总书记2015年10月在党的十八届五中全会上明确提出"创新、协调、绿色、开放、共享"的发展理念，随后就如何贯彻落实新发展理念作了全面系统的阐释。居于第一位的创新发展着力解决发展动力问题，作为第一动力的创新发展包括理论创新、制度创新、科技创新和文化创新等各方面；协调发展注重解决发展中的不平衡问题，提高整体发展水平；绿色发展注重解决人与自然和谐的问题，实现绿色低碳和环境友好的可持续发展；开放发展注重的是解决发展内外联动问题，在国际经济合作和竞争局面发生深刻变化、全球经济治理体系和规则正在面临重大调整、中国对外开放业已步入"引进来"和"走出去"更加均衡阶段②的背景下，通过开放发展用好国际国内两个市场、两种资源，提高经济应对国际摩擦的能力和话语

---

① 田进：《联合国视野中的发展概念》，《高校理论参考》1995年第11期。

② 习近平总书记在进一步阐释新发展理念中的"开放发展"时谈到中国同世界关系演变的三个阶段：一是从闭关锁国到半殖民地半封建阶段，先是在鸦片战争之前隔绝于世界市场和工业化大潮，接着在鸦片战争及以后的数次列强侵略战争中屡战屡败，成为积贫积弱的国家。二是"一边倒"和封闭半封闭阶段，新中国成立后，我们在向苏联"一边倒"和相对封闭的环境中艰辛探索社会主义建设之路，"文革"中基本同世界隔绝。三是全方位对外开放阶段，改革开放以来，充分运用经济全球化带来的机遇，不断扩大对外开放，实现了我国同世界关系的历史性变革。《习近平谈治国理政》第2卷，外文出版社2017年版，第211页。

权，推进全球经济治理体系改革完善，引导全球经济议程，维护多边贸易体制，加快实施自由贸易区战略，积极承担与中国能力和地位相适应的国际责任和义务；共享发展是要致力于解决社会公平正义问题，通过有效的制度安排使全体人民分享发展成果，实现共同富裕。① 当然，实现创新发展、协调发展、绿色发展、开放发展、共享发展的前提是国家安全和社会稳定。没有安全和稳定，一切都无从谈起。②

具体到中印发展伙伴—伙伴关系层面，发展伙伴关系的覆盖范围除了重点合作领域外，无疑政治互信和社会互动也是其题中之义。本研究所谓的"中印发展伙伴关系"的发展合作重点包括节能环保和清洁能源在内的两国经贸合作领域、扩大双边贸易额的同时更加关注中印贸易的均衡发展、鼓励中方企业参与印度基础设施建设和工业园建设、探索中印两国发展战略之间合理对接路径、诚挚欢迎包括印度在内的各国搭乘中国发展的"快车"和"便车"、中印两大社会的良性互动，等等，彰显出创新发展、协调发展、绿色发展、开放发展、共享发展的思想理念。

第二节 中印发展伙伴关系建设原则

关于中印发展伙伴关系内涵分析的文本依据源自 2014 年 9 月 17—19 日习近平主席访印和 2015 年 5 月 13—15 日印度总理纳伦德拉·莫迪访华期间签订的两个政府间文献——中印《关于构建更加紧密的发展伙伴关系的联合声明》和中印联合声明以及习近平主席在印度世界事务委员会的演讲。③ 中印发展伙伴—伙伴关系涉及的政治、经济、社会、科技、人文、跨境事务、全球性问题等多领域和双边、地区、全球经济治理等多层面的合作关系。正如习近平主席对中印伙伴关系所概括的那样：面对正在发生前所未有的深刻调整和亚洲在世界体系中地位不断上升的国际

---

① 《习近平谈治国理政》第 2 卷，外文出版社 2017 年版，第 201—216 页。
② 《习近平谈治国理政》第 2 卷，外文出版社 2017 年版，第 222 页。
③ 关于中印构建更加紧密的发展伙伴关系内涵的文本分析主要依据 2014 年 9 月习近平主席访印时签订的中印《关于构建更加紧密的发展伙伴关系的联合声明》、习近平主席 2014 年 9 月 18 日在印度世界事务委员会的演讲《携手追逐民族复兴之梦》、2015 年 5 月印度总理纳伦德拉·莫迪访华签订的中印联合声明三个文献。

背景，作为世界多极化进程中两支重要力量和拉动亚洲乃至世界经济增长的有生力量，中印关系远超出双边范畴，具有广泛的地区和全球影响。中印携手合作，利在两国，惠及亚洲，泽被世界。为此，"中印两国要做更加紧密的发展伙伴、引领增长的合作伙伴、战略协作的全球伙伴"。①这也是对以发展为核心内容的面向和平与繁荣的中印两国战略合作伙伴关系的最新阐释。

中印两国更加紧密发展伙伴关系建设遵循的原则是：第一，鉴于中印关系具有全球和战略意义，所以中印双方应始终从战略和全局的角度来审视和推进中印关系；第二，依据双方共识和发展战略，两国恪守和平共处五项原则、相互尊重并照顾彼此关切和愿望，进一步夯实面向和平与繁荣的战略合作伙伴关系；第三，坚持以强化政治对话、深化战略互信、保持机制化的各层级尤其是高层政治对话磋商为构建两国更加紧密的发展伙伴关系基础和引领的原则；第四，作为两大发展中国家和新兴经济体，中印两国发展目标相通契合，应通过相互支持的方式加以推动和实现；中印两国在图谋实现各自的发展目标进程中，应本着合作共赢、相互促进、优势互补、均衡可持续发展的原则；第五，坚持相互同等安全理念，实现共同、综合、合作、可持续安全目标；中印两国确认互不构成威胁，不针对第三方，中印之间更加紧密的发展伙伴关系不影响各自业已存在外交关系。

第三节　中印发展"伙伴—伙伴关系"的内涵

2014年9月习近平主席访问印度时，两国领导人同意把发展更加紧密的发展伙伴关系作为中印两国战略合作伙伴关系的核心内容。随后的双方领导人互访进一步明确了发展伙伴关系的内涵。这一发展伙伴关系既符合中印两国的共同利益，又有利于地区乃至世界的安全稳定与经济社会繁荣。

---

①　习近平：《携手追寻民族复兴之梦》，《光明日报》2014年9月19日。

一 双边层面中印发展伙伴关系的内涵

1. 在政治安全事务上的合作

把发展伙伴关系界定为中印两国战略合作伙伴关系的核心内容离不开对两国间传统政治安全关切及分歧的精心呵护，并在和平共处五项原则和相互同等安全观念下通过友好协商积极解决包括边界纠纷在内的所有悬而未决问题，在最终解决之前不让分歧影响双边关系的总体发展。这既是构建中印两国战略合作伙伴关系的原则，也是两国20世纪90年代以来一直采取的切实行动。主要表现在以下三个方面。

一是中印双方共同努力总体上保持了中印边境地区的和平与安宁，为双边关系发展和持续增长提供了重要保障。相关的过渡性制度性安排和增信措施是有效的，如2005年4月签署的《解决中印边界问题政治指导原则的协定》、致力于政治解决边界纠纷的特别代表机制和"三步走"路线图的制定、中印边境事务磋商和协调工作机制等都具有重要作用和意义。

二是双方充分认识到了加强中印两军关系对增进互信的作用，在保持两国防务部门和两军领导人定期互访的同时，拓展相关领域的务实合作，如举行两国陆军联合训练、海上合作对话（就诸如反海盗、航行自由和两国海洋机构合作等海洋事务、海上安全交换意见）以及实际的海空军联合演练、军舰互访和海上联合搜救演习等。此外，双方还决定尽早举行裁军、防扩散和军控事务磋商。

三是两国高层领导人互访或会晤机制化，除双边层面的互访和领导人非正式会晤机制外，两国还利用多边国际舞台举行领导人会晤，以增进战略互信，推动两国各领域各层面合作。

2. 经贸合作是中印构建更加紧密的发展伙伴关系的重点

双方在努力加强两国更加紧密的发展伙伴关系建设方面达成广泛共识，为两国以及地区乃至世界经济增长和繁荣注入动力。两国领导人会晤机制、中印两国战略经济对话机制、中印经贸联合小组工作机制及相关政府职能部门间磋商机制等在其中分别扮演引领、合作议题拟定和拓展、推动项目落实等重要角色。中印经济贸易联合小组磋商并决定采取积极步骤，促进双边贸易再平衡，解决影响两国贸易可持续发展的贸易结构不平衡问题。2014年9月中印双方签订了《经贸合作五年发展规划》，为全面深化和平衡中印经贸关系制定了路线图。这一方面包含优化完善既有的经贸合作项目和结构，另一方面则是创新拓展中印两国间新的合作领域或合作项目。① 具体地表现为：

第一，鉴于两国双向贸易和投资增长促进了双边关系的整体发展，中印决定采取措施消除双边贸易和投资障碍，相互提供更多市场准入便利，鼓励并支持两国地方之间加强贸易投资往来，充分挖掘2014年《经贸合作五年发展规划》中相关项目或领域内既有和潜在的互补性，包括印度药品、印度信息技术服务、旅游、纺织和农产品。

第二，共同采取措施缓解双边贸易不平衡问题，实现双边贸易可持续发展。这些措施主要包括进一步加强药品监管（含注册）合作，加快对中印互输农产品的检验检疫磋商，加强印度信息技术企业与中国企业的联系，促进旅游、电影、医疗保健、信息技术和物流等服务产业贸易。中印经贸联合小组会议在这方面的作用可期，并依据两国领导人关于利用亚太贸易协定框架加强双边协商的共识，探讨在互利合作基础上妥善解决降低印度有关产品进入中国市场的关税问题。②

第三，充分利用2011年启动中印两国战略经济对话机制（中国国家发展和改革委员会主任与印度国家转型委员会副主席共同主持）推动中印双边经济合作的更深更广发展。同时将中国中联部和印度外交部之间的高层交往制度化；启动中印智库对话机制，中国国务院发展研究中心与印度国家转型委员会签署"关于建立对话机制的谅解备忘录"；双方决定设立"中印智库论坛"，每年召开一次，在两国轮流举办。

第四，双方进一步继续加强两国金融监管部门和金融企业之间的合作，印方批准中国银行在孟买设立分行，以便为两国构建更加紧密的发展伙伴关系提供相关支持。

上述原则共识以及政策的落实则主要通过双方商定的具体项目来

---

① 《中印关于构建更加紧密的发展伙伴关系的联合声明》，2014年9月19日，中国政府网，http://www.gov.cn/xinwen/2014-09/19/content_2753299.htm。
② 《中国和印度联合声明》，2015年5月15日，新华网，http://www.xinhuanet.com/world/2015-05/15/c_1115301080.htm。

推进。

首先，在印度启动中国工业园区建设项目。中方宣布在印度古吉拉特邦和马哈拉施特拉邦建立两个工业园区①，并争取在未来5年内向印度工业和基础设施发展项目投资200亿美元，印方欢迎中方企业参与印度制造业和基础设施项目。此外，双方也将为对方企业在本国投资经营提供便利；②共同打造生产和供应链，发展基础更为广泛、可持续的经济伙伴关系；中国企业积极响应"印度制造"倡议，印度企业也努力拓展中国业务。

其次，双方就中国帮助印度升级改造老化的铁路系统及相关事宜签署合作备忘录和行动计划，具体包括：一是双方将合作确认金奈—班加罗尔—迈索尔路段既有线提速所需的技术投入；二是中方将为印方100名铁路技术官员提供重载运输方面的培训；三是双方将在车站再开发、在印建立铁路大学等领域开展合作；四是鉴于印度正在推动连接孟买、新德里、加尔各答和科钦四大城市的"钻石四边形"高速铁路计划，印方愿积极考虑与中方合作建设一条高速铁路。

最后，关于清洁能源合作。作为致力于促进使用清洁能源的发展中

---

① 2019年9月30日，印度古吉拉特邦政府与来访的中国中小企业协会代表团签订了合作谅解备忘录，标志着印度中国工业园项目正式落地该邦的托莱拉智慧新区。印度中国工业园区将建设"一区三园"，即家电工业园、家具工业园和精细化工工业园，为中国投资印度的企业提供更多的选择和便利。托莱拉智慧新区位于德里—孟买工业走廊，是印度政府规划中的100个智慧城市中首个建设开发的智慧新城，对标世界一流城市标准进行规划和建设，距离古吉拉特邦经济中心艾哈迈达巴德市约100千米。

② 尽管中印双方达成相互为对方公司的投资经营活动提供便利，但在实践中两国经贸合作常会受到政治因素的影响，尤其是印方对中方投资经营活动的干扰。如据印度《经济时报》在2017年1月6日报道称，印度内政部莫名其妙地拖延批准中国银行、复星医药两项非敏感领域的中国投资。上海复星医药（集团）股份有限公司（Shanghai Fosun Pharmaceutical Group）2016年7月就宣布，将出资至多12.6亿美元收购印度医药企业格兰德医药有限公司（Gland Pharma Limited）约86.08%的股权，该项目拖至2017年10月才在中方公司把收购股份从86%降到74%，即低于需要某些印度监管审批的门槛（印度经济事务内阁委员会有权阻止对某些公司持股比例超过75%的收购）后得以完成（参见 https://finance.qq.com/a/20171004/005879.htm）；中国银行早在2015年年初就根据2014年9月签订的中印《关于构建更加紧密的发展伙伴关系的联合声明》宣布将在印度孟买设立一个分支机构，但受印方面审查审批程序的影响，直到2019年3月20日才正式完成所有程序开业运行（参见 https://www.boc.cn/aboutboc/bi1/201903/t20190320_14973258.html）。

大国，双方认为拓展民用核能项目是本国能源安全计划的重要组成部分。鉴于此，中印双方将根据各自国际承诺，开展民用核能领域的双边合作，包括中国国家原子能机构和印度原子能委员会之间的工作层磋商。

3. 人文及社会层面的合作交流是联系中印两大社会的纽带，也是两国发展伙伴关系的题中之义

"国之交在于民相亲。中国太极和印度瑜伽、中国中医和印度阿育吠陀有惊人的相似之处，两国人民数千年来奉行的生活哲理深度相似。"① 人文社会层面合作主要涉及几个方面：一是鉴于中印之间深厚的文明联系，双方决定启动"中国—印度文化交流计划"，进一步推动两国文化及人员交往。具体项目包括：第一，对等举办"印度旅游年"（2015）和"中国旅游年"（2016）推介活动，促进双向游客往来，加强民间纽带。中方同意协助印方在华宣传与7世纪中国僧人玄奘相关的印度旅游产品和线路。第二，鉴于两国青年交流对增进相互了解的重要意义，两国领导人决定继续开展青年互访，2015—2019年每年各派200名青年互访。第三，双方同意成立文化部部级磋商机制，加强文化领域的合作。诸如加速推进中印经典及当代作品互译工程；在电影、广播和电视领域加强交流合作；双方签署了相关谅解备忘录，为两国博物馆和其他文化机构交流搭建了框架，印度在华举办印度佛教艺术展和当代印度艺术展，中国在印举办类似展览；双方互相支持在华印地语教学和在印汉语教学；在上海复旦大学设立甘地印度研究中心等。第四，通过建立两国间友好省邦或友好城市促进中印两大社会之间交流互动。双方先后签署了广东省与古吉拉特邦、四川省和卡纳塔卡邦缔结友好省邦协议，上海与孟买、广州与艾哈迈达巴德、重庆市和金奈市、青岛市和海德拉巴市、敦煌市和奥兰加巴德市缔结友好城市协议。第五，同意推进双方媒体高峰论坛机制化，由中国国务院新闻办公室和印度外交部负责，每年一次，轮流在两国举办。

4. 边界问题以外的跨境事务性合作

中印双方均认识到通过边境贸易、香客朝圣以及其他交流加强两国在边境地区的合作是增进互信的有效办法，同意进一步扩大相关合作，

---

① 习近平：《携手追寻民族复兴之梦》，《光明日报》2014年9月19日。

使边境地区变为双方交流与合作的桥梁。跨境事务性合作主要涉及：一是就进一步扩大边境贸易商品清单问题进行磋商，采取措施扩大两国在乃堆拉、强拉/里普列克山口和什布奇山口的边境贸易。二是中国向印度提供汛期水文资料和在应急事件处置方面提供协助。双方将通过专家级机制，继续开展跨境河流水文报汛、应急事件处置的合作，并就其他共同关心的问题交换意见。三是中方接待并给予印度香客过境到中国西藏进行神山圣湖朝圣以支持和便利。为进一步促进两国宗教交往，中方应印方要求增开经乃堆拉山口的朝圣路线，以便利印度香客赴中国西藏的神山圣湖朝圣。

二 在地区合作和全球治理层面塑造两国合作伙伴关系

作为世界上两个最大的发展中国家和增长最快的经济体，面对深刻调整中的国际体系，中印两国都认识到了双方互动远超越双边范畴，对地区、多边和国际事务具有重要影响。因此，两国必须就影响世界和平、安全和发展的事务及动向加强磋商协调，在共同塑造地区和全球事务议程和结果的同时推进地区和全球治理体系更加趋于合理公正。中印双方在地区和全球治理领域有着广泛的共识和合作前景。

第一，21世纪应该是和平、安全、发展和合作的世纪，这是两国间重要共识和合作的基础。作为发展中国家，中国和印度在包括全球气候变化、世贸组织多哈回合谈判（Doha Round）、能源和粮食安全、国际金融机构改革和全球治理等国际议题上拥有共同利益。因此，中印两国需要在中印俄对话机制、上海合作组织、金砖国家合作机制、二十国集团、世贸组织等多边机制或框架内开展密切协调合作。

第二，世界多极化、经济全球化、文化多样化、社会信息化多种力量并行发展既是时代背景，又是全球性议题。中印双方可以在相互尊重各自核心利益和关切的前提下共同推动国际关系民主化，加强联合国在促进国际和平、安全和发展上的核心作用。双方支持并推进联合国的全面改革，优先考虑增加或扩大发展中国家参与联合国事务及管理的权利，使联合国更具有效率和效力。中方重视印度作为发展中大国在国际事务中的地位，理解并支持印度在联合国包括安理会发挥更大作用的愿望。

第三，双方重申以"零容忍"态度坚决反对任何形式的恐怖主义，承诺在反恐问题上开展全面合作。双方强调有必要执行联合国所有相关决议，特别是联合国安理会1267、1373、1540和1624号决议。

第四，鉴于气候变化乃是全人类的共同关切和21世纪面临的最大的全球性挑战，需要在可持续发展框架下通过国际合作来应对。中印两国和国际社会一道努力在《联合国气候变化框架公约》（UNFCCC）下促成了更为全面、均衡和公平的《巴黎协定》（The Paris Agreement）①，以便《联合国气候变化框架公约》在2020年后得以全面、有效和持续地实施。巴黎协定及其后关于实施细节的波恩会议和卡托维兹大会等体现了公平、"共同但有区别的责任"、各自能力原则，考虑到不同国情，符合"国家自主决定"安排，体现了行动和支持相匹配，为协定实施奠定了制度和规则基础。此外，中印两国还在2015年5月印度总理纳伦德拉·莫迪访华期间发表了《中华人民共和国政府和印度共和国政府关于气候变化的联合声明》，表明了两国在气候变化问题上的共同立场和主张。

第五，亚太地区在国际事务中发挥越来越重要的作用。中印两国认为该地区目前的优先任务是维护地区和平与稳定，促进地区共同发展，并在国际法基本原则的基础上建立开放、透明、平等、包容的安全和合作架构。双方支持并积极参与包括南亚区域合作联盟、东亚合作、亚洲基础设施投资银行等亚洲地区多边合作机制，同时加强在地区或次地区（如孟中印缅经济走廊建设）组织框架内的合作。

总之，中印两国关系的改善和发展伙伴关系的建设过程也彰显出如下特性：一是两国领导人引领，在中印关系发展的关键节点无一不是由两国

---

① 《巴黎协定》是2015年12月12日在巴黎气候变化大会上通过、2016年4月22日在纽约联合国总部签署的气候变化协定，协定为2020年后全球应对气候变化行动作出安排。《巴黎协定》设定的主要目标是将本世纪全球平均气温上升幅度控制在2摄氏度以内，并将全球气温上升控制在前工业化时期水平之上1.5摄氏度以内。《巴黎协定》是继1992年《联合国气候变化框架公约》、1997年《京都议定书》之后，人类历史上应对气候变化的第三个里程碑式的国际法律文献，大致勾勒了2020年后的全球气候治理格局。2016年9月3日，中国全国人大常委会批准中国加入《巴黎协定》，成为第23个完成了批准协定的缔约方。该协定为2020年后全球应对气候变化行动作出了安排。2019年11月4日美国政府正式通知联合国，将启动退出《巴黎协定》进程，成为至今唯一一个退出这项协议的国家。2021年2月19日，拜登总统就职首日签署了重返《巴黎协定》的行政命令，再度成为《巴黎协定》的缔约方。

高层领导人规划设计并积极推动，甚至是化险为夷的。表 5-1 "中印高层互访/会晤与双边关系正常化及伙伴关系发展"充分体现了这一特性。二是通过具体的项目合作加以推进，中印经贸领域的合作尤为如此。三是创新驱动和优化完善机制相结合，所谓"创新"是指根据国际形势和两国实情的变化转变观念，不断拓展新的合作领域和合作项目，如在印工业园区建设、清洁能源合作、和平利用外层空间合作、智慧城市合作、军事领域的联合演练等。与此同时，两国也努力对既有的合作领域或项目加以升级优化，使之更具效力和效率；四是坚持全面综合、互惠互利、共商共建共享共赢、可持续发展的理念，积极寻求并采取适当措施以解决双边关系发展出现的不平衡现象；五是始终秉持开放、包容的原则，中印构建更加紧密的发展伙伴关系既不针对也不排斥任何第三方，开放可持续的双边渠道和包容的多边舞台都是实现两国更加紧密伙伴关系的路径。

第四节　中印两国合作伙伴关系的进程

如果说国际关系领域的思维多元化、全球治理日渐成为主流话语、中印两国决策者自 20 世纪 80 年代末就边界纠纷不妨碍发展其他领域的正常关系的共识是两国伙伴关系建设的观念基础的话，那么冷战结束后国际体系结构性调整中各种各样的伙伴关系出现、中印两大发展经济体的高速增长[①]、20 世纪 90 年代中印边界纠纷的有效管控和边境地区相关过渡性制度安排则构成两国伙伴关系建设的实践基础。20 世纪 80 年代以来中国坚持真正意义上的独立自主的不结盟外交、印度对于自身的定位——印度作为包括政治影响力、经济力量、文化活力、多种族宗教民

---

① 印度的正式经济改革（1991）虽起步较中国晚 10 多年，但其经济自 20 世纪 80 年代起走出长期低速低质增长怪圈，步入中高速增长阶段。1980—2002 年经济年均增速为 6%，2002 年以后多在 7.5% 以上。而且印度的增长方式有别于传统的亚洲国家普遍采用的以出口劳动密集型、低附加值的工业品到西方市场的战略，而是更多地依靠国内市场、需求导向优于投资拉动、服务业优于制造业发展、高技术制造优于低端制造的模式。参见 Gurcharan Das, "The India Model," *Foreign Affairs*, Vol. 85, No. 4 (July/August) 2006: 2-4。然而，我们必须承认这样的事实：印度经济增长模式虽然更有利于避免世界经济下滑造成的冲击，但因中产阶级总量（2.5 亿）所限及界定标准偏低，内需刺激的动力仍显不足；因人口素质偏低且偏重于高端制造业，人口红利无法充分发挥。

主社会等因素在内的世界一流大国步入世界舞台①——也排除了印美结成冷战模式下的同盟关系的可能性②，这些因素则使合作伙伴—伙伴关系模式成了常态下中印两国相互政策选择及行为互动的必然路径。

印度坚持实现中印关系正常化必须先解决边界问题的对华政策在20世纪70年代后期越来越难以维持，除恢复互派大使外还在边境地区采取措施——命令印度的所谓"西藏特别边境部队"（India's Tibetan Special Frontier Force）后撤至少10千米，以缓和中印紧张局势，避免过度紧张的双边关系危及自身利益。③ 短暂执政的人民党政府外长瓦杰帕伊（Atal Bihari Vajpayee）闪速访华"对印中关系的深远影响不容忽视。访华期间双方就某些关键事务达成共识……鉴于边界问题的复杂性，两国边界纠纷在缺乏高度互信的环境下无法得到妥善解决，而互信是可以通过一段时间其他领域的互利交往获得的；保持边境地区的和平与安宁也有利于边界问题的解决"。这些共识为再次上台执政的英迪拉·甘地（1981）及其继任者拉吉夫·甘地（1984）所继承。④ 英迪拉政府长期坚持的对华政策被打破，边界问题和发展双边正常关系实现脱钩，1981年启动的副部级边界问题谈判和双边关系正常化同步推进。这一原则为1988年12月印度总理拉吉夫·甘地访华时发表的《联合新闻公报》正式确认，即在和平共处五项原则基础上"恢复改善发展中印睦邻友好关系是双方的共同愿望"，"两国领导人就边界问题进行认真、深入的讨论，同意通过友好方式协商解决这一问题。在寻求双方都能接受的边界问题解决方法的同时，积极发展其他方面的关系，努力创造有利于合情合理解决边界问题

---

① C. Rajan Mohan, "India and the Balance of Power", *Foreign Affairs*, Vol. 85, No. 4 (July/August) 2006: 17 – 18.

② 印度著名的战略分析人士拉贾·莫汉（C. Rajan Mohan）对印度缘何不会同美国结盟做了中肯的分析。参见 C. Rajan Mohan, *Impossible Allies: Nuclear India, United States, and the Global Order*, New Delhi: India Research Press, 2006; and C. Rajan Mohan, "India and the Balance of Power", *Foreign Affairs*, Vol. 85, No. 4 (July/August) 2006: 17 – 18。

③ Kenneth Conboy and James Morrison, *CIA's Secret War*, Lawrence, KS: University Press of Kansas; 2002, p. 257. See also John Garver, "Evolution of India's China Policy", in Sumit Ganguly, ed., *India's Foreign Policy: Retrospect and prospect*, New Delhi: Oxford University Press, 2010, p. 95.

④ Jayanta Kumar Ray, *India's Foreign Relations: 1947 – 2007*, New Delhi: Routledge, 2016, p. 306.

的气氛和条件"。① 1986—1987 年两国东段边界争议地区桑多洛河谷对峙危机的化解、水到渠成的拉吉夫·甘地访华、20 世纪 90 年代中印双边关系改善步入快车道、中印边境实控线地区的相关过渡性制度安排都与此密不可分，这些进而也为在冷战后国际环境下构建中印两国合作伙伴关系创造条件。

中印伙伴关系概念的首次提出可追溯到 1996 年 11 月江泽民访问印度会见印度总统夏尔马时的谈话，即"中国愿意同印度一道，在和平共处五项原则的基础上确立面向未来的友好关系，建立建设性的合作伙伴关系"。② 但是，因此次访问中印双方签订了具有标志性意义的《关于在中印边境实际控制线地区军事领域建立信任措施的协定》，两国确立的致力于建立建设性的合作伙伴关系目标不同程度地为公众所忽视。印度 1998 年 5 月的核试验使中印关系的改善一度遭遇中断，但 1999 年年初迅速恢复。③ 2000 年 5 月印度总统纳拉亚南在中印建交 50 周年访华时重申了两国在和平共处五项原则基础上建立面向 21 世纪的建设性合作伙伴关系，强调这对保持两国关系在 21 世纪持久发展具有极为重要的意义。

其后两国高层频繁互访使中印合作伙伴关系保持持续稳定的发展势头。2002 年朱镕基访印时再次重申愿意在和平共处五项原则上同印度建立建设性合作伙伴关系的目标；④ 2003 年 6 月印度总理瓦杰帕伊访华，双方签订的《关系原则和全面合作的宣言》以政府间正式文献形式确立双边关系的"伙伴—伙伴关系"属性——长期建设性合作伙伴关系。2005 年 4 月温家宝访印时签订的中印《联合声明》在充分肯定两国长期建设性合作伙伴关系建设业已取得的成就基础上，为了促进中印睦邻友好和

---

① 《中华人民共和国和印度共和国联合新闻公报》（1988 年 12 月 23 日），《中华人民共和国国务院公报》1988 年第 26 期。

② 《江泽民主席会见夏尔马总统》，《光明日报》1996 年 11 月 29 日。

③ 1998 年 5 月印度以"中国威胁"为借口举行核试爆，中印关系因此暂时受挫，国际社会也对印度核试验予以强烈谴责，印度国内反对党也普遍指责人民党政府破坏印中关系。面对被动的国际环境，印度政府通过多种渠道向中方传递希望改善双边关系的信号。1999 年 6 月印度外长贾斯旺特·辛格访华时重申印度政府不认为中国对印度构成威胁，发展同中国的睦邻友好关系是印度的基本政策，希望中印两国关系改善的进程继续下去，中印两国关系再次回到改善发展的正常轨道。

④ 《印度总统纳拉亚南会见朱镕基》，《人民日报》2002 年 1 月 15 日。

互利合作，并考虑到地区和国际局势的深刻变化以及中印关系的全球和战略意义，将已进入全面发展新阶段的中印伙伴关系升级定位为"面向和平与繁荣的战略合作伙伴关系"。①

显然，中印关系定位中的"和平与繁荣"是对时代特征——和平与发展的回应，"战略合作伙伴"的定位则彰显出中印两国关系互动的全球意义——国际体系和秩序调整需要两个崛起中的大国间广泛而深度的合作。两国政府间的相关文献也对建设中印伙伴关系的原则和内涵做了清晰界定。

中印两国战略合作伙伴—伙伴关系建设的原则是：以和平共处五项原则为指导准则，相互尊重和照顾彼此关切；两国互不威胁，互不使用武力或从武力相威胁；中印关系的改善和发展不针对第三方，不影响各自同其他国家业已存在的友好合作关系；谋求双方都可接受的方式和平解决分歧，有关分歧不应该影响双边关系的整体发展；2003 年决定启动边界问题特别代表会晤机制。

就"伙伴—伙伴关系"内涵而言，中印伙伴关系涵盖了双边和多边层面上所有的政治安全、经济社会、文明多样性、全球性挑战（国际体系和秩序调整、全球气候变暖和生态保护、大规模杀伤性武器控制、恐怖主义等），中印两国在多边领域的共同点更加明显，加强双边合作以外的多边领域（世贸组织和联合国框架内、解决全球性问题、亚洲区域合作进程等）的合作，实现互利互惠，合作共赢，已经成为两个发展中大国的共识和顺应时代要求的必然选择。印度总理纳伦德拉·莫迪（Narendra Modi）把中印两国互利合作关系描述为开创了"经济关系的新篇章"和"两国关系的一个新时代"。两国应该以"从

---

① 2005 年 4 月 9—12 日温家宝访问印度，双方在新德里签署了多项重要文献，其中一项是旨在建立面向和平与繁荣的战略合作伙伴关系的联合声明——《中华人民共和国与印度共和国联合声明》，其二是第一个关于边界谈判的文件——《解决中印边界问题政治指导原则的协定》。此外，双方还签署了包括全面经贸合作五年规划、在中印边境实控线地区军事领域建立信任措施的实施办法的议定书、海关行政互助与合作协定和启动中印财金对话机制的谅解备忘录等十多项协议。这标志着中印关系进入了全面发展的新阶段——建设中印面向和平与繁荣的战略合作伙伴关系。见《中华人民共和国与印度共和国联合声明》（2005 年 4 月 12 日），http：//news. sohu. com/20050412/n225152242. shtml。

英寸到英里"的精神推动中印关系向前发展①，中印两国是"两个民族，一种精神，两个身体"。鉴于此，两个有着相同的发展抱负的大国完全可以进行更加紧密而富有成效的合作。②习近平主席在回顾展望中印关系实践时也表达了同样的看法："进入新世纪以来，中印两国建立了面向和平与繁荣的战略合作伙伴关系，双方关系进入了发展快车道。10多年来，中印双边贸易额增长了20多倍，人员往来增加了近2倍，两国交流合作的广度和深度都得到了空前扩展。可以说，两国关系发展站在了新的历史起点上。"因此，作为世界多极化进程中的两支重要力量，作为拉动亚洲乃至世界经济增长的有生力量，中印两国又一次被推向时代前沿；两国应该也能够成为更加紧密的发展伙伴、引领增长的合作伙伴、战略协作的全球伙伴。③

鉴于两国及双边关系的全球和意义，为顺应全球治理体系变革的客观要求，中印两国开展全方位的战略合作、构建互利共赢多赢的合作伙伴关系乃是大势所趋。其中，加强战略沟通，促进务实合作，扩大人文交流，就成了深化和充实面向和平与繁荣的战略合作伙伴关系内涵的重要途径。④

中印伙伴关系进程随着两国交往频繁，尤其高层领导人互访和会晤的机制化而不断深化，两国多层次、多渠道、多领域的互动和双方互信形成良性循环，伙伴关系的级别也不断升级，更加紧密的发展伙伴关系成了当今中印"伙伴—伙伴关系"的核心内涵。

中印关系从走出冷漠对抗状态到恢复正常化、从边界纠纷和其他领域发展正常关系脱钩到20世纪90年代双边关系快速发展、从建设性合作伙伴关系的提出到逐渐升级并反映时代发展要求的面向和平与繁荣的战略合作伙伴关系，再到更加凸显以发展为核心内涵的更加紧密的发展伙

---

① 所谓从"英寸"到"英里"是一种隐喻，印度和中国两国英文名称头两个字母拼写在一起，就是"英寸"（Inch）一词；英里（Miles）则意指"卓越协作的千禧年"（Millennium of Exceptional Synergy）。
② 《中国对印度投资200亿美元 签铁路等12份合作协议》，2014年9月19日，中证网，http: //www.cs.com.cn/xwzx/jr/201409/t20140919_4517241.html。
③ 习近平：《携手追寻民族复兴之梦》，《光明日报》2014年9月19日。
④ 《中华人民共和国和印度共和国联合公报》，2010年12月16日，中国政府网，http: //www.gov.cn/jrzg/2010-12/16/content_1767522.htm。

伴关系目标，这期间中印两国高层互访或会晤机制、问题—目标导向思维发挥着关键性的引领作用（见表 5-1）。

表 5-1 中印高层互访/会晤与双边关系正常化及伙伴关系发展①

时　　间	访问项目	成果/进展	备　　注
1979 年 2 月	印度外长瓦杰帕伊访华（人民党政府）	邓小平就边界问题提出"一揽子方案"，即中国在东段让，印度在西段让达成的共识：边界问题和发展其他领域的正常关系脱钩；边界纠纷以外双边关系发展增进互信，推动边界问题的解决	1962 年 10 月边境战争以来印度内阁部长首次访华，两国高层往来的恢复；印度长期坚持的以解决边界问题为先决条件发展其他领域关系的对华政策终止
1981 年 6 月	中国副总理兼外交部长黄华访印	重申共识，边界问题不应成为进一步发展两国关系的障碍；就边界纠纷和双边关系举行副部长级会谈达成谅解	这是 1962 年 10 月中印两国发生边境冲突后中国政府领导人首次访问印度；1981—1987 年共举行 8 轮副外长级边界问题会谈。这期间经历了 1986—1987 年的桑多洛河谷对峙事件

---

① 本表所列的中印两国高层会晤或对话仅指双方互访安排，而不包含双方都参与的多边对话机制或利用多边舞台进行的会晤对话。

续表

时间	访问项目	成果/进展	备注
1988年12月	印度总理拉吉夫·甘地访华	共识：恢复、改善、发展中印睦邻友好关系；双方同意通过和平友好方式协商解决边界问题；谈判解决边界纠纷的同时积极发展其他方面的关系，为合情合理解决边界纠纷创造条件；决定建立边界问题联合工作小组和经贸科技联合小组；印度重申西藏为中国的一个自治区，不允许在印藏人从事反对中国的政治活动 恢复高层互访并开启机制化进程	时隔34年后印度总理再次访华，中国主要领导人均予会见；中印关系发展中的里程碑式访问 发表《联合新闻公报》（1988年12月23日）
1991年12月	中国总理李鹏访印	共识：重申通过友好协商解决边界纠纷和发展正常双边关系并行不悖的共识；在边界问题最终解决前，保持实控线地区的和平与安宁，并商定一些具体计划和措施，把边防人员不定期会晤改为定期会晤，增加互信；发表两国联合公报	时隔31年后中国政府总理再次访问印度，冷战后中印关系的新起点

续表

时　间	访问项目	成果/进展	备　注
1993年9月	印度总理纳拉辛哈·拉奥访华	共识：签订《关于在中印边境实际控制线地区保持和平与安宁的协定》；通过协商制定在实控线地区的有效信任措施；依据相互同等安全的原则，裁减实控线地区的军事力量；协议中所提及的实控线不损及各自在边界问题上的立场	中印两国关于边境地区过渡性制度安排的起点
1996年11月28日至12月1日	中国国家主席江泽民访印	共识：签署《关于在中印边境实际控制线地区军事领域建立信任措施的协定》；双方同意建立面向未来的建设性合作伙伴关系；加强实控线地区双方军事人员和机构之间的交往与合作；同意加速澄清和确认实控线的进程，并尽快交换表明各自对整个实控线走向认识的地图	关于边境地区过渡性制度安排的另一核心要素
2000年5月28日至6月2日	印度总统科切里尔·拉曼·纳拉亚访华	共识：重申建立面向21世纪的建设性合作伙伴关系	1998年5月印度核试验导致双方建设性合作伙伴关系建设进程一度中断

续表

时 间	访问项目	成果/进展	备 注
2002年1月	中国总理朱镕基访印	重申建设性伙伴关系目标；中方提出进一步深化两国全面合作的5点看法建议：继续保持高层互访和各领域的交往；加强经贸领域的互利合作；增进科技领域的交流与合作；推动区域经济合作，妥善分歧；加快澄清和确认边境实控线走向 签订6项合作协议和谅解备忘录	
2003年6月	印度总理瓦杰帕伊访华	共识：签署中印《关系原则和全面合作的宣言》；启动"边界问题特别代表会晤机制"；印方承认西藏自治区是中国领土的一部分（较以前表述更加明确和接近中方的表述），重申不允许在印藏人从事反对中国的政治活动；就联合国改革加强合作；支持亚洲区域和次区域多边合作进程；双方关系的改善和发展不针对任何第三国，也不影响同其他国家业已存在的友好合作关系	

续表

时　间	访问项目	成果/进展	备　注
2005年4月	中国总理温家宝访印	共识：签订《联合声明》，鉴于中印关系具有全球和战略意义，同意建立中印面向和平与繁荣的战略合作伙伴关系；共同合作应对全球性挑战和威胁；提议就两国区域贸易安排的可行性及方案成立联合工作组；签署两国全面经贸合作五年合作规划等10多项合作协议等	1. 提出2008年实现双边贸易额200亿美元或更高的目标 2. 2004年11月，中国总理温家宝和印度总理曼莫汉·辛格在老挝出席"10+3"峰会期间商定中印两国之间举行不拟定议程的战略对话。中印首轮战略对话于2005年1月25日在印度举行
2006年11月	中国国家主席胡锦涛访印	共识：再次确认中印两国不是对手或竞争者，而是互利合作伙伴；进一步充实和加强两国战略合作伙伴关系，并以共同追求的"十项战略"为抓手积极推进该进程；积极看待中印俄三方对话机制；更加积极地看待对方参与亚洲跨区、区域和次区域合作进程 确认双边全面经济和贸易关系是两国战略合作伙伴关系的核心	1. "十项战略"涉及双边关系全面发展、加强制度化联系和对话机制、巩固经贸关系、拓展全面互利合作、防务合作增信、悬而未决问题、跨境联系与合作、科技合作、促进文化联系与民间交往、加强多边合作；提出2010年双边贸易额400亿美元目标 2. 同年5月29日两国签订《中印国防部防务领域交流与合作谅解备忘录》

续表

时间	访问项目	成果/进展	备注
2008年1月	印度总理曼莫汉·辛格访华	共识：提倡开放包容国际体系；签署了中印《关于二十一世纪的共同展望》以及涉及传统医药、植物检疫、地质调查、国土资源等10份合作文件；双方继续发展面向和平与繁荣的战略合作伙伴关系；完成两国区域贸易安排可行性研究后，同意就关于启动互惠和高质量的区域贸易安排谈判的可行性做探讨	"发展共识"在曼莫汉·辛格名为《21世纪的印度与中国》（2008年1月15日，中国社会科学院）的演讲中得到进一步的阐释
2010年12月	中国总理温家宝访印	成果共识：为体现战略合作伙伴，决定建立两国国家元首/政府首脑定期互访机制；开通两国总理电话热线，就共同关心的重要议题定期磋商；建立两国外长年度互访机制；加强在多边场合的协调与配合 双方同意进一步扩大贸易基础，平衡经贸合作 重申坚持"10项战略"目标	同意设立中印战略经济对话机制，2011年9月26日首次对话会在北京举行，由中国国家发展和改革委员会主任与印度计划委员会（后改为国家转型委员会）副主席共同主持，外交、宏观经济管理和相关职能部门代表出席

续表

时　间	访问项目	成果/进展	备　注
2013 年 5 月	中国总理李克强访印	共识成效：重申了双方视对方为互利伙伴，而非竞争对手的关系定位；保持两国元首/政府首脑定期互访，继续利用重要的多边场合会晤；中印战略经济对话对促进两国宏观经济政策协调和多领域务实合作具有积极作用；两国在防止贸易保护主义和建设开放多边贸易体系方面拥有共同利益。继续推动多哈回合谈判，研究双边区域贸易安排的潜力	在边界问题上，2012 年两国签订了《关于建立中印边境事务磋商和协调工作机制的协定》，磋商协调的级别为司局级
2013 年 10 月	印度总理曼莫·汉辛格	共识成效：签署《中印战略合作伙伴关系未来发展愿景的联合声明》；继续加强在中俄印（RIC）、金砖国家（BRICs）、二十国集团（G20）等多边机制中的协调配合，共同应对气候变化、国际反恐、粮食和能源安全等全球性问题；推动建设更加公平合理的全球政治经济秩序；鼓励各种机制和对话定期举行，更好理解对方的关切与利益	这是1954年以来再次实现两国总理年内实现互访，具有重要意义 访问期间还签订了《中印边境防务合作协议》

续表

时间	访问项目	成果/进展	备注
2014年9月	中国国家主席习近平访印	共识成效：签署《关于构建更加紧密的发展伙伴关系的联合声明》，致力于构建更加紧密的发展伙伴关系，并把发展伙伴关系作为两国战略合作伙伴关系的核心内容；加强政治对话，深化战略互信，保持两国各层级政治对话磋商机制；签署了《经贸合作五年发展规划》，制定全面深化和平衡中印经济关系的路线图；中方将在印度古吉拉特邦和马哈拉施特拉邦建立两个工业园区，并在未来5年内向印度工业和基础设施发展项目投资200亿美元，致力于发展基础更为广泛、可持续的经济伙伴关系；继续在应对全球性挑战方面的合作	从战略和全局的角度看待中印关系的意义、评估战略合作伙伴关系，一直是两国决策者思考相关问题的原点 这是中国首次同某一国家构建以"发展"命名的伙伴关系，充分说明了"发展"对中印两国的特殊意义

续表

时间	访问项目	成果/进展	备注
2015年5月	印度总理纳伦德拉·莫迪访华	共识成效：作为两个最大发展中国家、最大新兴经济体和国际格局中的重要力量，两国之间的建设性关系模式为新型国际关系和完善国际体系提供了新的基础；继续加强政治对话和战略沟通，完善中印关系的顶层设计，发挥元首或首脑互访和会晤机制的推动作用；通过军事联系，增进两国互信；重申坚持"三步走"路线图的边界问题解决方案；制定构建更加紧密发展伙伴关系的下一步规划；拓展新的合作领域，充实中印更加紧密的发展伙伴关系；采取措施缓解双边贸易不平衡问题，实现可持续发展	莫迪访华的第一站是西安，并受到习近平主席的会见，开启领导人"家乡外交"模式；鉴于两国省邦交往对推进双边关系的主要作用，成立地方合作论坛并在北京举行首次论坛；制定建设更加紧密发展伙伴关系的下步规划；开启两国智库间对话机制，中国国务院发展研究中心与印度国家转型委员会签署关于建立对话机制的谅解备忘录
2016年5月	印度总统理穆克吉访华	共识：发挥两国领导人的战略引领作用，保持战略沟通，完善中印关系顶层设计；密切接触增进政治互信，促进两国发展战略对接；中印关系已超越双边范畴，具有地区和全球战略意义	

续表

时　间	访问项目	成果/进展	备　注
2018年4月	印度总理纳伦德拉·莫迪访华	共识：两个新兴经济体和具有战略自主性的国家保持和平、稳定和平衡的关系，是世界稳定的重要积极因素；共同致力促进大国关系稳定和均衡发展；重申两个关系定位——是邻居、是朋友、是伙伴；推进全方位、全领域、多层面的互利合作，以平等互利和可持续的方式构建更加紧密的发展伙伴关系，支持各自国家现代化进程	首次中印领导人非正式会晤，武汉
2019年10月	中国国家主席习近平访印	重申原有共识，再次强调在全球贸易惯例和准则遭到质疑之际，应支持和加强基于规则的多边贸易体系，两国积极推动达成开放、包容的贸易安排；共同应对全球性问题和非传统安全挑战；努力尽早完成"区域全面经济伙伴关系协定"谈判；探讨建立"制造业伙伴关系"的路径，并以高级别的经贸对话磋商机制加以推进	第二次中印领导人非正式会晤，钦奈

第五节 中印战略合作伙伴关系建设中的制度性安排

国际体系的深刻调整、地区和全球性挑战的日渐凸显、全球治理共识的逐渐形成使得中国和印度两个崛起中、有历史遗留问题且具有地区乃至全球影响的发展中大国之间的战略对话与协商合作越发必要且迫切。以1988年印度总理拉吉夫·甘地访华为标志的中印关系正常化以来，两国关系涉及的议题和领域不断拓展，几乎覆盖了全领域、全方位；对话合作的层次也在不断深化，双边战略互信明显增强。中印两国战略合作伙伴关系也日渐呈现出成熟性特质，其中双边互动的制度性安排及机制化就是成熟国家间关系的标志性特征。中印两国合作伙伴关系建设中的制度性安排主要体现在政治安全机制、边界纠纷问题对话协商机制、经贸合作机制、社会文化交流机制等领域或议题上。①

一 政治安全合作增信机制

中印两国和缅甸共同倡导的和平共处五项原则业已成为国际关系基本准则，中国和印度在政治安全领域内的双边、多边合作历史悠久，也取得过诸如"印地—秦尼—巴伊巴伊"巅峰时的合作友谊和以"求同存异"彪炳史册的万隆精神等巨大成功。此外，政治安全合作也是中印两国开展在双边或多边层面上其他功能性领域合作的基础，并为中印双边关系的曲折历程所印证。因此，中印关系恢复正常化以来，两国领导人高度重视政治安全领域的合作及互信措施建设，使仍受边界纠纷困扰和处于低水平互信的中国和印度之间日渐呈现出成熟的国家间关系属性，即对两国互动和行为模式作制度性安排并呈现出机制化特点。两国高层会晤/互访机制。两国高层会晤/互访的制度性安排包括双边和多边两种形式。

---

① 关于解决两国边界纠纷问题的制度性在严格意义上属于政治安全领域范畴，但考虑到中印边界纠纷的特殊性和对中印关系演变的全局性影响，这里把关于解决两国边界纠纷问题的对话协商机制从政治安全制度性安排领域剥离单列加以分析。

就双边层面而论，两国高层会晤/互访和战略对话机制主要有：一是中印两国元首或政府首脑的机制化互访。1988年12月印度总理拉吉夫·甘地访华和中印《联合新闻公报》（1988年2月23日）的发表不仅使1960年4月周恩来总理访印后就中断的两国高层互访得以恢复，还开启了中印两国高层互访的机制化进程（见表5-1）。机制化的两国高层领导人（元首或首脑）互访和共识的达成已经成为深化中印面向和平与繁荣的战略合作伙伴关系建设、构建更加紧密的发展伙伴关系的关键性举措。

二是中印领导人非正式会晤机制，彰显出两国关系顶层设计和高层推进的特点。在2017年9月金砖国家领导人厦门峰会期间，习近平主席和印度总理纳伦德拉·莫迪就通过非正式会晤形式探讨解决两国关系中的相关问题，特别是边界纠纷问题已初步达成共识。[1] 2018年4月27—28日，习近平主席同印度总理莫迪在武汉举行了首次领导人非正式会晤。习近平主席和莫迪在友好气氛中就国际格局和双边关系中的全局性、长期性、战略性问题以及各自国家发展之愿景和内外政策深入交换意见，并达成广泛共识。[2] 2019年10

---

[1] 金砖国家领导人厦门峰会是在经历了始于2017年6月17日并持续73天的中印洞朗对峙危机之后召开的，其间的困难程度可想而知。中印高层领导人从战略和全局高度、长远视角审视中印关系及不确定性的边境对峙危机，使两国关系重回正轨。厦门峰会期间中印领导人就举行两国领导人非正式会晤达成初步共识正是基于这样的双边互动背景，当然，基于此并不仅限于此。此外，2017年上半年中印双方还就印度申请加入核供应国集团（NSG）、中国在联合国安理会"技术性搁置"了印方申请将"穆罕默德军"（Jaish-e-Mohammed）及其头目马苏德·阿兹哈尔（Maulana Masood Azhar）列入1267委员会恐怖制裁名单产生分歧，后者已于2019年4月在印度提交新的证据材料获通过。

[2] 双方达成以下共识：世界格局正经历深刻演变，国际力量对比更趋平衡，和平发展大势不可逆转，同时世界面临的不稳定性和不确定性突出；作为文明古国、最大的发展中国家、10亿以上人口级别的新兴经济体和具有战略自主性的重要国家，中印两国保持和平、稳定和平衡的关系，是世界稳定的重要积极因素；两国需要共同致力促进大国关系稳定和均衡发展，打造稳定、发展、繁荣的21世纪亚洲，促进东方文明复兴，为世界和平与发展作出积极贡献；中印是邻居、是朋友、是伙伴；中印要不断增进互信，发扬和平共处五项原则的优良传统，走出一条符合时代要求的两个伟大邻邦友好合作的大道；中印要推进全方位合作，以平等互利和可持续的方式构建更加紧密的发展伙伴关系，支持各自国家现代化进程。在两国领导人引领下，加强政治、安全等领域对话，及时就双方关心的重大问题充分沟通，增进理解，扩大共识，把握中印关系发展的正确方向；充分挖掘经贸、投资合作潜力，推出新的合作目标，调动积极因素，创新合作模式，实现互利共赢；同意建立高级别人文交流机制；中印要妥善处理和管控分歧，以成熟和智慧的方式、通过和平协商处理分歧问题；推动更积极的国际和区域合作；共同应对流行性疾病、自然灾害、气候变化、恐怖主义等全球性挑战，提供创新性和可持续的解决方案；发挥中印两个亚洲大国的政治影响力和经济驱动力，带动地区经济发展；共同推进国际关系民主化，提高发展中国家和新兴市场国家的代表性和发言权，支持多边贸易体制，反对保护主义，推进开放、包容、普惠、平衡、共赢的经济全球化。参见《中印领导人非正式会晤达成广泛共识》，中华人民共和国外交部网站，https：//www.mfa.gov.cn/web/wjdt_674879/gjldrhd_674881/t1555533.shtml。

月 11—12 日，习近平主席同印度总理莫迪在印度钦奈举行第二次领导人非正式会晤，除重申既有共识并就国际和地区的全局性、长期性、战略性问题深入交换意见，以及积极推进两国更加紧密的发展伙伴关系建设外，还就"2020 中印人文交流年""中印建交 70 周年"等活动，以及为进一步深化两国经贸合作而建立高级别经贸对话机制以更好地促进两国经贸合作平衡发展达成共识。此外，还提出建立"中印制造业伙伴关系"的设想并鼓励双方企业在具有潜力和优势的领域相互投资，该设想的推进落实将由两国高级别经贸对话机制会议完成。① 从两国领导人对非正式会晤形式的积极评价——"提供了一个深入对话、增进相互理解的重要机会"以及双方传递出的"将以包括非正式会晤在内的形式继续保持战略沟通"信息来看，② 两国领导人非正式会晤已经实现了机制化。

　　三是中印战略对话（China-India strategic dialogue）机制。战略对话是当今国际体系中主要国家之间实现增进互信合作、避免因误判而引致对抗甚至冲突的常规手段，通常情况下是指主要国家间就其关切的双边或多边战略性议题做直接的沟通交流，以促进双边关系的平稳发展。是否建立战略对话机制、战略对话水平与成效往往被视为衡量大国关系成熟度和稳定性的重要指标。中印战略对话机制始于 2004 年 11 月中印两国总理温家宝与曼莫汉·辛格在老挝出席"10 + 3"峰会期间就两国之间举行不拟定议程的战略对话的共识，中印首轮战略对话会议于 2005 年 1 月在印度新德里举行，战略对话级别是副外长级，首轮对话分别由副外长武大伟和印度外秘萨兰（Shyam Saran）担任各自的首席对话人，战略对话的议题既涉及诸如全球化挑战、联合国改革、防扩散、能源安全、地区合作以及地区热点等地区与全球性问题，也涉及双方高度关切且敏感的双边问题，如边界纠纷等。③ 第 2 次和第 3 次中印战略对话先后于 2006 年 1 月和 2007 年 12 月在北京举行，标志着中印战略对话已经形成

---

　　① 《中印领导人第二次非正式会晤取得丰硕成果》，中新网，http：//www.chinanews.com/gn/2019/10 – 13/8977481. shtml。
　　② 《中印领导人第二次非正式会晤取得丰硕成果》，中新网，http：//www.chinanews.com/gn/2019/10 – 13/8977481. shtml。
　　③ 《中印战略对话有望形成机制》，2005 年 1 月 27 日，新浪网，http：//news. sina. com. cn/w/2005 – 01 – 27/05354958788s. shtml。

机制，也预示着中印关系在对话的基础上将进一步得到提升。① 2008年1月印度总理辛格访华时定于年内举行的第4轮战略对话因故搁置，迟至2010年10月第4轮战略对话才于北京举行；2013年8月在新德里举行的第5轮中印战略对话则更是在时隔3年后重启的，主要就曼莫汉·辛格总理访华、《边境防务合作协议》的未尽事宜、孟中印缅经济走廊建设等进行沟通对话；2014年4月中印战略对话举行了第6轮；2017年2月22日，中印两国在北京开启新一轮战略对话，外交部副部长张业遂与印度外秘苏杰生（S. Jaishankar）共同主持战略对话会。印方关注的焦点是申请加入核供应国集团（NSG）和将"穆罕默德军"（Jaish-e-Mohammed）头目马苏德·阿兹哈尔（Maulana Masood Azhar）列入1267委员会制裁名单问题。印方将此轮战略对话称为"一种新的机制"，是更加"综合性的"对话。② 多轮中印战略对话（见表5-2）虽均未解决任何实质性问题，但准机制化的对话安排却为双方提供了坦诚交流、增进政治互信、扩大战略共识的有效渠道。③

多边合作框架内的两国高层会晤机制。此类多边对话/合作平台主要有二十国集团峰会（G20）金砖集团领导人峰会（BRICs）、上海合作组织领导人峰会（SCO）、东亚峰会（ASEAN+）、亚信会议峰会（即4年一次的亚洲相互协作与信任措施会议, Conference on Interaction and Confidence Building Measures in Asia, CICA）等。面对全球化的加速发展和国际体系的深刻调整，也为了维护自身正当权益和应对西方国家的压力，中印两国基于推进全球治理体系改革和应对全球气候变化挑战等共同诉求利用上述多边合作对话机制加强沟通协调。如在经济金融领域，中印在G20和BRICs等平台就改革现行国际经济和金融体系、增强包括中印两国在内的广大发展中国家的两国话语权和代表性进行了富有成效的合作。上海合作组织在印度成为正式成员后也变成中印两国沟通互动的重

---

① 《中印战略对话机制化彰显新型伙伴关系》，2006年1月11日，新浪网，http://news.sina.com.cn/c/2006-01-11/06167948462s.shtml。

② 《新机制下中印战略对话前夕，印度外秘直面敏感议题、淡化分歧》，2017年2月19日，澎湃新闻，https://www.thepaper.cn/newsDetail_forward_1622020。

③ http://timesofindia.indiatimes.com/india/India-China-hold-sixth-strategic-dialogue-to-review-ties/articleshow/33738149.cms。

要多边合作对话平台。

表 5–2　　　　　　　　　中印战略对话机制

时间	双方代表	核心内容	地点	备注
2005年1月（第一次）	中方：武大伟 印方：萨仁山	涉及全球化挑战、联合国改革、防扩散、能源安全、地区合作、边界纠纷等	新德里	
2006年1月（第二次）	中方：武大伟 印方：萨仁山	深入探讨解决边界问题，就地区和国际事务问题上加强合作与协调进行深入磋商	北京	
2007年12月（第三次）	中方：武大伟 印方：S.梅农	探讨应增进在各个领域的交流与合作，合理解决争端。推动双边关系继续发展（注：中印两军根据商定的备忘录同期在中国昆明举行了代号为"携手—2007"联合军演）	北京	
2010年10第四次			北京	信息不详
2013年8月（第五次）	中方：外交部副部长刘振民 印方：外秘苏嘉塔·辛格	就曼莫汉·辛格总理访华、《边境防务合作协议》的未尽事宜、雅鲁藏布江水资源管理、强化经贸领域合作、地区与全球事务合作、孟中印缅经济走廊建设等进行沟通对话	新德里	

续表

时间	双方代表	核心内容	地点	备注
2014年4月（第六次）	中方：外交部副部长刘振民 印方：外秘苏嘉塔·辛格	双方就双边关系，包括两国高层交往、各领域务实合作，以及共同关心的国际和地区问题深入交换意见 此次对话是2014"中印友好交流年"的重要活动之一	北京	
2017年2月（第七次）	中方：外交部副部长张业遂 印方：外秘S.苏杰生	关注焦点在于印度申请加入核供应国集团和"穆罕默德军"头目"马苏德·阿兹哈尔"列入1267委员会制裁名单问题（即所谓"列名"问题）	北京	

此外，始于2005年6月非正式会晤的中印俄三国外长会晤（RIC）机制在沟通协调三方的相关地区和国际安全政策、包括反恐合作在内的全球性问题、能源合作等领域发挥重要作用。正如俄罗斯外长拉夫罗夫评价的那样，加强俄罗斯、印度和中国的互信、合作以及战略伙伴关系"对地区起到强大的稳定作用，是推动多方进程的重要促进因素"，[①] 并致力于构筑全面、平等、不可分割的地区与国际安全体系结构。

二 两国边界问题的对话协商机制

作为第一类制度性安排的逻辑结果，中印两国关于边界纠纷解决及相关问题的对话磋商机制也日渐成熟完善。这些对于保持两国边境实控线地区的和平与安宁、增加战略互信、维持超越边界纠纷困扰的双边关系平稳发展至关重要。经过近40年的创新实践，中印边界问题对话磋商

---

① 俄罗斯外长拉夫罗夫：《俄中印三国机智仍是重要的有效形式》，俄罗斯卫星通讯社，http://sputniknews.cn/politics/201604181018890914/。

机制已经演变成为一套高低搭配、议题清晰、功能各异、一线事务性会谈和高层决策性对话等相结合的系统性制度安排，包括早期的边界问题副部级官员会谈机制、边界问题联合工作小组会谈机制、边界问题外交和军事专家小组会议、边界问题特别代表会晤机制，等等。

1. 边界问题副部级官员会谈机制

中印两国边界问题对话磋商机制系统始于1981年12月10—14日在北京举行的首轮"边界问题副外长级官员会谈"[①]，中印政府官员代表团分别由外交部副部长韩念龙和印度外秘埃里克·冈萨尔维斯（Eric Gonsalves）担任团长。当然，中断多年后的中印边界问题首轮会谈并不限于边界问题，经贸合作、科技文化交流等都成了双边会谈的议题。时任印度外长的纳拉辛哈·拉奥事后在印度议会就首轮边界问题在副部级官员会谈评价道："我们并不期望在第一轮会谈中就能够取得实质性进展……然而我们可以将20年来第一次进行会谈这一事实本身看作是一个积极的步骤。"[②] 1981年12月至1987年6月，边界问题副部级会谈轮流在北京和新德里先后举行了8轮，虽在边界问题上没有任何实质性进展，但对改善中印关系并最终恢复正常化发挥了暖场的作用。值得注意的是，印方在第8轮会谈中的做法明显有所调整，低调处理边界问题，声称边界问题复杂，解决起来需要时间，希望中印两国先在经贸、文化和科技合作交流方面发展合作关系，以便创造一个有利于解决边界问题的氛围。[③] 而此前印方一直强调边界问题是两国关系中的中心问题，边界问题不解决，其他方面的关系难以全面发展。

[①] 中印边界问题会谈是在邓小平重申并反复向印方传递中国愿通过谈判一揽子解决中印边界问题的主张以及积极推动下实现的。邓小平在1979年2月14日会见到访的印度外长阿塔尔·瓦杰帕伊、1980年6月21日会见印度《勇士》（*Vikrant*）杂志主编克里希纳·库马尔、1981年4月8日会见印度人民院议员苏布拉马尼亚姆·斯瓦米都表达了"两国边界问题是历史遗留下来的，只要双方谅解，通过很好的讨论，问题不难解决。我也讲过采取一揽子解决问题的设想。如果条件不成熟，短时间不能解决，可以从其他方面加强关系"。1981年6月中国副总理兼外长黄华访印时同印方商定就边界问题举行适当级别的官员会谈。参见《邓小平年谱（1975—1997）》，中央文献出版社2004年版，第489、649、731页；《新华月报》1980年第6号，第192页；韩念龙主编：《当代中国外交》，中国社会科学出版社1990年版，第252—254页。

[②] 原载 *India & Foreign Review*, XIX-6 (1982): 4, 转引自王宏纬《中印关系研究》，中国藏学出版社1998年版，第308页。

[③] 王宏纬：《中印关系研究》，中国藏学出版社1998年版，第318页。

2. "边界问题联合工作小组" + "边界问题副部级官员会谈" 并行机制

印度总理拉吉夫·甘地在1988年12月顶着国内巨大压力访华，不仅恢复了两国高层领导人互访对话机制，推进中印关系发展步入一个新阶段，而且中印双方决定成立"边界问题联合工作小组"并同"边界问题副部级官员会谈"合并，这样就形成中印"边界问题联合工作小组" + "副部级官员磋商"的边界会谈机制，实际上是把两个边界问题工作小组的会谈级别定位在副外长级。至2003年10月启动更高级别的"中印边界问题特别代表会晤机制"，中印边界问题联合工作小组磋商先后举行了15轮会谈，在坚持边界纠纷主题下也兼顾双边关系中其他领域甚至国际问题等，为推动两国关系的缓和以及边界问题的解决发挥了重要作用。2001年6月边界问题联合工作小组取得了有益进展——双方就中段争议区取得了共识并于次年11月双方正式交换了描绘双方边界控制线的地图。这期间通过中印两国高层领导人互访先后签订了对维护两国边境地区和平安宁和增加军事领域互信产生重大影响的《关于在中印边境实际控制线地区保持和平与安宁的协定》（下称"1993年协定"）、《关于在中印边境实际控制线地区军事领域建立信任措施的协定》（下称"1996年协定"）、中印两国《关系原则和全面合作的宣言》（2003年）并达成设立"两国边界问题特别代表会晤机制"。① 这也预示着"边界问题副外长级联合工作小组"会谈机制业已完成其使命并淡出中印边界对话磋商机制系统。

3. 两国边界问题外交和军事专家小组会议

作为"边界问题联合工作小组"对话机制的专业技术指导和相关措

---

① 2003年6月印度总理阿塔尔·瓦杰帕伊访华，两国签订了中印《关系原则和全面合作的宣言》（6月23日），规定"双方同意各自任命特别代表，从两国关系大局的政治角度出发，探讨解决边界问题的框架"。这是关于设立"中印边界问题特别代表会晤机制"的正式文献。设立双方特别代表会谈机制解决中印边界问题的提议是印度首先提出的，这反映出印方解决边界问题的决心和迫切意愿。正如印度战略分析家拉贾·莫汉所指出的那样，"总的来说，印度目前已经基本上从1962年中印边境冲突的阴影中走了出来，随着印度商界对中国市场前景的心驰神往，现在正是瓦杰帕伊成功说服印度人民接受边界争端解决方案的有利时机。此外，印度国内的政治气氛也大大改变，左派不会反对与中国达成的任何解决方案，国大党也不大可能反对公平合理的解决方案，持反对意见的倒是来自执政的印度人民党内部的右翼组织"。参见《从联合工作组到特别代表：中印边界谈判开始务实》，2003年10月27日，新浪网，http://news.sina.com.cn/c/2003-10-27/14512009982.shtml。

施落实监督机构,外交和军事专家小组会议是依据"1993年协定"第8条之规定成立的,即"中印边界问题联合工作小组各方制定外交和军事专家,共同制定本协定的实施办法。专家们将向联合工作小组就如何解决双方对实际控制线走向的分歧提出建议,并处理为减少实际控制线地区的军事力量、重新部署的有关问题。专家们还将根据严守信义和相互信任的原则,协助联合工作小组监督本协定的执行并解决在此过程中所产生的分歧"。① 由此可见,两国边界问题外交和军事专家小组会议机制的主要功能就是落实"1993年协定"并为此制定相关措施,实践中促成中印两国签订了"1996年协定"。2005年后,该对话机制的功能并入中印边界问题特别代表会晤机制。

4. 中印边界问题特别代表会晤磋商机制

边界问题特别代表会晤磋商机制是依据印方提议、经由2003年两国签署的中印《关系原则和全面合作的宣言》正式确认并设立的更高级别的边界问题对话渠道,每年会晤一次,中印轮流举行。中印边界问题特别代表会晤磋商机制(下称"特代会晤机制")既是中印讨论边界问题的主渠道,也是双方进行战略沟通的重要平台。② 2003年10月23—24日启动特代会晤机制,双方特别代表分别由中国国务委员戴秉国和印度国家安全顾问布拉杰什·米什拉担任。特代会晤机制制订了关于解决中印边界问题"三步走"的计划,第一步是在政治方面达成解决边界问题的政治指导原则协议,第二步是制定解决边界的框架协议,第三步是签署具体条约解决边界问题。截至2019年年底,特代会晤机制共举行22轮会谈③(见表5-3)。特代会会谈使中印双方能够就边界纠纷、双边关系和

---

① 随新民:《中印关系研究:社会认知视角》,世界知识出版社2007年版,第327页。
② 《中印举行边界问题特别代表会晤》,2019年12月21日,新华网,http://www.xinhuanet.com/2019-12/21/c_1125373458.htm。
③ 截至2019年年底中印边界问题特别代表第22次会晤,中方代表是国务委员兼外长王毅,印方代表是国家安全顾问阿吉特·库马尔·多瓦尔(Ajit Kumar Doval)。据《印度经济时报》报道,总理纳伦德拉·莫迪在国家安全和对外关系上最相信的就是多瓦尔。多瓦尔2014年和2015年发表的两场演讲阐述了其对国防和外交政策的看法,这些想法被称为"多瓦尔学说或多瓦尔主义"。多瓦尔倾向于对所谓的敌国和恐怖分子采取强硬立场,并认为个人道德在国际关系中毫无意义;主张印度可以从三个层次——防守、防守反攻和进攻考虑应对敌国和恐怖势力,但更倾向于防守反攻的方式。

共同关心的国际地区问题充分且深入地交换意见,并取得标志性的阶段性成果——2005年4月温家宝访印时双方特别代表共同签署《解决中印边界问题政治指导原则的协定》,即完成了解决边界问题"三步走"计划的第一步。目前,特代会正就第二阶段制定解决两国边界纠纷的框架协议进行谈判磋商。

表5-3　　2003—2019年中印边界问题特别代表会晤一览

时间	双方代表	核心内容	地点	备注
2003年10月23—24日（第1次）	戴秉国 布拉杰什·米什拉		新德里	中方特别代表由主管外交工作的国务委员担任 印方特别代表由国家安全顾问担任
2004年1月（第2次）	戴秉国 布拉杰什·米什拉	初步探讨解决边境问题的指导原则	北京	
2004年7月（第3次）	中方：戴秉国 印方：J.N.迪克希特		新德里	
2004年11月18—19日（第4次）	戴秉国 J.N.迪克希特	探讨解决了边界问题的指导原则	北京	
2005年1月10日（第5次）	戴秉国 M.K.纳拉亚南	就解决中印边界问题政治指导原则的协定达成一致	新德里	
2005年9月26—8日（第6次）	戴秉国 M.K.纳拉亚南	从两国关系大局的政治、战略等探讨解决关系问题的框架	北京	
2006年1月9—10日（第7次）	戴秉国 M.K.纳拉亚南	就解决两国边界问题的框架设想进行探讨	新德里	
2006年6月25—27日（第8次）	戴秉国 M.K.纳拉亚南	就边界问题的解决框架深入交换意见	北京	

第五章 中印发展伙伴关系的内涵与建设进程 / 157

续表

时间	双方代表	核心内容	地点	备注
2007年1月16—18日（第9次）	戴秉国 M. K. 纳拉亚南	就两国边界问题的解决框架深入交换了意见	新德里	
2007年4月20—23日（第10次）	戴秉国 M. K. 纳拉亚南	就中印边界问题的解决框架进行了有益的探讨	新德里、古努尔	
2007年9月24—26日（第11次）	戴秉国 M. K. 纳拉亚南	就解决框架问题进行了有益和积极的探讨	北京	
2008年9月18—19日（第12次）	戴秉国 M. K. 纳拉亚南	就解决边界问题进行探讨	北京	
2009年8月7—8日（第13次）	戴秉国 M. K. 纳拉亚南	就解决中印边界问题深入交换意见	新德里	
2010年11月29—30日（第14次）	戴秉国 S. 梅农（Shivshankar Menon）	就解决中印边界问题和维护中印边境问题和维护边境和平与安宁深入交换意见	北京	
2012年1月16—17日（第15次）	戴秉国 S. 梅农	探讨了中印边界问题和共同维护两国边境地区和平与安宁等事宜	新德里	
2013年6月28—29日（第16次）	杨洁篪 S. 梅农	就落实两国领导人共识，促进中印边界问题解决和双边发展等交换意见	北京	

续表

时间	双方代表	核心内容	地点	备注
2014年2月10—11日（第17次）	杨洁篪 S. 梅农	就中印边界问题、中印关系和共同关心的国际地区问题深入交换意见	新德里	
2015年3月23—24日（第18次）	杨洁篪 A. K. 多瓦尔	就边界问题、两国双边关系及共同关心的国际地区问题进行战略沟通	新德里	
2016年4月20—21日（第19次）	杨洁篪 A. K. 多瓦尔	就边界问题、双边关系和有关国际地区问题进行广泛、深入、坦诚的沟通	北京	
2017年12月22日（第20次）	杨洁篪 A. K. 多瓦尔	就中印关系、中印边界问题及共同关心的国际和地区问题深入交换意见	新德里	
2018年11月24日（第21次）	王毅 A. K. 多瓦尔	就边界问题、双边关系和共同关心的国际地区问题深入交换意见	成都	
2019年12月21日（第22次）	王毅 A. K. 多瓦尔	就边界谈判早期收获交换了意见，就加强信任措施建设达成共识，就共同关心的国际地区问题交换了意见	新德里	

鉴于解决边界问题的复杂性和达成最终双方都接受解决方案的长期性，边界问题特代会也在商讨早期收获的可能性，并继续采取切实措施进一步加强信任措施建设和边境地区合作，共同维护好边境地区的和平与安宁。为此，双方同意制定维护两国边境地区和平安宁的管控规则，加强两国边防部队之间的沟通交流，在两军相关部门之间建立热线，增设边防会晤点，扩大边境贸易和人员往来，等等。① 进入第二阶段边界问题谈判后，为达成上述目标，中印双方先后签署了《关于建立中印边境事务磋商和协调工作机制的协定》（2012 年）和《边境防务合作协议》（2013 年），并对拟议中的"边境地区行为准则"进行对话磋商②。

中印在冷和平常态情境下的互动和 1987 年边境对峙危机间的管理也使双方都观察到这样一个事实：只要不越过边境地区实际控制线，边境和平就能得以维持。这种自发性的契合点被反复验证，并逐步成为 20 世纪 90 年代以来的关于边界问题的机制化或准机制化的制度安排。2017 年夏持续 70 余天的洞朗对峙危机一方面超越了中印两国传统的边界问题关注地段和范畴，即中方一直认为两国亚东—锡金段边界有 1890 年的"中英会议藏印条约"约定，并无争议，而洞朗对峙危机恰恰就发生在无争议地段。所以说，洞朗对峙危机某种意义上讲算是一种例外。但从另一方面来看，洞朗对峙危机只是事发空间上的意外，在逻辑上同传统的东、中、西三段边界争议地段并无二致。

三 中印经贸合作机制

中印经贸合作在两国建交之初就已经存在，后因双边关系恶化而中断，直到 20 世纪 80 年代才有所恢复，其间虽然设立了中印经贸科技联合

---

① 《中印举行边界问题特别代表会晤》，2019 年 12 月 21 日，新华网，http://www.xinhuanet.com/2019-12/21/c_1125373458.htm。

② 关于中印边境事务的磋商和协调机制于 2012 年启动，由两国外交部门司局级官员牵头、外交和军事人员共同组成，主要处理涉及保持边境地区和平与安宁的相关边境事务。2014 年 2 月，中印特别代表第 17 次会晤时中方提议商定一套"边境地区行为准则"，力避因误解和认知差异而引发边境危机或冲突。

小组①，但由于印方秉持边界问题优先解决后才考虑发展其他领域的合作关系，故中印双边贸易额和相互投资量都极小（见表5-4），机制化的经贸合作或刻意的制度性安排自然无从谈起。中印经贸合作的制度化安排则是进入21世纪后随着双边贸易量的增加而逐渐出现的。2003年6月印度总理瓦杰帕伊访华时签署的中印两国《关系原则和全面合作的宣言》，一方面责成既有的两国经贸科技联合工作组部长级会晤机制加紧研讨增进双边经贸关系、消除贸易和投资方面的障碍，另一方面又提议设立由"官员和经济学专家组成的联合研究小组"，负责研究扩大两国经贸合作的潜在互补关系并制定未来5年中印经贸合作的发展规划。在"联合研究小组"提交的全面经贸合作措施研究报告和建议的基础上，2005年温家宝访印时两国签署了12个协议或备忘录，其中就包括《中印全面经贸合作五年规划》《海关行政互助与合作协定》《启动中印财金对话机制的谅解备忘录》等，标志着中印两国经贸合作机制初步形成。其后，经贸合作机制建设进一步发展，2011年两国设立战略经济对话机制；2014年9月双方同意建立中国国务院发展研究中心与印度政府经济事务局的对话机制，这些标志着中印经贸关系机制已逐步走向成熟。这里主要就中印经贸科技联合工作小组机制、财金对话与合作机制、战略经济对话机制略作分析。

1. 两国经贸科技联合工作小组机制

中印经贸科技联合工作小组是依据1988年12月拉吉夫·甘地总理访华时发表的中印两国《联合新闻公报》共识设立的，旨在推动双方经贸合作，讨论双边贸易、双向投资、基础设施领域合作等共同关心的话题，是一个处理中印两国经济关系和贸易、科学和技术的联合工作组（印方称之为"联合经济小组"或JEG），联合工作组会议由中国商务部（原对外贸易经济合作部）和印度商业与工业部牵头，对话级别为部长级，轮流在北京和新德里举行（见表5-4）。

---

① 中印经贸科技联合小组跟中印边界问题联合工作小组一样是依据1988年12月拉吉夫·甘地总理访华时发表的中印两国《联合新闻公报》共识成立的，1989年9月中印首次经贸科技联委会会议在新德里举行。

表5-4　　　　中印经贸科技联合工作小组机制会晤一览

时间地点	双方代表	内容/议题	备注
1989年9月新德里（第1次）	中方：郑拓彬 印方：迪内希·辛格	共识：应扩大双边直接贸易，减少间接贸易 签署中印经贸科技联合小组"会谈纪要"和1989年9月20日至1990年9月19日"中印贸易议定书"	中国海关统计：1989年中印进出口贸易额为2.7119亿美元，中国出口为1.6871亿美元，进口为1.0248亿美元
1991年2月北京（第2次）	中方：李岚清 印方：苏布拉马尼亚姆·斯瓦米	签署"会谈纪要"和1991—1992年度"贸易议定书"	中国海关统计：1990年中印进出口贸易额为2.64亿美元，其中出口为1.66亿美元，进口为0.973亿美元 1991年中印进出口贸易额为2.642亿美元，其中出口为1.4448亿美元，进口为1.2034亿美元
1992年2月新德里（第3次）	中方：李岚清 印方：苏布拉马尼亚姆·斯瓦米	共识：增进了解共同努力，扩大两国经贸合作，共同发展	
1993年1月北京（第4次）	中方：李岚清 印方：库里安	签订"会谈纪要"和1993年双边贸易议定书	中国海关统计：1993年中印双边贸易额为6.75亿美元，其中出口为2.59亿美元，进口为4.16亿美元；比1992年双边贸易额翻了一番①

---

① 刘正学：《吴仪率经贸代表团访印，中印签署经贸科技合作议定书》，《人民日报》1994年6月16日。

续表

时间地点	双方代表	内容/议题	备注
1994年6月新德里（第5次）	中方：吴仪 印方：普拉纳布·穆克吉	就进一步扩大双边贸易和加强两国经济科技合作沟通交流，签署中印经贸合作议定书和会谈纪要	1993年双边贸易额为6.75亿美元
2000年2月北京（第6次）	中方：石广生 印方：穆拉索利·马朗	双方签署中国加入世界贸易组织的双边市场准入协议	
2006年3月新德里（第7次）	中方：商务部代表 印方：纳特	双方就落实中印全面经贸合作五年规划、开通经乃堆拉山口的边境贸易、双边投资保护促进协定、区域贸易安排可行性联合研究、印度承认中国的市场经济地位、中印矿产品和农产品贸易、鼓励和便利相互投资，中印信息产业、能源和基础设施领域合作等交换了意见	双方签订《中印经济、贸易和科技联合小组第七次会议纪要》
2010年1月北京（第8次）	中方：陈德铭 印方：阿南德·夏尔玛	双方希望充分利用有关机制，加强在贸易救济领域的合作。可以在基础设施、农业、制药、医疗、新能源等行业开展深层次的交流与合作，进一步促进双边经贸关系发展	双方共同见证签署了《中华人民共和国商务部和印度共和国商工部联合经济工作组关于扩大贸易和经济合作的谅解备忘录》

续表

时间地点	双方代表	内容/议题	备注
2012年8月新德里（第9次）	中方：陈德铭 印方：阿南德·夏尔玛	双方希望使双边贸易在更加平衡的基础上实现贸易额达到1000亿美元的目标。印度欢迎中国制造业参加印度政府制定的发展制造业项目，同时希望印度产品能更多进入中国市场，尽早解决两国贸易不平衡问题	双方决定成立由高层组成的工作小组，就双方贸易数据统计工作进行协调，并共同制订双边经贸合作五年计划。中印企业当日还在新德里举行了数个购买协议和意向书的签署仪式
2014年9月北京（第10次）	中方：高虎城 印方：希塔拉曼	双方回顾了近年来两国经贸关系发展情况，围绕有关市场准入、深入双边贸易投资和服务贸易合作、加强在多边和区域贸易安排框架下的合作等议题，进行了坦诚深入的沟通和协调，达成一系列共识	印方高度重视印中经贸关系，致力于加强对华互利合作。希望中方继续采取积极措施扩大自印进口，特别是印度优势产品的进口
2018年3月新德里（第11次）	中方：钟山 印方：普拉布	印方表示，愿与中方共同落实好两国领导人达成的共识，对接发展战略，分享发展经验。印方将学习和借鉴中国设立经济特区的经验，重点推动双方产业园区项目合作，欢迎中国企业赴印投资，扩大在印市场份额	中方表示，按照党的十九大部署，中国将推动形成全面开放新格局，深入推进"一带一路"国际合作，促进贸易和投资自由化便利化，这必将为中印两国经贸务实合作带来新的机遇

经贸科技联合工作小组会议致力于促进中印两国在经济、贸易、科学与技术等方面的联系、沟通与合作。首次中印经贸科技联合工作组会议于1989年9月在新德里举行，截至2018年3月共召开11轮会议。中印两国在经贸领域的实质性合作规划、举措及落实等都是通过经贸科技联合工作小组会议机制实现的。譬如制订落实《中印全面经贸合作五年规划》的工作计划、签订《中印投资促进和保护协定》、建立工作机制讨论印度承认中国市场经济地位问题、启动中印区域贸易安排联合可行性研究、建立重要商品贸易联合工作机制、开放乃堆拉山口的边境贸易、加强双方在新一轮多边贸易谈判中的合作、建立中印企业CEO论坛等。

2. 中印财金对话与合作机制

2003年6月印度总理瓦杰帕伊访华期间签订的中印两国《关系原则和全面合作的宣言》提议"加强财金领域的对话与协调，两国建立财政金融对话与合作机制"。① 2005年4月温家宝访印期间签署《启动中印财金对话机制的谅解备忘录》，正式设立并启动两国财金对话与合作机制。财金对话级别原则上为副部级，双方牵头单位为财政部，参与部门除财政部外，还包括与会议议题相关的其他部门；双方规定该对话机制的运行规则，即每12—18个月举行一次财政部副部长级的对话会议，轮流在两国首都举行，旨在推动双方财政金融领域的政策交流和实质性合作（见表5-5）。

2006年4月举行了首次中印两国财政金融合作与对话会，双方就两国宏观经济形势、促进可持续发展的经济增长战略、金融部门改革及监管政策、国际经济治理体系与结构改革等问题深入交换了意见。截至2019年年底，中印财金对话与合作机制共举行九轮会谈②（见表5-5）。其中，2011年11月举行的第5次对话与合作会议首次就共同推动国际金融体系更加公正合理化改革交流并达成广泛共识，双方就全球宏观经济形势及应对政策措施交换了意见，特别就全球经济运行面临的风险及中

---

① 《中华人民共和国和印度共和国关系原则和全面合作的宣言》（全文），2003年6月25日，中国网，http：//www.china.com.cn/international/txt/2003-06/25/content_5353051.htm。

② 中华人民共和国商务部和中国驻印度大使馆编著：《对外投资合作国别（地区）指南——印度》（2019年版），第41页，http：//www.mofcom.gov.cn/dl/gbdqzn/upload/yindu.pdf & http：//fec.mofcom.gov.cn/article/gbdqzn/#。

印两国在 2008 年国际金融危机过后的经济复苏中所发挥作用广泛交流，并就国际货币体系改革、可持续与平衡增长框架和二十国集团议题进行了深入讨论。

表 5-5　　　　　　中印两国财金对话与合作机制会议一览

时间	代表	对话内容	地点	备注
2006 年 4 月（第一次）	中方：李勇 印方：阿夏克·杰哈	就两国宏观经济形势、促进可持续发展的经济增长战略、金融部门改革及监管政策等问题深入交换了意见，并发表联合声明	新德里	两国财政部、央行和银行、证券和保险业监管部门官员出席会议。会后发表了联合声明
2007 年 12 月（第二次）	中方：李勇 印方：苏巴·拉奥	讨论了两国当前经济形势、发展前景以及面临的挑战并发表联合声明。	北京	
2009 年 1 月（第三次）	中方：廖晓军 印方：阿夏克·朝拉	全球经济形势对中印两国的影响及应对措施、经济改革和发展经验和世界经济峰会后续工作、中印两国金融部门的改革和合作等议题进行了深入讨论和交流。发表《联合声明》	新德里	
2010 年 9 月（第四次）	中方：朱光耀 印方：阿夏克·朝拉	双方就中印两国、亚洲乃至全球宏观经济形势与政策、中印双边经济合作、金融稳定与发展及中印在二十国集团机制、气候变化融资领域的合作进行了深入交流	北京	双方表示，应致力于提高经济发展质量，深化经济结构调整，推进减贫事业发展

续表

时间	代表	对话内容	地点	备注
2011年11月（第五次）	中方：财政部代表 印方：R. 戈帕兰、联合秘书A. 希尔	双方就全球宏观经济形势及应对政策措施交换了意见，特别就当前全球经济面临的风险及中印两国在危机过后的复苏阶段中所发挥作用进行了交流，并就国际货币体系改革、可持续与平衡增长框架和二十国集团议题进行了深入讨论	新德里	
2013年9月（第六次）	中方：朱光耀 印方：阿尔文德·马雅拉姆	就全球经济面临的新挑战、中印宏观经济形势和政策、中印结构性改革取得的进展、双方在多边框架下的合作以及双边财金合作等议题进行了深入探讨	北京	
2014年12月（第七次）	中方：余蔚平 印方：迪内希·夏尔马	双方围绕"宏观经济形势与政策""中印在多边框架下的合作""双边投资和财金务实合作"等议题进行了深入讨论，达成了多项共识 增进对印度经济形势和投资环境的了解，提高了财金对话的务实性	新德里	

续表

时间	代表	对话内容	地点	备注
2016年8月（第八次）	中方：史耀斌 印方：S. 达斯	共识：同意在宏观经济政策、各自结构性改革进程、主要国际经济和金融问题及双边财金务实合作等多个领域加强沟通和协调；双方一致认为，当前全球经济复苏，但仍旧弱于预期，下行风险持续存在。中印作为主要的新兴经济体，要加强彼此之间的宏观经济政策协调，积极采取措施促进本国经济增长	北京	
2019年9月（第九次）	中方：邹加怡 印方：阿塔努·查克拉波提	共识：重申坚持多边主义，深化二十国集团（G20）框架下的合作，共同推动完善全球经济治理，提升发展中国家和新兴经济体发言权，共同促进世界经济强劲、可持续、平衡和包容增长；强化在亚投行、新开发银行、亚行的协调与合作；加强在多双边领域的税收政策交流与合作；加强中印银行业和保险业监管部门之间的信息共享与合作；全面及时落实国际复兴开发银行和国际金融公司增资一揽子计划	新德里	双方将进一步在多双边领域的税收政策交流与合作，并进一步开展中印银行、保险、证券等领域合作

3. 中印战略经济对话机制（The Strategic Economic Dialogue，SED）

根据2010年12月温家宝访印期间与印度总理辛格达成共识，决定设立旨在促进中印两国经济交流和合作的战略经济对话机制。具体地说，就是加强两国宏观经济政策协调，促进交流互动，共同应对经济发展中出现的问题和挑战，加强经济合作。对话会晤级别是部长级的，中方由国家发展和改革委员会、印方由国家转型委员会（原计划委员会）牵头，共同主持战略经济对话会，下设政策协调、基础设施、高技术、节能环保、能源、医药6个工作组，是双方交流宏观经济政策和推动务实合作的重要平台。该对话机制是目前除中美战略经济对话之外的第二个类似机制，首次中印战略经济对话会议于2011年9月26日在北京举行，双方将就宏观经济形势、宏观经济政策的沟通协调、产业政策以及务实合作等展开对话与交流。第2—5次对话分别于2011年、2012年、2014年、2016年、2018年在北京和新德里轮流举行（见表5-6）。

截至2019年年底，中印双方共举行了六轮战略经济对话会议，两国多个部门及主要金融机构和企业积极参与了历次对话会，取得了一系列成果。譬如，依据2014年9月习近平主席访印期间签署的中印《关于构建更加紧密的发展伙伴关系的联合声明》对两国战略经济对话机制提出的目标要求——"探讨新的经济合作领域，包括产业投资、基础设施建设、节能环保、高技术、清洁能源、可持续城镇化等。中印战略经济对话将探讨设计智慧城市的共同示范项目和倡议。双方同意在各自国内各确定一个城市，作为智慧城市的示范项目"①，各工作组持续加强沟通联系，在政策协调、基础设施、节能环保、高技术、能源和医药、智慧城市建设和城市可持续发展等领域深入交换意见，达成新的合作共识。同时，双方对经贸合作愿景做了规划，以更加开放的思维和政策迎接机遇和挑战，以更宽领域的合作谋求互利共赢，继续强化政策沟通，加强优势互补，深化各领域务实合作，推动具体项目实施，提高中印经贸合作的获得感。印方在第6次对话会上特别表示，印度政府正在加大力度推进改革，改善营商环境，提升基础设施水平，欢迎中国企业投资印度基础设施、住房、物流、智慧城市、制造业等领域。两国经济是互补而非竞争的关系，双方应继续增进互信、聚焦成果、解决问题，为两国企业合作创造更加有利的条件。②

---

① 《中印两国关于构建更加紧密的发展伙伴关系的联合声明》，2014年9月19日，中国政府网，http://www.gov.cn/xinwen/2014-09/19/content_2753299.htm。
② 《第六次中印战略经济对话在印度新德里举行》，2019年9月10日，新华网，http://www.xinhuanet.com//2019-09/10/c_1124979548.htm。

表5-6 中印两国战略经济对话机制会议一览

时间	双方代表	核心内容	地点	备注
2011年9月（第一次）	中方：张平 印方：阿鲁瓦利亚	两国政府外交、宏观经济管理和相关职能部门的代表出席。就各自的经济形势、宏观经济政策以及相关领域的产业政策和务实合作进行首次对话和交流。中印双方就当前世界经济形势和中印两国宏观经济形势、两国中长期经济社会发展规划，以及进一步开展双方的务实合作等议题进行了"深入坦诚的"交流	北京	1. 牵头单位分别是中国国家发展和改革委员会与印度国家转型委员会（原计划委员会） 2. 下设政策协调、基础设施、高技术、节能环保、能源、医药6个工作组
2012年11月（第二次）	中方：张平 印方：阿鲁瓦利亚	双方就加强全面合作，促进宏观经济政策与协调，深化与拓展在投资、基础设施、高技术、节能环保和能源等领域的务实合作展开对话与交流	新德里	

续表

时间	双方代表	核心内容	地点	备注
2014年3月（第三次）	中方：陆东福 印方：阿鲁瓦利亚	会议主旨：提高印度火车的速度，改进重载机车运输 涉及不同领域的5个工作组正在为两国高层经济和贸易对话敲定细节；中国与印度就分享中国铁路在既有铁路提速改造、铁路车站建设和运营、重载铁路运输管理等方面经验达成共识	北京	
2016年10月（第四次）	中方：徐绍史 印方：帕纳加利亚	主题："发展、创新、合作、共赢" 双方一致同意在政策协调、基础设施、高技术、节能环保、能源等领域继续加强合作，双方同时签署了16类项目合作协议，涉及金额达160亿美元 签订《中印关于开展产能合作的原则声明》《中印关于"互联网+"合作的行动计划》及本次对话会议纪要等一系列文件；同时还签署16类项目合作协议	新德里	

续表

时间	双方代表	核心内容	地点	备注
2018年4月（第五次）	中方：何立峰 印方：库马尔	双方讨论了全球及各自国内经济形势和主要改革思路，认为世界经济有望复苏，但不稳定不确定因素仍存，主要经济体政策调整及其外溢效应带来变数	北京	
2019年9月（第六次）	中方：何立峰 印方：库马尔	中印双方回顾总结各工作组进展情况，就两国宏观经济形势、双边务实合作等议题充分交换意见，达成一系列共识	新德里	

四 中印人文社会领域的对话交流机制

作为两国良性互动的社会基础，中印在科技教育、人文、社会领域的交流合作也随着两国关系的改善不断得到加强和深化。在两国政府的积极推动下，科技教育、人文、社会领域的交流合作业已形成制度性的安排。这种制度性安排肇始于1982年5月在新德里召开的第2次中印边界问题副部长级会谈达成的共识，即双方同意：印度派遣一个石油代表团、一个铁路的代表团、一位农业专家到中国考察，中访印方则派专家研究小麦育种和奶制品生产；拟订一项中印文化合作计划，启动学者和舞蹈团互访，并交换电影和电视材料。① 第4次中印边界问题副部长级会谈（1983年10月）更进一步就两国交换文艺演出团体、广播和电视节

---

① 原载《印度教徒报》（1982年5月21日），转引自王宏纬《中印关系研究》，中国藏学出版社1998年版，第309页。

目、新闻记者、手工艺品展览、举办电影节达成协议，并同意互换出版物和在博物馆、考古和佛学研究领域展开交流；同时提议互换留学生等。① 1991 年 12 月李鹏访印时签订的中印两国《联合公报》就互相在对方举办文化节达成共识；2003 年 6 月签署的中印两国《关系原则和全面合作的宣言》除就两国进一步促进文化、教育、科技、媒体、青年和民间交流和巩固历史文化联系做出规定外，"双方同意在两国首都互设文化中心并为此提供便利"。② 2005 年 4 月签订的中印两国《联合声明》规定，双方在互利互惠的基础上，进一步开展教育、科技、卫生、信息、旅游、青年交流、农业、乳制品业和体育等领域的合作；成立由两国科技部部长任主席的中印科技合作指导委员会，启动中印两国相互承认学历学位协议的磋商；开展经常性的青年交流活动，中方邀请 100 名印度青年于 2005 年年内访华。③ 2014 年 9 月签订的中印《关于构建更加紧密的发展伙伴关系的联合声明》决定启动系列"中国—印度文化交流计划"④，进一步推动两国文化及人员交往。内容包括：相互举行"旅游年"，开展一系列推广活动，促进双向游客往来，加强民间纽带；持续开展青年互访活动，2015—2019 年每年各派 200 名青年互访；签署相关谅解备忘录，为两国博物馆和其他文化机构交流搭建框架，印度将于 2014—2015 年在中国举办印度佛教艺术展和当代印度艺术展，中国也将在印度举办类似展览；成立文化部部级磋商机制，以加强文化领域的合作；加速推进中印经典及当代作品互译工程；在电影、广播和电视领域加强交流合作，两国签署了视听合拍协议，为联合拍摄视听作品提供便利；互相支持中国的印地语教学和印度的汉语教学；为进一步促进两国

---

① 王宏纬：《中印关系研究》，中国藏学出版社 1998 年版，第 312 页。
② 《中华人民共和国和印度共和国关系原则和全面合作的宣言》（全文），2003 年 6 月 25 日，中国网，http://www.china.com.cn/international/txt/2003-06/25/content_535。
③ 《中华人民共和国与印度共和国联合声明》，2005 年 4 月 12 日，中国政府网，http://www.gov.cn/gongbao/content/2005/content_64191.htm。
④ 《中印关于构建更加紧密的发展伙伴关系的联合声明》，2014 年 9 月 19 日，中国政府网，http://www.gov.cn/xinwen/2014-09/19/content_2753299.htm。

宗教交往、为印方朝圣香客提供便利，中方决定增开经乃堆拉山口的朝圣路线①。在日渐机制化和常态化的人文教育社会交流中，中印关系的社会基础也得到进一步的夯实。

---

① 阿里地区的冈仁波齐峰（Kangrinboqe，即开拉斯山系冈底斯山脉主峰）、玛旁雍错被佛教、印度教尊奉为"神山圣湖"与"世界中心"，印度香客赴西藏朝圣有着悠久的历史。1954年4月29日两国签订的《中印关于中国西藏地方和印度之间的通商和交通协定》之第3条曾就中印两国香客相互赴对方境内的神山圣湖或宗教发祥地朝圣事宜作出过安排（参见随新民《中印关系研究：社会认知视角》，世界知识出版社2007年版，第318页），后因中印双边关系恶化，朝圣线路长期关闭。中国于1981年起再开放印度官方香客入境朝拜神山圣湖，过去的朝圣线路需翻越海拔5200多米的强拉山口，沿途山高路险，高寒缺氧，常年积雪。2015年6月22日中印边境乃堆拉山口开放并迎来首批印度官方香客，标志着印度香客进藏朝圣新线路正式开通。相对于传统的强拉山口朝圣线路，新线路更舒适、更便捷、更安全。参见《中国新辟印度香客进藏朝圣线路》，2015年6月22日，人民网，http://pic.people.com.cn/n/2015/0622/c1016-27189873.html。

第六章

中印构建更加紧密发展伙伴关系的路径

作为两国战略合作伙伴关系的核心内容，中印发展伙伴关系越紧密，耦合性就越强，两国战略合作伙伴关系与地区和平稳定的基础越牢固，相互同等安全与合作共赢的动力越强劲。那么如何才能实现构建更加紧密的中印两国发展伙伴关系目标呢？换言之，两国通过哪些途径和举措方有可能建成更加紧密发展伙伴关系？

毫无疑问，诸如在 WTO、UN 气候变化框架公约及相关协定、国际秩序变革等全球治理层面的共识与合作、安全对话与合作是构筑两国发展伙伴关系最基础、最持久甚至最具影响力的路径，尤其是政治安全领域的对话合作和战略增信则构成两国开展其他领域对话合作的前提基础，并渗透于中印互动的全领域、全过程。鉴于此，本研究不再单独分析中印发展伙伴关系建设的政治安全路径和在世贸组织、全球环境与气候治理、非传统安全等全球治理路径，而着力从双边经贸合作、以金砖集团（BRICS）和上合组织（SCO）为代表的国际合作机制、孟中印缅经济走廊建设（BCIM）、"东盟+"主导的区域全面经济伙伴（RCEP）建设（印度加入 RCEP 只是时间问题）等层面和视角来分析考察中印发展伙伴关系的建设路径。

第一节 双边经贸合作路径

中印双边经贸关系从"中印 1954 年协定"到期失效（1962 年 6 月 3

日）且没有续订新约就实质上开始了冰冻期，20世纪七八十年代虽逐渐解冻恢复，但总量极小①；20世纪90年代初以后双边经贸往来才真正地得以稳步恢复，并成立专门负责两国经贸合作事务的联合工作组——中印经贸科技联合工作小组（1989）及其框架内、由政府官员和经济学家组成的联合研究小组（2003）（见表5-4）；进入21世纪，中印两国经贸关系步入稳步发展的快车道（见表6-1和图6-1、图6-2），中国成为印度第一或第二大贸易合作伙伴，印度也成为中国重要的贸易伙伴，充分验证了两国达成共识——努力探索双方都能接受的边界问题解决方案同时，积极发展两国其他领域正常关系——的可行性。

一　中印双边贸易关系：互补性、稳定性、张力相互促进

冷战结束后，中印双边贸易经历了从微不足道到快速发展过程。从1991年到1999年，中印贸易额年均增长31.2%，从最初的2.64亿美元增长到19.88亿美元，8年间增长了6.5倍（见表3-1）。2000年以后，随着印度领导人对综合国力、经济安全、中国经济实力和发展前景等认知水平的提高，印度更加重视对华经贸关系的发展。一方面，他们看到中印贸易大有潜力可挖，作为当今世界两个经济发展最快的国家，加强双边贸易是互利共赢的；另一方面，他们也认为密切的经贸联系会成为两国政治关系的稳定器。②

1. 中印贸易结构与实施渠道

中印两国虽然都是发展中国家，但是在全球经济结构中所处位置不同，互补性强。从双方货物贸易结构来看，印度对华出口产品主要是铁矿砂、铬矿石、宝石及贵金属、植物油、纺织品等，多为资源产品、初级产品；同期，印度从中国进口的大部分是工业品、高科技产品，主要

---

① 1976年两国恢复互派大使，经贸接触也逐渐恢复。中国进出口公司代表团和印度工商联合会（FICCI）主席代表团于1977年内互访探索恢复经贸关系的举措。恢复后第一年（1977）的双边贸易额仅为245万美元，至1987年双边贸易额也刚刚过亿美元。参见张敏秋主编《中印关系研究（1947—2003）》，北京大学出版社2004年版，第182—184页。

② Yashwant Sinha, "Maturity Marks India-China Relationship", November 22, 2003, *Facets of Indian Foreign Policy: Statements and Media Interaction (February-November 2003)*, Vol. 2, New Delhi: Ministry of External Affairs, Government of India, 2003, pp. 225, 230–231.

包括重型机械在内的机电产品、电力通信、化工产品、纺织品、塑料及橡胶、陶瓷及玻璃制品、活性药成分等十分广泛的领域,其中"机电、通信设备、音像设备及其零部件类""核反应堆、锅炉、机械器具及零件类""有机化学品类"三大类约占62.5%。

从产业链分布来看,中国几乎在全产业链的高中低端都有布局,而印度则主要分布在产业链的中低端。印度2019财年(2019年4月至2020年3月)数据显示,2019年中国是印度第二大贸易合作伙伴,同比增长1.6%①,同时分别是印度第一大进口商品来源地和第三大出口市场(2018年仅次于美国和阿联酋)②。中国出口产品在印度市场具有较强的竞争优势,这也能部分解决两国贸易不平衡问题。

此外,印度在服务贸易上的优势明显,这也不失为舒缓中印贸易不平衡问题的一种有效路径。印度1991年实施自由化、市场化和全球化导向的经济改革以来,服务贸易快速发展,被视为全球服务贸易史上之奇迹。2001年后印度服务贸易由逆差转为顺差,进一步呈现出规模大、增速快、顺差大的特点(如仅2007年贸易顺差就高达125亿美元)。从服务贸易在其国民经济中的地位来看,虽然1998年以来中印两国服务贸易占GDP的比重都在不断提高,但印度提高的幅度明显大于中国。印度在其占一定优势的双边服务贸易近年来也有明显的增长。就服务贸易的出口结构来看,印度服务贸易主要涉及运输、旅游、计算机和信息服务、其他商务服务部门,其中近年来运输和旅游业所占比重持续下降,而印度的优势产业计算机和信息服务继续保持传统优势,比重持续增加,一直处于第一大出口部门的位置;随着服务外包的迅速发展,其他商务服务业异军突起,成为印度第二大出口部门;其他服务行业总体占比重都较小,其中通信服务、建筑服务、保险服务、专有权利使用费和特许费等比重均有下降,相对而言,金融服务、个人文化和娱乐服务贸易则有

---

① 《中印贸易额达6395亿元,印度民间宣传停用中国产品,我国作出回应》,2020年6月19日,新浪财经,https://baijiahao.baidu.com/s?id=16699369337455913328&wfr=spider&for=pc。

② 《2018年中国与印度双边贸易全景图(附中印主要进出口产业数据)——行业研究报告》,2019年7月15日,前瞻网,https://www.qianzhan.com/analyst/detail/220/190711-9b0bc9ec.html。

所上升。①

从双边贸易渠道来看，除大宗货物贸易和服务贸易外，中印两国边贸也比较活跃。除20世纪90年代初重新开放强拉山口（Lipulekh Pass）和什布奇山口（Shipki La 或 Sibgyi La），先后开设中国西藏普兰—北阿肯德邦比索拉地区的贡吉（1992）、中国西藏久巴—喜马偕尔邦的南加（1993）两对边贸市场外，以重开乃堆拉山口（Natha La）为契机，2006年7月两国开通西藏亚东县仁青岗—锡金邦昌古边贸市场。据西藏日喀则市亚东边贸管委会不完全统计，2019年亚东县边境互市贸易额为11601.28万元（人民币，下同），同比增长6.8%；中印亚东仁青岗临时边贸市场进出口总额为7356.3万元，同比增长17.9%。② 两国边贸额总量不大，但边贸恢复和日渐活跃能大致反映出中印双边经贸关系状况和发展势头。

2. 中印双边贸易走势：高速增长

中国海关统计数据显示，2000年以来双边贸易额增长迅速，从2001年的35.96亿美元增长到2008年的518.44亿美元，年均增长高达45%以上；其后，中印双边贸易额除个别年份（如2009年因国际金融危机冲击）略有下降外，一直保持高速增长势头。（见图6-1）

从两国贸易发展进程来看，针对21世纪初中印两国双边贸易低基数上的快速增长势头（2003年和2004年两国贸易额分别为75.95亿美元和136.14亿美元，见表6-1），两国政府在2005年4月温家宝访印期间签署了《中印全面经贸合作五年规划》，同意就建立中印区域贸易安排的可行性进行研究；2006年3月双方召开中印经贸科技联委会第七次会议，确定落实《中印全面经贸合作五年规划》的工作计划并草签《中印投资促进和保护协定》，启动中印区域贸易安排可行性联合研究；同年11月，胡锦涛访印期间，两国签署了《关于促进和保护投资的协定》，同意2007年10月前完成中印区域贸易安排的可行性研究；2008年印度总理辛格访

---

① 《中印服务贸易发展比较之研究》，中国服务贸易指南网，http://tradeinservices.mofcom.gov.cn/article/yanjiu/hangyezk/201011/44597.html。

② 《中印亚东边贸进出口总额持续增长》，2019年11月30日，中新网，http://www.chinanews.com/cj/2019/11-30/9021505.shtml。

华，两国总理商定把原定到 2010 年实现双边贸易额 400 亿美元的目标调整为 600 亿美元，2010 年双边贸易超额完成预定目标，实际贸易额为 617.61 亿美元。由此可见，对华经贸已经从地位微不足道上升为举足轻重的程度（见表 6-1）。

表 6-1　　　　　　2000—2020 中印双边贸易及增长情况　　　　　　（单位：亿美元）

年份	进出口	出口	进口	同比（%）		
				进出口额	出口	进口
2000	29.14	15.61	13.54	—	—	—
2001	35.96	18.96	17.00	23.40%	21.46%	25.55%
2002	49.45	26.71	22.74	37.51%	40.88%	33.76%
2003	75.95	33.43	42.51	52.05%	25.15%	86.93%
2004	136.14	59.36	76.78	79.07%	77.57%	80.62%
2005	187.01	89.34	97.66	37.37%	50.51%	27.20%
2006	248.59	145.81	102.78	32.93%	60.20%	5.24%
2007	386.29	240.15	146.17	55.39%	64.70%	42.22%
2008	518.44	315.85	202.59	34.21%	31.52%	38.60%
2009	433.83	296.56	137.27	-16.32%	5.84%	-32.24%
2010	617.61	409.15	208.46	42.36%	37.97%	51.86%
2011	739.08	505.37	233.71	19.67%	23.52%	12.11%
2012	664.73	476.78	187.96	-10.06%	-5.66%	-19.58%
2013	654.03	484.32	169.7	-1.61%	1.58%	-9.71%
2014	706.05	542.26	163.79	7.95%	11.96%	-3.48%
2015	716.20	582.4	133.8	1.44%	7.40%	-18.31%
2016	701.50	583.9	117.6	-2.05%	26.00%	-12.11%
2017	844.40	681	163.4	20.37%	16.63%	38.95%
2018	955.40	767.1	188.3	13.15%	12.64%	15.24%
2019	970.68	783.2	187.92	1.60%	2.10%	-0.20%
2020	875.90	667.3	208.6	-5.6%	-10.8%	16%

资料来源：中国海关统计。

第六章 中印构建更加紧密发展伙伴关系的路径

近年来，中印两国战略互信不断加深，经贸合作取得长足发展，为构建新型大国关系奠定了坚实基础。习近平主席和印度总理纳伦德拉·莫迪在不同场合的多次会晤，牢牢把握和引领两国关系发展，武汉会晤开启的中印两国领导人互动的新模式，也推动了双边关系全面而深刻的发展。中国持续成为印度的第一或第二大贸易伙伴，印度也已成为中国对外经贸合作的重要伙伴之一。

2011—2019年，中印双边贸易发展整体上呈持续快速增长之势。即使在2017年，中印双边贸易发展排除洞朗对峙事件的干扰，双边货物贸易总量达到845.4亿美元，增速更是创下自2011年（19.67%）以来的新高，增幅高达20.37%。较之于2017年，尽管2018年中印贸易增速有所回落，但依然保持了13.15%的增速，双边贸易额首次突破900亿美元，达到955亿美元，这年中国成为印度第一大进口国，印度则是中国第七大出口国。2019年中印双边贸易再创历史新高，约为970亿美元；2020年尽管受新冠疫情影响，印度还封禁数十个中国应用程序、放缓了对中国大陆企业投资的审批，但中国依然是印度的第一大贸易伙伴（见表6-1和图6-1）。

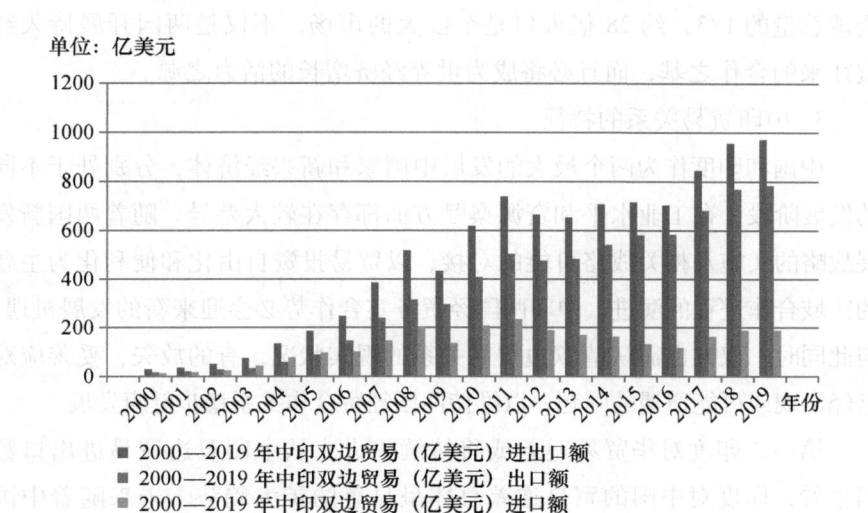

图6-1 2000—2019年中印双边贸易额（单位：亿美元）

资料来源：中国海关统计。

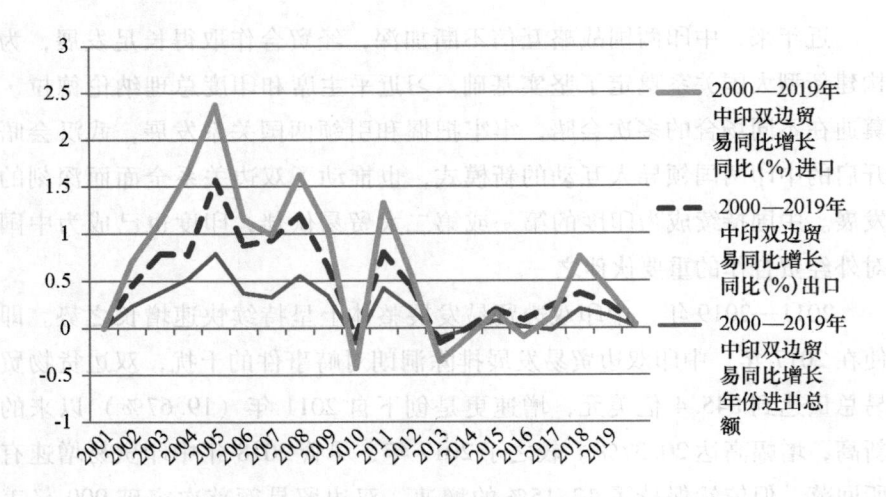

图 6-2 2000—2019 中印双边贸易增长走势

资料来源：中国海关统计。

简言之，中印彼此已成为不可或缺的贸易伙伴。作为世界上仅有的两个拥有 10 亿多人口的发展中大国，中印都在聚焦发展，两国人口约占全球总量的 1/3，约 28 亿人口是个巨大的市场，不仅是两国开展持久经贸往来的合作之基，而且必将成为世界经济增长的活力之源。

3. 中印贸易关系的特征

中国和印度作为两个最大的发展中国家和新兴经济体，分别处于不同的发展阶段，在工业水平和资源禀赋方面都存在较大差异。随着两国新发展战略的实施及相关战略可能的对接、以贸易投资自由化和便利化为主题的区域合作进程的演进，中印两国经贸务实合作势必会迎来新的发展机遇。与此同时，双方也需认清双边贸易关系的现实状况，有的放矢，妥善应对已经出现或可能遭遇的问题，以维持两国经贸合作关系稳步健康发展。

第一，印度对华贸易逆差或将持续扩大。从中印双边贸易进出口数据来看，印度对中国的贸易逆差总体呈显著的扩大趋势。未来随着中国经济实力与技术水平的快速提升，印度对中国产品的需求有望进一步增加，印度对华贸易逆差有可能持续扩大。这是两国经贸合作和发展伙伴关系建设面临的现实挑战。

第二，产业间贸易仍将是中印贸易重点。一方面，中国第二产业发展相对印度具有比较优势；而印度农业等第一产业和信息服务等第三产业发展却领先于中国；另一方面，中国的制造业比重远远大于服务业，而印度却与此相反。可见，中印之间产业间贸易合作具有很强的互补性，未来仍有较大的发展空间。

第三，制造业将是中印贸易主要组成部分。目前，中国正在大力推进制造强国建设，而莫迪政府也致力于发展"印度制造""数字印度"等多项重大举措。但是，中印两国制造企业发展阶段不同，市场环境不同，同质竞争性小，两国工业发展战略对接的空间和契机兼具，并互为市场，能够带动中印贸易向好发展。例如，自"印度制造"实施以来，包括富士康、华为、小米、OPPO、vivo 等公司开始在印度设立研发机构和生产线，相关产品不仅可以满足印度市场，还能出口其他国家，甚至返销至国内市场。此外，中国对印直接投资项目的增加和规模的扩大也有助于解决印度的劳动就业困难。

4. 两国贸易互补性同稳定性和张力的互促关系

中印两国贸易关系的互补性和依赖性也进一步增强了双边贸易关系的稳定性和张力（主要是抵御风险或不确定性的能力）。下述案例足以印证中印两国贸易关系的稳定性和张力。一是印度报业托拉斯（PTI）援引中国海关总署数据指出，尽管中印关系在 2017 年经历诸如中巴经济走廊（CPEC）实质性推进、中国否决印度申请针对"穆罕默德军"（Jaish-e-Mohammad）首领马苏德·阿兹哈尔（Masood Azhar）的联合国制裁、中方否决了印度加入核供应国集团（NSG）申请、持续 73 天的洞朗对峙（Standoff at Dklam）等一系列事件，但中印两国贸易额还是创了新纪录，达 844.4 亿美元。印度对华出口在向来以中国出口为主导的中印双边贸易结构中破天荒地实现 40% 的增长幅度，达到 163.4 亿美元。中印双边贸易首次突破 800 亿美元，较之于 2016 年的 711.8 亿美元同比增长 18.63%，极具里程碑意义。① 这在一定程度上说明中印发展伙伴关系已

---

① "India-China bilateral trade hits historic high of ＝ ＄84.44 billion in 2017", *The Economic Times* (PTI), Mar 07, 2018, https：//economictimes. indiatimes. com/news/economy/foreign-trade/india-china-bilateral-trade-hits-historic-high-of-usd-84-44-bln-in-2017/articleshow/63203371. cms.

经逐渐超越了边界纠纷、政治安全互信水平低和第三方因素的困扰。

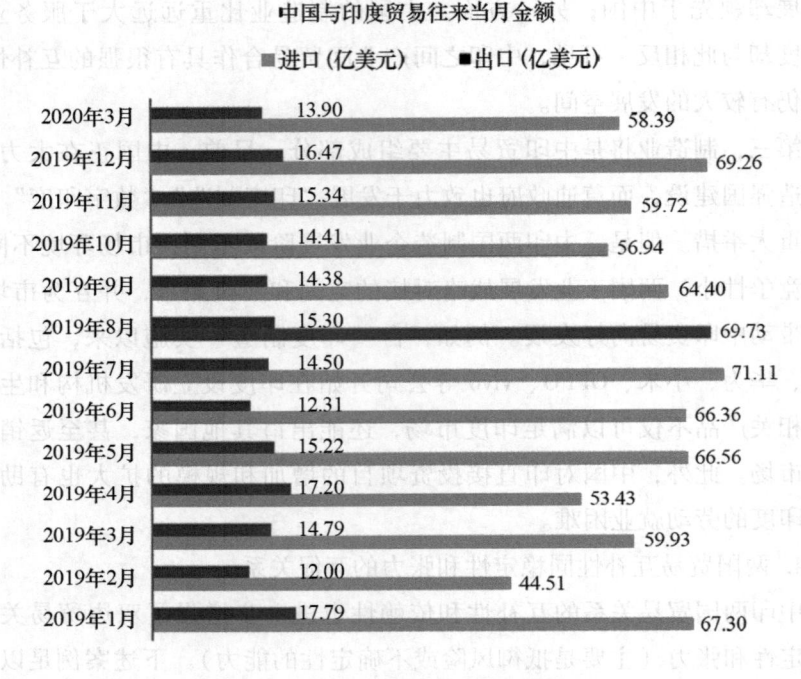

中国与印度贸易往来当月金额
■ 进口（亿美元）　■ 出口（亿美元）

月份	进口（亿美元）	出口（亿美元）
2020年3月	13.90	58.39
2019年12月	16.47	69.26
2019年11月	15.34	59.72
2019年10月	14.41	56.94
2019年9月	14.38	64.40
2019年8月	15.30	69.73
2019年7月	14.50	71.11
2019年6月	12.31	66.36
2019年5月	15.22	66.56
2019年4月	17.20	53.43
2019年3月	14.79	59.93
2019年2月	12.00	44.51
2019年1月	17.79	67.30

图 6-3　2019 财年中印贸易额

资料来源：图片转自新浪网，http://finance.sina.com.cn/stock/zqgd/2020-05-16/doc-iirczymk1973588.shtml。

二是据"数据宝"统计，面对新冠疫情的全球性蔓延和对各国经济社会发展的负面影响，中国在有效控制疫情后自 2020 年 3 月逐渐复工复产，中国各行业正常运作发展对源自印度的资源型和初级产品的需求持续扩大，表现为 3 月中国和印度的进出口贸易同比受新冠疫情影响较小，双边贸易额同比基本持平，印度对华出口额从 2019 年 3 月的 14.79 亿美元小幅下降至 13.93 亿美元；中国对印出口额降幅也不大，从 59.93 亿美元小幅降至 58.39 亿美元①（见图 6-3）。当然，稳定的双边贸易关系也

---

① 见 http://finance.sina.com.cn/stock/zqgd/2020-5-16/doc-iirczymk1973588.shtml.

蕴含着相对较为复杂情况。一方面印度制药业较为发达,但医药原料药的70%来自中国,对中国的依赖度非常高。疫情暴发初期,中国因部分原料药库存不足,导致印度部分药厂的供应十分紧张。印制药联盟秘书长表示,印度国内大公司原料药的存货只够维持2—3个月,小企业只能坚持30—40天。因原料药库存短缺,成品药价格也出现上涨。另一方面在机电产品、机械零部件、智能通信器材等制成品上,印度超过70%的电视、智能手机、洗衣机、冰箱、空调等产品均需要从中国进口零件,甚至占据了印度亚马逊、Flikpart等电商平台约一半的销售额。如印度疫情不能得到有效控制,不能解封恢复生产,那么此类/部分贸易额将受到较大的影响。①

5. 中印双边贸易的不平衡问题:印度对华贸易逆差趋于扩大

目前,印度对中国出口的产品以资源型产品与原材料等初级产品为主;而中国对印度出口的产品以劳动密集型工业制成品为主,并开始向技术密集型产品转变。未来随着中印区域贸易安排或自由贸易谈判的启动和推进,中国在印度的基建工程、能源、绿色经济等领域,印度在中国的农产品、药品和信息技术等领域均将扮演越发重要的角色,中印双边贸易有望得到进一步加深。② 但是,中印贸易结构性矛盾值得进一步关注,即双边贸易逆差有进一步扩大之势。

2013—2018年印度对中国一直保持贸易逆差态势,且贸易逆差呈扩大趋势。2018年,印度对中国的贸易逆差为572.1亿美元,尽管较2017年有小幅缩减,但相较于2013年贸易逆差却增长了55.3%。

二 中印两国相互直接投资:双边经贸合作的重要内容

20世纪90年代以前,中印之间还没有开展相互投资。90年代中印经济贸易才逐步发展。随着两国关系的逐渐改善,中国加入世界贸易组

---

① 张娟娟、王林鹏:《印度失业率恐全球最高,密度最大贫民窟确诊数惊人,最大隐患升级为"定时炸弹"失业率》,2020年5月16日,新浪网,http://finance.sina.com.cn/stock/zqgd/2020-05-16/doc-iirczymk1973588.shtml。
② 《2018年中国与印度双边贸易全景图(附中印主要进出口产业数据)——行业研究报告》,2019年7月15日,前瞻网,https://www.qianzhan.com/analyst/detail/220/190711-9b0bc9ec.html。

织，两国之间相互投资活动才逐渐起步，但总体规模有限。譬如截至2006年年底，中国对印度投资（非金融类）仅1700万美元。印度在华投资256个项目的合同额为5.48亿美元，而实际投资额也不过1.72亿美元。

1. 中国对印直接投资（FDI）状况

自1991年实行经济改革以来，印度政府逐步放宽对外商直接投资领域的限制，其国外直接投资额快速增长。2000年4月至2018年12月，印度吸收外商直接投资（FDI）累计达到5920.87亿美元（包括利润再投资和其他资本投资）。中国对印度的直接投资也随着中印两国政治安全关系的改善和双边经贸合作，尤其是贸易额的持续快速增长而在进入21世纪后呈现出剧增之势，成为推动中印两国伙伴关系建设中经贸合作路径中另一重要内容。

中国对印直接投资的行业部门主要是印度的汽车产业，其中约60%是股权投资；其他行业，如冶金行业、电力设备、工业设备和动力分别约占14%、4%、4%和3%。根据Rise and Coexist关于中国的报告，2017年年初，有7家中国智能手机制造商计划在印度开设工厂。此外，工程承包和工业园区建设也是中国在印投资的重要领域。2011年后中国在印工程承包业务取得突破性进展，印度已成为中国最重要的海外工程承包市场之一。2014年度中国对印工程承包新签合同总额为15.67亿美元，同比下降30.9%；对印度工程承包完成营业总额为25.36亿美元，同比下降52.0%；截至2014年年底中国对印度工程承包累计合同总金额为637.03亿美元，累计完成营业总额为410.61亿美元。关于中国对印度外派劳务情况，在承包工程项下2014年对印度派出人数共计1036人，同比下降36.4%；在印度人数总计1873人，同比下降33.8%；在劳务合作项下，2014年对印度派出人数为121人，同比增长146.9%，在印度人数总计149人，同比减少28.7%。①

统计数据显示，2011年中国在印直接投资流量不足2亿美元（流量

---

① 《2014年1—12月中印经贸数据》，2015年7月9日，商务部网站，http://bombay.mofcom.gov.cn/article/zxhz/201507/20150701039356.shtml。

约为 1.8 亿美元),① 此后,对印直接投资有较快增长。以 2014 年为例,中国对印度非金融类直接投资流量(去投)为 3.17 亿美元,同比增加 113.49%;截至 2014 年 12 月底,中国对印度非金融类直接投资存量为 34.07 亿美元,同比增长 39.24%(见表 6-2)。②

2014—2015 年,中国对印度的对外直接投资增长迅猛,幅度高达 200% 以上(有报道说高达 600%)。依据印度产业政策促进部发布的数据,2014—2015 财年中国对印度的直接投资额从 1.2399 亿美元增至 4.9475 亿美元;中方媒体(《环球时报》)则称中国对印 FDI 大致从 1.45 亿美元猛增至 8.7 亿美元。比较而言,2000 年 4 月至 2015 年 9 月,来自中国对印度直接投资合计达 12 亿美元③,并主要集中于印度新兴企业的投资。④

2016 年中国对印投资额(去投)就达到创纪录的 10 亿美元,成为印度第 17 大外部投资者,也是印度外国直接投资增长最快的来源地之一。

印度媒体依据专业研究创业公司的智库平台 Tracxn 数据报道,2016 年和 2017 年度中国对印直接投资分别为 9.3 亿美元和 52 亿美元,增幅迅猛。印度《商业界报》(2018 年 3 月 6 日)报道,2017 年阿里巴巴、百度、腾讯、复星集团等中国企业对印度 30 家创业公司新增投资额高达 52 亿美元,进入 2018 年中国企业对印度创业公司的投资热情不减,仅当年一季度新增投资就接近 10 亿美元。⑤

---

① 该数据为当年减去印度对华逆向直接投资额,见中国商务部、国家统计局、国家外汇管理局编制的《2018 年末中国对外直接投资统计公报》,http://fec.mofcom.gov.cn/article/tjsj/tjgb/201910/20191002907954.shtml;http://images.mofcom.gov.cn/fec/201910/20191030110615743.ziP.

② 中国商务部、国家统计局、国家外汇管理局编制的《2018 年末中国对外直接投资统计公报》,http://fec.mofcom.gov.cn/article/tjsj/tjgb/201910/20191002907954.shtml & http://images.mofcom.gov.cn/fec/201910/20191030110615743.ziP。

③ 该数据同中国商务部从 2003 年执行直接投资统计新规以来发布的《历年/年末中国对外直接投资统计公报》不吻合,统计公报 2018 年版公布的 2015 年末中国对印直接投资存量(China's net outward FDI stocks)为 37.7 亿美元,参见《2018 年度中国对外直接投资统计公报》,http://fec.mofcom.gov.cn/article/tjsj/tjgb/201910/20191002907954.shtml;http://images.mofcom.gov.cn/fec/201910/20191030110615743.ziP.

④ 《中国对印投资量剧增 新兴企业和技术平台是重点》,2018 年 7 月 2 日,搜狐网,https://www.sohu.com/a/238904462_444154。

⑤ 《印媒称 2017 年中国企业对印创业公司投资 52 亿美元》,2018 年 3 月 22 日,商务部网站,http://kolkata.mofcom.gov.cn/article/jmxw/201803/20180302722401.shtml。

表6-2　2003—2018历年/各年末中国对印度直接投资流量/存量　　（万美元）

年份	流量 (China's net outward FDI flows)	存量 (China's net outward FDI Stocks)	备注
2003	15	96	2016年，中国对印度非金融类直接投资总流量为10.63亿美元，同比增加643.4%；截至2016年12月底中国对印度非金融类直接投资存量为48.33亿美元。印度对华实际投资总额为5181万美元，同比减少35.9%；截至2016年12月底印度对华投资累计项目数1289个，累计投资金额6.96亿美元。（数据来源：驻孟买总领馆） 据俄罗斯媒体援引印度《经济时报》报道，2019年中国企业对印度初创企业的投资总额达到39亿美元（折合约270.5亿元人民币），较2018年20亿美元的投资总额增加了将近一倍，同比增长了95%
2004	35	455	
2005	1116	1462	
2006	561	2583	
2007	2202	12014	
2008	10188	22202	
2009	2488	22127	
2010	4761	47980	
2011	18008	65738	
2012	27681	116910	
2013	14857	244698	
2014	31718	340721	
2015	70525	377047	
2016	9293	310751	
2017	28998	474733	
2018	20620	466280	
2019	39000		

注：(1)"流量"指中国对印度直接投资（FDI）净额，即中方当年对印度 FDI 流出额减去当年从印度引入的 FDI 额；"存量"指中国对印度直接投资累计净额，即在一定时段内，中国累计对印度直接投资总额扣除印方对外直接投资企业对中国境内投资主体的反向投资额后的累计对外直接投资净额。下表同此。

(2) 2003—2009 年数据来自：中华人民共和国商务部、国家统计局、国家外汇管理局：《2011年度中国对外直接投资统计公报》，http://images.mofcom.gov.cn/fec/201512/20151204085608837.pdf http://fec.mofcom.gov.cn/article/tjsj/tjgb/201511/20151101190439.shtml。

(3) 2010—2018 年数据来自：中华人民共和国商务部、国家统计局、国家外汇管理局：《2018年度中国对外直接投资统计公报》，http://images.mofcom.gov.cn/fec/201910/20191030110615743.zip；http://fec.mofcom.gov.cn/article/tjsj/tjgb/201910/20191002907954.shtml&。

(4) 2019 年的数据为当年中国对印 FDI 流出总额，数据来源：https://baijiahao.baidu.com/s?id=1657225349517881029&wfr=spider&for=pc。

2016年以来，腾讯、阿里巴巴、小米、今日头条对印度创业公司新增投资额分别为35.7亿美元、4亿美元、0.25亿美元、0.45亿美元。大多数投资都是PE投资，这表明中国企业更倾向于选择已进入成熟期、具备盈利能力或很快有望上市的印度创业公司。①

当然，印度分析人士对中国直接投资的迅速增加也表达了不同看法。印度区块链专家库拉纳（Ajeet Khurana）就指出，越来越多的中国投资一方面表明印度市场充满机遇；另一方面，印度也需要确保中国投资不会损害本国核心利益，尤其要注意防范外国投资创业公司是否会通过掌握公司数据而威胁印度国家安全。天使投资人梅塔（Sanjay Mehta）则乐观地表示，目前中国投资者比印度投资者更加看好印度市场，对此印度人应当积极做出改变。

印度投资分析平台VCCEdge和Tracxn数据显示，2015—2017年3年间中国内地企业直接或通过第三地（如中国香港）对印度创业公司的新增股权投资额就达37亿美元。②

中国对印直接投资的迅速增加也反映出印度引进外国直接投资的环境进一步改善。根据全球并购和资本市场数据提供商迪罗基公司（Dealogic）的数据，2018年印度的对外直接投资（流入）总额达377.6亿美元，创历史新高。印度《经济时报》报道说，得益于稳定的经济基本面、相对完善的商业法律法规和朝阳行业的兴起，印度成为亚洲最受外资欢迎的市场之一。其中，印度电子商务领域发展潜力巨大，未来有望呈爆发式增长。③

---

① 从投资阶段来看，股权投资分为天使轮、A轮、B轮、C轮、D轮、Pre-IPO、IPO，B轮以后的投资通常称之为PE投资。主要投资情况是：腾讯于2016年2月和8月分别对Ibibo Group集团、Hike Messenger即时通信投资2.5亿美元和1.75亿美元，2017年1—10月分别对Procto、Flipkart、Ola投资0.55亿美元、14亿美元、4.36亿美元，2017年10月对Ola增资11亿美元，2018年1月对Gaana投资1.5亿美元；阿里巴巴于2017年5月和2018年2月先后对Paytm Mall、Zomato各投资2亿美元；小米于2016年4月对Hungama.com投资0.25亿美元，今日头条于2016年10月对Daily Hunt投资0.45亿美元。

② 《印媒称2017年中国企业对印创业公司投资52亿美元》，2018年3月22日，商务部网站，http://kolkata.mofcom.gov.cn/article/jmxw/201803/20180302722401.shtml。

③ 《印度2018年外国直接投资额创历史新高》，2018年12月29日，新华丝路，https://www.imsilkroad.com/news/p/126135.html。

2. 中国对印度直接投资的方式——"中国＋1"模式

中国对印初创企业的投资，代表"中国＋1"模式的新尝试。它是指将商业运营迁移或扩张至中国以外，享受低劳动力成本和新市场，避开国内市场缺陷。

中国企业主要采用"中国＋1"模式进入印度市场，并着力投资于数字经济领域。具体地讲，有以下三种方式。

一是向类似市场引入最佳业务。两国都有庞大人口和大量移动终端用户。中国的智能手机服务已经通过在本土所得的丰富经验在印度收获大批用户，IDC 的统计报告显示，截至 2020 年第一季度，印度智能手机市场销量排名前 5 的智能手机厂商中有 4 家都来自中国，即小米、OPPO、vivo 和 Transsion，中国智能手机厂商已经占据超印度市场 2/3 的份额。

科技研究公司 Counterpoint 的数据显示，即使在中印西段边境摩擦对峙、印度政府抵制中国产品和审查中国企业并禁止 49 款中国应用 App、民间呼吁抵制中国货的背景下，中国品牌小米手机在第二季度的市场占有率仍达 29%。① 相似地，印度此产业也正处于快速扩张的状态，政府支持力度大。

二是支持印度的数字经济。印度的数字产业正处于初级阶段，而中国已经走在数字支付改革创新的前沿。凭借在中国本土的经验，中国相关企业可以为印度电子支付初创企业提供最佳的业务实践，帮助印方满足大规模技术盲的需求。中国的中小型企业会在印度发现更多发展空间，因为中国的数字产业已经被大公司掌控。通过直接投资印度现存数字初创企业，中国公司可以降低风险和运营成本。此外，中国也期待看到印度的数字产业蓬勃发展。

美国电子商务龙头的崛起（如亚马逊、优步等）无疑限制了中国企业在国际市场的发展，甚至可能会威胁在中国本土的地位。中国企业选择直接投资印度的初创企业或既有企业是规避风险和降低成本的一种不

---

① 《三星开始抢占中国手机在印度的市场》，2020 年 8 月 4 日，网易网，https://3g.163.com/news/article/FJ5MKPV90517NFJF.html。

错选择。譬如早在滴滴和优步（Uber Technologies, Inc.）竞争中国市场准入战时，滴滴公司就直接投资印度初创企业的打车软件奥拉（Ola）约1000万美元，目前有中国投资股份的印度本土企业奥拉（Ola）正在同"优步印度"（Uber India）争抢印度的打车市场。

三是实现中国知识技术和印度资源的整合。印度有强大的IT产业，其运营成本低于中国。通过直接投资有前途的印度初创企业，既可促进印度数据产业的发展，又能使中国投资者将在印度的发展和创新回馈至中方自己的数据产业，反之亦然，形成中印相关产业进步升级的良性互动。譬如，很多印度初创企业开发的应用，都可以在中国找到现成对等的产品。这不仅使中国企业介入并改变该快速发展的产业，还可以将来自印度的创新整合到自己本土的运营过程，从而实现合作共赢目标。

单位：万美元

- 2003—2018年中国对印度直接投资流量(万美元)
  (China's net outward FDI flows)
- 2003—2018年中国对印度直接投资存量(万美元)
  (China's net outward FDI Stocks)

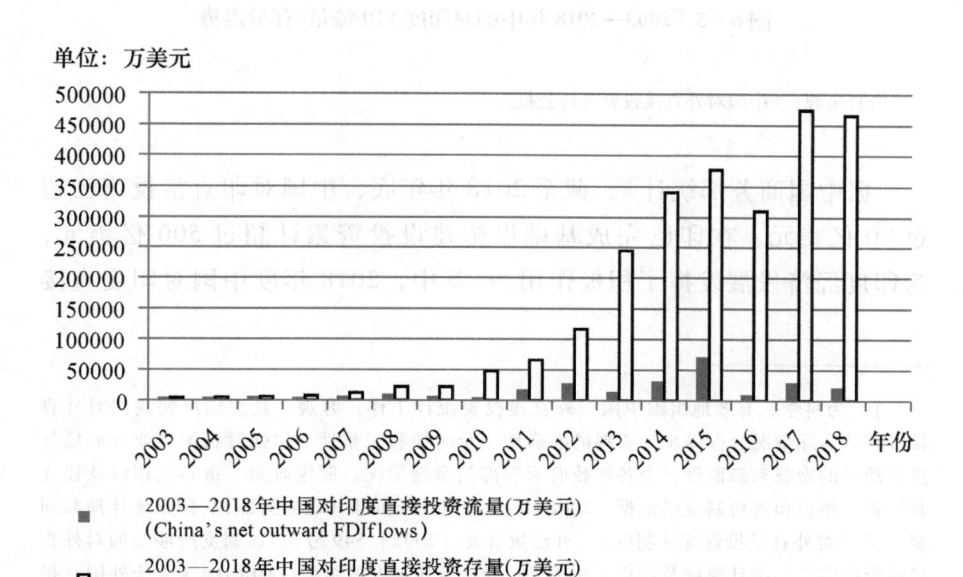

图6-4 2003—2018年/年末中国对印直接投资流量/存量

资料来源：《中国对外直接投资统计公报》。

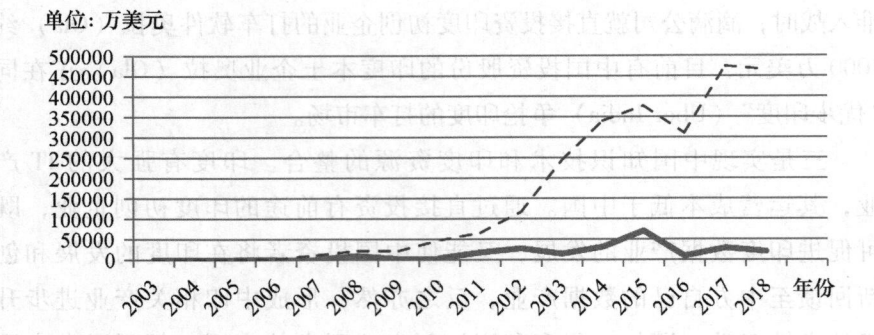

单位：万美元

```
500000
450000
400000
350000
300000
250000
200000
150000
100000
 50000
     0
2003 2004 2005 2006 2007 2008 2009 2010 2011 2012 2013 2014 2015 2016 2017 2018  年份
```

—— 2003—2018 年中国对印度直接投资流量(万美元)(China's net outward FDI flows)

---- 2003—2018 年中国对印度直接投资存量(万美元)(China's net outward FDI Stocks)

图 6-5 2003—2018 年中国对印度 FDI 流量/存量走势

资料来源：《中国对外直接投资统计公报》。

据中国商务部统计①，截至 2018 年年底，中国对印直接投资已超过 80 亿美元，在印已完成基础设施建设投资累计超过 500 亿美元，为印度经济发展发挥了积极作用。② 其中，2018 年度中国对印度直接

---

① 为科学、有效地组织中国对外直接投资统计工作，客观、真实地反映我国对外直接投资的实际情况，保障统计资料的准确性、及时性和完整性，加强对我国企业开展境外投资活动的宏观动态监管，为各级政府管理部门掌握情况、制定政策、指导工作以及建立我国资本项目预警机制提供依据，2002 年 12 月原外经贸部（现商务部）、国家统计局共同制定了《对外直接投资统计制度》（外经贸合发 [2002] 549 号）。该制度所涉及的对外直接投资的定义、统计原则及计算方法等是以经济合作与发展组织（OECD）《关于外国直接投资的基准定义》（第三版）及国际货币基金组织（IMF）国际收支手册（第五版）为基础建立的。制度规定，境内投资主体所属行业类别按中华人民共和国《国民经济行业分类》（GB/T4754—2002）执行，境外企业所属行业类别参照执行；对外直接投资统计也包括境内投资主体对港澳台地区的投资。参见《2003 年度中国对外直接投资统计公报》，http://images.mofcom.gov.cn/fec/201512/20151204094208657.pdf；http://fec.mofcom.gov.cn/article/tjsj/tjgb/201511/20151101190354.shtml。

② 《中国是印度重要的经贸合作伙伴》，2019 年 10 月 11 日，人民网，http://world.people.com.cn/n1/2019/1011/c1002-31395102.html。

第六章　中印构建更加紧密发展伙伴关系的路径　/　191

投资流量（net outward FDI flows）和至 2018 年年底中国对印度直接投资存量（net outward FDI Stocks）分别为 2.06 亿美元和 46.63 亿美元。①

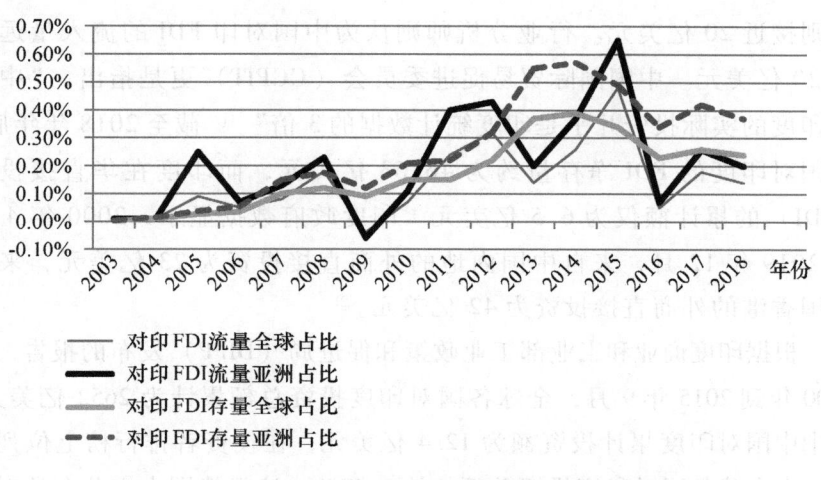

图 6-6　2003—2018 年/年末中国对印度直接投资（FDI）流量/存量占比情况

资料来源：《中国对外直接投资统计公报》。

在新冠疫情期间，印度加大了对来自中国公司直接投资印度企业的审查力度，并特别强调新冠疫情期间的新规也将适用于中国香港。显然，印方对所谓"来自与其接壤国家的外国直接投资需要事先获得政府批准"以阻止在新冠病毒大流行期间的"机会主义"收购和兼并，具有明显针对来自中国直接投资的特点。②

---

① 中华人民共和国商务部和中国驻印度大使馆联合编制：《对外投资合作国别（地区）指南——印度》（2019 年版），http：//www.mofcom.gov.cn/dl/gbdqzn/upload/yindu.pdf；http：//fec.mofcom.gov.cn/article/gbdqzn/#；http：//fec.mofcom.gov.cn/article/tjsj/tjgb/201910/20191002907954.shtml；http：//images.mofcom.gov.cn/fec/201910/20191030110615743.zip。

② 《与中国约定 6 大领域加强合作！印度突然宣布：或加强对华投资审查》，2020 年 4 月 20 日，新浪网，https：//k.sina.com.cn/article_6440075074_17fdbbf4200100r6il.html？cre = tianyi&mod = pcpager_news&loc = 27&r = 9&rfunc = 100&tj = none&tr = 9。

由于印度和中国的统计方式上的差异（如印方没有计算中国内地公司企业经诸如中国香港第三方投资印度的数据），中国对印投资远高于印度工业政策与促进局（DIPP）估算的数据，如印方统计的2000—2016年中国对印度直接投资额为16亿美元，而中方的统计数据则接近20亿美元。行业分析师则认为中国对印FDI的流入量远高于20亿美元。中国国际贸易促进委员会（CCPIT）更是指出，"中国在印度的实际投资几乎是印度统计数据的3倍"。① 截至2018年年底，中国对印度的FDI净存量约为46.63亿美元，而印度在华直接投资（FDI）的累计额仅为6.5亿美元。印度政府数据显示，2000年4月至2019年12月，来自中国内地的外商直接投资为23亿美元，来自中国香港的外商直接投资为42亿美元。②

根据印度商业和工业部工业政策和促进局（DIPP）发布的报告，从2000年到2015年9月，全球各国对印度投资总额累计为2652亿美元，其中中国对印度累计投资额为12.4亿美元，在投资者排行榜上位列第17，占全球各国对印度投资总额的约0.47%。这显然同中方公布的对印直接投资流量和存量都有较大的出入（见表6-3和表6-4），有一些是因为统计方式差异所致，如这些中国企业采取了离岸实体投资的方式，导致该笔投资并未被印方归入中国对印度投资项下。③

另据印度《经济时报》报道，2019年中国企业对印度初创企业的投资总额达到39亿美元（折合约270.5亿元人民币），较2018年20亿美元的投资总额增加了将近一倍，同比增长了95%。截至2019年12月，中国在印累计去向投资（China's cumulative investment in India）超过80亿美元。④

---

① 《印度与中国双边贸易：印度对外直接投资流入量增加》，2018年6月11日，Tradesns，https：//www.tradesns.com/en/theme/detail/oVGKvdaV。
② 《印度加大对中国投资审查制》，http：//baijiahao.baidu.com/s? id = 1664549334851499082&wfr = spider&for = pc。
③ 《中国对印投资2016年总结及2017年展望》，2017年1月25日，中国贸促会，http：//www.ccpit.org/Contents/Channel_ 3387/2017/0125/752875/content_ 752875.htm。
④ Swaminathan S Anklesaria Aiyar, "View：Erecting a firewall against China will only hurt India", *The Economic Times*, Apr 23, 2020, https：//economictimes.indiatimes.com/news/economy/policy/view-erecting-a-firewall-against-china-will-only-hurt-india/articleshow/75280011.cms.

表 6-3　　2003—2018 历年中国对印度 FDI 流量占比①

年份	中国对外直接投资（FDI）合计（单位：亿美元）	中国对亚洲地区（FDI）合计（单位：亿美元）	对印 FDI（China's net outward FDI flows）（单位：亿美元）	对印 FDI 占全球 FDI 流量比例（％）	对印 FDI 占亚洲 FDI 流量比例（％）
2003	28.55	15.05	0.0015	0.01	0.01
2004	54.98	30.14	0.0035	0.01	0.01
2005	122.61	44.84	0.1116	0.09	0.25
2006	176.34	76.63	0.0561	0.05	0.07
2007	265.06	165.93	0.2202	0.08	0.13
2008	559.02	435.48	1.02	0.18	0.23%
2009	565.29	404.08	-0.25	-0.04	-0.06
2010	688.11	448.91	0.48	0.07	0.11
2011	746.54	454.95	1.80	0.24	0.40
2012	878.04	647.85	2.77	0.32	0.43
2013	1078.44	756.04	1.49	0.14	0.20
2014	1231.20	849.80	3.17	0.26	0.37
2015	1456.67	1083.71	7.05	0.48	0.65
2016	1961.50	1302.68	0.93	0.05	0.07
2017	1582.88	1100.34	2.90	0.18	0.26
2018	1430.37	1055.05	2.06	0.14	0.20

① 数据来源：2003—2009 年度和 2010—2018 年度的相关数据分别来自中华人民共和国商务部、国家统计局、国家外汇管理局联合编制并发布的《2009 年度中国对外直接投资统计公报》和《2018 年度中国对外直接投资统计公报》，参见 http：//images.mofcom.gov.cn/fec/201512/20151204090554825.pdf；http：//fec.mofcom.gov.cn/article/tjsj/tjgb/201511/20151101190410.shtml；http：//fec.mofcom.gov.cn/article/tjsj/tjgb/201910/20191002907954.shtml & http：//images.mofcom.gov.cn/fec/201910/20191030110615743.ziP。

表 6-4　　2003—2018 各年末中国对印度 FDI 存量及占比统计

年份	中国对外直接投资（合计）（单位：亿美元）	中国对亚洲直接投资（地区）（单位：亿美元）	存量（China's net outward FDI Stocks）（单位：亿美元）	对印 FDI 存量占全球 FDI 存量比例（%）	对印 FDI 占亚洲地区 FDI 存量比例（%）	备注
2003	332.22	266.03	0.01	0.003	0.0037	
2004	447.77	334.80	0.05	0.011	0.015	2016 年，中国对印度非金融类直接投资总流量为 10.63 亿美元，同比增加 643.4%；截至 2016 年 12 月底中国对印度非金融类直接投资存量为 48.33 亿美元。印度对华实际投资总额为 5181 万美元，同比减少 35.9%；截至 2016 年 12 月底印度对华投资累计项目数 1289 个，累计投资金额 6.96 亿美元（数据来源：驻孟买总领馆）
2005	572.06	409.54	0.15	0.026	0.037	
2006	750.26	479.78	0.26	0.035	0.054	
2007	1179.11	792.18	1.20	0.10	0.15	
2008	1839.71	1313.17	2.22	0.12	0.17	
2009	2457.55	1855.47	2.21	0.09	0.12	
2010	3172.12	2281.46	4.80	0.15	0.21	
2011	4247.81	3034.35	6.57	0.15	0.22	
2012	5319.41	3644.07	11.69	0.22	0.32	
2013	6604.78	4474.08	24.47	0.37	0.55	
2014	8826.42	6009.66	34.07	0.39	0.57	
2015	10978.65	7689.01	37.71	0.34	0.49	
2016	13573.91	9094.45	31.08	0.23	0.34	
2017	18090.37	11393.24	47.47	0.26	0.42	
2018	19822.66	12761.34	46.63	0.24	0.37	

注：（1）2003—2009 年数据来自：中华人民共和国商务部、国家统计局、国家外汇管理局：《2011 年度中国对外直接投资统计公报》，http://images.mofcom.gov.cn/fec/201512/20151204085608837.pdf；http://fec.mofcom.gov.cn/article/tjsj/tjgb/201511/20151101190439.shtml。

（2）2010—2018 年数据来自：中华人民共和国商务部、国家统计局、国家外汇管理局：《2018 年度中国对外直接投资统计公报》，http://images.mofcom.gov.cn/fec/201910/20191030110615743.zip；http://fec.mofcom.gov.cn/article/tjsj/tjgb/201910/20191002907954.shtml。

（3）2019 年的数据为当年中国对印 FDI 流出总额，数据来源：https://baijiahao.baidu.com/s?id=1657225349517881029&wfr=spider&for=pc。

总之，2010 年以来，中国对印度直接投资增长较快；从中国对印直接投资流量和存量占同期中国在全球和亚洲直接投资流量和存量比例来看，中国对印度的直接投资也呈现稳步增长势头。2015 年出现占比增幅较大和 2016 年的小幅增加情况同 2014 年 9 月习近平主席访印时承诺未来 5 年对印投资 200 亿美元帮助印度改善交通基础设施以及在印度建设 2 个工业园有关（见表 6 - 3、表 6 - 4 和图 6 - 6）。

这里也必须承认，尽管中国是印度最大的贸易伙伴和世界第二大经济体，中国对印度直接投资（FDI）的绝对量近年来有较大幅度增加，但从中国对印直接投资流量和存量上看，对印直接投资 FDI 在中国全球直接投资和亚洲直接投资的占比都很低，2017 年度的流量占比分别是 0.1% 和 0.26%，年末存量占比分别为 0.26% 和 0.42%；2018 年度的流量占比分别是 0.14% 和 0.2%，年末存量占比分别为 0.24% 和 0.37%（见表 6 - 3 和表 6 - 4）。即使不考虑逆向直接投资扣除因素，单从直接投资总规模（单向毛流量）看，中国对印直接投资规模也比日本和美国对印直接投资少，日美在印度投资总额分别为 7.7% 和 6.13%。当印度有人对中国直接投资说三道四时，其实中国对印度的直接投资规模似乎尚处于相当低的水平。①

3. 印度对华直接投资状况

同中国对印 FDI 发展情况近似，印度对华直接投资近年来也呈较快增长势头，但印度对华 FDI 的流量和存量总体上也都很有限。中国经济社会的持续快速发展使印度企业普遍看好中国的巨大市场、优惠稳定的投资政策和良好的投资环境，纷纷加大对中国的投资力度。

印度对华投资涉及钢铁、纺织、化学化工、汽车部件、生物制药、软件、咨询等多个行业或领域，主要集中于钢铁、信息技术、医药制品、生物技术等。印度软件业巨头塔塔咨询服务有限公司（TCS）、Infosys、Satyam（计算机服务公司）在中国建立了软件服务中心、Mphasis（软件服务出口商集团）收购一家中国软件开发商、

---

① 《印度与中国双边贸易：印度对外直接投资流入量增加》，2018 年 6 月 11 日，*Tradesns*，https://www.tradesns.com/en/theme/detail/oVGKvdaV。

NIIT（印度国家信息学院）中国公司早在 1998 年就在上海建立了第一个培训中心。在信息技术产业领域，中印双方具有较强的互补性，印度作为软件大国，在信息技术领域特别是软件开发和软件出口方面拥有很大优势和强劲实力。

中国对外经济合作与贸易部公布的材料显示：印度从 1993 年涉足投资中国市场，尽管其对华直接投资量有限，仅仅为涉及 6 项协议、约 411 万美元的投资额，即使至 2002 年年底印度对华直接投资也仅涉及 71 个项目、合同金额约 1.74 亿美元（而实际投入仅 0.63 亿美元），却开启了中印双边相互直接投资合作的进程。此后，印度对华直接投资增幅逐步提高，1996—2003 年累计对华直接投资约 8.77 亿美元，占同期印度对外投资总量的 0.9%。据中国商务部统计，2004 年印度对华直接投资合同金额 6290 万美元，同比增长 34.7%，而实际使用金额为 1948 万美元，同比增长 22.3%。到 2004 年年底印度对华投资企业覆盖 133 家，协议投资和实际投资总额分别为 26.8 亿美元和 9.34 亿美元。①

从印度对华直接投资情况（来投）看，2014 年 1—12 月印度对华投资项目总数为 86 个，同比增加 30.30%；同期印度对华实际投资总额为 5075 万美元，同比增加 87.62%；截至 2014 年 12 月底印度对华直接投资累计项目数 952 个，累计投资金额 5.64 亿美元。② 2016 年度印度对华直接投资涉及的项目为 197 个，同比增加 40.7%；实际直接投资额为 5181 万美元，同比减少 35.9%；截至 2016 年 12 月底印度对华投资累计项目数 1289 个，累计直接投资存量为 6.96 亿美元。③ 而同期中国对印度的直接投资情况是：2016 年中国对印度非金融类直接投资（去投）总量为 10.63 亿美元（并非统计学意义上的 FDI 流量），同比增加 643.4%；截至 2016 年 12 月底中国企业对印度非金融类直接投资

---

① 这里印度对华直接投资 FDI 实际使用总额 9.34 亿美元是指历年印度在华实际投资的累计额，并非严格统计学意义上的存量，即没有对冲中方同期对印逆向直接投资量。

② 《2014 年 1—12 月中印经贸数据》，2015 年 7 月 9 日，商务部网站，http://bombay.mofcom.gov.cn/article/zxhz/201507/20150701039356.shtml。

③ 《2016 年中印经贸数据》，中华人民共和国驻孟买总领事馆经济商务室，http://bombay.mofcom.gov.cn/article/zxhz/201702/20170202510632.shtml。

存量为 48.33 亿美元。①

据 2020 年 2 月 18 日媒体报道，印度正在考虑对国内至关重要的领域所收到的外国直接投资发起更严格的审查。中国不断加大对印投资的举措引发了印国内的担忧，虽然印度对来自中国的投资一直都持有谨慎态度，但中国已经成为该国初创企业最大的资金来源之一。2019 年中国投资者为印度初创企业提供创纪录的投资数额，据俄罗斯媒体援引印度《经济时报》报道，2019 年中国企业对印度初创企业的投资总额达到 39 亿美元，较之于 2018 年的 20 亿美元投资总额增加了将近一倍，同比增长了 95%。

尽管 2019 年以来印度的经济状况并不算太好（此前印度凭借其超过 7% 的经济增长率曾被誉为全球经济增长奇迹），出现断崖式下滑迹象，2019 年三季度印度 GDP 增速下降至 4.5%。如果印度再度为海外投资设限，这无疑于经济复苏不利。刻意对来自中国的直接投资设限和审查，这些举动不仅会给中印两国经贸合作带来压力，同时对印度本国经济也会造成打击。

三　中印两国经贸合作新领域

除了进一步加强并优化传统的贸易投资合作，使之更加均衡化发展和便利化，依据 2015 年签订的中印两国《联合声明》②，为了充实两国更加紧密发展伙伴关系的内涵，稳步推进中印面向和平与繁荣的战略合作伙伴关系，中印两国领导人倡议拓展两国经贸合作新领域。两国领导人在以下领域开展和扩大合作达成广泛共识，并指示相关部门切实推进有关项目：一是加强职业培训和技能发展合作，包括签署关于在古吉拉特邦甘地那加/艾哈迈达巴德建立圣雄甘地国家技能开发和创业学院的合作

---

① 此处数据源自中国驻孟买总领馆网站，同《2018 年度中国对外直接投资统计公报》（http://images.mofcom.gov.cn/fec/201910/20191030110615743.ziP；http://fec.mofcom.gov.cn/article/tjsj/tjgb/201910/20191002907954.shtml）的数据——中国对印 FDI 存量（China's outward FDI stocks to India）则为 31.08 亿美元——有出入，显然两个额度不是在同等概念范畴上使用的（见表 6 - 4）。

② 《中华人民共和国和印度共和国联合声明》，2015 年 5 月 15 日，新华网，http://www.xinhuanet.com/world/2015-05/15/c_1115301080.html。

行动计划；二是启动智慧城市合作，指定印度古吉拉特邦国际金融科技城和中国深圳为试点，开展联合示范项目；三是在和平利用外层空间与和平利用核能领域开展合作；四是在公共卫生、医学教育和传统医药领域开展合作；五是在两国航天部门之间成立合作机制，并签署《2015—2020年中华人民共和国国家航天局与印度共和国空间研究组织航天合作大纲》，同意加强两国在卫星遥感、天基气象学、空间科学、月球及深空探测、卫星导航、宇航元器件、搭载发射服务、教育培训等领域的合作；六是加强两国司法合作，包括采取措施提高在本国服刑的对方国家公民的福利待遇，启动两国移管被判刑人条约磋商等。

印度总理莫迪提出"印度十五年发展愿景"，力争到2032年将印度建成繁荣、良好教育、健康、安全、廉洁、能源充足、清洁、具有全球影响力的国家。目前，印度正通过优化营商环境、放宽外资准入、出台投资优惠等系列举措，发挥人口红利，激发市场活力。伴随莫迪政府第二任期各领域改革举措不断深化，印度投资潜力及竞争力将进一步提升。2018年是两国关系"翻旧页、谱新篇"元年，2019年10月两国领导人在印度钦奈再次举行非正式会晤，为双边关系快速发展注入新动能。① 中印双方相关职能部门和对话协商机制均把落实两国领导人所达成的重要共识，坚持互为发展机遇、互不构成威胁的基本判断，携手扩大经贸合作规模，提升投资合作水平，推进多产业、多领域"融合"，拓展中国梦与新印度的合作空间，实现"龙象共舞"而非"龙象恶斗"等作为重要目标。在两国的相关发展战略之间探寻契合点。如推进制造强国建设和莫迪政府正在谋划推进的"印度制造""数字印度"等多项重大举措之间的契合点，综合评估两国发展模式，人们不难发现这样的事实，即中印两国制造企业发展阶段不同，市场环境不同，同质竞争小，两国工业发展战略能够对接并互为市场，带动中印贸易向好发展。

中印战略经济对话也把落实领导人拓展新的经贸合作领域的共识及相关协议、探索两国发展战略合理对接的路径等作为主要议题。在迄今为止的六轮战略经济对话会中，两国多个部门及主要金融机构和企业积

---

① 《对外投资合作国别（地区）指南——印度》（2019年版），商务部网站，http：//www.mofcom.gov.cn/dl/gbdqzn/upload/yindu.pdf；http：//fec.mofcom.gov.cn/article/gbdqzn/#。

极参与，取得一系列成果。譬如，依据 2014 年 9 月，习近平主席访印期间签署的中印《关于构建更加紧密的发展伙伴关系的联合声明》对两国战略经济对话机制提出的目标要求——"探讨新的经济合作领域，包括产业投资、基础设施建设、节能环保、高技术、清洁能源、可持续城镇化等。中印战略经济对话将探讨设计智慧城市的共同示范项目和倡议。双方同意在各自国内各确定一个城市，作为智慧城市的示范项目"①，各工作组持续加强沟通联系，在政策协调、基础设施、节能环保、高技术、能源和医药、智慧城市建设和城市可持续发展等领域深入交换意见，达成新的合作共识。同时，双方对经贸合作愿景做了规划，以更加开放的思维和政策迎接机遇和挑战，以更宽领域的合作谋求互利共赢，继续强化政策沟通，加强优势互补，深化各领域务实合作，推动具体项目实施，提高中印合作的获得感。印方在第 6 次对话会上特别表示，印度政府正在加大力度推进改革，改善营商环境，提升基础设施水平，欢迎中国企业投资印度基础设施、住房、物流、智慧城市、制造业等领域。两国经济是互补而非竞争的关系，双方应继续增进互信、聚焦成果、解决问题，为两国企业合作创造更加有利的条件。②

四 双边经贸合作路径的可行性与挑战

就双边经贸合作推进中印发展伙伴关系的可行性而论，随着两国经贸关系领域拓展和深化，中印经贸关系已经形成比较成熟的合作机制，如中印经贸科技联合小组、中印财金对话与合作机制和中印战略经济对话机制等（见表 5-4、表 5-5 和表 5-6）。这些双边层面的制度性安排和合作路径是最富有成效的，无疑已经并将持续推动中印两国发展合作，在构筑两国更加紧密发展伙伴关系进程发挥核心支撑作用。

当然，中印两国因产业结构和发展阶段上的差异在双边经贸合作中也出现了突出的贸易不平衡问题。中印双边贸易失衡问题需要双方共同

---

① 《中印关于构建更加紧密的发展伙伴关系的联合声明》，2014 年 9 月 19 日，中国政府网，http://www.gov.cn/xinwen/2014-09/19/content_2753299.htm。
② 《第六次中印战略经济对话在印度新德里举行》，2019 年 9 月 10 日，新华网，http://www.xinhuanet.com//2019-09/10/c_1124979548.htm。

努力加以克服，中方也积极尝试扩大印度对华出口，但结构性矛盾很难在短期彻底解决，这恐怕是经由双边经贸合作路径推进中印发展伙伴关系面临的现实，甚至是最大的挑战。此外，政治安全领域的低水平互信同中印两大社会内部的一些舆论叠加会造成双边关系中的不确定性，在特殊时空和境况下这种不确定性极有可能对中印发展伙伴关系建设产生破坏性影响。

第二节 BRICS/SCO 机制路径

中国和印度都是金砖国家（BRICS）和上海合作组织（SCO）的重要成员。BRICS 和 SCO 两个国际组织殊途同归，分别从成立之初基于经济发展的对话合作和基于政治安全关切的对话合作演变为集经济、政治安全、人文交流、社会发展于一体的综合性且功能近似的国际组织，这也应验了这样的判断，即"任何区域合作都不可能是政治或经济单维的，即使初衷是基于某一领域，但随着合作进程的不断深化和功能性作用的显现，区域合作朝着政治、经济、社会多领域发展已经成为必然的趋势"。[①] 金砖机制和上合组织为中印构建更加紧密的发展伙伴关系提供了多边平台和路径。鉴于二者之间相似性，这里仅以金砖机制为例来分析建设中印更加紧密的发展伙伴关系的多边机制路径。首先来看金砖机制的架构和推进中印建设更加紧密的发展伙伴关系的可行性。

一 金砖国家：从概念创新到运行机制

所谓"金砖国家"或"金砖集团"（BRICS）是指包括中国、俄罗斯、印度、巴西在内的主要新兴经济体，加上 2010 年加盟的南非。2017 年 9 月金砖国家厦门峰会上就"金砖+"模式达成共识，预示着金砖集团扩容的前景和超越自身成员范畴的合作进程的启动。因使用主要新兴经济体巴西（Brazil）、俄罗斯（Russia）、印度（India）、中国（China）4 国英文首字母组成 BRIC 同英语单词 Brick（砖）拼写近似且发音相同而得名，中国媒体和学者则用更具深刻寓意的"金砖"表述，即"金砖国

---

① 随新民：《东亚合作进程与中印关系调整》，《现代国际关系》2006 年第 7 期。

家"或"金砖集团"。现今的英文 BRICS 专用概念一方面符合英文首写字母的逻辑初衷并反映出"金砖国家"或"金砖集团"5 个成员国（即加上南非"South Africa"），另一方面后缀写"S"也表示集团的开放包容的本性，即金砖国家不限于目前的 5 个成员国。金砖国家的标志是五国国旗的代表颜色做条状围成的圆形，象征着"金砖国家"的合作与团结（见图 6-7）。

图 6-7　金砖集团图标

"金砖"概念源于英国经济学家、高盛集团（Goldman Sachs）前首席经济学家、曼彻斯特大学教授兼任英国皇家国际事务研究所所长的吉姆·奥尼尔（Jim O'Neill）的一份研究报告。[①] 2001 年 11 月时任国际知名

---

① 因首创"金砖"一词而被称为"金砖之父"的奥尼尔曾任英国财政部商务大臣，被 BBC 前主席戴维斯（Gavyn Davies，2001—2004）誉为 21 世纪头十年里世界上顶级的外汇方面的经济学家，2013 年 5 月他从高盛集团退休，2014 年 1 月被任命为曼彻斯特大学经济学名誉教授。2011 年他再次提出"迷雾四国"（MIST）概念，即墨西哥、印度尼西亚、韩国和土耳其 4 国并将开启另一个新 10 年。再加上另外 7 个更新的第三世界股票投资市场，统称为"金钻十一国"，包括孟加拉国、埃及、尼日利亚、巴基斯坦、菲律宾、越南、伊朗、"迷雾四国"，其中 MIST 四国是最大的 4 个经济体。

的投资企业高盛集团①首席经济学家的吉姆·奥尼尔在一份报告中指出中国、俄罗斯、巴西和印度等国均具有庞大的人口资源、新兴的市场和拥抱全球化的意愿，这些特性意味着巨大的经济增长潜力并且彼此息息相关。奥尼尔首次提出"金砖四国"（BRIC）概念和"世界需要更好的金砖国家"之判断，并预测在未来10年金砖国家经济总量占全球GDP的比重将大幅上升；与此相对应，全球经济治理结构和体系也会重新调整，给予金砖国家更大的话语权。奥尼尔当初的预言判断已经被金砖国家持续增长的事实所验证。不仅如此，金砖国家间的相关协调合作也已经制度化。金砖国家领导人会晤机制的建立，为金砖国家之间的合作与发展提供了政治指引和强大动力。

"金砖国家"当初的遴选标准首先是依据其经济发展状况，其次是看其是否具有新兴市场的代表性以及是否为非西方传统的新兴经济体之佼佼者。鉴于此，从经济增长视角来评判金砖国家的前景及在此基础上的金砖国家合作机制，自然有其合理性。"金砖"概念的提出和金砖国家间的协商合作固然始于对经济增长的关注，但金砖协商合作机制的发展并未止步于此。目前的金砖机制已经扩展到经济领域之外，将政治互信和人文交流纳入其中，朝着更加全面且深层次合作方向演进。因此，评估金砖机制的角色和功效不能仅限于单纯的经济增长维度，经过首个10年的成长，金砖机制已经演变为包括系列功能性领域的会谈磋商和领导人峰会在内的制度性安排，并具备综合性特质的政府间国际组织实体。在俄罗斯倡议下，金砖国家在2006年9月联合国大会期间召开首次金砖国家外长会晤，并形成年度例会；2009年6月金砖国家在叶卡捷琳堡举行

---

① 高盛集团（Goldman Sachs）是一家国际顶级的投资银行，向全球提供广泛的投资、咨询和金融服务，拥有大量的多行业客户，包括私营公司、金融企业、政府机构以及个人。高盛集团成立于1869年，是全世界历史最悠久及规模最大的投资银行之一，总部位于纽约，并在东京、伦敦和香港设有分部，在23个国家拥有41个办事处。2017年《财富》（Fortune）美国500强排行榜发布，高盛集团排名第78，《财富》世界500强排行榜发布，高盛位列259；在世界品牌实验室编制的《2018世界品牌500强》中，高盛集团排名第154。2019年7月，2019年《财富》世界500强发布，高盛居第204位。2019年10月，高盛在Interbrand发布的全球品牌百强榜排名53；在《2019胡润全球独角兽活跃投资机构百强榜》上高盛排名第6；2020年1月22日，高盛集团名列2020年《财富》全球最受赞赏公司榜单第27位。https://baike.baidu.com/item/高盛集团/8857237? fr = aladdin。

首次领导人峰会，其后每年举行一次领导人峰会，领导人峰会已经成为金砖国家合作机制最具权威的集体决策机构（见表6-5）。在协商一致的基础上，2010年12月南非被正式吸纳为会员，"金砖四国"演变成"金砖五国"机制，并正式更名为"金砖国家"，英文定名为BRICS。金砖国家合作机制的运行采用轮值主席国制，任期1年，轮值主席国负责协调维持当期金砖国家合作机制的常态运行并设置领导人峰会主题和具体议题。① 2017年1月1日，中国正式接任金砖国家主席国。

表6-5　　　　　　　　金砖国家领导人会晤一览

时间	地点	成果	备注
2009年6月（第1次）	叶卡捷琳堡	主要议题：国际金融危机与机构改革、粮食安全、能源安全、气候变化以及"金砖四国"对话与合作前景等 发表《"金砖四国"领导人俄罗斯叶卡捷琳堡会晤联合声明》，呼吁建立一个更加多元化的货币体系，提高新兴市场和发展中国家在国际金融机构中的发言权和代表性；推动国际金融机构改革，使其体现世界经济形势的变化	
2010年4月（第2次）	巴西利亚	在联合声明中，4国商定推动"金砖四国"合作与协调的具体措施，"金砖国家"合作机制初步形成	同年12月南非成为正式成员，更名为"金砖国家"，从BRIC到BRICS

---

① 2015年7月9日，金砖国家领导人第7次会晤在俄罗斯乌法举行，主题为"金砖国家伙伴关系——全球发展的强有力因素"；2016年10月15—16日金砖国家领导人第8次会晤在印度果阿举行，主题为"打造有效、包容、共同的解决方案"，以机制建设、成果落实和人文交流为发展重点；2017年9月3日第9次金砖领导人会晤在厦门召开，主题为"深化金砖伙伴关系，开辟更加光明未来"；2018年7月25—27日，金砖国家领导人第10次会晤在南非约翰内斯堡举行，主题为"金砖国家在非洲：在第四次工业革命中共谋包容增长和共同繁荣"；2019年11月13—14日金砖国家领导人第11次会晤在巴西首都举行，主题为"经济增长打造创新未来"，主要议题包括加强科技创新合作、推动数字经济合作、打击有组织犯罪等。

续表

时间	地点	成果	备注
2011年4月（第3次）	中国三亚	《三亚宣言》对金砖国家的未来合作进行了详细的规划；深化在金融、智库、工商界、科技、能源等领域的交流合作；重申国际经济金融机构治理结构应反映世界经济格局的变化，增加新兴经济体和发展中国家的发言权和代表性	南非首次参加会晤，金砖四国变为金砖五国机制
2012年3月（第4次）	印度新德里	发表《新德里宣言》；探讨金砖国家新开发银行的可能性，拟议中的银行能与世界银行并驾齐驱；重申全球治理体系改革的诉求，呼吁建立更具代表性的国际金融架构，提高发展中国家的发言权和代表性；提出在2012年国际货币基金组织、世界银行年会前如期落实2010年治理和份额改革方案的要求；签署了两项旨在扩大金砖国家本币结算和贷款业务规模的协议，使得金砖国家间的贸易和投资便利化	
2013年3月（第5次）	南非德班	主题：致力于发展、一体化和工业化的伙伴关系。发表《德班宣言》和行动计划。加强了金砖国家的合作伙伴关系，传递了金砖国家团结、合作、共赢的积极信息；决定设立金砖国家新开发银行、外汇储备库；成立金砖国家工商理事会和智库理事会，在财金、经贸、科技、卫生、农业、人文等近20个领域形成新的合作行动计划；推动构建金砖国家与非洲国家的伙伴关系；金砖国家经贸部长共同发表联合公报和《金砖国家贸易投资合作框架》文件	首次举行BRICS与非洲领导人对话会，传递出双方在基础设施领域加强合作、促进非洲互联互通、释放非洲发展潜力信号

续表

时间	地点	成果	备注
2014年7月（第6次）	巴西福塔莱萨	会议发表《福塔莱萨宣言》，签署《关于建立金砖国家应急储备安排的条约》，建立金砖国家应急储备安排；成立金砖国家新开发银行，总部设在中国上海；签订多项合作协议	
2015年7月（第7次）	俄罗斯乌法	发表《乌法宣言》及其行动计划，通过《金砖国家经济伙伴战略》；举行金砖国家同欧亚经济联盟、上海合作组织成员国、观察员国和受邀国领导人对话会	
2016年10月（第8次）	印度果阿	通过《果阿宣言》；签署农业研究、海关合作等方面的谅解备忘录和文件；进一步推动保险和再保险市场合作、税收体系改革、海关部门互动等；探讨设立一个金砖国家评级机构的可能性；就在农业、信息技术、灾害管理、环境保护、妇女儿童权利保护、旅游、教育、科技、文化等领域加强合作也进行了沟通协调；重申发挥联合国中心作用、尊重国际法为基础，更加公平、民主、多极化的国际秩序转变；金砖国家有必要秉持团结、相互理解和信任的精神，加强全球事务的协调和务实合作	
2017年9月（第9次）	中国厦门	发表《厦门宣言》，就加强金砖伙伴关系、完善全球治理、促进共同发展发出积极信号，决定共同打造金砖合作第二个"金色十年"；举办新兴市场国家与发展中国家对话会，金砖国家及埃及、几内亚、墨西哥、塔吉克斯坦、泰国五国领导人出席	
2018年7月（第10次）	南非约翰内斯堡	主题："金砖国家在非洲——在第四次工业革命中共谋包容增长和共同繁荣"。通过《约翰内斯堡宣言》；重申深化金砖战略伙伴关系，坚持多边主义，巩固经贸财金、政治安全、人文交流"三轮驱动"合作架构，并加强同其他新兴市场国家和发展中国家的对话合作	举行金砖国家领导人同非洲国家以及新兴市场国家和发展中国家领导人第二次"金砖+"对话会

续表

时间	地点	成果	备注
2019年11月（第11次）	巴西巴西利亚	会晤主题是"金砖国家：经济增长打造创新未来"。具体成果：发表《巴西利亚宣言》；举办多场高级别对话磋商会议，如在金融、贸易、外交、国家安全事务、通信、环境、劳动就业、科技创新、能源、农业、卫生、文化等领域的部长级会议、金砖国家新开发银行理事会会议；建立"创新金砖"网络、金砖国家女性工商联盟，批准通过金砖国家科技创新合作新架构，并由金砖国家科技创新指导委员会实施；签署《金砖国家能源研究合作平台工作章程》《金砖国家贸易和投资促进机构合作谅解备忘录》；通过网络安全工作组和《金砖国家网络安全务实合作路线图》；继续强化经济财金合作，倡导继续使用财政、货币和结构性政策以实现强劲、可持续、平衡、包容性增长；重申并支持一个强健、基于份额且资源充足的国际货币基金组织作为全球金融安全网的中心，同时敦促国际货币基金组织在2010年共识原则的基础上推进份额和治理改革，增加基金份额规模并作有利于新兴市场和发展中成员国份额的调整；重申维护和加强以世界贸易组织为核心的多边贸易体制，反对单边和保护主义措施；推动对世贸组织进行平衡、开放、透明改革的进程，遵循两级有约束力的世贸组织争端解决规则和机制，并尽快启动上诉机构成员的遴选进程；成立金砖国家新开发银行区域办公室并在成员国开始运营；启动金砖国家新开发银行扩员机制，加强其作为全球发展融资机构的作用，进一步增强金砖国家和其他新兴市场和发展中国家基础设施和可持续发展项目筹资能力；肯定金砖国家反恐工作组第4次会议成果①	中印领导人会晤时，两国领导人均认为，新双边高级别经贸对话机制应及早启动。双方还围绕WTO、金砖国家合作机制、《区域全面经济伙伴关系协定》等多边领域问题交换了看法

① 参见《金砖国家领导人第十一次会晤巴西利亚宣言》，2019年11月15日，中国社会科学网，http://econ.cssn.cn/jjx/jjx_qqjjzl/201911/t20191115_5036650.html。

续表

时间	地点	成果	备注
2020年11月（第12次）	视频会议 俄罗斯总统普京主持	主题：深化金砖伙伴关系，促进全球稳定、共同安全和创新增长。 发表《金砖国家领导人第十二次会晤莫斯科宣言》（1月17日），重申多边主义和多边贸易，支持全球合作加速开发、生产、公平获取新冠疫情防控新工具倡议	出席： 中国国家主席习近平 印度总理莫迪 南非总统拉马福萨 巴西总统博索纳罗
2021年9月（第13次）	视频会议 印度总理纳伦德拉·莫迪主持	主题：金砖15周年——开展金砖合作，促进延续、巩固与共识 发表《金砖国家领导人第十三次会晤新德里宣言》（9月9日），重申致力于加强金砖政治安全、经贸财金、人文交流"三轮驱动"合作；肯定金砖机制取得的丰硕成果，如建立新开发银行、应急储备安排、能源研究平台、新工业革命伙伴关系和科技创新合作框架等合作机制。 中方已向100多个国家和国际组织捐赠超过10亿剂疫苗和原液基础上，全年计划对外提供20亿剂疫苗；习近平主席宣布在向"新冠疫苗实施计划"捐赠1亿美元基础上，年内中国将再向发展中国家无偿捐赠1亿剂疫苗	出席： 中国国家主席习近平 俄罗斯总统普京 南非总统拉马福萨 巴西总统博索纳罗
2022年6月（第14次）	视频会议 中国国家主席习近平主持	主题：构建高质量伙伴关系，共创全球发展新时代 发表《金砖国家领导人第十四次会晤北京宣言》（6月23日），领导人就加强和改革全球治理、团结抗击疫情、维护和平与安全、促进经济复苏、加快落实2030年可持续发展议程、完善金砖机制建设等议题达成广泛共识	出席： 俄罗斯总统普京 印度总理莫迪 南非总统拉马福萨 巴西总统博索纳罗

二 金砖精神与机制运行原则

金砖国家合作始终秉持"互尊互谅、平等相待、团结互助、开放包容、协商一致"的金砖精神，构筑起了包括诸如领导人会晤、外交财金经贸等相关部门或领域的部长级会议等在内的高层引领、全方位、多层次的金砖国家合作架构，创新探索出一批契合五国发展战略、符合各国人民利益诉求的合作项目。在财金、经贸、科技、卫生、农业、人文、网络安全、反恐等近20个领域形成新的合作行动计划；2014年成立总部设在上海的金砖国家新开发银行、设立金砖国家应急储备安排①等举措为金砖国家可持续发展搭起融资平台，也是构建金融安全网的有益探索。金砖国家领导人会晤主题的确定既是金砖集团乃至全球治理体系面临的重大课题或挑战，也是金砖精神本质的具体反映。习近平主席在金砖国家领导人第5次会晤时发表"携手合作 共同发展"主旨讲话时强调，本次会晤主题——致力于发展、一体化和工业化的伙伴关系——"既是金砖国家的发展目标，也是金砖国家同非洲国家合作的重要方向……我们要用伙伴关系把金砖各国紧密联系起来，下大气力推进经贸、金融、基础设施建设、人员往来等领域合作，朝着一体化大市场、多层次大流通、陆海空大联通、文化大交流的目标前进……加强同金砖国家合作，始终是中国外交政策的优先方向之一。中国将继续同金砖国家加强合作，使金砖国家经济增长更加强劲、合作架构更加完善、合作成果更加丰富，为各国人民带来实实在在的利益，为世界和平与发展作出更大贡献。"② 由此可见，金砖国家合作机制及其进一步完善本身就是构筑中印之间更加紧密的发展伙伴关系的重要路径，也是中国外交着力的重点方向和致力实现的目标。

在首个"金色十年"内，金砖国家在应对国际金融危机、解决重大

---

① 在2014年7月15日金砖国家领导人第六次会晤（巴西福塔莱萨）期间，中国人民银行行长周小川代表中国政府与其他金砖国家代表签署了《关于建立金砖国家应急储备安排的条约》。设立"金砖国家应急储备安排"的目标是通过流动性工具和预防性工具提供支持的一个框架，以应对实际或潜在的短期国际收支压力。该制度性安排是新兴市场经济体为应对共同的全球挑战、突破地域限制创建集体金融安全网的重大尝试；中国投票权为39.95%，巴西、俄罗斯、印度各为18.10%，南非为5.75%。

② 《习近平谈治国理政》第1卷，外文出版社2018年版，第324—326页。

国际和地区问题上共同发声，积极推进全球经济治理体系和结构的改革；在扩大合作领域、深化合作层次和完善金砖国家合作机制的同时，金砖国家始终关注同其他新兴市场和发展中国家之间的合作，以扩大在全球治理体系中的代表性和提高发言权。譬如，积极推动金砖国家与非洲国家间伙伴关系的建构，2013年南非德班峰会期间首次举行金砖国家与非洲领导人对话会；2017年厦门峰会期间还举行了新兴市场国家与发展中国家对话会，金砖国家及埃及、几内亚、墨西哥、塔吉克斯坦、泰国五国领导人出席，围绕"深化互利合作，促进共同发展"的主题进行讨论等，这些举措既彰显了"金砖+"合作理念，又是"金砖+"合作机制的具体实践行动。正如习近平主席指出的那样，金砖合作给我们三条启示：一是平等相待、求同存异；二是务实创新、合作共赢；三是胸怀天下、立己达人。"唯有开放才能进步，唯有包容才能让进步持久"，"金砖国家奉行开放包容的合作理念，高度重视同其他新兴市场国家和发展中国家合作，建立起行之有效的对话机制"。①

深化集团内务实合作、拓展合作领域和创新合作路径、通过机制化的制度安排构建广泛且紧密伙伴关系，尤其是更加紧密的经贸科技合作伙伴关系固然是金砖国家合作机制初衷和后续合作的主题，但金砖国家间合作绝非仅限于此，从一开始就不断地尝试包括合作领域和合作空间在内的各种创新。"金砖+"模式就是对第一个十年金砖国家合作创新的一种阶段性总结，该模式表现为两个相互关联维度上的合作创新。一是金砖国家间合作领域的延展，从强化经济领域合作以应对国际金融危机挑战的初衷逐渐拓展到政治安全和人文领域，实现从早期的单一经济推动到经济、政治"双轨并进"，再到经济科技、政治安全、人文交流"三轮驱动"转变。二是金砖合作在空间上的扩展，已经超越了金砖五国之间的合作范畴，尝试金砖国家同其他新兴市场经济体和亚非拉发展中国家的对话合作，即强化南南合作以迎接或应对第四次工业革命带来的机遇或挑战，实现包容增长和共同繁荣的目标。习近平主席关于金砖国家合作机制的建议是对该合作机制发展前景和实现路径的精辟概括，金砖国家需要：一是不断深化金砖合作，助推五国经济增加动力，使金砖国

---

① 《习近平出席金砖国家工商论坛开幕式并发表主旨演讲》，《光明日报》2017年9月4日。

家凭借大宗商品供给、人力资源成本、国际市场需求等优势,引领世界经济增长;二是勇担金砖责任,维护世界和平安宁;三是充分发挥金砖机制的作用,完善全球经济治理;四是不断拓展金砖国家的影响,构建广泛的伙伴关系。"作为具有全球影响力的合作平台,金砖合作的意义已超出五国范畴,承载着新兴市场国家和发展中国家乃至整个国际社会的期望。"① 因此,金砖国家首先要做到固本强基,继续释放经济合作巨大潜力,坚持共同发展的合作初衷和经贸合作主线,这也是金砖国家合作潜力最大、内容最丰富、成果最集中的领域。进一步加强贸易投资、财金、互联互通等领域合作;在联合国、二十国集团、世界贸易组织等框架内,维护基于规则的多边贸易体制,推动贸易和投资自由化便利化;坚持创新引领,构建新工业革命伙伴关系;加强宏观经济政策协调,实现发展战略深度对接;加速新旧动能转换和经济结构转型升级,提升金砖国家及广大新兴市场国家和发展中国家竞争力。其次,维护国际和平安全,把政治安全合作作为金砖战略伙伴关系建设的重要内容。最后,继续以民心相通为宗旨,广泛开展文化、教育、卫生、体育、旅游等各领域人文交流合作,筑牢金砖合作民意基础。②

十多年来,金砖国家从内涵和外延两个向度落实推进"金砖+"合作已经成为带动世界经济增长、完善全球经济治理体系、推动国际关系民主化的重要力量。③ "金砖+"合作内涵式的经济、政治、人文"三驱"转向和外延式的合作对话机制启动,是对以约瑟夫·奈等为代表的"金砖唱衰论"者的最好回应。④ 金砖国家之间固然存在意识形态上的差

---

① 习近平:《共同开创金砖合作第二个"金色十年"》,《光明日报》2017 年 9 月 4 日。
② 参见习近平《让美好愿景变为现实》,《光明日报》2018 年 7 月 27 日。
③ 截至金砖国家厦门峰会前,金砖国家在世界经济总量中占比达 23.5%,在世界贸易总额中占 16.2%,人口占比为 43%,对世界经济增长的贡献率超过 50%,在国际事务中有广泛代表性和重要话语权,且必将随着团结合作的不断进展而继续加强。
④ 约瑟夫·奈 2013 年 4 月在新加坡《联合早报》撰文:"三年前我对金砖国家持怀疑态度,现在亦然如此。尽管最新的峰会看上去颇为成功。"奈主要从金砖国家政治制度与经济发展诉求的差异性来评估金砖机制的效应,认为"没有办法团结起来,其实正是金砖国家内在不一致的表征。从政治上讲,中国、印度和俄罗斯是亚洲影响力竞争对手。从经济上讲,巴西、印度和南非都担心人民币低估对各自经济的影响"。见约瑟夫·奈《没有黏结在一起的金砖》,《联合早报》2013 年 4 月 10 日。

异，但实践中这种差异从未成为金砖合作机制运行的障碍。不仅如此，"金砖+"合作对话模式还在拓展其适用范围，先后启动了如下合作对话进程：2013 年构建金砖国家与非洲国家伙伴关系，2015 年金砖国家同欧亚经济联盟、上海合作组织成员国和观察员国以及其他受邀国领导人对话会，2017 年新兴市场国家与发展中国家对话会（即金砖国家领导人及埃及、几内亚、墨西哥、塔吉克斯坦、泰国五国领导人）（见表 6-5 "金砖国家领导人会晤一览"）。包容性增长、创新发展、可持续发展、共商共建共享共赢已经成为金砖国家合作秉持的理念和行动准则。

三 金砖合作机制的务实推进

金砖国家作为新兴市场和发展中经济体的代表，对全球经济增长和贸易投资具有重要意义，2009 年以来，中国与其他金砖国家紧密合作，务实推进各项经贸合作成果，为中国对外直接投资发展创造良好的国际环境。当前全球经济稳中有变，以美国为代表的发达经济体推行的单边主义和贸易保护主义给全球贸易投资和经济增长带来重大挑战，亟须各国凝聚共识，共同应对。2018 年以来，在落实金砖国家领导人厦门会晤达成的贸易投资便利化等多项成果基础上，金砖国家积极推进经贸合作机制建设，共同反对单边主义和保护主义，巩固了金砖国家经贸合作的势头和成效，体现了金砖国家的合作凝聚力和责任担当。2018 年 7 月，金砖国家领导人会晤通过了《约翰内斯堡宣言》，在经贸领域达成一系列重要共识和成果：一是支持多边主义，维护多边贸易体制，共同建设开放型世界经济；二是务实启动示范电子口岸网络、电子商务工作组、知识产权合作等新机制建设；三是制定了《知识产权合作机制实施框架》《包容性电子商务发展合作框架》，继续落实《金砖国家服务贸易合作路线图》，继续开展贸易增值产品联合研究等。这些成果为第二个十年金砖五国经贸合作注入新动能，为构建金砖国家贸易投资一体化大市场奠定了良好基础，也为中国企业"走出去"提供了良好的外部环境。

四 金砖合作机制缘何能成为推进中印构建发展伙伴关系的路径

金砖合作机制的核心要素有：领导人会晤机制、各领域部长级或其他高级别会晤机制、金砖国家新开发银行（NDB）等。正如习近平主席所言："观察金砖合作发展，有两个维度十分重要。一是要把金砖合作放在世界发展和国际格局演变的历史进程中来看。二是要把金砖合作放在五国各自和共同发展的历史进程中来看。"① 换言之，金砖精神和合作机制顺应了这两种发展潮流，在推进国际政治经济体系及全球治理体系与治理结构合理化、均衡化中发挥着无可替代的作用；同时也为金砖国家实现各自发展目标、舒缓或化解双边困境与分歧、促成超越分歧的多领域和全方位合作共赢提供了平台和路径。每当全球经济增长遭遇危机或衰退风险和压力时，金砖国家总是能够本着金砖精神和新发展观在政治安全、经济财金、开放贸易、人文交流、科技创新、网络安全、反恐合作、气候变化等领域适时发声，表达共同致力于相关问题解决的呼声，并采取切实措施推进问题的解决。金砖多边平台和合作机制为中印两国构建更加紧密的发展伙伴关系提供了实现路径，究其原因有以下六个方面。

第一，金砖精神是对改革当前国际经济治理体系呼声的回应，中国和印度是关键的倡导者和推动者。金砖精神回应了国际社会对改革当前全球经济治理体系的强烈呼声，作为改革的关键倡导者和推动者，中国和印度各自和共同努力有助于改革目标的实现。启动金砖国家合作机制以来，金砖国家建立了全方位、多领域的合作对话机制，及时就重大国际地区事务协调立场、共同发声，维护广大发展中国家团结和利益，为应对全球性挑战贡献金砖智慧、提出金砖方案；"面对西方国家保护主义抬头、全球经济复苏面临挑战的形势，金砖国家积极捍卫开放的多边主义国际秩序，充分证明了金砖机制的蓬勃生命力。"②

金砖国家合作机制同时还是对于建立更公正更合理全球治理体系的"制度性回应"。2008年爆发国际金融危机，2009年召开第一次金砖国家领导人会议并启动会晤机制绝非偶然。启动金砖国家合作机制一方面要解决即时困难和挑战——应对金融危机和维持经济的持续增长，另一方面则是致力于全球治理体系和治理规则的调整变革，使之更趋于均衡合

---

① 习近平：《共同开创金砖合作第二个"金色十年"》，《光明日报》2017年9月4日。
② 《金砖机制——全球治理中的耀眼力量》，2017年8月21日，新华网，http：//www.xinhuanet.com/politics/2017-08/21/c_1121518839.htm。

理，更加客观地反映国际力量对比的变化。相对于松散的二十国集团（G20）机制，金砖国家合作机制的制度化程度更高且更具灵活性。具体地讲，随着金砖国家经济总量占比的提高，金砖国家在重要国际金融机构或组织中的话语权也明显提升，成为推动相关金融机构改革和国际经济治理体系变革的"加速器"。正如俄罗斯国民经济与国家行政学院国际制度研究中心主任拉里奥诺娃所言，发展中国家近年来在国际货币基金组织和世界银行中的投票权份额提升和话语权增加等就是金砖国家合作重要成果。巴西智库瓦加斯基金会中巴研究中心主任卡瓦略认为，金砖国家已成为国际经济规则的重要制定者，为改善全球经济治理作出了重要贡献。

第二，金砖国家合作机制的理念同中印两国的发展诉求相契合，中印双方在这方面有着广泛的共识，两国可就相关战略或政策进行切实可行的对接。金砖国家合作机制之所以能发展壮大，是因为金砖国家紧紧抓住经济发展主线，自身实力不断增强，这符合参与各方的愿望并基本满足发展战略诉求。金砖国家之间的利益契合度、合作制度覆盖领域的拓展和外溢、相关制度安排的凝聚力三位一体共同推动金砖国家合作机制的常态运行和合作目标的达成。金砖国家都是新兴市场国家，是非西方的世界上最重量级的经济体，彼此间的利益契合度高，而且在广大发展中国家和新兴市场国家这两种类型的国家中都具有代表性。同时，由于这些国家在国际政治体系中全球性或区域性大国的身份定位，在战略上也有相互借重的需求，这也是利益契合的一个方面。利益契合度高，决定了合作的意愿强，这两者又决定了制度建设的逐步完善和合作领域的创新性拓展。金砖国家合作机制从贸易、投资领域拓展到了几乎与经济发展相关的工商、金融、货币等所有领域，还外溢到政治互信与人文交流领域。利益契合、合作制度不断拓展强化了金砖国家合作机制的内在凝聚力与黏合性，所以，虽说作为新兴经济体的各大国都有自己的发展战略规划，但是"开放、包容、平等、共享"已成为各国的原则共识。

第三，金砖国家合作机制的运行工具与合作项目的有效性使之更具吸引力和辐射力。金砖国家合作机制是由金砖国家领导人会晤、金砖国家外长会晤机制、金砖国家财长会晤机制、金砖国家经贸部长会晤机制、金砖国家央行行长会议、金砖国家新开发银行、金砖国家应急储备安排、金砖国家工商理事会和智库理事会等系列制度性安排组成，已经初步形成以领导人会晤为引领、以经贸领域合作为主线、以安全事务高级代表会议和外长会晤等部长级会议为支撑，在经贸、财政、金融、农业、教育、卫生、科技、文化、禁毒、统计、旅游、智库、友城、地方政府合作等数十个领域开展务实合作的多层次架构。在地缘覆盖范围和影响力辐射上，金砖国家合作已经超越5国范畴，成为促进世界经济增长、完善全球治理、促进国际关系民主化的建设性力量。

金砖国家国土面积占全球总面积的26.46%，人口占世界总人口42.58%。在第一个10年里，金砖机制运行良好，金砖集团的经济总量占全球经济比重从12%上升到23%，进出口贸易总额的全球占比也从11%上升到16%，对外投资存量全球占比从7%提升到12.45%，对世界经济增长的贡献率高达50%，金砖国家在世界银行的投票权为13.24%，在国际货币基金组织（IMF）的份额总量为14.91%。金砖国家已成为拉动世界经济增长的重要引擎。[1]

"作为具有全球影响力的合作平台，金砖合作的意义已超出五国范畴，承载着新兴市场国家和发展中国家乃至整个国际社会的期望。金砖国家奉行开放包容的合作理念，高度重视同其他新兴市场国家和发展中国家合作，建立起行之有效的对话机制。"[2]

依据世界银行统计，截至2018年年底，金砖五国的GDP总量超过20.23万亿美元，约占全球经济总量（GDP）85.791万亿美元的23.58%。[3] 中国和印度继续领跑，并且经济总量也是金砖国家中最高的两国。其中，中国的经济实际增速为6.6%，GDP总量达到了13.608万亿美元，分别约为全球经济（GDP）总量和金砖国家总量的15.86%和67.35%，远超过其他4国占比之和；印度在2018年经济增速超过7%，GDP总量达到了2.726万亿美元，分别约占全球GDP总量和金砖国家GDP总量的3.18%和13.5%。其他三国同期经济增速和GDP总量都要低

---

[1] 《金砖机制——全球治理中的耀眼力量》，2017年8月21日，新华网，http://www.xinhuanet.com/politics/2017-08/21/c_1121518839.htm。

[2] 习近平：《共同开创金砖合作第二个"金色十年"》，《光明日报》2017年9月4日。

[3] 2018年同期西方七国集团（G7）经济总量高达38.848万亿美元，约占全球GDP总量（85.791万亿美元）的45.28%。见https://www.sohu.com/a/337322011_100110525.youxiu。

很多，其中，巴西经济实际增速为1.1%，GDP总量为1.869万亿美元，分别约占全球GDP总量和金砖国家GDP总量的2.18%和9.24%；俄罗斯经济实际增长2.3%，GDP总量约为1.7万亿美元，分别约占全球GDP总量和金砖国家GDP总量的1.93%和8.2%；南非经济增长仅0.8%，GDP约为3663亿美元，分别约占全球GDP和金砖国家GDP总量的0.43%和1.81%。

就内部分布来看，金砖国家经济总量和增长情况呈现出明显的非均衡性，中国和印度的情况明显好于俄罗斯、巴西、南非三国，尤其是中国的GDP总量是其他4国的GDP合计（6.62万亿美元）的2倍多，而且4国GDP总量的全球占比也下滑至7.72%。2019年金砖国家之间经济发展的非均衡状况没有明显变化①，整体而言，在可预期的近中期，中国与印度仍将保持较高的经济增速，经济总量和全球所占的份额还有进一步上升的空间。换言之，金砖国家间的这种经济发展和分布的非均衡性将长期存在，需要金砖国家深化和扩大合作时审慎对待和妥善处理，避免因金砖国家内部发展阶段、发展水平、发展质量上的差异而制约合作机制的常态运行或运行成效。

第四，金砖国家合作的领域和议程同中印两国构建更加紧密的发展伙伴关系核心领域及议程高度吻合。在秉持主权平等、相互尊重原则致力于建设一个和平、稳定和繁荣世界的根本理念和宗旨前提下，金砖国家合作坚持以经济可持续增长为核心内容，实施经济、政治安全、人文交流等支柱领域"三轮驱动"战略，致力于从经济、社会、环境三个领域平衡、全面地推进可持续发展始终是金砖合作秉持的发展目标。② 具体的功能性合作领域涉及金融、贸易、外交、国家安全、通信、环境、航空、就业、科技创新、能源、农业、卫生、文化等，金砖国家在这些领域的部长级会议以及其他高级别会议业已机制化，相关合作也取得了显

---

① 根据金砖国家各自公布的统计数据，2019年金砖国家名义GDP总量为21.1万亿美元，其中，中国占比为68.08%，印度占比为13.52%，巴西占比为8.72%，俄罗斯占比为8.02%，南非占比为1.67%，与2018年相比，中国提高了0.39个百分点，印度提高了0.26个百分点，俄罗斯下降了0.06个百分点，南非下降了0.13个百分点，巴西下降了0.47个百分点。

② 参见金砖国家领导人第十一次会晤《巴西利亚宣言》，2019年11月15日，新华网，http://www.xinhuanet.com/world/2019-11/15/c_1125233888.htm?baike。

著成果。譬如，在金砖国家的呼吁和持续推进下，在国际货币基金组织（IMF）框架内发达国家向新兴市场国家和发展中国家转移6%的份额投票权，①尽管国际金融体系的改革远未到位，但IMF份额的调整则意味着富有成效的开端；签署《金砖国家贸易和投资促进机构合作谅解备忘录》以促进贸易自由化和投资便利化；总部设在上海的金砖国家新开发银行（New Development Bank，NDB）2015年7月正式开业并设立了美洲区域办公室和拟议中的俄罗斯、印度两个区域办公室，新开发银行在基础设施和可持续发展融资中发挥着积极作用；通过金砖国家科技创新合作新架构，建立"创新金砖"网络；建立金砖国家女性工商联盟，旨在增强女性作为经济增长驱动力的作用，为成员国妇女经济赋权作出贡献，并对金砖国家工商界关注的问题提出独特见解；在政治安全领域，除领导人会晤外还建立了金砖国家安全事务高级代表会议机制，就成员国国家安全和国际安全进行磋商合作；在环境保护领域，金砖国家始终坚持"共同但有区别的责任"原则和各自能力原则，落实在《联合国气候变化框架公约》原则基础上制定的《巴黎协定》；在社会合作上，持续落实2014年通过的《2015—2020年金砖国家人口问题合作议程》，直面金砖国家人口年龄结构快速变化引致的挑战和机遇，特别是在性别平等、妇女权利、青年发展、就业和未来劳动治理、城镇化、移民和老龄化等方面。②

---

① 在G20峰会的推动下，2010年11月首尔峰会正式确认了此前20国集团财长及央行行长会议就国际货币基金组织份额改革达成的"历史性协议"，即向代表性不足国家（主要是新兴市场国家和发展中国家）转移6%份额投票权的决定。同年11月5日国际货币基金组织（IMF）总裁多米尼克·斯特劳斯·卡恩（Dominique Strauss-Kahn）宣布IMF执行董事会通过的份额改革方案。依此方案，中国份额从3.72%升至6.39%，投票权也相应地从3.65%提升至6.07%，超越德国、法国和英国，仅次于美国和日本；印度的投票权由2.3%上升到2.6%，美国的份额从16.7%下降到16.5%，但依然保有否决权。IMF此轮份额改革完成后，共计向新兴经济体转移超过6%的份额。目前，IMF份额排名前十的经济体分别是美国、日本、欧洲4国（德国、法国、英国、意大利）、"金砖四国"（中国、印度、俄罗斯、巴西）。这是IMF成立65年来最重要的治理改革方案，也是针对新兴市场国家和发展中国家最大的份额转移方案。欧洲国家在IMF执行董事会让出两个席位，以提高新兴市场国家和发展中国家在执行董事会的代表性。参见《中国在国际货币基金组织投票权将升至第三》，2010年11月6日，腾讯网，https://finance.qq.com/a/20101106/001758.htm。

② 参见金砖国家领导人历次会晤宣言，尤其是第9—11次会晤宣言——《厦门宣言》（2017年9月）、《约翰内斯堡宣言》（2018年7月）和《巴西利亚宣言》（2019年11月）。

从 2010 年以来中印两国领导人会晤后发表的历次"联合声明"或"联合公报"分析考察，中印战略合作伙伴关系建设进程所涉及的合作领域和议程高度吻合，更确切地讲，中印双边层面的对话合作在很大程度上是把金砖框架下的各个功能性领域的合作诉求与合作目标具体化、可操作化。具体体现为：在政治安全领域双边层面的政治对话与各类磋商机制以增强两国间的战略互信，国际层面上共同推进国际体系更加合理均衡的调整和全球性问题的解决；在经济贸易科技领域，维持两国在基础设施建设、互惠互利的贸易投资合作、能源合作、工业园区建设、科技创新等既有的发展合作，同时开拓新的合作领域、制定双边合作规划等；在人文社会领域除持续传统的人文交流项目和渠道外，两国间的人口可持续发展、可持续城镇化和智慧城市建设、友好省邦与城市、香客朝圣便利化等方面的合作大多已经机制化并取得显著成效。[①]

第五，深化金砖国家合作与中印发展伙伴关系建设互促共进。中国和印度在深化和拓展金砖国家合作、完善金砖国家合作机制运行和提高效用方面扮演着特殊的角色。习近平主席在会见印度总理莫迪时非常诚恳地指出：中印都是世界重要一极，拥有许多战略契合点。中印用一个声音说话，全世界都会倾听。中印携手合作，全世界都会关注。无论从双边、地区还是全球层面来看，中印都是长久战略合作伙伴，而非竞争对手。携手实现和平发展、合作发展、包容发展，让两国 25 亿人民过上更好的生活，为地区乃至世界增加和平与发展的力量，是我们最大共同利益所在。[②] 当然，影响力和责任是相辅相成的，中印两国自然也需要承担更大的国际责任。

从另一视角来看，金砖国家合作机制也为中国和印度构建更加紧密的发展伙伴关系提供了多边对话合作平台。印度分析家也高度认可金砖

[①] 参见 2010 年《中华人民共和国和印度共和国联合公报》（http://www.gov.cn/jrzg/2010-12/16/content_1767522.htm）、2013 年《中华人民共和国和印度共和国联合声明》（http://www.gov.cn/jrzg/2010-12/16/content_1767522.htm）、2014 年中印《关于构建更加紧密的发展伙伴关系的联合声明》（http://www.gov.cn/xinwen/2014-09/19/content_2753299.htm）、2015 年《中华人民共和国和印度共和国联合声明》（http://www.xinhuanet.com/world/2015-05/15/c_1115301080.htm）。

[②] 《习近平会见印度总理莫迪》，《光明日报》2014 年 7 月 16 日。

国家合作机制在构建中印面向和平与繁荣的战略合作伙伴关系中扮演的重要角色，因为"BRICS 为印度就共同关心的事务同中国保持接触提供了多边平台。换句话说，BRICS 对于印度已经成为管理因中国呈指数式崛起可能带来的积极或消极外部影响的工具"。① 显然，印度分析人士一方面肯定了金砖国家对话合作平台对中印双边关系的正向推进作用，另一方面也折射出印方对中国快速崛起及其影响的忧虑，甚至有可能利用金砖平台和合作机制平抑或对冲中国在金砖国家合作机制内外日益增强的地区和国际影响力。这是中方需要审慎对待和理性处理的。从这个意义上说，关于"金砖集团的成败也取决于中印两国如何管理其双边关系"②的判断有其合理性，金砖国家领导人厦门会晤前和会议期间中印之间的互动就是强有力的例证。

第六，金砖合作促进中印发展伙伴关系的向度。简言之，金砖国家合作机制之所以能成为中印构建更加紧密的发展伙伴关系的重要平台和路径之一，就在于金砖精神和目标诉求同中印面向和平与繁荣的战略合作伙伴建设目标及其达成手段、策略、路径等相吻合。③ 金砖国家合作机制对于中印构建更加紧密的发展伙伴关系功能性影响体现在彼此互逆的两个向度上，一是金砖国家合作框架内的多边合作模式或双边互动行为外溢到纯粹的双边互动层面或领域，从而对中印两国关系再塑进程产生影响；二是中印两国基于对 BRICS 功能预期及其与各自发展战略、国际诉求达成之间相关性的预判等考量而需要维持金砖国家合作机制的正常运行，自然也需要包括中国和印度在内的各成员国采取切实行动克服或化解制约 BRICS 机制常态运行的困难或矛盾。这种逆向思维和举措在客观上也推进了中印关系的良性发展。2017 年 9 月金砖国家领导人厦门会晤的召开和同年夏天持续 70 余天的中印洞朗对峙危机的化解就是这种效

---

① Rajendra M. Abhyankar, *Indian Diplomacy*: *Beyond Strategic Autonomy*, p. 258.

② Harsh V. Pant, "China and India May have Pulled Back on the Himalayan Frontier but the Bilateral Chill is Real", *Quartz India*, 18 September 2017, http://qz.com/1079868/docklam-standodd-india-and-china-may-have-pelled-back-on-the-Himalayan-Frontier-but-the-Bilateral-Chill-is-Real/.

③ 2015 年 7 月 9 日，习近平主席在金砖国家领导人第七次会晤时强调，金砖国家伙伴关系的内涵包括构建维护世界和平的伙伴关系、促进共同发展的伙伴关系、弘扬多元文明的伙伴关系、加强全球经济治理的伙伴关系。

应的最好例证。① "洞朗对峙事件"是现代国家始终关注的传统安全层面的边境危机,为了给金砖领导人厦门会晤创造良好的氛围,中印双方均顾全大局,最终以和平方式妥善结束了对峙危机,这是金砖国家合作机制和中印合作机制互动的结果,也体现出金砖国家合作机制的外溢效应以及双边和多边互为合作压力的内在逻辑关系。

五 BRICS/SCO 路径的风险与不确定性

如上分析,金砖国家合作机制为中印两国构建更加紧密的发展伙伴关系提供了多边框架下的有效路径(下称"金砖路径"),此外还基于外溢效应和社会学习而使多边合作行为及思维模式延展至中印双边互动进程,从而助推或强化双边合作观念并塑造互动模式,使中印关系进程即使面临不确定性甚至遭遇意外挑战也能呈现巨大的韧性和张力,两国之间的竞争性合作变得不可逆转。但是,建设中印更加紧密发展的伙伴关系的金砖路径以及类似的上海合作组织(SCO)路径(下称"上合路径")也存在一定的风险和不确定性,需要中印双方倍加珍惜和格外呵护,尤其是中国更要审慎处置。主要原因在于以下三个方面。

一是金砖国家内部发展的不平衡性诱发金砖国家合作机制的不确定性。一方面,使金砖国家合作进程遭遇曲折,中印双边合作的多边助推器动力衰减;另一方面,金砖框架内的消极因素也可能外溢至中印双边层面,使中印战略合作伙伴关系建设进程遭遇负面影响。如上所述,就金砖国家合作机制内部看,金砖国家经济总量和增长呈现出明显的非均衡性,中国和印度的情况要优于俄罗斯、巴西、南非三国,尤其是中国的 GDP 总量是其他 4 国的 GDP 合计(6.62 万亿美元)的 2 倍多,2019 年金砖国家之间经济发展的非均衡状况没有明显变化。中国与印度在未来相当长的时期内仍将保持较高的经济增速,经济总量和全球所占的份额还有进一步上升的空间。虽然金砖合作机制是以平等参与、协商一致运行,金砖国家合作机制唯一的实体机构——新开发银行(New Development Bank)启动金 1000 亿美元也是 5 国均摊的(各出资 250 亿美元)。金砖领导人厦门会晤前,金砖国家宣布共同出资设立新开发银行项目准

---

① Rajendra M. Abhyankar, *Indian Diplomacy: Beyond Strategic Autonomy*, pp. 258–259.

备基金，中国率先向金砖国家新开发银行项目准备金捐资400万美元，其他金砖国家也将各出资几十万美元到100万美元不等。金砖国家新开发银行在获得金砖成员国支持的同时，其放贷规模在一定程度上仍受制于金砖国家各异的经济状况、政府财政空间大小、非纯商业性的联合融资方式、当地货币融资与放贷风险等因素，这些限制因素无疑都使金砖国家合作面临大的现实挑战。① 此外，来自巴西的金砖国家新开发银行副行长巴蒂斯塔（Paulo Nogueira Batista）带有释怀口吻、关于金砖国家新开发银行建设的谈话也侧面反映出相关国家对中国在金砖国家合作机制内实力独大的疑虑，这种疑虑在特定条件下极有可能成为制约金砖国家合作甚至外溢至中印双边层面的互动过程。巴蒂斯塔解释道：最初考虑将新开行的总部放在上海，"作为巴西人，坦率地说我当时有些犹豫。中国已经是金砖国家中最强的成员国，总部再放在上海，会不会完全淹没我们的声音？"不过，巴蒂斯塔认为，现在看来，中国并没有滥用其话语权。②

二是金砖国家间的这种经济发展和分布的非均衡性将长期存在，需要金砖国家进一步增信释疑，精心呵护。金砖成员在深化和扩大合作时需审慎对待和妥善处理可能因此而产生的分歧，避免因金砖国家内部发展阶段、发展水平、发展质量上的差异而制约合作机制的常态运行或运行成效，乃至产生负向外溢效应。从增长态势和影响力看，中国和印度

---

① 金砖国家新开发银行自2015年开业以来，本着项目贷款审慎推进原则展开，总体的放贷规模有限。放贷项目和数额有限的原因：一方面，在于新开行的成员国数量有限，且俄罗斯、巴西、南非三个资源型国家近年来经济状况欠佳，经济是低增长或负增长，财政状况较困难，不希望政府债务规模再往上走；另一方面，则在于其独立的融资路径。亚投行（AIIB）为打消相关方对可能挑战现有国际开发机构的疑虑，多数项目均为与现有的多边金融机构联合融资；而金砖国家新开发银行到目前为止放贷的项目都是独立融资，需倚赖自身能力完成项目放贷全过程。参见《金砖银行将获中国捐资400万美元，筹谋评级和扩容前路挑战仍多》，2017年9月2日，财新网，http://international.caixin.com/2017-09-02/101139736.html。

② 金砖国家新开发银行自2015年开业以来，本着项目贷款审慎推进原则展开，总体的放贷规模有限。放贷项目和数额有限的原因：一方面，在于新开行的成员国数量有限，且俄罗斯、巴西、南非三个资源型国家近年来经济状况欠佳，经济是低增长或负增长，财政状况较困难，不希望政府债务规模再往上走；另一方面，则在于其独立的融资路径。亚投行（AIIB）为打消相关方对可能挑战现有国际开发机构的疑虑，多数项目均为与现有的多边金融机构联合融资；而金砖国家新开发银行到目前为止放贷的项目都是独立融资，需倚赖自身能力完成项目放贷全过程。参见《金砖银行将获中国捐资400万美元，筹谋评级和扩容前路挑战仍多》，2017年9月2日，财新网，http://international.caixin.com/2017-09-02/101139736.html。

在深化和拓展金砖国家合作、完善金砖国家合作机制运行和提高效用方面扮演着特殊的角色。无论是从双边、地区还是全球层面看，中印都是长久战略合作伙伴，而非竞争对手。携手实现和平发展、合作发展、包容发展，让两国25亿人民过上更好的生活，为地区乃至世界增加和平与发展的力量，是我们最大共同利益所在。① 当然，影响力和责任担当相辅相成，中印两国自然也需要承担更大的国际责任。

三是中国和印度共同参与的金砖国家合作机制和上海合作组织功能上的重叠可能产生双重效应，即一方面可能是双向正强化，推进并强化金砖国家和上合组织框架内合作，进而外溢至中印双边层面，促进中印发展伙伴关系建设；另一方面，也可能是因功能性重叠而导致合作动力衰减，同样外溢至中印双边层面而制约更加紧密的发展合作伙伴关系构建的进程。

第三节 "东盟+"模式下区域全面经济伙伴关系协定（RCEP）

作为两个规模最大、增速最快的新兴经济体，中国和印度各自发展战略筹划实施及二者关系的变动不可避免地同亚洲区域合作进程交织在一起，这为两国在参与亚洲区域合作进程中构建更加紧密的发展伙伴关系提供了契机。

一 参与亚洲区域经济合作中构建中印发展伙伴关系的可行性

以东盟（ASEAN）居间、多样性和异质性明显的东亚合作是亚洲地区经济合作最具活力、最富成效的多边合作机制，中印两国都以同东盟建立自贸区或同相关国家发展合作伙伴关系参与了"ASEAN+"模式的亚洲区域合作进程，印度的"东向战略"与中国"21世纪海上丝绸之路"倡议在东亚、东南亚、南亚等地区交织重叠，这种地缘政治经济上的交织对中国和印度既是机遇也是挑战。地缘政治经济学视域下的国家利益得失计算为中印两国在参与东亚区域合作进程中重构各自的身份、

---

① 《习近平会见印度总理莫迪》，《光明日报》2014年7月16日。

促进更加紧密的发展伙伴关系建设提供了逻辑起点,"ASEAN +"机制则为此提供了实践平台。

当然,传统地缘竞争思维的惯性依然强劲,这恐怕是中国和印度进一步增进互信、改善双边关系面临最大的挑战。此外,中印两国发展战略、产业结构、自然禀赋等方面差异引致的国家利益差异和关注也是现实的抑制因素。印度决定暂时退出区域全面经济伙伴关系协定(RCEP)谈判、不签署 2020 年年底完成的 RCEP 即是这方面的例证。[①] 尽管如此,以"ASEAN +"方式推进的 RCEP 贸易自由化和便利化制度安排依然是中印两国可资利用、促成更加紧密的发展伙伴关系建设的多边对话合作平台。

从理论合理性层面来看,其可行性源于:第一,区域贸易安排存在贸易转移和创造带来的双重收益并可降低交易成本,中印两国落实各自"一带一路"倡议和"东向战略"都离不开亚洲地区最具活力和规模的 RCEP。第二,如上所述,区域全面经济伙伴关系协定(RCEP)的核心东盟 2010 年已分别同中国和印度建成了自贸区协定,这为 RCEP 多边区域贸易安排和中印在该多边机制下发展合作奠定了基础。第三,除印度外,RCEP 其他 15 国于 2020 年 11 月 15 日达成了协定,截至 2021 年 11 月,RCEP 已经具备生效的基本条件[②]。尽管印度 2019 年年底退出了 RCEP 谈判进程,决定暂不签署协议,但也的确没有其他更好的选择,参与是大势所趋,只是一个时间问题。第四,"ASEAN +"模式凸显东盟的

---

① 区域全面经济伙伴关系协定(Regional Comprehensive Economic Partnership, RCEP)是由东盟 2011 年第 19 届东盟峰会发起并邀请中国、日本、韩国、印度、澳大利亚和新西兰 6 国参加,旨在通过削减关税及非关税壁垒,建立 16 国统一市场的自由贸易安排,实现以东盟为主导的区域经济一体化。2012 年 8 月"东盟 +6"经济部长会议原则上同意组建 RCEP,2013 年 5 月启动"区域全面经济伙伴关系协定"谈判进程。RCEP 一旦达成,不仅成员国的人口将达到 34 亿人,GDP 累计也将会达到 49.5 万亿美元,约占全球 39%,成为世界最大的自贸区。2017 年以来,RCEP 谈判进程全面"提速",2019 年 11 月第三次区域全面经济伙伴关系协定谈判国领导人曼谷会议基本结束 RCEP 谈判,实质性地完成所有市场准入谈判。同时,除印度外的 15 个成员国启动了法律文本审核程序。除印度外的 15 个 RCEP 成员国于 2020 年 11 月 15 日达成协议,并约定在达到基本条件后自 2022 年 1 月 1 日开始生效。

② 根据协议规定,RCEP 在至少 6 个东盟成员国和至少 3 个非东盟成员国批准后方可在批准国之间相互生效。目前,东盟的新加坡、文莱、老挝、柬埔寨、越南、泰国和非东盟的中国、日本、澳大利亚、新西兰已批准,RCEP 达到了 2022 年 1 月 1 日生效的最低门槛。

主导角色，东盟居间可舒缓两国的疑虑，RCEP能为陷入长期停滞的中印双边自贸安排谈判提供新契机。

二 中印参与"ASEAN+"模式亚洲区域合作的进程

鉴于东盟在亚洲最具活力的东亚合作进程中的核心地位和主导作用，中印两国各自同东盟伙伴关系的演变很大程度上反映出各自参与亚洲区域合作体系、体系与成员互动的历程。从成员—体系向度来看，作为亚洲区域一体化进程主要参与方，一方面中国和印度都认同"ASEAN+"合作模式；另一方面，中印两国参与的过程也是被亚洲区域一体化体系接纳和认同的过程，即东盟主导的东亚区域体系对冷战后中国和印度积极参与行为的认同。

1. 印度"东向战略"与东盟伙伴关系的演进

就印度对东盟及东盟主导的东亚区域体系的认知和政策而论，东盟成立之初，冷战和印苏关系使印度对此反应冷淡。20世纪七八十年代印度与东盟在地区安全（柬埔寨、阿富汗等）问题上立场对立，关系敌对。为了应对冷战后的形势变化和实现"世界大国"的理想，印度着手调整与东盟的关系。1991年印度国大党拉奥政府明确提出了旨在改善与东盟关系的"东向战略"，1992年和1995年印度先后成为东盟的部门对话伙伴和全面对话伙伴国；1995年印度成为东盟地区论坛成员；2003年11月印度继中国之后签署了《东南亚友好合作条约》，同东盟签订了《反恐合作宣言》《全面经济合作框架协议》以及《建立印度—东盟自由贸易区框架协议》；2004年印度与东盟签订《和平、进步与共同繁荣伙伴关系协定》，开始了印度与东盟合作的新历程，也标志着长达13年的印度"东向战略"（具体表现为"东向政策"，Looking East policy）取得了重大阶段性成果；2014年第12次印度—东盟峰会期间，印度将其"东向政策"（Looking East policy）升级为"东向行动政策"（Acting East policy）。在地缘空间上看，落实"东向战略"的相关政策演变为"东向行动政策"已经超越了东南亚地区的范畴，延展至东亚和东北亚更加广阔的西太平洋地区。其政策诉求依然聚焦于经贸投资领域，不同在于"东向行动政策"的地缘区域较之于此前的政策以吸引东盟国家投资和拓展东南亚市场为主要目标，进一步延展到东亚地区，但又不限于经贸投资领域，无疑也包含着对东亚政治介入和安全平衡的考量。

印度学界和战略分析圈把印度"东向战略"的实施大致分为三个阶段①，即20世纪90年代初至21世纪初的第一阶段，印度主要加强与东盟国家的贸易、投资关系，同时逐渐提高对自身对东盟国家和地区合作模式的认同。该阶段是双方相互学习了解和接受的过程，在"古杰拉尔主义"的推动下，印度对参与亚洲地区合作促进自身战略目标达成的认同提高了。"就在我们近邻，东南亚国家在发展地区合作方面取得了出色的成就，东盟在该地区合作进程中发挥了关键的作用……我担任总理期间，印度在构筑本地区成员之间更加紧密经济合作关系方面取得了明显进展。"② 第二阶段在地缘空间上依然以东盟为核心，但是已经扩大到澳大利亚和东亚，其关注领域从以经济问题为主，转为经济和安全兼顾。印度总理瓦杰帕伊在《今日印度》年度论坛开幕式上的讲话颇能反映印度政府的观点："印度国际合作的网络也为印度的增长和发展提供了新的机遇……在亚洲，地区合作已经改变了印度国际参与的架构。印度—东盟关系正在得到加强，并走向成熟。"③ 经济领域的重点是推进印度与东盟的自由贸易区建设和经济联系的制度化安排，安全领域的重点则是共同努力保护海上航线安全和协调反恐等。随着双方互动合作的深化，印度在东盟地区的形象、地位得到显著的改善。第三阶段始于印度莫迪政府在2014年第12次印度—东盟峰会上正式宣示的"东向行动"政策，展现出印度更加自信和进取的外交政策特性，一方面更加积极地参与东盟主导的、地缘空间拓展到东亚、内涵包括地区安全和互联联通在内的亚洲区域一体化建设，另一方面东南亚/中国南海依然处于印度"东向战

---

① 张建岗：《印度与东盟关系：来自印度学界的视角》，《东南亚研究》2019年第1期。

② 这是时任印度总理古杰拉尔在孟印巴工商高峰会议（1998年1月15日）上强调南亚地区合作意义时关于东盟的看法。2004年1月印度在伊斯兰堡举行的南盟第12届首脑会议上率先提议建立南亚自贸区的框架协议，得到与会国普遍认同并签署南亚区域合作的重要文献。See Inder Kumar Gujral, Continuity and Change: India's Foreign Policy, Delhi: Macmillan Ltd., 2003, pp. 183 – 187。

③ A. B. 瓦杰帕伊2004年3月12日在《今日印度》2004年度论坛开幕式上的讲话——《外来印度——建设一个印度世纪》，参见吴永年、赵干城等《21世纪印度外交新论》，上海译文出版社2004年版，第315页。

略"的核心位置。①

印度为落实"东向战略"同东盟签订的一系列政治、经贸、安全协定以及加入以东盟为核心的条约或组织，证明了印度对以"ASEAN +"方式推进亚洲区域合作和已具雏形的相关规范的认同。如 2002 年印度与东盟开始"10 + 1"对话进程，意味着业已启动的东亚共同体建设进程或者说演进中的东亚区域体系对印度参与的接纳认可；2005 年 12 月召开的"10 + 6"东亚峰会则具有里程碑意义，标志着演进中的东亚区域体系和印度之间双向认同的第一阶段基本完成。2010 年 1 月印度—东盟自由贸易区（IAFTA）如期实施，标志着印度与东盟关系进入更加实质性的合作阶段，也是印度"东向政策"重要的阶段性成果。印度的贸易政策在过去 10 多年里已发生显著的地区主义转向，形成多个自贸区（FTAs）叠加的外贸格局。譬如，印度分别同马来西亚和新加坡签署双边自贸协定，同时又都是印度—东盟全面经济合作框架（ASEAN CECA）的成员。② 尽管基于自身不成熟的产业状况、居高不下的绝对贫困人口、规模大而分散的小农户或无地劳工、处于成长中的偏狭的服务业、脆弱的卫生教育行业等诸多因素，印度在参与"ASEAN +"模式的区域一体化进程中总是小心谨慎，避免自贸区建设对本土产品、知识产权和诸如投资、政府采购等新兴领域造成冲击。印度的这种审慎措施正面临 RCEP 模式的冲击，印度最终决定退出 RCEP 谈判和不签署协定正是源于此。③

2. 中国支持并积极推进"东盟 +"模式的亚洲区域合作进程

中国既是亚洲区域合作进程的积极推动者，又是"东盟 +"方式的坚强支持者。正如中国商务部副部长兼国际贸易谈判副代表王受文就 RCEP 谈判及前景谈话时所言："在 RCEP 谈判中，中国一直支持东盟的中心地位。中国也在继续支持东盟发挥中心地位作用，推动做好年内文

---

① Rory Medcalf, "In Defence of the Indo-Pacific: Australia's New Strategic Map", *Australian Journal of International Affairs*, Vol. 68, No. 4 (June 2014), p. 2.

② V. K. Saraswat, Prachi Priya and Aniruddha Ghosh, "A Note on Free Trade Agreements and their Cost" (FTA – NITI – FINAL. pdf), https://niti.gov.in/writereaddata/files/document_publication/FTA – NITI – FINAL. pdf.

③ Ranja Sengupta, "A Trade Pact That Could Hit India Hard", *The Hindu BusinessLine* (January 12, 2018), https://www.thehindubusinessline.com/opinion/a-trade-pact-that-could-hit-india-hard/article9714546.ece.

本审核和协定签署工作，争取在年内（2020 年）领导人再次会晤时能够签署 RCEP 协定。"① 由于历史、领土纠纷、意识形态差异、传统思维等因素，中国与东盟国家关系的发展并不顺利。20 世纪 90 年代，中国进一步调整了对东南亚的政策，把加强区域合作、增强互信作为改善同周边国家关系的重要手段，支持东盟在亚洲区域合作中发挥核心作用。1997 年亚洲金融危机期间，中国坚定而负责地奉行人民币汇率不贬值政策，在缓解危机对东南亚国家冲击方面发挥了积极作用。2003 年温家宝在东盟商业与投资峰会上发表题为《中国的发展与亚洲的振兴》的演讲，提出了"睦邻、富邻、安邻"的政策主张。在具体行动上，1994 年中国积极支持东盟发起的东盟地区论坛并随后（1996 年）正式加入该论坛；1994 年中国与东盟建立了"经贸委员会"，2003 年启动的"中国—东盟自由贸易区"谈判在该框架内进行并于 2010 年建成双边自贸区；亚洲金融危机后，中国积极参与"ASEAN + 3"合作框架，并积极推进东盟 10 国 + 中日韩自贸区建设；在地区安全上，2002 年 11 月中国与东盟签署了具有自我约束性质的政治文件《南海各方行为宣言》，同时签订《全面经济合作框架协议》和《非传统安全领域合作联合宣言》等；2003 年 10 月中国成为第一个加入《东南亚友好合作条约》的区域外国家，以实际行动向东盟和世界郑重承诺，中国作为崛起中的大国现在和将来都是东盟和其他邻国值得信任的合作伙伴；2004 年中国支持以东盟为核心建立东亚自由贸易区和东亚共同体的提议，并于 2010 年同东盟 10 国建成自贸区；2014 年以来，东盟更是成为中国倡议并实施 21 世纪海上丝绸之路建设的重点，东盟 10 国成为中国的第三大贸易伙伴。正如有研究者所言，中国外交"最显著的变化之一就是中国对邻国采取的积极接触行动。所有经济、文化、外交政策和战略筹划都能反映出中国在（东亚）地区事务上的积极姿态"，中国也因此在双边和多边层面上赢得了东亚地区成员的普遍赞誉，被绝大多数成员"视为一位好邻居、一个建设性的伙伴、一位细心的听众、一个没有威胁的地区大国"。②

---

① 《RCEP 文本法律审核完成近八成，已向印度发出重返谈判的邀请》，《21 世纪经济报道》2020 年 5 月 18 日，http://finance.eastmoney.com/a/202005181488792249.html。
② 沈大伟：《演进中的亚洲地区体系》，《外交评论》2005 年第 6 期。

三 区域全面经济伙伴关系协定（RCEP）进程与中印政策取向

区域全面经济伙伴关系协定（Regional Comprehensive Economic Partnership，RCEP）是以"东盟＋"（ASEAN＋）方式整合亚洲区域一体化进程、对贸易投资自由化和经济技术合作作出制度性安排以提升亚洲区域一体化水平的多边对话合作尝试。RCEP 是由 2011 年第 19 届东盟峰会发起并邀请中国、日本、韩国、印度、澳大利亚和新西兰 6 国参加，旨在通过削减关税及非关税壁垒，建立 16 国统一市场的自由贸易安排，实现以东盟为主导的区域经济一体化。2012 年 8 月"东盟＋6"经济部长会议原则上同意组建 RCEP，2013 年 5 月启动"区域全面经济伙伴关系协定"谈判进程。RCEP 一旦达成，不仅成员国的人口将达到 34 亿人，GDP 累计也将会达到 49.5 万亿美元，约占全球的 39%，成为世界最大的自贸区。2017 年 11 月区域全面经济伙伴关系协定谈判国领导人首次会议通过的联合声明强调 RCEP 对于亚洲区域经济一体化和包容性增长的作用，敦促各国代表加紧磋商并尽早达成协议。领导人会议既为攻坚阶段的磋商谈判指明方向又加注动力，同时向外界传递出强烈信号——亚洲区域国家将进一步加强合作，逆全球化难阻东亚区域一体化进程。2019 年 11 月第三次区域全面经济伙伴关系协定谈判国领导人曼谷会议基本结束 RCEP 谈判，实质性地完成所有市场准入谈判。除印度外的其他 15 个成员国启动了法律文本审核程序，2020 年 11 月签署了《区域全面经济伙伴关系协议》。尽管印度出于国内落后产业和市场保护考虑退出了谈判，也不准备签署 RCEP，但 RCEP 的大门对印度始终是敞开的，RCEP 其他成员也重视印度关切的问题，一直在探索推动以彼此满意的方式来处理这些问题。

从可操作性来看，东盟主导 RCEP 进程，旨在整合优化既有的以东盟为核心的 5 个双边自贸协定，改变现有规则过多、操作易乱的状况，以建成更高水平的区域自贸区。东盟主导、渐进性的 RCEP 即使形式灵活、标准宽泛，也能为中印经贸合作创造更多的机会和收益。所以，RCEP 路径具有很强的可操作性。印度虽然暂不签署 RCEP，但最终参与并融入其中乃大势所趋。再者，印方除了 RCEP 外也没有更好的选择。

中印两国在各自发展同东盟伙伴关系的实践中接受"东盟＋"方式。

以"东盟方式"(即"东盟+"或"ASEAN+",下同)推进亚洲区域一体化建设的原则已被包括中印两国在内的所有成员接受①,亚洲区域合作中的协商一致、关注各方舒适度和密切各方关系的东亚特性也因而日渐显现,在开放、多元、包容性合作进程中东亚国家间彼此的正向认同程度也有不同程度的强化。中印两国参与在亚洲尤其是东亚一体化建设中的行为规范具有"外溢"或发散功能,能够延伸到东亚区域合作以外的多边和双边关系领域。

东亚特性和东盟方式是东亚共同体建设进程中两个层面互动的结果,即东亚地区体系内成员之间的互动和成员与地区体系的互动,这两个层面也是东亚合作进程中两个相互关联的向度。前者是一种单元层次的互动,互动本身是体系成员相互建构身份的过程。后者是单位与区域体系的互动,互动建构双向认同:一方面是成员对体系进程正在孕育的规则和规范以及集体身份的认同,另一方面是区域体系对成员身份的认同。

东亚特性外显为演进中的地区体系属性,其功能则是规范亚洲区域一体化进程参与者的行为,进而调整成员国之间关系,这也是两个向度间内在逻辑统一的体现。东亚合作所建构的区域体系结构既是物质的,也是社会文化意义的。"因为行为体的行为以对方表达的意义为基础,而表达出来的意义又是在社会互动中建构起来的。朋友手中的枪和敌人手中的枪并不是同样的物,而敌意恰恰是一种社会关系,不是物质。"②

以"东盟+"方式推进的亚洲区域一体化是全球最为复杂的合作进程,表现为本地区双边自由贸易区数量最多但缺乏区域统一的自由贸易

---

① 东盟方式在建立信任、避免军事冲突、培育合作性外交、促进经济相互依存、鼓励社会和人员交流等方面发挥着积极作用。"东盟+"(ASEAN+)方式不仅可以消除中小国家对东亚地区一体化或区域大国的忧虑,保持合作进程的稳步推进,而且可以避免东亚合作陷入传统的大国角力的困境。从社会化进程角度来看,以东盟为核心、以合作进程的延续为特征的东亚地区主义起到了保持地区稳定、促进经济合作的作用。

② [美]亚历山大·温特:《国际政治中的认同与结构变化》,载 [美]约瑟夫·拉彼德、弗里德里希·克拉托赫维尔主编:《文化与认同:国际关系回归理论》,浙江人民出版社2003年版,第73页。

安排①；相关各方虽都认同亚洲区域一体化给各方带来最大收益，但因各国在政治、经济、外交、文化、历史认知上的异质性而难以变成现实利益。

四　在参与亚洲区域合作中建构更加紧密发展伙伴关系

从地缘政治和现实主义思维范式考量，印度的"东向战略"和中国的周边外交布局——"睦邻外交"、"21世纪海上丝绸之路"倡议必然在东南亚地区产生重叠，中印两国之间的竞争和制衡似乎是不可避免的，东盟或者是其他东亚合作进程的参与者都可能成为中印两国用来牵制对方的力量，从而形成传统的以权力争夺为特征的多重三方关系网。然而，东亚区域一体化进程正在孕育的区域文化和规范、中印两国发展战略的客观要求、中国和印度相互认知的调整和双边关系发展势头等正在改变着历史逻辑，催生出新的国际关系演变逻辑——综合安全与合作安全、共同可持续发展。中印两国参与亚洲区域合作进程既建构各自相对于区域体系的成员身份，又建构双边关系。从亚洲区域合作体系成员国间的互动向度看，中印无疑都有自己参与东亚区域合作和共同体建设的目标诉求，但两国各自的行为模式和双边互动均受东亚特性内涵的"磋商对话""协商一致""互利合作""开放包容"等非强制规范的约束。此外，合作进程孕育的规范不仅约束中印在东亚区域内的合作行为，还会产生外溢效应。这样，双边互动和多边框架内的合作就成了推动中印关系良性发展的两个轮子。从多边层面看，东亚区域合作进程为建构新型中印关系提供了一个多边平台。

目前，国际体系依然以主权国家为主要行为体，中印在参与东亚共同体建设进程中的确存在着竞争成分和多重三角关系网，但全球化下的竞争又不同于以往，绝大多数是良性多赢的。正如印度学者所言："尽管

---

① 目前，"东盟+"模式的双边自贸区就有5个，即东盟10国分别同中国、日本、韩国、印度、澳大利亚和新西兰6国签署了5份自由贸易区协定，其中澳大利亚和新西兰共享与东盟签署的协定。这也是组建区域全面经济伙伴关系协定（RCEP）的基础，东亚峰会（ASEAN+8）其他两个成员美国和俄罗斯因未同东盟建立自由贸易关系，所以暂时没有被纳入RCEP计划。正在谈判中的中日韩自贸区预计开放程度和水平会更高，中印自贸区谈判因印方担心开放市场后中国商品涌入伤害其相关产业而无任何实质进展，在RCEP谈判启动后更是处于休眠状态。

中国很成功地强化了与韩国、日本的经济联系，并以此来稳定政治—战略平衡，但东南亚地区已经成为中印两国开展积极合作的场所。中国同在其他亚洲地区一样，正在努力构建以中印信任措施为起点的软安全框架，进而促进两国之间根深蒂固、长期未决的纠纷。"① 印度政治家也希望在东南亚地区框架内解决与中国的发展合作问题，前总理瓦杰帕伊认为："在东南亚，印度与中国之间将是一种健康的竞争关系。"② 中国—印度—东盟等行为体之间互动的直接后果是东亚地区主义的加速发展和参与者观念的变化。中印双方接受"东盟+"合作模式本质上是对东盟核心亚洲区域一体化体系进程及其规则规范的认同，中国—东盟和印度—东盟两个自由贸易区同时建成绝非偶然。事实也证明，包括中国—东盟和印度—东盟两个自贸区在内的"东盟+"自贸区是全球增长最快的地区。

从双边层面来看，中印关系的改善过程同两国融入东盟主导的东亚区域合作进程在实践上大体吻合。这并非完全偶然性的巧合，而是有内在必然性。中印之间的互动是在一个国际"社会场"中进行的，"场"自身的属性和"场"内的交换规则对中印两国的行为即使没有强制性约束力，也会产生明示或诱导作用。对中印双方而言，东亚地区合作进程就是最具辐射力的"场"。在边界问题上，中越边界问题的妥善解决和双边关系的改善给中印关系很大的启示。继 2003 年 6 月瓦杰帕伊访华时两国在边界问题上取得某些进展后，同年 10 月中印在"边界问题联合工作组"的基础上启动了"边界问题特别代表"会谈机制，2005 年 4 月温家宝访印时，两国确立了解决边界问题的政治指导原则，确定解决中印边界问题"三步走"的路线图。第一阶段是制定指导边界问题解决的原则，第二阶段是中印边界谈判特别代表首先制定双方共同认可的解决边界问题的框架协议，第三阶段则是据此完成划勘界工作。在增强互信方面，20 世纪 90 年代以来中印关系发展势头良好，高层互访和双边协定增强了

---

① Swaran Singh, *Chian-India Economic Engagement: Building Mutual Confidence*, Okhla: Raman Naahar-Rajdhani Art Press, 2005, p. 159.

② NaeshKumar: "Asian Economic Community: Towards Pan-Asian Economic Integration", in Asian Development Bank, ed., *Asian Economic Cooperation and Integration*, 2005, p. 67.

中印两国间的互信度。中印签订的协定与对话机制有：1993 年签订《关于在中印边境实际控制线地区保持和平与安宁的协定》，这实际上启动了两国间的非正式安全对话进程，"边界问题联合工作组"兼有非正式安全对话磋商职能（1998 年 5 月印度核试验后一度中断）；1996 年签订《关于在中印边境实际控制线地区军事领域建立信任措施的协定》，把中印关系定位成"面向 21 世纪的建设性合作伙伴关系"；2005 年年初中印两国正式启动每年一度战略对话机制并签订《解决中印边界问题政治指导原则的协定》，中印关系进一步确定为"建设面向和平与繁荣的战略合作伙伴关系"；中印之间各种各类双边和多边对话磋商机制日趋成熟，尤其是 2018 年 4 月启动的中印领导人非正式会晤机制更具代表性，标志着中印构建紧密发展伙伴关系的动力更加强劲系统、渠道更加多元化。此外，2017 年 6 月上海合作组织（SCO）成员国元首理事会第 17 次会议签署《关于完成接受印度共和国加入上海合作组织程序并给予其上海合作组织成员国地位的决议》，印度在法律意义上正式成为上合组织成员①，标志着中印两国就印度在地区安全稳定和可持续发展合作方面发挥更大作用达成的默契和共识。

东亚合作进程既是培育新观念的场所，又是转变观念和信仰为行动的舞台。中印双边关系在参与东亚合作进程中不断加强，同时合作进程孕育的、超越传统思维定式和利益计算逻辑的新观念，也必然影响到两国在双边和多边领域的相互行为。因为观念和信仰"就像棱镜或者过滤器一样，不仅影响行为者的知觉和对政治形势的判断，而且为具体环境中的行为选择提供规范和标准"。② 这种共享观念或知识共识是中印两国

---

① 基于《上海合作组织宪章》（2002）、《上海合作组织观察员条例》（2004）、《上海合作组织对话伙伴条例》（2008）等法律文献，上合组织（SCO）的组织架构是成员国、观察员国、对话伙伴国三阶合作模式。2005 年印度取得上合组织（SCO）观察员国地位，又基于 2011 年批准并通过的《上海合作组织接收新成员条例》（2010）和《关于申请国加入上海合作组织义务的备忘录范本》（2011）组织扩员的标准与程序，2014 年 9 月印度正式提交加入上合组织申请，2015 年 7 月上合组织乌法峰会正式启动印巴申请的相关程序，2016 年于塔什干召开的成员国元首理事会第 16 次会议签署《关于印度和巴基斯坦加入上合组织义务的备忘录》，2017 年 6 月上合组织完成印巴加入组织的法律程序，印度和巴基斯坦一起成为 SCO 正式成员国。

② Alexander L. George, *Presidential Decision-making in Foreign Policy: The Effective Use of Information and Advice*, Boulder, Colo.: Westview, 1980, p. 45.

构筑新型大国关系和更加紧密的发展伙伴关系的观念基础。

五 RCEP 框架内推进中印发展伙伴关系的风险或不确定性

以"东盟+"方式演进的区域全面经济伙伴关系协定（RCEP）框架下推进中印发展伙伴关系建设也可能遭遇如下风险或不确定性。

第一，RCEP 参与成员的多样性、运行机制的灵活性既是优势，也是亚洲区域一体化水平和强制约束力的限制，要取得突破性进展和更高层次的区域一体化，绕不过参与成员间的双边合作。体系成员相互间的紧密互信关系同体系进化及凝聚力互为条件，正负向外溢都是双向的。因印方保护性政策措施而无法取得实质性进展的中印双边自贸区安排也很难直接通过参与东盟主导的 RCEP 谈判和签署相关协定达到目的，印度对向中国开放市场保持高度的警觉，并在 RCEP 谈判中有针对性地提出分级开放和特别保护条款。当印度非公平开放要求遭到其他各方拒绝时，印度就退出 RCEP 相关谈判进程。其实，印度最大担心是在签署协议并正式启动 RCEP 后，国内市场承受的冲击和压力，尤其是中国商品的大量涌入抢占印度本国商品的市场份额。这既是以"ASEAN+"方式推进和以 RCEP 为载体的亚洲区域一体化进程面临的不确定性，也是中印建构更加紧密的发展伙伴关系的限制因素。考虑到印方的顾虑，RCEP 其他 15 个成员国在密集协商的基础上于 2020 年 5 月初通过 RCEP 贸易谈判委员会主席向印度提出一揽子计划，希望以此鼓励印度回归 RCEP 进程。①

第二，相对于中方的比较劣势服务业，印度制造业的劣势更明显，且无望短期内赶超，出于战略需要和对民族工业的保护，印度势必谨慎行事并依对中国的评估而做出政策选择。这是中印经由东盟主导的区域全面经济伙伴关系协定（RCEP）建设实现两国更加紧密发展伙伴关系遭遇的现实挑战，同在双边层面的困顿没有本质差别。中国因素始终是印度评估参与区域全面经济伙伴关系建设损益和是否签署 RCEP 核心参考点，印度在 RCEP 谈判中要求包括将关税削减基准年从 2014 年修改为 2019 年、制定更加严格的原产地规则，以阻止来自中国的商品倾销等；

---

① 《完成近 80%，15 国将在年内签署 RCEP》，2020 年 5 月 20 日，中油网，http://news.10jqka.com.cn/20200520/c620300120.shtml。

同时，印度又倡导制定更好的服务协议。① 近年来，中印双边贸易增长迅速（见表6-1），但印方贸易逆差总体上也呈现出迅速扩大之势，2017—2019年连续3年印度对华贸易逆差超过500亿美元。印度一直担心签署RCEP就意味着通过第三国向来自中国的更多商品开放大门，中国对于印方的关切也给予理解并共同努力探寻解决途径，即印度关注的原产地规则。中印领导人第2次非正式会晤（钦奈）期间，双方同意成立一个部长级小组，由印度财政部部长尼尔玛拉·希塔拉曼和中国副总理胡春华共同主持，就贸易投资和服务问题进行磋商。据印方人士透露，双方在探讨一种机制，即如果印度从中国进口额激增至一定数值，两国会考虑自动启动某种调控机制，也为印度回归RCEP进程创造条件。②

印度总理莫迪在2019年11月召开的RCEP曼谷峰会上的讲话也印证了印度对中国因素的担忧：尽管"印度自始至终都主动、积极和建设性地参与到《区域全面经济伙伴关系协定》的谈判过程中"，但RCEP草案"没有完全体现其基础共识和指导性原则"，甚至是"不能满意地解决印度提出的问题和关切"。③

在印度刚刚宣布退出RCEP谈判和不签署RCEP后不久召开的金砖国家领导人第11次会晤（见表6-5）期间，习近平主席和印度总理莫迪会晤（2019年11月13日）并达成共识，认为双方就贸易和投资问题保持密切对话磋商十分重要，新双边高级别经贸对话机制应尽早启动，还围绕WTO、金砖国家合作机制、《区域全面经济伙伴关系协定》（RCEP）等多边领域问题充分交换了看法。④ 尽管有上述尝试努力，目前印度糟糕的经济状况和高失业率，加之原有的种种顾虑，多重因素叠加使得印度

---

① Harsh V. Pant, "The China Factor in India's RCEP Move", https：//www.orfonline.org/research/the-china-factor-in-indias-rcep-move-57445/.

② "A Week after India Pulls out of RCEP Modi to meet Xi in Brasilia", https：//www.livemint.com/news/world/a-week-after-india-pulls-out-of-rcep-modi-to-meet-xi-in-brasilia.115.

③ Harsh V. Pant, "The China Factor in India's RCEP Move", https：//www.orfonline.org/research/the-china-factor-in-indias-rcep-move-57445/.

④ Meeting of Prime Minister With Xi Jinping, President of the People's Republic of China on the margins of the 11th BRICS Summit, https：//www.mea.gov.in/press-releases.htm?dtl/32035/Meeting + of + Prime + Minister + with + Xi + Jinping + President + of + the + Peoples + Republic + of + China + on + the + margins + of + the + 11th + BRICS + Summit.

近期重返 RCEP 进程的可能性更加渺茫。①

关于印度退出区域全面经济伙伴关系协定谈判和不签署 RCEP，印度战略分析家哈希·潘特（Harsh V. Pant）等人的观点颇具代表性。潘特等撰文指出，印度没有加入区域全面经济伙伴关系协定（RCEP），这使得印度在经济极度放缓和高失业率情况下再次成为国际社会的焦点。许多人批评莫迪缺乏勇气，让印度活在龟壳里进行"自我保护"，不敢放开市场与亚洲各国竞争。然而，也有人表达了不同的观点，即在印度这个国家能够解决自身的经济问题之前，加入 RCEP 协议弊大于利。② 原因在于：一是印度与其他 15 个 RCEP 成员国中的 11 个都有贸易逆差，有些差额还很相当大。鉴于此，印度在 RCEP 谈判之初曾要求建立一个三层结构，逐步降低或取消对不同国家集团的关税。譬如，印度将对来自东盟成员国的 65% 的商品给予初步的关税减免，并在 10 年内分阶段再削减 15%；对于已经同印度签署了自贸协定的日本和韩国等国家，印度的削减项目将占 62.5%；对于包括中国在内的、尚未同印度签署自由贸易协定的 RCEP 的其他成员国，印度仅给予 42.5% 的贸易项目减免关税。印度试图用传统的关税措施进行单方面自我保护的要求遭到 RCEP 各方的强烈反对，基于此，2017 年印度对来自中国、澳大利亚和新西兰 74% 的商品和其他 RCEP 成员国高达 86% 的商品的实行关税自由化。但是，东盟

---

① 据印度经济监测中心（CMIE）2020 年 5 月发布的报告，受新冠疫情的影响，印度自 2020 年 3 月 24 日起实施全面封锁，这期间所有航空、铁路、客运等交通工具全部停运，GDP 比重较高的印度服务行业大受打击，失业人口大幅增加。印度 2020 年 3—4 月失业人数约为 1.14 亿人，失业率分别为 8.74% 和 23.52%。截至 5 月 3 日，印度的失业率已经上升到了 27.11%，失业率上升对印度经济冲击最大，2019 年印度 GDP 增速从 2018 年的 7% 跌至 5%，截至 2019/2020 财年三季度，印度的 GDP 已下降 4.7%。从目前情况来看，预计 2020 财年印度的 GDP 增速将为负值。为刺激经济、减少损失，印度在 2020 年 3 月底推出了 1.7 万亿卢比的社会救助计划，包括向数百万农民和城市贫困居民提供免费粮食供应和现金资助等措施，然而，国际机构对印度经济的预期并不乐观。美国信贷评级机构穆迪公司表示，突发状况将加剧印度经济增长的实质性放缓，预计印度本财年的 GDP 增速将为 0%。穆迪还预计，印度 2021 财年 GDP 也将呈现为零增长，至 2022 财年才会反弹升至 6.6%；预计印度财政赤字在 2021 财年将增至 GDP 的 5.5%。穆迪预测，如果印度的名义 GDP 没有恢复到此前的高增长，印度政府缩小预算赤字和阻止债务上升的难度将会大幅提升。参见 http://news.10jqka.com.cn/20200520/c620300120.shtml；https://www.yunken.com/? p=105618。

② "RCEP a trade pact that could hit India hard"，*The Hindu BusinessLine*，https://www.thehindubusinessline.com/opinion/a-trade-pact-that-could-hit-india-hard/article9714546.ece。

国家和其他 RCEP 成员国仍期望印方做出更大让步，承诺未来削减所有国家 92% 贸易项目的关税。若承诺削减 92% 进口商品的关税，印度将受到来自东盟和中国的双重竞争。① 此外，RCEP 成员国在 2019 年也表示，一旦 RCEP 生效，印度也将不得不接受立即取消超过 1/4 贸易项目的进口关税，② 而印度尚不确定 RCEP 引致的收益能否弥补减免关税的成本。作为 RCEP 成员国中对所有进口商品平均关税最高的国家之一，印度也必然是削减关税幅度最大的国家之一。印度政府的智囊团 NITI-Aayog 一份报告称，RCEP 成员国之间的关税削减措施并不必然导致该地区印度商品进口的显著增加。二是印度始终关切的问题是，在 RCEP 框架内向中国开放市场可能会导致大量中国商品涌入，进一步挤占印度本土产品。印度担心无法与中国竞争，印度对华贸易逆差占印度贸易逆差总额约 1/2。自 2001 年中国加入世界贸易组织以来，这一差距在持续扩大。③ 印度担心第二波开放会进一步拉大既有的贸易逆差。印方的担心固然有其合理性，然而印度也必须反思这样的事实——即使没有与中国签订自由贸易协定，印度对华贸易照样出现了巨额赤字。进而推知，自贸协定并非导致印度对外贸易逆差的根本原因。

关于印度对外贸易巨额逆差的原因，《外交政策》（2020 年 5 月）评论指出：为了保护本国产业不受进口商品（尤其是来自中国的商品）激增的影响，印度一直在与 RCEP 成员国商讨，以求建立一种机制——在成员国共同决定的某个阈值被越过时，自动恢复对进口商品征收的保护性关税。印度原本想要一个能够自动启动的系统，以便能够及时避开对其经济的任何损害，然而 RCEP 各国均未就此同印度达成一致。此外，文章还特别强调印度遭遇的另一个难题：即使有针对中国商品飙升的直接进口关税的保护措施，如果 RCEP 的原产地规则没有按照印度的要求收紧，

---

① "RCEP a trade pact that could hit India hard", *The Hindu BusinessLine*, https://www.thehindubusinessline.com/opinion/a-trade-pact-that-could-hit-india-hard/article9714546.ece.

② Harsh V. Pant and Nandini Sarma, "Modi was right. India isn't ready for free trade", this commentary originally appeared in *Foreign Policy*（Nov. 20, 2019）, https://www.orfonline.org/research/modi-was-right-india-isnt-ready-for-free-trade-57963/.

③ V. K. Saraswat, Prachi Priya and Aniruddha Ghosh, "A Note on Free Trade Agreements and Their Costs"（FTA – NITI – FINAL.pdf）, https://niti.gov.in/writereaddata/files/document_publication/FTA – NITI – FINAL.pdf.

中国商品仍可能通过第三国进入印度市场。所以，印度倾向于要求出口商的附加值必须大于25%，才能算作某种产品的原产国。但是，RCEP的规则是允许在任何成员国进行增值。

根据印度政府智库NITI Aayog的一份报告，加入RCEP固然促进了多边贸易，但印度进口的增长远远超过出口，这导致印度未能从过去的协议中获得任何净收益。可以肯定的是，部分原因是印度自身的反向关税结构（即以低于原材料的税率对进口制成品征税）使得印度制造的商品缺乏竞争力。若不大幅修改其自身的税法，RCEP新协议较之于以往的多边贸易协定影响会有过之而无不及。这就是为什么许多印度商人和农业利益集团一直对印度加入RCEP持谨慎态度，并向新德里施加越来越大的压力，要求保护国内的制造业、农产品和奶制品行业。农业社区也呼吁政府禁止农业产品和奶制品进入RCEP。莫迪决定完全退出该协议也受到了印度钢铁、汽车、铜和铝行业的欢迎。[1] 事实上，印度制造业还没有准备好应对来自外部的竞争。这与未能在国内进行艰难的改革有关。印度的制造业产出几年来一直停滞在GDP的15%，尽管政府试图提高这一比例。印度制造商面临供应方面的制约，如缺乏适当的基础设施——道路状况不佳，能源短缺普遍存在，等等。根据印度的经济调查，该国的物流成本占GDP的13%—14%，而发达国家的这一比例约为8%。与此同时，缺乏弹性的劳动法阻碍了企业规模的增长，从而阻碍了企业在全球范围内的发展。[2]

然而，考虑到当前的经济状况——印度正经历着多年来最慢的增长，并且正遭受着需求不足，莫迪的决定作为保护国家免受更多外部冲击的短期方法是有意义的。然而，如果印度想要长期发展得更好，就应该抓住机会进行改革，精简现有的自由贸易协定，这样才能获得预期的回报，否则印度只能一辈子龟缩在自己的壳里面。

第三，区域一体化不能排除国家间的竞争，即中印在区域一体化进

---

[1] V. K. Saraswat, Prachi Priya and Aniruddha Ghosh, "A Note on Free Trade Agreements and Their Costs" (FTA – NITI – FINAL. pdf), https：//niti. gov. in/writereaddata/files/document_ publication/FTA – NITI – FINAL. pdf.

[2] https：//baijiahao. baidu. com/s？ id = 1666465639353243104&wfr = spider&for = pc.

程中竞争难以回避,但地缘政治经济学视域内的国家间竞争不再是均势思维支配下的零和博弈,而是互惠互利,合作共赢。这跟双边层面的中印互动和利益再塑在本质上是同质的,多边合作机制更便于舒缓中印两国之间既有或新生的疑惧,促成更高层次的战略互信。考虑到中国的体量和各参与方的舒适度(这也是东盟属性的体现),中国在 RCEP 谈判中一直坚持东盟发挥核心作用、支持东盟的中心地位。在全球疫情大流行的情况下,2020 年 11 月 15 日如期签署 RCEP,对于本地区相关各方应对疫情给贸易投资带来的负面影响意义重大;更重要的是,疫情过后,要实现地区经济的迅速和强有力的复苏,RCEP 的签署具有重要意义。对印度关切的问题,RCEP 其他成员国也在积极探索以彼此满意的方式来处理解决,并通过 RCEP 贸易谈判委员会主席向印度发出重返谈判的邀请。

第四,RCEP 域内外非经济因素的干扰。这些干扰因素主要包括:一是区外大国(核心是美国)的全球和地区战略考量对以"ASEAN +"模式推进的 RCEP 覆盖地理空间内政治经济社会互动关系的消极影响;二是东亚属性中的多样性、协商一致性、规则规范的非强制性既是"ASEAN +"模式聚合力的来源,也可能在特殊情况下成为区域贸易自由化和便利化的抑制因素,尤其是同外力协同共振最易产生这种效应;三是无论迅速崛起中的中国如何刻意保持低调,真诚地支持东盟在区域合作进程中的核心地位,亚洲区域一体化进程中的"中国因素",更确切地说是个别国家对成长中的中国的担忧始终挥之不去。对此,我们要有充分的思想准备。这也印证了亚洲区域合作的另一大特性,即多样多元叠加环境下的政治互信度偏低的现状;四是 RCEP 体系内成员国之间或通过第三方介质导致的非经济范畴的政治安全、领土纠纷、历史问题等可能产生的制约因素。鉴于本项目的研究议程和主题(侧重于以经贸合作为核心的发展问题),上述干扰因素在这里不做深入探讨分析。

第四节 次区域合作层面的孟中印缅经济走廊(BCIM)路径

在次区域合作层面,孟中印缅经济走廊建设对于推动中印发展伙伴关系构建起着至关重要的作用。作为新兴经济体的代表,为了实现本国经济的持续快速发展，加强与周边国家的经济合作，中国和印度不断参与和促进区域经济一体化建设。在这一大背景下，作为一种次区域合作的创新模式，孟中印缅经济走廊建设的提出不仅迎合了中印两国寻求对外区域经济合作的需求，也为中印两国发展伙伴关系的进一步发展提供了重要的平台条件。BCIM 案例主要从地缘政治经济视角出发，立足于现阶段孟中印缅经济走廊建设的可行性分析，结合孟中印缅经济走廊建设的可操作性和风险，深入分析孟中印缅经济走廊建设对中印发展伙伴关系的预期效用。

一　孟中印缅经济走廊建设的可行性

孟中印缅经济走廊建设是中国、印度、缅甸和孟加拉国扩大区域经济合作的重要内容之一。目前，该经济走廊的建设已经具备了一定的现实基础，具体表现为中国、印度、孟加拉国和缅甸 4 国学术界和政府对该经济走廊的重视，构成了孟中印缅经济走廊的重要思想基础；孟中印缅商务理事会的成立为孟中印缅经济走廊建设提供了重要的组织基础；中方倡议共建"一带一路"和互联互通建设、孟缅两国的积极参与为孟中印缅经济走廊建设提供了持续的内在动力。孟中印缅经济走廊建设的灵活性与开放性对冲印度的疑虑，同时周边其他区域合作的进展对印度的迟疑态度形成压力，迫使印度在一定程度上转变了相关看法。

1. 孟中印缅次区域合作已从智库协商提升到政府主导的经济走廊建设

次区域合作是早期建设孟中印缅经济走廊的一种有效方式，是促进孟中印缅四国深入开展政治经济合作的重要驱力。孟中印缅次区域合作机制于 1999 年成立，经过 21 年的发展，该合作机制已经从以智库为核心的"二轨"机制发展成为以政府为主导的"一轨"机制，孟中印缅四国在政治经济发展方面的共识也逐渐增多。具体而言，孟中印缅次区域合作机制的发展经历了以下几个阶段。

首先是以智库为核心推动力的"二轨"机制阶段。随着区域经济一体化的发展，中印两国智库都希望建立一个旨在加强区域经济合作的对话平台，而这一倡议也得到了孟加拉国和缅甸两国的积极响应，孟中印缅合作机制应运而生。20 世纪 90 年代末，在孟中印缅四国智库和半政府组织的极力推动下，第一届孟中印缅地区经济合作与发展论坛在中国昆明召开，标志着以智库为核心的孟中印缅合作机制的肇始。按照第一届昆明会议精神，孟中印缅次区域合作机制基本坚持每年召开一次会议。为了加快推进孟中印缅次区域合作机制建设，自2002年达卡会议开始，孟中印缅四国智库和半政府组织开始呼吁各国政府支持该机制建设，该合作机制也开始了从"二轨"到"一轨"的转变。

其次是孟中印缅四国极力推动孟中印缅次区域合作机制从"二轨"到"一轨"转变的阶段。从2003年开始，孟中印缅四国轮流主办相关论坛，相继对外发表了许多声明，如《第四届会议声明（仰光）》（2003年）、《达卡声明》（2007年）、《关于推进孟中印缅地区合作的联合声明》（2011年）等。自第9次会议起，孟中印缅地区经济合作论坛更名为孟中印缅地区合作论坛。2012年，印度加尔各答负责召开第10次会议，同时对外发布了联合声明。次年的会议在孟加拉国的达卡召开，同时也对外发布了联合声明。

最后是由孟中印缅次区域合作到孟中印缅经济走廊建设的转变阶段。自2013年李克强总理提出共建孟中印缅经济走廊后，孟中印缅合作机制的发展初见成效，开始由过去的"二轨"层面的次区域合作转向"一轨"层面的孟中印缅经济走廊建设。然而从"二轨"层面上升到"一轨"层面后，其制度化水平并没有明显提高，其本质与过去的孟中印缅地区合作论坛相同，均属于此区域的沟通与交流平台，只是参与方发生了变化，由过去的智库实现了向政府机构的转变。

总之，经过21年的奋斗，孟中印缅次区域合作实现了跨越式发展，由过去的"二轨"实现了向"一轨"的转变。这不仅保障了孟中印缅次区域合作的稳定性以及不间断性，也促使孟中印缅次区域合作的制度化水平得以不断提升，同时，也在一定程度上加快推进了孟中印缅经济走廊各方面工作的落地。

2. 孟中印缅商务理事会的成立标志务实合作的开端

随着孟中印缅次区域合作机制的不断发展，四国在政治、经济、文化等领域的合作不断深化，取得了一系列重要成果。其中，孟中印缅商务理事会的成立是孟中印缅次区域合作机制取得的重大成果，为今后该区域经济合作提供了重要保障。2012年孟中印缅区域经济合作论坛第十次会议同意成立孟中印缅商务理事会，此理事会的建成象征着孟中印缅合作机制已成功实现了由纯粹的智库间对话平台向经贸领域务实合作的转变。

近年来，在孟中印缅商务理事会的促进下，孟中印缅四国开展经贸合作的规模在不断增大，合作领域不断拓展，合作形式也日益多样化，人员来往更加频繁，合作成果日益显著。

在孟中印缅商务理事会的推动下，孟中印缅各国对加强基础设施建设高度重视，尤其表现在基础设施的互联互通方面，一直是孟中印缅四国关注的重要板块。自孟中印缅商务理事会成立至今，理事会的主题始终与互联互通相关。进入21世纪以后，云南省的交通基础设施较过去有了显著改善，目前已建立起昆明到河口向越南河内辐射、昆明到瑞丽向缅甸皎漂辐射、昆明到腾冲向缅甸密支那辐射、昆明到磨憨向曼谷辐射这4条与东南亚相连的对外开放经济走廊。此外，铁路与高速公路等基础设施已逐渐到位。

同时，在各国意识到互联互通工作的重要性和难度后，孟中印缅商务理事会就在积极推进一些实质性工作，如孟中印缅举办的汽车拉力赛实际上是基于孟中印缅商务理事会的促进下获取到的实质性进展的项目，对各国之间互联互通有着重要的推动作用。基础设施建设也日益成为孟中印缅今后合作的主要领域。

3. 中方倡议共建"一带一路"和互联互通建设、孟缅两国的积极参与是 BCIM 建设持续的内在动力

（1）"一带一路"与孟中印缅经济走廊建设

"一带一路"倡议是适应当前中国经济及全球经济发展的必然选择，也是当前中国促进对外战略转型和全方位对外开放的必然要求。随着近年来"一带一路"倡议的提出以及逐步贯彻落实，对亚非欧新兴经济体、中国"走出去"以及发展中国家经济的发展都起到了明显的推动作用，同时也大幅推动了孟中印缅次区域合作的进程。具体表现在"一带一路"倡议为孟中印缅次区域合作提供了更多的政策基础和模式选择。

2013年9—10月，在访问中亚和南亚地区国家时，习近平主席提出了共建"一带一路"的发展倡议。为了推动这一倡议实施与发展，2015年3月中国政府制定并出台了《推动共建丝绸之路经济带和21世纪海上

丝绸之路的愿景与行动》（简称为《愿景与行动》），《愿景与行动》对强化多边合作机制的作用做出了强调，并指出要加大力度与有关国家加强沟通和交流，使更多的地区与国家加入到"一带一路"的建设中。此外，作为面向东南亚与南亚的桥头堡，我国西南地区应尽可能地将其区位优势全力发挥出来，提高对现有的联系合作机制的利用率，大力推动和周边国家的国际运输通道建设，逐步打造成面向东南亚、南亚的辐射中心。①

作为"一带一路"倡议的重要组成部分，孟中印缅次区域合作有两点与之契合：第一，明确要强化多边合作机制的作用；我国在近些年来已提出了大量双边或者多边经济合作计划，并将其贯彻落至实处。在这当中，和东南亚、南亚相关的主要包括孟中印缅经济走廊、中巴经济走廊和海上丝绸之路等。印度学者安德·库马尔（Anand Kumar）强调，在南亚，孟中印缅经济走廊与中巴经济走廊是"一带一路"的重要组成部分。② 第二，通过对《愿景与行动》规划的地理布局的分析发现，其重点强调了我国每一个区域的作用。从国家层面来讲，"一带一路"倡议是站在世界的角度，积极建设层次丰富、全面、普惠、开放、均衡、包容的区域经济合作框架。在"一带一路"倡议框架下，作为次区域合作的重要模式和代表，孟中印缅次区域合作不仅是贯彻落实国家发展战略的重要体现，同时还是我国"一带一路"倡议面向东南亚、南亚的着眼点。

（2）缅甸和孟加拉国对参与孟中印缅经济走廊建设态度较为积极

首先，从各国发展史上看，在推动孟中印缅地区合作方面，缅甸的表现较为积极。比方说，在第十一届孟中印缅地区合作论坛上，缅甸大使妙敏丹对外指出，通过孟中印缅合作，能有效减少交货时间以及运输费用，提高贸易的便利水平，缅甸将进一步在商业、贸易以及投资上促

---

① 《推动共建丝绸之路经济带和21世纪海上丝绸之路的愿景与行动》，2015年3月28日，外交部网站，http://www.fmprc.gov.cn/web/ziliao_674904/zt_674979/dnzt_674981/qtzt/ydyl_675049/zyxw_675051/t1249574.shtml。

② Anand Kumar, "China's Belt and Road Initiative: Should India be Concerned?" Dec. 14, 2016, http://www.ipcs.org/article/india-the-world/chinas-belt-and-road-initiative-should-india-be-concerned-5204.html。

进孟中印缅地区的合作，加深区域人文交流合作的深度与广度。良好的互联互通能有效减少交易费用以及交货时间，消费者和生产者或许会由于消费者福利的改善与竞争力的增强从中受惠。几十年的内战使缅甸国内局势显得相对脆弱，关于经济走廊，缅甸官方反应相对较为审慎。然而从首届孟中印缅经济走廊联合工作组会议上杜钦山伊带团参与的实际状况上看，缅甸官方有意加快速度促进孟中印缅经济走廊的建设步伐。其强调，第一次联合工作组会议的议题多与民生相关，比方说减贫、社会公共事业发展等，期待四国能携手合作，促进区域实现包容性增长。①

其次，在建设经济走廊方面孟加拉国的态度相对积极。孟加拉国外长莫尼于 2013 年 10 月在中国进行访问期间强调，孟加拉国将积极参与到孟中印缅经济走廊建设中去，并予以强力的支持，实施联合措施使中孟双边关系得到强化。② 在接受媒体采访时，莫尼指出，孟加拉国致力于促进印度、孟加拉国、缅甸以及中国经济的发展，为四国合作提供必要的支持。同时，他还指出，孟加拉国对外提出了有创新性的项目，孟加拉国企盼着能和中印缅三国共同努力尽快促使此提议落地，望该项目的提出及落实能有效增强四国间的联系，促进孟加拉国和其他三国的经贸往来。③ 除了要进行经济领域的合作，莫尼还期盼着该合作机制可变成孟加拉国和其他三国达成全面合作的国际框架。中国国家发展和改革委员会相关负责人于 2013 年 10 月率先带领孟中印缅经济走廊工作组对孟加拉国进行访问，对于中国带头将孟中印缅经济走廊倡议贯彻落实至实处的行为，孟方表示感谢，且会以此为抓手吸引大量中国投资，加强本地区的互联互通建设，促进经济的可持续发展。未来孟加拉国将发展成东南亚与南亚互联互通的有力杠杆，孟中印缅经济走廊恰巧可迎合孟加拉国的

---

① Mohd Aminul Karim,"Bangladesh-China-India-Myanmar (BCIM) Economic Corridor—Challenges and Prospects", *The Korean Journal of Defense Analysis*, Vol. 30, No. 2, June 2018, p. 290.

② Press Trust of India,"China, Banglato Push for Progresson BCIM Ahead of PM's Visit", October 20, 2013, https://www.business-standard.com/article/politics/china-bangla-to-push-for-progress-on-bcim-ahead-of-pm-s-visit-113102000395_1.html.

③ Press Trust of India,"China, Banglato Push for Progresson BCIM Ahead of PM's Visit", October 20, 2013, https://www.business-standard.com/article/politics/china-bangla-to-push-for-progress-on-bcim-ahead-of-pm-s-visit-113102000395_1.html.

需要，同时又能满足孟加拉国扩大和印度、中国、缅甸经济联系的需求。孟方认为，要一手抓经济走廊建设，另一手抓工业园区的建设。① 同时，孟加拉国国际关系与战略研究所、政策对话中心与外交部正基于孟中印缅经济走廊建设框架开展促进4国多领域合作的联合性研究。

4. 孟中印缅经济走廊建设的进展对印度的迟疑态度形成压力

孟中印缅经济走廊的建设，不仅响应了我国"一带一路"倡议，也符合印度、缅甸和孟加拉国对外开放和经济社会发展需要。目前，该经济走廊已经发展成为推动四国合作的重要平台与机制。

相较于缅甸和孟加拉国，印度对孟中印缅经济走廊建设的态度较为微妙：一方面，印度希望积极参与孟中印缅经济走廊建设，抓住机遇，刺激国内经济发展；另一方面，印度认为该经济走廊建设是中国"为获取东南亚、南亚地区领导权进行的重要战略部署"，这必将对印度的南亚大国地位产生消极影响。但是随着该经济走廊建设的不断推进以及其取得的相关成果，都在无形中对印度的迟疑态度形成压力。在这种情况下，印度前总理曼莫汉·辛格表示，印度将以极大的热情参与经济走廊建设。他认为孟中印缅经济走廊能够加强现有的互联互通建设，在原则上要对经济走廊的建设予以支持。② 印度前外交秘书埃里克·冈萨夫指出，建成孟中印缅经济走廊之后，印度西孟加拉邦是最大受益者。尽管经济走廊的建设遇到了许多难题，但其辐射作用或将推动东南亚、南亚以及东亚这三大经济板块的联合发展。此外，此合作方法对开放型灵活机制的形成具有促进作用，各相关国家可结合自身发展选择是否参与其中，建立新型的、影响力大的区域合作组织。③ 印度出口组织联盟区域会长阿格瓦特强调，由于孟中印缅经济走廊建设的进程不断加快，在商贸领域，印度东部各邦将迎来新的发展纪元，孟中印缅经济走廊的建设与发展给中印经贸合作创造了大量契机。印度驻广州总领事高致远（Nag Kakanur）

---

① CPD, "Professor Mustafizur Rahmanon BCIM Connectivity", 6 March 2014, https://cpd.org.bd/professor-mustafizur-rahman-on-bcim-connectivity/.

② The BRICS Post, "China, India Push for BCIM Corridor", December 21, 2013, http://www.thebricspost.com/china-india-push-for-bcim-corridor/.

③ 吕鹏飞等：《中印倡议共建中印缅孟经济走廊4国心气渐高》，《环球时报》2013年5月24日。

强调，依靠经济走廊促进孟中印缅四国旅游圈的发展，对促进地区之间的民间交流极为有利。① 印度学者赛加尔（H. K. Sehgal）强调，就印度的东向政策特别是对其东部地区与东北地区而言，孟中印缅经济走廊建设具有十分重要的意义，该经济走廊的建设，可以使印度在地区战略中充当十分关键的角色，因此，印度必须强化力度建设走廊。②

当然，也有印度人指出，新德里把孟中印缅经济走廊当成促进印度东北部与东部各邦投资及其经济发展的一种有效方式。所以，印度认为应对孟中印缅经济走廊的发展进行探究。狄伯杰强调，建设孟中印缅经济走廊是较为重要且必要的，四国之间存在巨大的经济互补性。通过引入大量投资，印度东北部地区的基础设施建设水平能够得到有效提高，社会问题也将得到妥善地处理。③ 阿斯玛·马苏德（Asma Masood）强调，就印度经济发展而言，孟中印缅经济走廊建设具有重大的推动作用；在国际范围内，孟中印缅的面积占比高达9%，人口占比高达40%；在全球GDP中，这四国经济规模的占比多达7.3%。④ 更重要的是，孟中印缅地区的发展与印度的一些战略利益息息相关，比方说缅甸对印度的能源安全具有重大意义，是印度东向政策实行的起始点。

5. BCIM 建设的灵活性与开放性可对冲印度的疑虑

孟中印缅经济走廊建设经过近几年的发展，取得了一些实质性的进展。现有合作机制体现了该走廊建设的灵活性和开放性的优势所在，也可以在一定程度上对冲印度的疑虑。

从灵活程度上看，现行的与孟中印缅经济走廊建设有关的机制是依靠一个刚起步的政府间工作组会议与一个半官方的论坛组成的，这让该机制有着相当强的灵活性与弹性，国家间政治关系对其很难产生影响。仅对孟中印缅四国来说，中印在领土问题上还有纠纷存在，印孟之间还

---

① The Times of India, "Plan for Economic Corridor Linking India to China Approved", December 20, 2013, https://timesofindia.indiatimes.com/world/china/Plan-for-economic-corridor-linking-India-to-China-approved/articleshow/27669821.cms.

② 转引自杨思灵、高会平《孟中印缅经济走廊建设问题探析》，《亚非纵横》2014 年第 3 期。

③ 吕鹏飞等：《中印倡议共建中印缅孟经济走廊 4 国心气渐高》，《环球时报》2013 年 5 月 24 日。

④ Asma Masood, "India and the BCIM: Should the 'I' stand up?", Foreign Policy Journal, June 6, 2013.

存在领土矛盾、跨界河流矛盾等。现阶段，孟中印缅合作的推进一定得仰仗于四国的授权与支持，所以说，该合作机制仍缺乏独立性，尤其是政府间的合作对话更易于受双边关系的影响。倘若孟中印缅经济走廊建设彻底是政府层面的工作组会谈或者对话平台，如果出现与中印之间发生的"洞朗事件""帐篷对峙"相似的摩擦，抑或是孟加拉国和印度之间出现了突发性事件，那么政府或许会退出或者叫停政府层面的孟中印缅会谈与对话，令该机制夭折的概率提高。相对于政府间的对话，该机制内的、基于智库主导下的地区合作论坛相对比较成熟；因为是"二轨"层面的对话平台，多边或者双边关系的改变对论坛产生的影响具有局限性，就算是双边关系恶化，"二轨"层面的对话机制依旧处于运行状态，大大提高了孟中印缅经济走廊建设的灵活性与弹性。多边关系或者双边关系良好的情况下，各国官方可为智库对话平台建设提供授权与支持，以达成合作。多边或者双边关系不佳的情况下，各国官方能减少授权，使智库的对话平台不会处于停滞状态，以有效地确保孟中印缅经济走廊的长期发展。

从开放性上看，现阶段孟中印缅采取的唯一的多边合作机制为孟中印缅经济走廊建设。虽然在此机制创建伊始，其议题为经济合作，然而毋庸置疑的是，此区域面对的问题并非只是经济问题，通过经济合作根本无法使全部问题得到妥善处理。所以，该区域合作机制也要将经济议题外的其他议题涵盖在内。现阶段孟中印缅地区合作论坛有把其他议题纳入论坛中进行探讨的可能，此为该机制的包容性和开放性的具体体现。实际上，近些年该论坛牵涉的议题既包括经济议题，又包括教育、非传统安全等诸多议题。现有机制的包容性与开放性对孟中印缅合作机制发展具有重大意义，为该地区综合性的国际合作机制的发展创造了可能性。

二　孟中印缅经济走廊建设的可操作性

经过多年的努力，无论是在互联互通和政治互信水平提升方面还是在实效合作项目和合作机制层次建设方面，孟中印缅经济走廊建设都取得了显著成果。纵观孟中印缅经济走廊建设的发展历程，主要是基于以下几个有利条件。

1. 设施联通为孟中印缅经济走廊建设提供重要基础

随着经济全球化的发展，区域合作成为不可逆转的趋势。在世界经济舞台上，亚洲表现出越发强劲的发展态势，尤其是中国、东南亚国家以及印度成为经济发展最迅速、最有活力的地区。然而，这三个最有发展前景的国家或地区之间的联系却并不紧密，如今孟中印缅经济走廊将中国、东南亚和印度这三大市场连接起来，覆盖孟中印缅四国中相对不发达的地区，通过建设铁路、公路等基础设施，带动这些地区的发展，并促进亚洲的区域合作。

首先，在公路建设进展方面。作为中国推进孟中印缅经济走廊建设的"桥头堡"，云南省的地位日益凸显。目前，为推动孟中印缅经济走廊建设，中国提出了三条国际大通道建设方案。其中，中线为：昆明、保山、瑞丽—缅甸曼德勒—印度因帕尔—孟加拉国达卡—印度加尔各答；北线为：昆明、保山—缅甸密支那—印度雷多、因帕尔—孟加拉国达卡—印度加尔各答；南线为昆明、保山、德宏—缅甸曼德勒—皎漂—孟加拉国吉大港、达卡—印度加尔各答。① 现阶段，其主要反映在中缅云南境内公路建设项目、云南省着力支持的通边公路建设项目，主要包括州市高速公路、口岸高速公路和沿边高速公路三类。

其次，在铁路建设进展方面。第一，中印铁路建设进展。习近平主席于 2014 年 9 月对印度进行访问期间，中印两国领导人就中印铁路合作进行磋商，最终取得相关进展，两国领导人分别在铁路合作备忘录与行动计划上签字。该备忘录的具体内容包括：中方向印方 100 名铁路技术官员提供与重载运输有关的培训；在印度建设铁路大学、车站再开发等。② 第二，中缅铁路建设进展。云南省加快推进与缅甸铁路的对接，完善与缅甸在陆地的互联互通，其中包括 4 条铁路路线：昆明—瑞丽铁路线；大理—临沧—清水河铁路线；普洱—临沧—清水河铁路线；保山—腾冲（猴桥）铁路线。

---

① 殷永林：《孟中印缅经济走廊的线路研究》，《云南社会科学》2016 年第 1 期。
② 《中华人民共和国和印度共和国关于构建更加紧密的发展伙伴关系的联合声明》，《光明日报》2014 年 9 月 20 日。

再次，在水运建设进展方面。孟中印缅地区水系丰富，开发潜力大。第一，中缅水运建设进展。2014年，在云南省发改委的带领下中缅双方代表团对伊洛瓦底江开展技术调研，双方均就伊洛瓦底江具有的广阔的发展前景以及较大的开发价值予以充分肯定。中信集团调研组于2015年3月起开始涉足于考察研究中缅伊洛瓦底江陆水联运，其强调，现阶段在中缅瑞丽—皎漂通道计划内中缅伊洛瓦底江陆水联运是促进中缅两国互联互通投资的效果最为突出、投资最少的方案。云南正在为缅甸建设八莫新康陆水联运枢纽港提供辅助，一期工程总共建设了4个码头，码头岸线长1200米，当中有千吨级散货码头、千吨级集装箱码头，并新建了许多配套设施，比方说综合报告大楼、堆场、新建客运大楼、仓库等，同时还筹措建设了船舶修理厂，疏浚上游八莫到密支那的航道以及下游八莫到曼德勒的航道，安设相应的航标，从而有效保证伊洛瓦底江陆水联运的通畅。第二，中孟水运建设进展。目前中孟水运合作不断拓展，已扩大到港口工程领域。多年来，孟加拉国一直努力争取在吉大港建设计划上获得中国提供的援助。作为孟加拉国规模最大的港口，吉大港的货物进出口总量在孟加拉国中的占比高达75%。[①] 习近平主席于2016年10月14—15日对孟加拉国进行国事访问，其间两国发表联合声明，将中孟关系提升为战略合作伙伴关系，并扩大在港口建设方面的合作。

最后，在航空运输建设进展方面。第一，中印航空运输建设进展。自昆明至印度加尔各答的直飞航线开通以后，中印两国航空运输建设一直保持着良好的发展势头。从2012年12月开始，印度捷特航空和中国南方航空公司建立特殊分摊协议合作，借助和捷特航空的10个国际航段、25个印度国内航段的高效衔接，中国南方航空公司实现了和印度航空的16个国际航段、24个国内航段有效衔接，南航的航线网络实现了向整个印度的延伸。航空运输合作的开展将为两地间旅客往来和货运提供便利，并能有效提高中印航线覆盖率和联程价格竞争力。根据国际航空运输协会（IATA）预测，至2025年，中国与印度将分别成为全球第一和第三大航空运输市场。两国航空运输往来和交流合作将成为促进彼此航空运输业发展的重要基础，

[①] 赵珊、李文竹：《孟加拉国驻华大使：希望成为云南出口通道》，《人民日报》（海外版）2010年4月15日。

也将为推动两国人文社会的交流合作、建立"新型相邻大国间关系"提供有力支持。第二，中孟航空运输建设进展。中国东方航空公司于 2005 年 5 月开通了北京经昆明至孟加拉国首都达卡的国际航线，实现中孟首次直航。2009 年 8 月中国南方航空公司正式开通了广州至达卡的航线。2011 年 10 月，南宁达卡国际货运航线正式开通。由于中孟两国政策变化，该航线自 2012 年 5 月暂停营运，但很快于 2013 年 8 月顺利复航。第三，云南省边境机场建设进展。为推动经济走廊建设，云南省在航空运输方面的工作主要集中在边境机场的扩建和新航线的开辟，如对腾冲机场、保山机场、德宏芒市机场实施扩建，并新建了沧源佤山机场。

总之，设施联通是经济走廊发展的基础，只有通道通畅，经济才能实现快速稳定发展。目前，孟中印缅经济走廊的通道网络初具规模，但孟中印缅经济走廊的互联互通仍需要新建和改造众多断头路段以及提高原交通网络的通行等级。这就需要孟中印缅四国进一步加强合作，推动四国互联互通建设水平更上一层楼。

2. 贸易畅通为孟中印缅经济走廊建设提供核心动力

早在经济走廊构想成形前，四国就拥有了共同发展国家经济、开展双边和多边贸易、推动能源和技术合作等全方位、多方面的国家利益诉求。经济走廊建设的提出和不断推进与四国的经贸合作不断深化相辅相成。具体表现如下。

首先，孟中印缅四国的经济贸易持续稳定。虽然近年来受美国金融危机影响，世界经济复苏乏力，但孟中印缅四国的经济一直保持着持续稳定增长的态势。世界银行统计数据显示，2018 年孟中印缅四国 GPD 增长率分别为：7.9%、6.6%、6.8%、6.2%，GDP 增长率都保持在 6% 以上，属于全球经济增长较高的地区之一。[1] 其中，作为该次区域合作中最大的两个发展中国家，中国和印度的经济总量持续上升，使孟中印缅次区域合作的整体 GDP 占全球 GDP 的比重上升至 2018 年的 30%。[2] 在贸易方面，以中国

---

[1] 相关数据参见：The World Bank, https://data.worldbank.org.cn/country。

[2] Mohd Aminul Karim, Faria Islam, "Bangladesh - China - India - Myanmar (BCIM) Economic Corridor: Challenges and Prospects", *The Korean Journal of Defense Analysis*, Vol. 30, No. 2, June 2018, p. 285.

为例，2018 年中国与孟加拉国、缅甸和印度的双边贸易额分别为 183 亿美元、180 亿美元和 926.8 亿美元，四国之间贸易往来日益频繁，在一定程度上增强了四国对外竞争力，以及强化对区域外部贸易投资的吸引力，形成区域内、外共同推动贸易发展和投资供给的力量。

其次，次区域中的投资能力与投资动力持续提升。孟中印缅经济走廊建设的经贸水平相对滞后、资本供给与有效需求不足是现阶段发展中国家及边缘地区遇到的问题。基于多边机制或者国家的安排下，促进大规模投资是本次区域合作机制初始阶段的必要举措。

通过对核心区域的分析可知，孟中印缅次区域的对外投资能力相对较差。2019 年，云南省的对外直接投资额为 9.52 亿美元①，孟加拉国、缅甸和印度东北部地区的对外投资几乎可以忽略不计。但是，如果考虑全境，整个区域的投资能力则在不断增强。2018 年，中国对外直接投资高达 1430.4 亿美元，位居世界第二。② 2019 年印度成为外国投资的热点国家，当年印度获得外国直接投资总额达 490 亿美元，为历史最高水平。③ 目前的问题在于，域内国家间的相互投资动力不足。如 2018 年，中国对孟印缅三国的投资总额仅为 80 亿美元，④ 孟、印、缅对中国的投资更是微乎其微。

随着孟中印缅次区域合作一体化的深度与广度的不断增加，四国间的相互投资意愿会逐步增强。按照国际经验来看，次区域一体化水平越

---

① 《2019 年云南对外投资合作业务简况》，2020 年 3 月 2 日，商务部网站，http://www.mofcom.gov.cn/article/resume/dybg/202003/20200302940880.shtml。

② 《我国对外直接投资流量和存量居全球前三》，2019 年 9 月 13 日，中国政府网，http://www.gov.cn/xinwen/2019-09/13/content_5429615.htm。

③ Kirtika Suneja, "India attracted \$49 billion FDI in 2019, among top 10 recipients of overseas investment", UNCTAD, Jan 20, 2020, https://economictimes.indiatimes.com/news/economy/indicators/india-attracted-49-billion-fdi-in-2019-among-top-10-recipients-of-overseas-investment-unctad/articleshow/73441481.cms?from=mdr.

④ 参见 "The Great Wall against China: Understanding India's new foreign investment rules", April 23, 2020, https://www.theweek.in/news/biz-tech/2020/04/23/the-great-wall-against-china-understanding-india-new-foreign-investment-rules.html; "Bangladesh receives record FDI in 2018", China tops investors' list, https://bdnews24.com/economy/2019/05/09/bangladesh-receives-record-fdi-in-2018-china-tops-investors-list; NAN LWIN, "China Leads Investment in Yangon", 26 July 2019, https://www.irrawaddy.com/business/china-leads-investment-yangon.html.

高，区域内投资占比将会越高。目前来看，欧盟的域内投资占比为42.0%，东盟的域内投资占比约为17.4%。如果以东盟为参照系，孟中印缅区域内的投资占比若能达到15%—17%，次区域的域内投资额就将达到约200亿美元。[①]

总之，孟中印缅经济走廊建设从2013年提出至今，与"一带一路"倡议相协调，对促进我国与西南邻国之间的战略合作有着显著的作用。在"一带一路"倡议的统筹推动下，这一跨境合作的战略思想具有持久的生命力和良好的发展机遇，但是其中也有一些制约其壮大的因素存在，如中国与印度、缅甸等国存在的政治互信、贸易便利化改进、设施建设等方面的问题，这些问题的缓和及解决是推进孟中印缅经济走廊贸易畅通的必经之路。

3. 产业合作为孟中印缅经济走廊建设提供重要保障

作为孟中印缅经济走廊建设的重要切入点，孟中印缅四国之间的产业合作一直稳步发展。加强孟中印缅经济走廊建设中的产业合作，有利于优化各国贸易结构和促进双向投资，使各国共享区域经济一体化的红利。

首先，积极建设孟中印缅产业合作的重点领域。孟中印缅经济走廊建设应以本地区产业优势的发挥以及互补为基础，通过项目合作，依托优势产业与丝路基金、金砖国家新开发银行、亚投行等融资支持，逐渐强化经济走廊的产业建设。第一，对于能源合作而言，孟中印缅四国结合当地输送网络、设备等基础设施的不足、电力能源匮乏、能源资源丰富的相关特征，逐步加强走廊沿线生物质能、风能、水能、油气、太阳能的开发与合作，加大区域能源贸易的开发力度，建立健全能源输送系统，不断提升能源使用效率。第二，对于农业合作而言，孟中印缅四个国家都属于农业大国，因此更应该不断强化农业生产技术合作，从而打造出一批有着示范效应的农产品加工基地、畜牧业跨境合作区以及农业示范区。第三，对于旅游合作而言，孟中印缅四个国家都有着各自的人文、自然旅游资源、历史遗产与地域文化，因此四国本身就具备非常良

[①] 李艳芳：《推进孟中印缅经济走廊贸易投资的战略意义与可行性分析》，《太平洋学报》2016年第5期。

好的合作前提；四个国家应当通过国家和市场的力量，对走廊沿线的旅游项目展开重点考察评估，讨论出能够彰显四国特征的旅游产品，共同开发、共同宣传、合作共赢。第四，对于装备制造与国际产能合作而言，诚然，我国现在已经是制造大国，而且已经到了工业化中后期，是公认的世界工厂；孟加拉国与缅甸工业化水平较为落后，目前还处在萌芽时期，不过其矿藏丰富，未来的发展空间十分广阔；印度尽管工业化的进程较慢，不过其服务业尤其是生物技术、制药、IT业等高技术产业方面的发展非常迅速。孟中印缅四个国家在充分认识自身特点的基础上，从软件设计、纺织工业、轨道交通、生物制药、通信设备、工程机械等方面进行深入合作，从而实现了装备制造与国际产能方面的共赢。

其次，要积极建设中印缅经济走廊的产业园区。第一，印度中国工业园区。2014年6月30日，在时任中国国家副主席李源潮和印度副总统安萨里共同见证下，《中华人民共和国商务部与印度共和国商工部关于在印度开展产业园区合作的谅解备忘录》（以下简称《备忘录》）在北京签署。2016年6月，"一带一路"重点项目——印度中国工业园宣布启动。印度—中国城项目作为在印度古吉拉特邦建立中国工业园有关协议的落地项目，项目总投资91亿元，整体占地面积5平方公里。印度中国工业园是一个配套功能相对健全、产业形态多元化、产城一体化的现代化工业园。第二，孟加拉国吉大港地区（中国）经济工业园区。2016年6月，孟加拉国孟加拉经济区管理局（BEZA）与中国港湾工程有限责任公司（CHEC）共同签订了谅解备忘录（MOU）。2017年6月15日，达卡与孟加拉国经济区管理局在中国港湾共同签订了联营公司股东协议，双方致力于对孟加拉国吉大港地区（中国）经济工业园区的运营及开发。第三，缅甸皎漂特别经济区深水港与工业园。经过议会与内阁的审批，缅甸政府于2015年12月30日对外公开发布了中心联合体中标工业园与深水港项目。习近平主席于2017年4月10日在人民大会堂与缅甸总统吴廷觉举行会谈，并强调，要尽可能迅速地促进缅甸皎漂特别经济区等重点合作项目的落地。紧接着，在两国元首的见证下，缅甸皎漂特别经济区管理委员会主席吴梭温和中信集团董事长常振明共同签署了工业园项目与深水港项目的开发实施的相关换文。

总之，孟中印缅四国山水相连，是国际上国家之间合作时间最长、相互交往时间最早的地区之一。自 20 世纪 90 年代起，在经济全球化和区域化的推动下，孟中印缅四国的经济合作不断加强。伴随着孟中印缅经济走廊的逐步建设，中国、孟加拉国、印度、缅甸之间相互服务贸易市场、开放货物贸易市场、投资市场，大大加深了双方经济关系的紧密度，提高了经济政策的联系以及经济利益的相关性，并逐步产生区域内新的产业链。

4. 民心相通为孟中印缅经济走廊建设提供重要灵魂

民心相通是沟通孟中印缅四国人民的文化基础，也是孟中印缅经济走廊建设的社会基础和长久保障。孟中印缅经济走廊沿线各国具有民心相通的历史基础，而且中国与孟加拉国、印度、缅甸在文化交流、教育合作和旅游合作方面都取得了一定的成果，为进一步促进孟中印缅四国民心相通提供了动力。

首先，在文化交流方面。文化交流是促进经济走廊沿线国家相互了解和认知的重要环节，不管从历史还是现实来看，文化交流无疑会促进孟中印缅各国间人员的往来，从而进一步促进思想与观念的交流。在过去几十年间，孟中印缅四国在文化交流方面取得了令人瞩目的成就。如在中印文化交流方面，中印两国于 2014 年 9 月 19 日在新德里对外出台了《中华人民共和国和印度共和国关于构建更加紧密文化交流项目谅解备忘录》以及《中华人民共和国和印度共和国关于构建更加紧密的发展伙伴关系的联合声明》。其强调，考虑到中印两国在文化上具有强大的联系，双方共同启动了"中国—印度文化交流计划"，促进两国人员往来、沟通与文化联系。同时，中印两国领导人决定，中国于 2015 年开展"印度旅游年"，2016 年"中国旅游年"活动在印度举办。双方可在此期间进行各项推广，推动双方游客的流通。考虑到青年交流有助于加深双方对各自的认识，两国领导人一致同意，坚定不移地进行青年互访，2015—2019 年每年安排 200 名青年进行相互访问。①

其次，在教育合作方面。要开展交流，则必须以教育作为基础。比方说在缅甸有许多中国人，应在缅甸广泛开展华文教育，尤其是基于基

---

① 《200 名印度青年代表团来华访问 点赞中国成就》，2018 年 7 月 9 日，中国日报网，见 http://cn.chinadaily.com.cn/2018-07/09/content_36539020.htm。

础教育层次之上进行中文学习的推广。同时，我国高校也应考虑在缅甸与当地高校开办合作办学机构，严格以中国的教学大纲为依据进行课程的设置，让缅甸进行合作办学、提供大量硬件资源，从而有效提升我国高等教育在缅甸的影响力，给孟中印缅经济走廊建设与中缅交流沟通培养有素质、专业性强的高校毕业生。

最后，在旅游合作方面。旅游业是世界公认的"朝阳产业"。加快发展国际旅游业有利于加强孟中印缅四国之间的民心相通，还能提升各国的软实力、促进各国经济社会发展。例如，缅甸酒店旅游部数据显示，2017年中国赴缅游客数量达50万人次，是外国游客主要来源地之一。[①] 为了改善旅游环境，从2018年10月1日起，缅甸当局将对从国际机场入缅的中国游客给予落地签待遇。[②]

三 孟中印缅经济走廊建设的风险

尽管孟中印缅次区域合作已经取得了一定成效，但目前在推进孟中印缅次区域合作方面仍然存在许多风险。首先，孟中印缅四国缺乏战略互信，尤其是在中印两国之间的互信缺失使印度对经济走廊的态度不明，内部不同部门发出不同的声音。其次，各方就经济走廊的内涵、目标、合作方式尚未形成共识，造成孟中印缅次区域合作的整合力不强。最后，孟中印缅次区域合作同多个现存的合作机制交叉重叠，相关各方基于安全和相对收益等考虑，存在逆协同效应的风险。

1. 印度对经济走廊的态度不明，内部不同部门发出不同的声音

孟中印缅经济走廊涉及的这四个国家，其中孟缅两国与中印两国存在严重的不对称性问题，尤其是在国际影响力与经济总量方面，中印两国的合作意向对于经济走廊的建设会产生直接影响。因此，虽然孟中印缅经济走廊建设从最初的"二轨"机制，其主体为中印两国学者、智库，逐渐发展成为如今的"一轨"机制，其主体为四国政府机构，但发展状

---

① 中华人民共和国驻缅甸经商参处：《中国赴缅游客人数居第二》，2017年3月8日，商务部网站，http://mm.mofcom.gov.cn/article/jmxw/201703/20170302529650.shtml。

② 《缅甸10月1日起对中国游客实施落地签 盼促进旅游》，2018年7月27日，中国新闻网，http://www.chinanews.com/hr/2018/07-27/8581466.shtml。

况仍然停滞不前，其中主要原因就在于印度的态度不明朗。

对于建设经济走廊而言，尽管印度官方的态度是积极的，但由于中印两国缺乏战略互信，印度国内存在多种声音，其外交政策受到国内舆论的很大影响。这从中印自由贸易区的合作状态就可以看出来。2007年，中印自由贸易区正式建成，但是发展至今两国之间的谈判依然没有实现有效的成果。究其原因是印度始终坚持要求先解决中印两国的贸易赤字问题，当然，这只是印方的借口，实际上是受其国内政治因素及其地缘政治竞争观念影响。印度前外交部部长萨尔曼·库尔希德曾经表示，只有印度贸易赤字问题解决之后才会开始与中国谈判贸易条约。也就是说，印度担心本国贸易赤字问题，对于经济走廊建设进程中与中国经济的深度合作存在很大的顾虑。① 不仅如此，印度政府还十分担心中国经济在印度落后地区的影响可能引发安全问题。② 戴维·史密斯曾说：印度政府存在严重的心口不一，虽然总是表示自己与中国不存在竞争关系，但是暗地里其实不知道比较多少回了。③ 经济走廊建设本质上是中印两国对外开放程度的进一步扩大，但印度存在的这种疑虑无疑制约着经济走廊的建设进程与建设成效。因此，由于受中印两国存在的结构性矛盾问题影响，印度从未"全面配合"经济走廊建设，至今，印度在有关经济走廊建设方面也没有提出任何具有针对性的发展计划。

2. 孟中印缅四国尚未就 BCIM 内涵、目标、合作方式形成共识，整合力不强

孟中印缅建设经济走廊的核心在于四国的共识，即基于扩大利益共同体的目的而进行经济走廊建设。建设经济走廊的根本动力在于成员国之间的社会经济发展内在需求以及地缘经济利益发展需求。"求发展"是经济走廊建设的基础，四国通过经济合作以及利益融合，使国家之间的

---

① H. K. Sehgal, "Inida-China Trade Imbalance: No Respite", Aug 2013, https://www.fibre2fashion.com/industry-article/7028/india-china-trade-imbalance-no.respite.

② Subir Bhaumik, "Kolkata to Kunming: Indian and Chinese strategies converging to build land and trade ties in northeast", Dec5, 2013, https://economictimes.indiatimes.com/opinion/et-commentary/kolkata-to-kunming-indian-and-chinese-strategies-converging-to-build-land-and-trade-ties-in-northeast/articleshow/26869770.cms?from=mdr.

③ [英] 戴维·史密斯:《龙象之争：中国、印度与世界新秩序》（中译本），丁德良译，当代中国出版社2007年版，第155页。

关系更加紧密，促进"共赢"局面的实现。但是，从现阶段的经济走廊发展情况来看，孟中印缅四国就经济走廊的内涵、目标、合作方式尚未形成共识，整合力依然不强。

首先，在孟中印缅经济走廊建设的内涵方面。从本质上讲，孟中印缅经济走廊是以交通干线或综合运输通道为发展主轴，以主要城市和港口为主要节点，以促进次区域国家和地区互联互通及经济发展为目标，连接覆盖孟中印缅四国，以铁路、公路为载体和纽带，以人流、物流、信息流等为基础，开展区域内贸易投资以及各产业合作，构建沿线优势产业群、城镇体系、口岸体系以及边境合作区的国际区域经济带。① 然而，随着孟中印缅经济走廊建设的推进，其政治性特征逐渐凸显，如作为孟中印缅经济走廊建设的薄弱环节，印度就将该走廊建设赋予了完全意义上的政治属性，将其看作中国地缘政治影响力拓展的工具，在一定程度上抵制该走廊建设的推进。这显然已经背离了该走廊建设的本质，不利孟中印缅四国之间合作的发展。

其次，在孟中印缅经济走廊建设的目标方面。总的来看，该走廊是孟中印缅四国区域合作的重要平台，它不仅可以扩大四国之间经济依存度，构建、扩大各国之间的共同利益，也可以增进政治互信、睦邻友好和全面合作。但具体来讲，孟中印缅四国在该走廊建设方面的目标仍具有一定的差异性。以中印两国为例，中国积极倡导和推行孟中印缅经济走廊建设的战略目标主要包括四个方面：一是积极寻找新的贸易市场与贸易通道；二是提高与邻国之间的包容性程度；三是进入印度洋航线与东南亚南亚经济市场；四是加快速度开发西南部地区经济，推动国内经济的稳定发展与平衡发展。相较于中国，印度则将孟中印缅经济走廊建设作为其推行"东向行动政策"、提高本国经济话语权与政治话语权、提升本国在东南亚与东亚的贸易合作水平、推动东北部基础设施建设进程的重要纽带，带有鲜明的地缘政治和现实主义色彩。而基于政治战略展开经济合作必定产生制约影响，从根本上导致经济走廊建设停滞不前。

最后，在孟中印缅经济走廊建设的合作方式方面。目前，在该走廊

---

① 布仁门德：《"一带一路"背景下我国国际经济合作与发展问题研究》，吉林大学出版社2018年版，第223页。

的推动下,孟中印缅四国之间的互联互通建设已经取得了一定的进展。但由于四国对该走廊建设的内涵认知和目标设定存在一定的差异性,该走廊建设中优先合作领域和方式也存在问题。比如,印度期望在建设经济互联互通的同时推动建设能源互联互通,这就要求首先实现电网联通。但是,中国互联互通体系的建设更倾向于多元化多层次地开展,首先希望沿着中缅油气管线路线,将云南到印度洋的陆路通道打通。该陆路通道以昆明为起点,途经大理、保山、瑞丽等直到进入缅甸曼德勒,到吉大港、达卡、加尔各答。[①] 由于中印两国的基础设施建设水平存在一定的差异,印度方投入了大量的资源以促进其东北部发展,但至今该地区发展进程依然缓慢,加上印度路网"内向型"的建设特点,主要目的在于国内各邦的联通与国内的安全稳定。因此,中印互联互通建设进程受到这些困难的阻碍影响。

3. BCIM 同既有合作机制交叉重叠,各方基于安全和相对收益等考虑,存在逆协同效应的风险

协同效应是指多个事物之间的内在联系以及相互作用。其相互作用使事物之间的效果无法实现直接叠加,但当事物单独效果与相互作用效果保持一致时则会产生"一加一大于二"的效果。近年来,随着孟中印缅经济走廊建设的不断推进,四国的合作机制取得了一些进步,但孟中印缅经济走廊建设与该地区现有的合作机制和区域组织之间存在着较多的重叠,这必将造成一定程度上的逆协同效应,即原本的"一加一大于二"的结果被弱化,使其更加趋向于"一加一等于二或者一加一小于二"的情况出现。

孟中印缅四国占据优越的地缘位置,市场潜力巨大,但孟印缅三国发展依然相对落后。为了改善这种状况,各国加紧了发展经济的步伐,孟印缅三国依托自己地缘加入了不同经济组织,以期带动国内经济的发展。比如,缅甸是 GMS 的参与方,也是中国东盟 "10 + 1" 合作机制的成员国;孟印缅三国均为环孟加拉湾多领域经济技术合作组织成员国;孟印属于南盟成员等。各国加入这些组织的目的在于通过强化地区合作,

---

① 朱翠萍、[印度] 斯瓦兰·辛格主编《孟中印缅经济走廊建设:中印视角》,社会科学文献出版社 2015 年版,第 97 页。

推动本国经济发展。随着各国加入组织数量的增多，其目的必定有所重叠，这也就导致孟中印缅经济走廊建设热情受到一定程度的分散。目前，与该地区其他区域合作组织相比，孟中印缅经济走廊建设还存在较大的差距，使有些国家对经济走廊建设的热衷程度进一步减少。因此，孟中印缅经济走廊建设如果升级为经济合作组织，那么该组织要如何与其他区域合作组织形成错位发展，推动区域经济实现预期发展目标才是该组织生命力受到的关键考验。

四　孟中印缅经济走廊的前景与效用

1. 孟中印缅经济走廊建设的效用预期

孟中印缅四国资源能源富集，经济互补性强，合作潜力巨大。对此，美国著名学者迈克尔·库格尔曼就指出："尽管中印间边界之争尚未解决，但双方都想加强经贸关系，同时其他两国也有增强经济关系的强烈意愿，因此建立经济走廊势头良好。"① 具体表现有以下三个方面。

第一，促进四国政府间的交流与合作。孟中印缅经济走廊建设将增加四国政府交流和合作的机会，随着相关会晤机制的逐步建立和推进，四国政府层面的定期交流将更为频繁。目前已确立了一年一度的四国联合工作组会议机制，该机制为相关方案的设计、讨论、确立和执行提供了一个良好的官方互动平台。随着走廊建设的推进，未来建立四国部长级会晤机制、安全合作机制都将成为必然趋势。与此同时，政府首脑间的互访也将更为频繁和活跃，而走廊建设既是促进因素也是重要内容。例如2014年9月习近平主席访印，与印度总理莫迪进行会谈时强调要加快推动经济走廊建设。此外，还可效仿澜沧江—湄公河六国对话合作机制，建立孟中印缅四国领导人对话机制。

第二，促进地区基础设施建设和经济发展。孟中印缅经济走廊所涉及的地区都是基础设施建设落后、经济发展水平普遍低下的区域。特别是印度东北部、缅甸和孟加拉国的基础设施建设相当滞后，投资严重不足，世界银行曾把缅甸列为世界交通基础设施最落后的国家之一。而基

---

① 戴永红、秦永红主编：《中国与南亚·东南亚区域合作：互联互通的视角》，四川大学出版社2016年版，第56页。

础设施建设又是推动走廊建设进程的首要前提，也将成为走廊建设的重头戏。而以中国为主导建立的亚投行将为经济走廊所涉区域的基础设施建设提供良好机遇。

第三，促进亚洲经济共同体的建立。未来孟中印缅经济走廊可能与南盟、东盟、环孟加拉湾经济技术合作组织（BIMSTEC）、大湄公河次区域经济合作组织（GMS）等其他次区域合作组织有效衔接起来，实现南亚、东亚以及东南亚三大板块的经济一体化，打造亚洲经济共同体。但这是一个漫长的过程，任重而道远，各方必须有一定的耐心、信心和恒心。

2. 中印战略理解和政治互信的增强能促成 BCIM 同其他重叠的合作机制之间产生协同效应，并外溢到非经济领域

目前，中印两国参与主导了多项双边或多边的机制和倡议，这些机制和倡议一定程度上与孟中印缅经济走廊的预期目标存在重叠。中印两国共同参与的国际多边合作机制主要包括："金砖国家"合作机制、"基础四国"会议、"8 + X"机制、"二十国集团"峰会、多哈回合谈判、东亚峰会、上海合作组织、南亚区域合作联盟、亚欧会议等，同时就国际金融危机、气候变化、能源和粮食安全等重大问题协调着立场。

以金砖国家合作机制为例，伴随着孟中印缅经济走廊建设进程的持续推进，在金砖国家合作机制内，中印在许多经济和发展议题上都表达了相同的立场。如 2009 年，"金砖国家"峰会首次召开，中印就推动国际金融管理机构改革发出了 16 点联合声明。同年 9 月，G20 匹兹堡峰会召开，俄罗斯副财长迪米特里·潘金表示金砖四国将"抱团"，并在峰会之外发布声明。最终，中印携手俄罗斯、巴西等国，在 G20 会中使发达国家承诺，在国际货币基金组织中将发展中国家与新兴市场的份额提高 5% 以上，同时，世界银行份额提高 3% 以上。[①] 再如，在德班峰会上，习近平主席与印度领导人举行会晤时指出，中印两国与非洲地区国家面临新的合作机遇。非洲地区国家与中印两国均属于发展中国家，历史上即有着良好的关系，因此，中印两国与非洲国家的合作可从经济发展方

---

① 高健：《俄罗斯副财长透露 金砖 4 国将"抱团"匹兹堡峰会》，《中国证券报》2009 年 8 月 27 日。

面、粮食安全方面、基础设施建设方面、农业发展方面等开展。此外，中印还在金砖国家合作机制内协调了彼此的气候政策，一致主张"共同但有区别的原则"，并联合巴西和南非在气候变化大会上形成了"基础四国"，以争取在与发达国家进行的气候谈判中保有主动权。在金砖国家达成的《三亚宣言》，各国均明确表示在气候变化方面将加强务实合作。

从上述情况可以看出，随着孟中印缅经济走廊建设的持续推进，中印两国战略互信势必进一步增强，而中印战略理解和政治互信的增强又势必在一定程度上能促成 BCIM 同其他重叠的合作机制之间产生协同效应，促使其合作范围逐渐外溢到非经济领域。

3. 中印发展伙伴关系和区域次区域合作进程可以实现良性互动

中印两国具有长远性、战略性与全局性的共同利益，当前所面临的问题都是暂时的、次要的、局部的。虽然两国之间存在一定的结构性矛盾，但完全意义上的竞争状态不会持久。随着经济全球化的不断发展，两国在贸易、经济、文化等多个领域中依然可以实现有效合作，进而增进了解和友谊。因此，中印两国最有可能出现第三种发展方向。中印发展伙伴关系的推进也势必会产生一些外溢效用，进一步推动区域、次区域合作进程。反之，区域、次区域合作进程的发展也必将为中印发展伙伴关系提供重要的平台和条件。

首先，在中印伙伴关系的发展状况方面。自 2017 年发生中印"洞朗对峙"事件以来，为了改善两国关系，中印两国政府都采取了务实合作的态度，并进行了多次高层互访，双边关系逐步修复并走向正常化。2018 年 4 月习近平主席与莫迪总理武汉会晤实现了中印关系止跌回升的转向，中印两国关系发展进入了一个新的历史时期。武汉会晤后，中印两国开辟了两国关系的新模式，形成了指引两国关系的"武汉精神"（Wuhan Spirit）。① 这一精神主要体现在三个方面：一是不回避分歧；二是用最高领导人对话增进互信；三是挖掘两国潜在合作领域。在"武汉精神"的引领下，两国领导人在 2018 年 6 月上海合作组织青岛峰会期

---

① Newsroom Staff, "From 'Wuhan Spirit' to 'Chennai Connect': A look at outcomes of 2nd Informal Summit", October 12, 2019, https://newsroompost.com/opinion/from-wuhan-spirit-to-chennai-connect-a-look-at-outcomes-of-2nd-informal-summit/481869.html.

间、2018 年 7 月金砖国家领导人第十次会晤期间以及 2018 年 11 月阿根廷 G20 峰会期间再度举行双边会谈。① "武汉精神"最突出的标志就是 2019 年 10 月两国最高领导人在印度金奈举行的第二次非正式会晤。② 金奈会晤期间，双方领导人不仅同意逐步探讨将"中印+"合作向南亚、东南亚和非洲拓展，而且同意建立高级别经贸对话机制、探讨建立制造业伙伴关系以及共推区域全面经济伙伴关系协定（RCEP）尽早达成。③ 之后，第二期中印联合培训阿富汗外交官项目在印度首都新德里启动。④ 这标志着武汉会晤期间中印双方领导人达成的"中印+"合作项目进一步得到落实。中印两国将会在中方关注的投资问题、签证问题以及印方关注的中国药品市场和信息技术市场的准入问题等开展合作。

其次，进入 21 世纪以后，中印两个经济发展迅速、综合国力不断增强的发展中国家、邻国，在很多国际议题或地区议题中达成了越来越多的共识。两国都属于发展中国家的大国，国家发展处于优先地位，但是在国际格局"一超多强"的情况下，两国面临的压力是共同的。因此，为了在国际空间中获取更多的发展机遇，两国在各种舞台上增强交流与互动。无论是从两国发展角度来看，甚至是整个世界的发展角度看，这都是中印共同价值和共同视野的体现，也是对中印共同的挑战与共同关切的体现。可以说，中印互惠使双边关系取得了积极发展，使双方认同彼此的"共同身份"。但与此同时，在中国快速崛起的情况下，西方发达国家称印度为"亚洲民主的橱窗"，美国企图拉拢印度的倾向日益明显，试图利用印度进行对华包围，这种操作无疑会对双方"共同身份"的认同感产生消极影响。因此，中印双方必须在各种外交平台中加强政策协调与立场协调，增强双方的联系，加深相互理解。

总之，中印两国战略理解和政治互信的增加，不仅有利于两国发展伙伴关系的推进，也有利于孟中印缅经济走廊建设的推进。

---

① 谢超：《2020 年中印关系将保持缓慢回暖趋势》，《国际政治科学》2019 年第 4 期。

② Vikram Misri Source, "*Wuhan to Chennai: Xi, Modi set key milestone*", October 10, 2019, http://www.globaltimes.cn/content/1166510.shtml.

③ 《中印领导人第二次非正式会晤取得丰硕成果》，《光明日报》，2019 年 10 月 13 日。

④ 《中印联合培训阿富汗外交官》，《人民日报·海外版》2019 年 11 月 16 日。

第 七 章

路径依赖与中印发展伙伴
关系建设策略

贸易自由主义是影响"二战"战后世界经济活动的主流意识形态,开放自由贸易体制虽时不时地遭遇保护主义的干扰,但终究还是全球化加速发展进程的主旋律。开放自由贸易制度及制度文化孕育的各类组织(政治团体、经济团体、社会团体、教育团体等)共同形成制度性约束,规范参与政治经济活动的行为体的相关行为。在为制度所规范、不确定性相对降低的环境中反复互动的国家行为体也在重塑自我身份、利益边界和内涵。此间,制度在国际社会中重要的功效就是通过建立一种国家相互作用其中的稳定(但未必总是有效的)结构以减少不确定性。当然,依据道格拉斯·诺斯(Douglas North)的分析,制度稳定性丝毫不否定制度渐进性变迁,演进中的制度也不断地改变着人们的选择和行为方式。① 那么,制度演进的动力源自何处? 又循着什么样的线路演进? 制度变迁过程和绩效呈现出何种特性? 制度经济学关于这些问题的回答和制度变迁中的路径依赖(path-dependence)属性的探讨,对于我们思考中印发展伙伴关系建设及路径选择无疑具有启发意义。

第一节 制度变迁的路径依赖及启示

罗纳德·科斯(Ronald H. Coase)指出:市场机制运行是有成本的,

---

① 这里的"制度"既有正规的制约,也包括非正规制约,后者往往更加稳定且不易受突变型政治或经济变革的影响。参见[美]道格拉斯·诺斯《制度、制度变迁与经济绩效》(汉译本),刘守英译,上海三联书店1994年版,第6—8页。

故当交易存在成本时，制度是有意义且重要的。①

诺斯认为，"制度是一个社会的游戏规则"，是为人类发生相互关系所提供的框架。制度包括人类用以决定人们相互关系的任何形式的制约，即制度既可能是人为创造出来的正规制约（如由人类设定的诸如法律规则规范），也有可能仅仅是随时间演进而来的非正规制约（如习俗、行为准则、普通法等）。制度构造了人们在政治、社会或经济方面发生交换的激励结构，并通过提供一个日常生活的结构来减少不确定性。用经济学的行话来说，制度确定并限制了人们的选择集合。"制度变迁则决定了社会演进的方式，因而是理解历史变迁的关键。"进言之，制度和制度环境下形成的组织及二者间相互关系决定了制度变迁的方向。② 制度则是通过对交换和生产成本的影响作用于经济绩效的。③ 制度是维持非强制干预环境中的行动者之间合作和协调的必要条件，迈克尔·泰勒（Michael Taylor）关于维持无政府状态（去国家干预）所需之社会秩序条件的论述对国际地区合作缘何得以维持有启发意义。泰勒认为，社区实质上是一种无政府权威的社会秩序，社区的关键特性是分享共同的信仰和规范。社区成员之间具有直接且复杂的相互关系，而且是互惠性的。④ 亚洲区域合作同其他区域一体化进程一样，本质上无疑也是一种无政府秩序下成员之间的协商互惠安排，参与地区合作进程的行为体共享且相信区域内其他参与者跟自己一样也秉持某种信念，这就是所谓的"共有知识"

---

① 交易费用非零命题是科斯定理的两个必要条件之一（另一必要条件是产权明晰），因任何交易都产生费用，故制度对于理解人们之间的合作性质和市场行为、经济绩效有意义。见 Ronald H. Coase, "The Nature of the Firm" (in *Economica* 4, 3: 86 – 405, 1937) and "The problem of Social Cost" (in *Journal of Law and economics*, 3: 1 – 44)。

② 道格拉斯·诺斯认为，制度加上标准经济理论中的制约因素，决定了一个社会的机会。社会组织的创立是为了捕捉这些机会，并且正是这些组织的演进会改变制度。制度变迁的路径则由两大因素决定：一是制度与组织共生关系所致的固定特性，并随着制度所提供的激励结构而演进；二是行动者对机会集合变化的认识与行为反应过程。参见［美］道格拉斯·诺斯《制度、制度变迁与经济绩效》（汉译本），刘守英译，上海三联书店1994年版，第9页。

③ ［美］道格拉斯·诺斯：《制度、制度变迁与经济绩效》（汉译本），刘守英译，上海三联书店1994年版，第3—7页。

④ See Michael Taylor, *Community, Anarchy and Liberty*, Cambridge: Cambridge University Press, 1982; and *The Possibility of Cooperation*, Cambridge: Cambridge University Press, 1987.

(shared knowledge)。① 作为行为体某一特定社会环境中所共同具有的理解和期望，共有知识涉及行为体之间关于对方理性程度、战略偏好、信念及外部世界状态的认知，实际上也是一种社会约定，建构了该时空内的规范、规则、制度、习俗、法律、意识形态等，并驱动和规范行为体的社会行为取向与行动选择。②

在非政治或社会突变环境下，制度及制度文化像某种技术一样呈现出一种连续且渐进性的演进态势。诺斯把 W. 阿瑟（W. Brian Arthur）关于技术进化过程中的自我强化逻辑引入到制度变迁的讨论中③，建立了著名的制度变迁的路径依赖理论。简言之，路径依赖是指人们一旦选择了某个体制，因规模经济（Economies of scale）、学习效应（Learning Effect）、协调效应（Coordination Effect）、适应性预期（Adaptive Effect）以及既得利益约束等因素的存在，该体制会沿着既定的方向不断得以自我强化。一旦人们做了某种选择，就好比走上了一条不归之路，惯性会使这一选择不断自我强化。用诺斯的话讲，"路径依赖性是一种在概念上使选择集合变窄的范式，它将不同时期的决策联结了起来……我们将制度渐进变迁的路线依赖特征与长期持续的增长或下降模式结合起来。一旦一条发展路线沿着一条具体进程行进时，系统的外部性、组织学习过

---

① Rajeev Bhargava, *Individualism in Social Science*, Oxford: Clarendon Press, 1992, p. 147.

② ［美］亚历山大·温特：《国际政治的社会理论》（汉译本），秦亚青译，上海人民出版社2000年版，第201—203页。

③ 阿瑟（W. Brian Arthur）在分析考察经济史中的技术渐进变迁时提出技术的四种自我强化机制：一是规模效应，即随着产出规模扩大而形成单位成本下降的优势；二是学习效应，即随着技术不断出于支配性，会使产品改进或生产技术的成本下降；三是协作效应，将优势转为其他具有类似行动的经济组织的合作；四是适应性预期，一旦某项技术在市场上处于支配地位，这种优势就会被不断强化。换言之，阿瑟认为，新技术的采用往往具有报酬递增的性质。由于某种原因，首先初始技术往往可凭借其占先的优势地位，利用巨大规模促成的单位成本降低，利用普遍流行导致的学习效应和许多行为者采取相同技术产生的协调效应，致使它在市场上越来越流行，人们也就相信它会更流行，从而实现自我增强的良性循环。相反，一种具有较之其他技术更为优良的技术却可能因后入市场而没有足够的跟随者，甚至被挤出市场，占优的初始技术支配权和更具先进性的新技术被排斥两种情形均处于"锁闭"（lock-in）状态。［这同认知心理学上的"认知固化"（cognitive rigidity）和"思维定式"（mind-set）具有近似的功效——笔者注。］参见 W. Brian Arthur, "Self-Reinforcing Mechanism in Economics", in Philip W. Anderson, Kenneth J. Arrow, and David Pines, eds., *The Economy as an Evolving Complex System*, Reading (MA): Addison-Wesley, 1988。

程以及历史上关于这些问题所派生的主观主义模型就会增强这一进程"。①因制度矩阵的相互依赖性构造而导致报酬递增固然在制度变迁和路径选择上意义重大,但"行动者的观念在制度变迁中起着更为关键的作用,因为意识形态观念对模型的主观建构的影响构成了选择"。②"在具有不同的历史和结果的不完全反馈下,行为者将具有不同的主观主义模型,因而会作出不同的政策选择,因此,制度变迁过程中,边际调整就不会完全趋同。"所以,不同历史条件下形成的行为者的不同的主观抉择,既是各种制度模式存在差异的重要因素,也是不良制度或经济贫困国家能够长期存在的原因之一。

诺斯提出"制度变迁轨迹"概念与"路径依赖"理论,目的是从制度的角度解释为什么所有的国家并没有走同样的发展道路,为什么有的国家长期陷入不发达,总是走不出经济落后制度低效的怪圈等问题。为此,诺斯将每个社会的政治、经济与司法体系解释为构成制度矩阵的具有内在联系的正规规则与非正规制约的一个网络,正是这些规则将经济引向了不同的路线。这种网络的外部性既限制了行动者的选择,又妨碍了他们对制度框架进行根本性改变。③诺斯在分析考察了西方近代经济史以后认为,一个国家在经济发展的历程中,制度变迁存在着"路径依赖"(path-dependence)现象。路径依赖具体包含如下三个方面。

第一,制度变迁如同技术演进一样,也存在着报酬递增和自我强化机制。这种机制使制度变迁一旦走上了某一条路径,它的既定方向会在以后的发展中得到自我强化。因此,人们过去作出的选择决定了他们可能的选择,换言之,"路径依赖性意味着历史是重要的。如果不回顾制度的渐进演化,我们就不可能理解当今的选择"。④沿着既定的路径,经济和政治制度的变迁可能进入良性循环的轨道,迅速优化;也可能顺

---

① [美]道格拉斯·诺斯:《制度、制度变迁与经济绩效》(汉译本),刘守英译,上海三联书店1994年版,第132页。
② [美]道格拉斯·诺斯:《制度、制度变迁与经济绩效》(汉译本),刘守英译,上海三联书店1994年版,第138页。
③ [美]道格拉斯·诺斯:《制度、制度变迁与经济绩效》(汉译本),刘守英译,上海三联书店1994年版,第154页。
④ [美]道格拉斯·诺斯:《制度、制度变迁与经济绩效》(汉译本),刘守英译,上海三联书店1994年版,第134页。

着原来的错误路径往下滑；甚至还会被锁定在某种无效率的状态之下。一旦进入了锁定状态，要脱身而出就会变得十分困难，往往需要借助外部效应，引入外生变量或依靠政权的变化，才能实现对原有方向的扭转。

第二，制度变迁不同于技术演进的地方在于，它除受报酬递增机制决定外，还受市场中的交易因素影响。诺斯指出，决定制度变迁的路径有两种力量，一种是报酬递增，另一种是由显著的交易费用所确定的不完全市场。如果没有报酬递增和不完全市场，制度是不重要的；而随着报酬递增和市场不完全性增强，制度变得非常重要，自我强化机制仍起作用，只是某些方面呈现出不同的特点：一是设计一项制度需要大量的初始设置成本，而随着这项制度的推进，单位成本和追加成本都会下降。二是学习效应，适应制度而产生的组织会抓住制度框架提供的获利机会。三是协调效应，通过适应而产生的组织与其他组织缔约，以及具有互利性的组织的产生与对制度的进一步投资，实现协调效应。不仅如此，更为重要的是，一项正式规则的产生将导致其他正式规则以及一系列非正式规则的产生，以补充这项正式规则。四是适应性预期，随着以特定制度为基础的契约盛行，将减少这项制度持久下去的不确定性。总之，制度矩阵的相互联系网络会产生大量的递增报酬，而递增的报酬又使特定制度的轨迹保持下去，从而决定经济长期运行的轨迹。

第三，鉴于制度变迁远比技术演进更为复杂，所以行为者的观念以及由此而形成的主观抉择在制度变迁中起着更为关键的作用。诺斯认为，技术变迁与制度变迁是社会与经济演进的基本核心，二者都呈现出路径依赖性特征，其中报酬递增是这两者的实质性部分。由于行动者的观念在制度变迁中所发挥的关键作用，加之因正规与非正规制约之间复杂相互关系所致的多重选择性，故而无论是制度锁闭（lock-in）还是路径依赖性都比技术情形中更为复杂。[1] 艾伦·麦克法伦（Alan Macfuriane）在分析英国个人主义的起源时指出："正是正规制约与非正规制约之间非常

---

[1] ［美］道格拉斯·诺斯：《制度、制度变迁与经济绩效》（汉译本），刘守英译，上海三联书店1994年版，第138页。

复杂的相互依赖系统，才促进了路径依赖性的报酬递增特性。"①

依据路径依赖性，制度矩阵报酬递增特性和行动者观念对选择过程及发展前景的影响尽管具体的短期路线是无法预期的，但长期的总体方向却是可预测的和比较难以逆转的。②

路径依赖产生原因在于：在非零交易成本和非完全市场下，行动者都有对利益和所能付出的成本的考虑。对组织而言，一种制度形成后，会形成某个既得利益集团，他们对制度有强烈的要求，只有巩固和强化现有制度才能保障他们继续获得利益，哪怕是新制度对全局更有效率。对个人而言，一旦人们作出选择以后会不断地投入精力、金钱及各种物资，如果哪天发现自己选择的道路不合适也不会轻易改变，因为这样会使自己此前的巨大投入失去价值，这是所谓经济学上的"沉没成本"，沉没成本主要是由路径依赖引起。

简言之，"路径依赖"类似于物理学中的惯性，事物的演变一旦进入某一路径，无论该路径"好"与"坏"，就可能对这种路径产生依赖。这是因为，经济生活与物理世界一样，存在着报酬递增和自我强化的机制。这种机制使人们一旦选择了某一路径，就会在以后的发展中得到不断的自我强化。一旦人们做了某种选择，惯性的力量会使这一选择不断自我强化，使人难以轻易地摆脱。路径依赖性同认知固化（cognitive rigidity）和思维定式（mindset）对事物发展演变的影响具有异曲同工之效。所以，初始制度安排及路径、策略、互动方式的选择非常之关键，在全球化和区域一体化两种力量并存且复杂互动中，现代国家固有本性虽遭遇全球化和区域一体化两种力量的冲击而有被弱化之风险，但主权观念、民族意识、国家利益等依旧是现代国际体系的主导意识形态，面对调整中的国际政治经济体系和制度变迁，构筑更加紧密的中印发展伙伴关系尤其需要关注制度变迁中路径依赖的机理及影响。

---

① Alan Macfuriane, *The Oringins of English Individualism: The Family, Property, and Social Transition*, Oxford: Blackwell, 1978; 另见［美］道格拉斯·诺斯：《制度、制度变迁与经济绩效》（汉译本），刘守英译，上海三联书店出版社 1994 年版，第 154 页。

② ［美］道格拉斯·诺斯：《制度、制度变迁与经济绩效》（汉译本），刘守英译，上海三联书店出版社 1994 年版，第 138—139 页。

第二节 路径依赖与中印发展伙伴关系建设的路径、策略选择

中印两国建交 70 多年来的双边关系经历了曲折的演进历程，历史遗留的边界纠纷既是引发双边关系跌入低谷关键因素，也是 20 世纪 90 年代以来两国关系恢复正常化进程中相关制度安排的原点。换言之，中印两国达成的关于保持边境实控线（LAC）地区和平与安宁和增进军事领域互信的共识和相关的系列过渡性制度安排是中印双边关系全面发展的基础性前提。尽管因边境实控线认知上的差异而在两国边境实控线地区时不时地出现形式、规模、烈度各异的对峙甚至是冲突，但相关的制度性安排大致满足了保持中印边境实控线地区的和平与安宁的目标。无疑，这是相关过渡性制度安排的绩效，是中印两国在解决边界纠纷问题上制度创新的成效。作为最终解决中印边界纠纷的阶段性制度安排，其有效性显而易见。然而，从另一个视角来看，正是这种过渡性制度安排差强人意的有效性使得中印两国致力于最终解决边界问题的决心和动力衰减了。此外，两国在落实保持两国边境实控线地区和平与安宁、增加军事领域互信措施等相关过渡性制度安排中产生了负向路径依赖，即基于不同实控线认知的周期性边境对峙和紧张。尽管对峙和紧张局势最终被化解，但中印边境实控线地区武装对峙下的和平成本高昂。这是值得中印两国决策层、负责任的学者和媒体认真反思的，需要尝试新的制度性创新克服负向路径依赖效应，走出双方在边境实控线地区周期性军事对峙的困顿。延展至全方位中印关系领域，在全球化和区域一体化呈非线性演进、国际体系复杂调整和国际规则再塑造的大背景下，构筑更加紧密的中印发展伙伴关系除通常意义上的战略思维与筹划、政策决策与实施措施考量算计之外，同样需要关注到路径依赖的正负强化和影响。具体地讲，路径依赖理论对落实中方"一带一路"倡议（BRI）和推进中印发展伙伴关系建设有启发意义。从中方视角来看，两个过程相互促进，其内蕴的制度创新具有路径依赖的属性；鉴于印度对"一带一路"倡议始

终存在保留甚至基于自身偏颇的认知而明确表示反对①，故而中国在落实"一带一路"倡议有涉印度的项目或领域时尤其需要审慎对待，采取灵活务实的推进策略和措施，在不违反原则前提下照顾到印度的合理关切和舒适度。无疑，探寻中方落实"一带一路"背景下中印发展伙伴关系的路径要考虑路径依赖的正负效应，做到：中印发展伙伴关系建设的初始路径、策略及互动方式选择既要考虑直接、即时的效果，又要研究其长期影响，确立正向的预期效用路径模型和制度规范。构筑更加紧密的发展伙伴—伙伴关系是面向和平与繁荣的中印战略伙伴关系的核心内涵，是有着共同或相似的谋求民族复兴使命的中印两国关系的新起点。良好的政治安全关系既是中印两国构筑更加紧密的发展伙伴关系的基础，也是发展伙伴关系的题中之义。因为"发展"本身也是一种社会意义上的进化，即从政治、经济、社会的某种欠发达状态到更高阶状态。②

就中印两国政治安全关系而论，历史遗留的边界问题、低水平战略互信和第三方因素等是关键议题。把发展伙伴关系界定为中印两国战略合作伙伴关系的核心内容离不开对两国间传统政治安全的关切及分歧的呵护，并在和平共处五项原则和相互同等安全观念下通过友好协商积极

---

① 作为中国的邻国和南亚地区举足轻重的角色，印度对"一带一路"倡议的态度直接影响该倡议在南亚及其相邻地区的落实。印度政府的态度经历由审慎模糊到明确反对的过程，即"一带一路"倡议提出初期，印人党主政的纳伦德拉·莫迪政府反应谨慎，没有公开表态，但认为这是中方的单边意向，没有征得包括印度在内的其他国家的同意；2016年以来，印度公开且明确地表示拒绝参与"一带一路"名义下的任何项目，理由是中方着力打造并称为"一带一路"旗舰项目的中巴经济走廊（CPEC）所穿越的吉尔吉特—巴尔蒂斯坦（Gilgit-Baltistan）是印度主张的克什米尔不可分割的一部分，这侵犯了印度主权，印度不可能在其领土主权遭受侵犯的背景下接受并参与"一带一路"项目。当然，印度社会和地方政府的反应则相对复杂多样，但主流舆论是怀疑谨慎。参见叶海林《莫迪政府对华"问题外交"策略研究》，《当代亚太》2017 年第 6 期；王延中、方素梅等：《印度对"一带一路"倡议态度的调查与分析》，《世界民族》2019 年第 5 期。有印度学者则认为，印度对"一带一路"倡议在实质上是一种选择性参与，如审慎参与孟中印缅经济走廊、不同程度地参与丝路基金（SRF）和亚投行（AIIB）、金砖国家新开发银行（NDB）和上合组织（SCO）等。参见［印度］斯瓦兰·辛格（Swaran Singh）《印度对"一带一路"倡议的选择性参与》，《印度洋经济体研究》2017 年第 4 期。

② The College Edition Webster's New World Dictionary of American English（3rd College Edition），New York：Webster's New World，1986，p. 376.

解决包括边界纠纷在内的所有悬而未决问题，在最终解决之前避免使分歧影响双边关系的总体发展。这既是构建中印两国战略合作伙伴关系的原则，也是 20 世纪 90 年代以来两国一直采取的切实举措。主要表现为：一是中印双方共同努力，总体上保持了中印边境实际控制线地区和平与安宁、军事领域的互信度有所提升，为发展双边正常关系和持续增长提供了重要保障。相关的过渡性制度性安排和增信措施是有效的[1]，如 2005 年 4 月签署的《关于解决中印边界问题政治指导原则的协定》、致力于政治解决边界纠纷的特别代表机制和"三步走"路线图的制定、中印边境事务磋商和协调工作机制等都具有重要作用和意义。二是双方充分认识到了加强中印两军关系对增进互信的作用，在保持两国防务部门和两军领导人定期互访的同时，拓展相关领域的务实合作，如举行两国陆军联合训练、海上合作对话（就诸如反海盗、航行自由和两国海洋机构合作等海洋事务、海上安全交换意见）以及实际的海空军联合演练、军舰互访和海上联合搜救演习等。此外，双方还决定尽早举行裁军、防扩散和军控事务磋商。三是两国高层领导人互访或会晤机制化，除了双边层面的互访和领导人非正式会晤机制，两国还利用诸如 G20 峰会、上合组织峰会、金砖国家峰会、东亚峰会、亚信峰会等多边国际舞台举行领导人会晤，以增进战略互信，推动两国各领域各层面合作。

从中印两国间上述制度安排的实践来看，中国和印度关于边境实控线地区的相关制度安排、领导人会晤机制等初始路径是富有成效的，两国边境实控线地区大体上保持了武装对峙下的和平状态，两国之间战略互动渠道畅通，尤其是两国领导人的机制性会晤能够化解即时的棘手问题，双方战略互信有所提升。但是，也必须承认，两国边境实控线地区周期性的对峙危机和常态回归也是一种负向效用的路径依赖。相对于两国领导人会晤机制的有效和高效性，这种为保持边境实控线地区和平与安宁、增进边境实控线地区军事领域信任的制度性安排无疑是一种制度

---

[1] 中印关于边境实际控制线地区的制度性安排主要包括：《关于在中印边境实际控制线地区保持和平与安宁的协定》(1993)、《关于在中印边境实际控制线地区军事领域建立信任措施的协定》(1996)、2003 年启动的"边界问题特别代表会晤机制"、《关于建立中印边境事务磋商和协调工作机制的协定》(2012)、《中印边境防务合作协议》(2013)、依据 2015 年两国联合声明第十条之规定（即"在中印边界各段设立边防会晤点"）而启动的"边防人员会晤机制"等。

创新，作为边界问题最终解决之前的过渡性制度安排，其运行实践基本达到了制度安排的初衷，有效性显而易见。然而，这种过渡性安排也产生了两个层面的负面效应：一是双方解决边界纠纷的紧迫感不同程度地衰减了；二是因预期到非武装对峙不会引发两国边界武装冲突，或者双方在底线思维——避免武装冲突上存有共识，边境实控线地区的非武装对峙或摩擦反倒呈频发之势。这也是中印双方下一步思考边界问题所必须面对的现实悖论，换言之，思考如何在传承边境实控线地区制度安排优势的同时，破解相关制度创新的外生性负面效应。

中印发展伙伴关系内涵的政治安全涵盖双边和多边两个层面上的传统安全和非传统安全领域。囿于传统的均势制衡思维和边界遗留问题的束缚，印度在传统安全领域对中国发展和国际行为心存疑惧，甚至视为安全威胁；双边互动以外的第三国因素也一直困扰着印度对中国和印度邻国发展正常国家间关系，以及中国在相关地区安全行为的战略意图的认知与评估；此外，中国学界和智库对印美关系进展和"印太战略"概念提出的深层意图也始终保持警觉和疑虑。

总之，中国和印度之间总体上低水平的政治战略互信是构建两国全面和更加紧密发展伙伴关系所面临的现实挑战。两国高层机制化的互访或会晤，尤其是两国领导人双边层面的非正式会晤或多边舞台上双边会晤制度设计对于推进低水平战略互信背景下中印面向和平与繁荣的战略合作伙伴关系建设发挥着至关重要的作用，这也得到两国关系演进实践的验证。换言之，每当中印关系中遭遇困难甚至危机时，两国高层会晤尤其是领导人会晤总能化险为夷，使双边关系进程回归正常轨道。因此，中印领导人会晤制度安排对于双边关系的健康发展是有效的；中印两国边境实际控制线地区保持和平与安宁、增进双方在实控线地区军事领域信任措施等制度安排也基本满足了制度创新设计的初衷，其有效性也显而易见。这些都应验了中国的至理名言，即"凡事豫（预）则立，不豫（预）则废"。[①] 所谓"预"，尤其是"善预"，如中印边境实控线地区的

---

① 出自战国子思的《礼记·中庸》第二十一，即"凡事豫则立，不豫则废。言前定则不跲，事前定则不困，行前定则不疚，道前定则不穷"。

相关制度安排和中印领导人多层面和多场景下的会晤机制等均系"善预"的制度创新范畴，初始路径设计和运行也都是有效的，至于如上所述的其外生性负面效应及依赖则需要制度再创新加以克服（下文将对此作进一步的分析讨论）。较之于传统领域的低信任度或信任赤字（边界纠纷和相互在对方周边或安全关切区域内的行为猜忌等），中印两国在非传统安全领域的共识更多和信任度也更高。

中印经贸合作和社会人文交流领域的双边或多边的制度安排在无法从根本上摆脱边界遗留问题束缚和低水平战略互信困扰的大背景下，两国在相关领域虽有分歧或竞争，但共识和信任度均大（高）于政治安全领域，并在总体上取得了巨大的成效或显著进展。因而，中印两国在经贸合作和社会人文交流领域的相关制度创新和路径选择是有效的。

第三节　中印发展伙伴关系建设路径选择效用评估与优化建议

依据制度变迁的路径依赖规律，某种制度安排一经选择就存在着报酬递增和自我强化机制。换句话说，人们过去所作的选择决定了他们现在乃至将来可能的选择。沿着既定的路径发展，经济和政治制度的变迁可能进入良性循环的轨道，迅速优化，但也有可能顺着原来的错误路径往下滑；甚至还会被锁定在某种无效率的状态之下。因此，中印构建发展伙伴关系的制度安排和路径选择既要精心审慎地做好初始设计和选择，又要对制度实施路径、策略、效用适时地反思评估，以强化路径依赖的正向效应，促成良性循环；及时纠偏，避免低效或无效的路径和制度锁定。

一　双边层面的制度安排与路径选择

在双边层面上，中印两国构筑面向和平与繁荣的战略伙伴关系之路径效用在政治安全、经贸合作、人文社会交往等领域不尽相同。在政治安全（尤其非传统安全）领域，由于历史遗留的边界纠纷和由此引发的边境冲突及其后遗症、战略互信赤字等，各种制度安全在技术或局部意义上是有效的，制度且系列化的边境实控线地区冲突预防或危机化解机制的确发挥制度设计的初始功效，但制约双边关系深层发展的边界纠纷并未解决。双边高层互访、战略对话、领导人非正式会晤等机制在舒缓中印两国间的紧张局势、增进了解等方面无疑也是适用的和有效的，但低水平的政治战略互信状况的改善则不尽如人意，并始终困扰着中印关系的进一步发展。

在经贸合作领域，中印两国真正意义上的经贸合作是20世纪90年代中后期的事，至于中印经贸合作的制度化安排则是进入21世纪后随着双边贸易量的增加而逐渐出现的。2003年6月签署的中印两国《关系原则和全面合作的宣言》一方面责成既有的两国经贸科技联合工作组部长级会晤机制加紧研讨增进双边经贸往来、消除贸易和投资方面的障碍，另一方面则提议设立由"官员和经济学专家组成的联合研究小组"，负责研究扩大两国经贸合作的潜在互补关系并制定未来5年中印经贸合作的发展规划。在此基础上，2005年4月两国签署了12个协议或备忘录，其中就包括《中印全面经贸合作五年规划》《海关行政互助与合作协定》《启动中印财金对话机制的谅解备忘录》等，标志着中印两国经贸合作机制初步形成。其后，经贸合作机制建设进一步发展，2011年两国设立战略经济对话机制；2014年9月双方同意建立中国国务院发展研究中心与印度政府经济事务局的对话机制，这些标志着中印经贸关系机制已逐步趋于成熟。这些经贸合作与对话制度安排（如中印经贸科技联合工作小组、财金对话机制、战略经济对话机制等）有力地推进了近年来中印双边经贸关系的快速发展，2019年和2020年中印双边贸易额分别达970亿美元、875.9亿美元（新冠疫情下的成果），两国在基础设施领域的投资和产业合作明显加强。双方在探讨新的经济合作领域——包括产业投资、基础设施建设、节能环保、高技术、清洁能源、可持续城镇化、智慧城市建设等方面也取得了不少共识，双方同意在各自国内至少确定一座城市作为智慧城市的示范项目。客观地讲，中印双边层面的经贸合作机制和路径是最富有成效的，当然中印两国因产业结构和发展阶段上的差异，在双边经贸合作中也出现了明显的贸易不平衡问题。中印双边贸易失衡需要双方共同努力解决加以克服，中方也积极尝试扩大印度对华出口，但结构性矛盾很难在短期彻底解决，这恐怕是经由双边经贸合作路径推进中印发展伙伴关系面临的现实，甚至可能是最大的挑战。

在人文合作和社会交往领域，两国在科教、人文、社会领域的交流合作也随着两国关系的改善不断得到加强和深化，两国政府推动下的相关交流合作业已形成制度性的安排，相关制度性安排的效用明显实在，但中印两大社会之间尚远未形成良性互动。这就需要中印两国决策者审慎处理和负责任的学者或战略分析家理性发声。

二 多边层面的制度安排与路径选择

在多边层面，中印两国之间关系互动远比双边复杂，涉及的议题和领域不同，其互动方式和功效也存在差异。总体而言，中印两国在有涉传统安全或相关议题上的多边互动方式及功效同双边层面上的行为互动及功效均没有本质上的差异，尚处于以相互沟通和增进理解、避免战略误解误判为主要目的阶段，还很难在战略合作上取得实质性进展，至于两国之间的战略协作更无从谈起。中印两国在非传统安全领域的对话和合作层次水平固然优于传统安全领域，但仍处于初级阶段，而且具体议题的认知上也尚存差异。所以说，中印两国在政治安全领域真正意义上战略合作总体上尚处于初始的磨合阶段，两国在致力于战略合作甚至协作伙伴关系的建设方面还有很长的路要走，有些现实的困难需要双方在转变观念的基础上探索新路径加以克服。也正因如此，中印双方应该格外审慎地处理政治安全领域遭遇的问题或困难，避免产生负效应的路径依赖性。

较之于政治安全领域面临的各种困难，中印两国在多边层面经贸领域和应对全球性挑战上的共识与合作则远大于分歧与竞争。包括中国和印度在内的"亚太经济体需要共同构建互信、包容、合作、共赢的亚太伙伴关系，为亚太地区和世界经济发展增添动力"。[①] 为了共同应对全球性挑战，国际社会在后国际金融危机时期"既要抓住经济增长这个核心，

---

① 《习近平谈治国理政》第 2 卷，外文出版社 2017 年版，第 453 页。

加强宏观政策协调，又要妥善应对流行性疾病、粮食安全、能源安全等全球性问题，以信息共享增进彼此了解，以经验交流分享最佳实践，以沟通协调促进集体行动，以互帮互助深化区域合作"。① 这既是中国以合作共赢理念深化国际合作、共同应对全球性挑战的宣示，也是中国国际行动的实践指南。

在 WTO 框架内，作为两个崛起中的最大发展中国家，中国和印度在维护全球自由开放的多边贸易体制和广大发展中国家合理关切和利益诉求上存在着广泛共识与密切合作。中印《关系原则和全面合作的宣言》（2003 年 6 月）对中印两国加强 WTO 框架内的对话合作作了明确规定，即"双方一致同意加强在世界贸易组织中的合作，这不仅有利于中印两国，而且符合广大发展中国家的利益"。② 随着经济的持续高速增长，印度同中国业已成为 WTO 框架内核心成员一样，也逐渐从关贸总协定时期和 WTO 早期的边缘国家变成了核心成员③，而且中印两国在很大程度上还共同扮演着发展中国家代言人的角色。如在多哈发展议程回合谈判中，为了促进发展中国家在多哈回合中的整体话语权，在 2003 年 WTO 坎昆会议前夕，由巴西、印度和中国主导成立了由发展中国家组成的"22 国集团"（后因秘鲁和哥伦比亚迫于美国压力退出，实为"20 国集团"）。④ 中国、印度、巴西三国代表发展中国家同美国、欧盟、日本、澳大利亚等发达经济体在小范围内

---

① 《习近平谈治国理政》第 2 卷，外文出版社 2017 年版，第 453 页。
② 随新民：《中印关系研究：社会认知视角》，世界知识出版社 2007 年版，第 333 页。
③ Amrita Narlikar, "India and the World Trade Organization", in Kanti P. Bajpai and Harsh V. Pant ed., *India's Foreign Policy*, New Delhi: Oxford University Press, 2013, pp. 418 – 24.
④ 以中国、印度、巴西为中坚的发展中国家"20 国集团"代表了 WTO 大多数成员，占全球农业人口、产品及农产品贸易的相当大部分。"20 国集团"在 WTO 坎昆会议期间经过磋商与协调，形成共同的谈判立场，并向 WTO 秘书处总干事提交《农业框架建议》，提出关于全球农产品贸易改革的联合报告。联合提案国有阿根廷、巴西、玻利维亚、中国、智利、哥伦比亚、哥斯达黎加、古巴、厄瓜多尔、萨尔瓦多、危地马拉、印度、墨西哥、巴基斯坦、巴拉圭、秘鲁、菲律宾、南非、泰国和委内瑞拉，土耳其后来申请加入该提案国集团，即"21 国集团"，埃及和尼日利亚不久后也先后加入提案国行列。See Agriculture-Framework Proposal, Ministerial Conference, the 5th Session, Cancun, 10 – 14 September 2003, WT/MIN (03) /W/61, September 4, 2003.

磋商建立有关发展中国家农产品特殊保障机制（Special Safeguard Mechanism for Developing Members，SSM）的议题。这也反映出"包括印度在内的所有发展中国家在 WTO 多哈回合谈判的相关议题上政策的趋同或近似性。这种政策上的趋同性不可避免地导致更加积极且有效地参与 WTO"。① 当然，上述共识和趋同性也构成中印两国在 WTO 框架内协调合作和构筑发展伙伴关系的基础。客观地讲，中印两国在吸引外资（FDI）方面存在某种程度上的竞争性，但全球权力结构的调整、中印两国产业结构差异性和发展阶段的非同步性使得中印之间的竞争远不至于对双边或多边经贸合作产生破坏性影响，实践中印度引进外资规模的扩大也并未对中方的相关方面造成实质性影响。

在抑制全球气候变暖速度和相应的温室气体（GHGs）减排问题上，中印两国之间的共识更加明显，在关于联合国气候变化公约政府间谈判（1991 年 2 月至 1992 年 5 月）并最终通过《联合国气候变化框架公约》（the United Nations Framework Convention on Climate Change，UNFCCC）②、联合国环境与发展大会（1992 年 6 月）上维护广大发展中国家主权和发

---

① Amrita Narlikar, "India and the World Trade Organization", in Kanti P. Bajpai and Harsh V. Pant ed., *India's Foreign Policy*, New Delhi: Oxford University Press, 2013, p. 423.

② 受 1896 年瑞典科学家 S. Ahrrennius 关于二氧化碳排放可能导致全球气候变暖警告的启示，1988 年联合国大会（the UN General Assembly）首次确认气候变化为"人类共同关心的议题"，并授权联合国环境规划署（UNEP）和世界气象组织（WMO）成立气候变化政府间会议（Intergovernmental Panel on Climate Change, IPCC），并于 1990 年发布气候变化科学依据的评估报告。1990 年第二次世界气候大会呼吁通过一项气候变化框架公约，同年 12 月联合国批准气候变化公约谈判，并成立气候变化框架公约政府间谈判委员会（INC/FCCC）。谈判委员会于 1991 年 2 月至 1992 年 5 月先后进行 5 次会议并起草了一份公约草案，参加谈判的 150 个国家的代表最终确定在 1992 年 6 月联合国环境与发展会议上开放签署《联合国气候变化框架公约》，1994 年 3 月 21 日公约生效，目前有 197 个成员国签署了该公约。《公约》由序言及 26 条正文组成，具有法律约束力，终极目标是将大气温室气体浓度维持在一个稳定的水平，人类活动不至于对气候系统造成破坏。根据"共同但有区别的责任"原则，《公约》对发达国家和发展中国家规定的义务以及履行义务的程序有所区别，要求发达国家作为温室气体的排放大户，采取具体措施限制温室气体的排放，并向发展中国家提供资金和技术以支持其履行公约义务所需费用和技术。而发展中国家只承担提供温室气体源与温室气体汇的国家清单的义务，制订并执行含有关于温室气体源与汇方面措施的方案，不承担有法律约束力的限控义务。该公约建立了一个向发展中国家提供资金和技术，使其能够履行公约义务的机制。《公约》是气候变化谈判的总体框架，1997 年通过的《京都议定书》则是第一份具有法律约束力的政府间气候变化文献。

展权益①，以及后续落实气候变化公约的系列谈判中，中印两国基于共同的理念——"共同但有区别的责任"（the common but differential responsibility）、公平和各自能力结合、可持续发展等原则和气候政策主张进行了卓有成效的合作。在印度看来，气候公约不仅仅是一个环境条约，更是一项重要的多边经济协议。公约规定的成本和收益共享会极大改变单个国家的经济命运。②鉴于减贫、工业化、经济发展以及获得应有的国际地位一直是独立后印度最优先关注的目标，所以印度从一开始就集中精力反对西方国家呼吁的"共同努力"解决气候变暖这一全球性问题。③印度政府关于气候变化框架公约谈判的立场一致秉持：第一，大量的温室气体排放是由发达国家所致，所以减少温室气体（GHGs）排放的主要责任应由发达国家承担；第二，发展中国家的温室气体排放尚处于很低水平，其满足发展和减贫需要无疑必须增加排放量，因此发展中国家不应当有具体的减排目标；第三，任何气候变化公约都必须向发展中国家提供技术转让和资金支持，以帮助其应对这种挑战；④第四，任何气候变化公约必须遵循公正合理原则，正如前总理 V. P. 辛格所言："发展中国家理所当然地应参与任何旨在保护地球和使之可持续发展努力，但是这些努力

---

① 联合国环境与发展会议（United Nations Conference on Environment and Development）于1992年6月3—4日在巴西里约热内卢召开，是继1972年6月瑞典斯德哥尔摩联合国人类环境会议后，环境与发展领域中规模最大、级别最高国际会议。有183个国家的政府代表团，70个国际组织代表参加了会议；102位国家元首或政府首脑到会讲话。时任中国政府总理李鹏应邀出席首脑会议并发表重要讲话；国务委员宋健率中国代表团参加了部长级会议。会议围绕环境与发展主题，在维护发展中国家主权和发展权益、发达国家向发展中国家提供资金和技术等根本问题上进行了艰苦的谈判。最后通过了《关于环境与发展的里约热内卢宣言》《21世纪议程》和《关于森林问题的原则声明》3个文件。会议期间，开放签署《联合国气候变化公约》（UNFCCC），该公约于1994年3月21日正式生效。

② Chandrashekhar Dasgupta, "The Climate Change Negotiations", in Irving M. Mintzer and J. Amber Leonard eds., *Negotiating Climate Change: The Inside Story of the Rio Convention*, Cambridge: Cambridge University Press, 1994, p. 131.

③ See G-7, *Paris Communique by the Group of Seven*, 16 July 1989, paragraphs 38, 40 and 45.

④ MoEF, "Greenhouse Effect and Climate Change: Issues for the Developing Countries", in *Proceeding of the Conference of Select Developing Countries on Global Environmental Issues*, New Delhi: Ministry of Environment and Forest, Government of India, 1990.

必须遵循公正与合理原则。"① 针对有着巨大影响力且受到联合国支持的非政府组织世界资源研究所（World Resources Institute, US-based NGO）报告中关于"全球温室气体排放是全球范围的，故而所有发达国家和发展中国家应共同分担导致气候变化的主要责任"之说，印度非政府组织新德里科学与环境中心（Center for Science and Environment）指出，全球气候变暖的根本原因在于过高的人均排放量，所以公正合理的解决方案必须是基于大规模削减发达国家的人均排放量，而在一个时期内发展中国家的人均排放标准量则应合理地提高。② 再加之历史累积因素，故印度等发展中国家相对于发达国家的温室气体排放量是微不足道的。基于上述因素，印度在《联合国气候变化框架公约》谈判中秉持的政策立场得到了包括中国在内的广大发展中国家的一致认同和支持，并成为发展中国家共同的意志。具体而言，这些政策内容主要包括：第一，印度在应对气候变化问题上不承担任何法律义务（no legal responsibility）；第二，任何自愿减排举措都不得同国家发展计划和优先目标相违背；第三，落实自愿减排措施增加的所有资金成本需要由发达国家通过"新的额外财源"来提供；第四，发达国家同时还要以优惠的条件向发展中国家提供可靠的技术支持。③ 此外，印度还进一步提出任何向发展中国家转让资金和技术的机制必须由《联合国气候变化框架公约》参与方民主运作管理，而非通过受捐助方影响巨大的相关机构。④ "印度同中国一起强烈反对（发达国家提出的）旨在取代更加严厉的'（减排）目标和时间表'方案的自愿'承诺和核查'建议。该建议不仅试图减轻发达国家的压力，而

---

① Mukund Govind Rajan, *Global Environmental Politics: India and the North-South Politics of Global Environment Issues*, New Delhi: Oxford University Press, 1997, p. 81.

② See Statement by the Leader of the Indian Delegation at the Second Session of the Intergovernmental Negotiating Committee, Geneva, 19 June 1991. In cited in Sandeep Sengupta, "Defending 'Differntiation': India's Foreign Policy on Climate Change from Rio to Copenhagen", in in Kanti P. Bajpai and Harsh V. Pant eds., *India's Foreign Policy*, New Delhi: Oxford University Press, 2013, p. 393.

③ *Statement by the Leader of the Indian Delegation*, Geneva, 19 June 1991, cited in C. Dasgupta, "The Climate Change Negotiations", in Irving Mintzer and Amber Leonard eds., *Negotiating Climate Change: The Inside Story of the Rio Convention*, p. 133.

④ *Statement by the Leader of the Indian Delegation*, Geneva, 19 June 1991, cited in C. Dasgupta, "The Climate Change Negotiations", in Irving Mintzer and Amber Leonard eds., *Negotiating Climate Change: The Inside Story of the Rio Convention*, p. 133.

且试图变相地（back door）为发展中国家施加法律义务。"①

应当说，中印两国在《联合国气候变化框架公约》、《京都议定书》（Kyoto Protocol，1997）②、"巴厘路线图"（Bali Roadmap，2007）③、《巴黎气候变化协定》（2015）④ 等全球气候变化问题谈判中进行了建设性和富有成效的合作，为缓解全球气候变化过快、维护广大发展中国家的正

---

① Sandeep Sengupta, "Defending 'Differntiation': India's Foreign Policy on Climate Change from Rio to Copenhagen", in Kanti P. Bajpai and Harsh V. Pant eds., *India's Foreign Policy*, pp. 394.

② 《京都议定书》（Kyoto Protocol）的全称为《联合国气候变化框架公约的京都议定书》，1997年在日本京都通过，1998年3月16日至1999年3月15日开放签字，共有84国签署。《议定书》于2005年2月16日开始强制生效，至2009年2月一共有183个国家通过了该议定书（其温室气体排放超过全球排放量的61%）。美国虽然在议定书上签字，但国会并未核准，是首先退出《京都议定书》的国家。https://zhidao.baidu.com/question/308676387492440844.html。

③ "巴厘路线图"是2007年12月联合国气候变化大会（印度尼西亚巴厘岛）通过的旨在控制温室气体排放、遏制全球变暖而寻求国际合作措施的决议。参加气候大会的有来自《联合国气候变化框架公约》的192个缔约方和《京都议定书》176个缔约方的1万多名代表，是联合国历史上规模最大的气候变化大会。主要内容有：一是确认为阻止人类活动加剧气候变化必须"大幅度减少"温室气体排放。文件援引科学研究建议，2020年前将温室气体排放量相对于1990年排放量减少25%—40%，但文件本身并没有量化减排目标。二是为应对气候变化新安排举行为期2年的谈判，各方应于2009年前达成新协议，以便为新协议在2012年年底前生效预留足够时间；三是谈判应考虑为工业化国家制定温室气体减排目标，发展中国家应采取措施控制温室气体排放增长。比较发达的国家向比落后的国家转让环境保护技术。四是谈判方应考虑向比较穷的国家提供紧急支持，帮助他们应对气候变化带来的不可避免的后果，比如帮助他们修建防波堤等。五是谈判应考虑采取"正面激励"措施，鼓励发展中国家保护环境，减少森林砍伐等。https://baike.baidu.com/item/%E5%B7%B4%E5%8E%98%E5%B2%9B%E8%B7%AF%E7%BA%BF%E5%9B%BE/9932592。

④ 《巴黎气候协定》（The Paris Agreement on Climate Change）是2015年12月12日在巴黎气候变化大会上通过、次年4月22日在纽约开放签署的气候变化协定，旨在为2020年后全球应对气候变化行动作出安排。《巴黎气候协定》（简称《巴黎协定》）长期目标是将全球平均气温较前工业化时期上升幅度控制在2摄氏度以内，并努力将温度上升幅度限制在1.5摄氏度以内。《巴黎协定》是继《京都议定书》之后第二份具有法律约束力的气候协议，为2020年后全球应对气候变化行动作出了制度性安排。依照规定，《巴黎协定》将在至少55个《联合国气候变化框架公约》缔约方（其温室气体排放量占全球总排放量至少55%）交存批准、接受、核准之日后的第30天起正式生效。时任联合国秘书长的潘基文2016年10月5日宣布：《巴黎协定》于当月5日达到生效所需的两个门槛，并将于2016年11月4日正式生效。遗憾的是，2019年11月4日时任美国国务卿蓬佩奥证实，特朗普政府已正式通知联合国将退出《巴黎协定》，这是美国开启退出《巴黎协定》程序（为期1年）的第一步。2021年2月19日，拜登总统就职首日签署了重返《巴黎气候协定》的行政命令。https://baike.baidu.com/item/%E5%B7%B4%E9%BB%8E%E5%8D%8F%E5%AE%9A/19138374?fromtitle=%E5%B7%B4%E9%BB%8E%E6%B0%94%E5%80%99%E5%8D%8F%E5%AE%9A&fromid=20828719。

当权益、落实相关气候变化协定和巴厘路线图等作出了巨大贡献。自然，中印两国之间在全球气候变化问题上的合作模式具有正向效应，对两国间构筑更加紧密发展伙伴关系的综合路径选择具有示范和启发效用。

第四节 探索并审慎推进中印发展战略对接

作为增长最快的两大新兴经济体和怀揣民族复兴抱负的邻国，中国和印度都制定了全球化加速发展、国际体系结构调整背景下自身的发展战略，但基于各自历史与文化传承、治理理念与实践经验、国家利益的界定与实现手段、地缘政治经济环境认知等方面的差异，有着共同发展目标的两国在发展战略的具体形态和实施路径上难免也存在差异，甚至在评估周边环境和对方发展意图上产生误解误判。面对此情，最好的解决路径就是加强宏观政策沟通，增信释疑，找准双方战略契合点和利益交汇点，积极且稳妥"推动各方加强规划和战略对接"①。

一 关于发展战略对接的概念及内蕴

"战略对接"是一个中国特色的全球治理概念和倡议，最早源于中国领导人在有关摒弃冷战思维、加强国际合作、实现互利共赢等国际治理观和新时代中国外交战略的系列谈话中提出的通过国家之间宏观政策协调、寻求各国间的"战略契合点"或"利益交汇点"等主张。如习近平主席在阐释周边外交理念和实践意义时指出："政策和策略是党的生命，也是外交工作的生命。做好外交工作，胸中要装着国内国际两个大局……国际大局就是为我国改革发展稳定争取良好外部条件，维护国家主权、安全、发展利益，维护世界和平稳定、促进共同发展。要找到利益的共同点和交汇点，坚持正确义利观，有原则、讲情谊、讲道义，多向发展中国家提供力所能及的帮助。"② 在参与全球治理和实施和平发展的实践中，我们"要着力深化互利共赢格局。统筹经济、贸易、科技、

---

① 《习近平谈治国理政》第 2 卷，外文出版社 2017 年版，第 449—450 页。
② 《习近平谈治国理政》第 1 卷，外文出版社 2018 年版，第 299 页。

金融等方面资源，利用好比较优势，找准深化同周边国家互利合作的战略契合点，积极参与区域经济合作"[①]；我们"要切实推进多边外交，推动国际体系和全球治理改革，增加我国和广大发展中国家的代表性和话语权。要切实加强务实合作，积极推进'一带一路'建设，努力寻求同各方利益的汇合点，通过务实合作促进合作共赢"[②]；"中国坚持走和平发展道路，奉行独立自主的和平外交政策，实行互利共赢的对外开放战略，着力点之一就是积极主动参与全球治理，构建互利合作格局，承担国际责任义务，扩大同各国利益汇合，打造人类命运共同体。"[③] 在评估金砖合作机制首个10年成效、展望第二个"金色十年"的讲话中，习近平主席把"加强发展战略对接"作为全面深化金砖伙伴关系的重要举措，处于相近发展阶段、具有相同发展目标、步入经济爬坡过坎儿期的金砖五国应该"加强发展战略对接，发挥各自在资源、市场、劳动力等方面比较优势……开辟出巨大发展空间。我们应该在大局上谋划、关键处落子，本着共商共建共享原则，寻找发展政策和优先领域的契合点，继续向贸易投资大市场、货币金融大流通、基础设施大联通目标迈进"。[④] 落实"一带一路"倡议的国际合作的实践创新更是极大地推动了中国学界关于"发展战略对接"的理论研究。

"发展战略对接"作为中国提出的国际合作和全球治理的创新概念和理念，其实践渊源无疑来自中国大力倡导并积极践行互利共赢的国际合作实践，在思想本源上则超越丛林法则和生物进化论延展而来的社会进化论思想，而是以社会共生思想为基础，强调世界多样性、和平共处的合理性及合目的性。

国家间的战略对接本质上是现代国家之间基于共同安全与发展利益、以互利共赢为目标的国际合作范式。不同于一般意义上的具体目标指向的国际合作，战略对接是基于长远目标有计划、有系统地进行国家间综合性的协作。因此，"战略对接"是指国家行为体在供需平衡的基础上将

[①] 《习近平谈治国理政》第1卷，外文出版社2018年版，第298页。
[②] 《习近平谈治国理政》第2卷，外文出版社2017年版，第444页。
[③] 《习近平谈治国理政》第2卷，外文出版社2017年版，第461页。
[④] 《习近平谈治国理政》第2卷，外文出版社2017年版，第492页。

国家发展战略进行统筹规划和协同落实的长时段过程。这期间，国家间可以通过建立相关机制在战略实施过程中达到协调矛盾、长期合作、共同发展的状态。通常情况下，战略对接主要是以两国之间的双边对接为主，即使涉及多国某个时期内的战略对接关系，这种对接依然是以双边协商为基础。此外，战略对接还是一个不断变化的过程，而非一个固定不变的状态，国家间战略对接往往从最初的尝试性接触开始，再到进行更深层次、更广层面的合作，发展到最高阶段即建立起两国之间全方位的联盟关系。战略对接的目标不仅是获得合作收益，还包括协调和化解不同国家发展战略之间的矛盾。在战略对接过程中，相关国家需要统筹规划和协同行动，避免因任何单方面的行为而使另一方产生负效影响。

就具体的对接内涵或领域来看，国际战略对接主要涉及发展大战略对接、规划与政策对接、合作机制或平台对接、重大项目或产业对接、部门或机构对接等方面；就影响战略对接因素来看，共同或近似的利益诉求是基础，意愿偏好是否存在及强烈程度是对接进程能否开启的关键，战略筹划和执行力、运行机制（促进国家间战略合作或协作而制定的制度与规则框架等）等则是影响对接成效的重要变量。

就落实"一带一路"倡议背景下中国所倡导的国家间发展战略对接而论，国务委员杨洁篪在博鳌亚洲论坛 2015 年年会关于"共建 21 世纪海上丝绸之路分论坛暨中国东盟海洋合作年启动仪式"上的讲话中作了清晰的界定，也是中方推进 21 世纪海上丝路建设的三大关键举措之一[①]，"21 世纪海上丝路的创新点之一是强调对接。对接不是你接受我的规划，也不是我接受你的规则，而是在相互尊重的基础上，找出共同点与合作点，进而制订共同规划"。[②] 具体的对接内涵包括发展战略对接、项目和企业对接、合作机制与平台对接等。

[①] 杨洁篪提出的三大关键举措是：增信释疑，加强互信措施；针对"一带一路"共建国家国情各异，海洋开发保护水平差异很大，套用一种理念、规划或合作模式不现实，也不可取的状况，应该致力于各国战略或政策的对接；着力早期收获，增强合作信心。《深化互信、加强对接，共建 21 世纪海上丝绸之路》，2015 年 3 月 30 日，外交部网站，https://www.fmprc.gov.cn/ce/cede/chn/zt/yidaiyilu/t1250289.htm。

[②] 杨洁篪：《深化互信、加强对接，共建 21 世纪海上丝绸之路》，2015 年 3 月 30 日，外交部网站，https://www.fmprc.gov.cn/ce/cede/chn/zt/yidaiyilu/t1250289.htm。

简言之，发展战略国际对接从理念到概念理论，再到因地因国制宜的实践，再回归理论丰富发展，顺应了国际体系结构性调整和全球治理体系变革的时代要求，彰显了中国理念和中国方案的特性，也验证了崛起中的中国不仅是转变传统国际关系思维、超越大国崛起必武必霸宿命的倡导者，而且是言行合一的实践者。因此，国家发展战略对接是中国倡导的和平共生、合作共赢、共同发展国际治理理念的实践路径，是对全球治理体系变革的贡献。

二　中印发展战略对接契合点讨论

中印两国领导人为双边关系确立了稳定、友好的大方向，接下来要考虑的是，"如何用具体合作措施去落实改善两国关系的既定方针"？①

总体发展战略目标的相同或近似性是实现中印两国战略对接的前提基础。习近平主席在阐释丝绸之路经济带及其同"欧亚经济共同体"、上合组织等区域合作组织合作对接的合理性和必要性时的谈话颇具代表性："我们的战略目标是一致的，那就是确保经济长期稳定发展，实现国家繁荣富强和民族振兴。我们要全面加强务实合作将政治关系优势、地缘毗邻优势、经济互补优势转化为务实合作优势、持续增长优势，打造互利共赢的利益共同体……欧亚经济共同体和上海合作组织成员国、观察员国地跨欧亚、南亚、西亚，通过加强上海组织同欧亚经济共同体合作，我们可以获得更大发展空间。"② 关于中印发展战略及相关政策对接，两国领导人也达成了共识。习近平主席 2015 年 5 月在会晤来访的印度总理莫迪时强调：中印两国要从战略高度和两国关系长远发展角度看待和处理中印关系，加强国际和地区事务中的战略协作，携手推动国际秩序朝着更加公正合理的方向发展。双方可以就"一带一路"、亚洲基础设施投资银行等合作倡议以及莫迪总理提出的"向东行动"政策加强沟通，找准利益契合点，实现对接，探讨互利共赢的合作模式，促进共同发展。同时要更加紧密地对接各自发展战略，实现两大经济体在更高水平上的

---

① ［印度］拉贾·莫汉（Raja Mohan）：《以经济合作充实中印关系》，2018 年 5 月 15 日，新华网，http://www.xinhuanet.com/2018-05/15/c_1122836956.htm。

② 《习近平谈治国理政》第 1 卷，外文出版社 2018 年版，第 289 页。

互补互助，继续成为地区乃至世界经济增长"双引擎"，携手推动地区经济一体化进程，为全球经济增长作出积极贡献。要重点推动铁路、产业园区等领域合作，探讨在新型城镇化、人力资源培训等领域拓展合作。中方鼓励中国企业赴印投资，希望印方积极为此提供便利。①

就中印发展战略对接可能涉及的具体领域来看，市场化、自由化和全球化取向的经济改革是中印两个最大且快速崛起的发展中国家共享的经济增长理念，实现各具其民族特性和社会文化内涵的世界大国梦想又是中印两国共同的政治诉求和世界观念。"在最根本的层面上，观念规定行动可能性的领域……当观念以世界观的形式呈现时，其对人类行动具有最广泛的影响。"从战略及政策决策层面来看，"观念常常是政府政策的重要决定因素……观念所体现出的原则化（principled）或因果性的信念为行动者提供了路线图，使其对目标或目的—手段关系更加清晰；在不存在单一均衡（unique equilibrium）的战略形态下，观念影响战略形势的结果；观念能够嵌入政治制度当中"。② 首先在全球政治经济变革和国际秩序调整上，中国和印度超越了双边关系竞争主导型的主流认知③，享有相同或近似的理念和政策主张并在经贸和战略等领域及具体事务上进行了富有成效的合作，尽管在边界问题和安全领域存在分歧和竞争。④ 两国在世界多极化和国际体系调整、WTO 框架下多哈回合谈判、全球气候变化问题、国际反恐合作、人权事务等诸多领域存在广泛共识，并进行了有形或无形但实质性的合作协调，共同推进相关问题或事务朝着更加有利于维护广大发展中国家或新兴经济体利益方向演进。

---

① 《习近平会见印度总理莫迪》，《光明日报》2015 年 5 月 15 日。
② ［美］朱迪斯·戈尔茨坦、罗伯特·基欧汉：《观念与外交政策：分析框架》，载朱迪斯·戈尔茨坦、罗伯特·基欧汉主编《观念与外交政策：信念、制度与政治变迁》（中译本），刘东国译，北京大学出版社 2005 年版，第 8—9、3 页。
③ See Mark W. Frazier, "Quiet Competition and the Future of Sino-Indian Relations"; Harry Harding, "The Evolution of the Strategic Triangle: China, India and the United States"; both in Francine R. Frankel & Harry Harding eds., *The India-China Relationship: What the United States Needs to Know*, New York: Columbia University Press, 2004, pp. 294 – 318, 321 – 350.
④ James Clad, "Convergent Chinese and Indian Perspectives on the Global Order", in Francine R. Frankel & Harry Harding eds., *The India-China Relationship: What the United States Needs to Know*, pp. 267 – 293.

在双边和地区层面，中印两国可尝试对接的发展战略或项目规划主要有以下五个。

一是莫迪首个任期之初提出旨在将印度打造成制造业大国和全球制造业中心的"印度制造"战略[①]同中方的企业"走出去"战略和落实"一带一路"倡议中的产业园建设项目对接。"印度制造"的一个关键点是招商引资和扩大就业，中国企业在其涉及的25个重点发展行业上均不同程度地具有比较优势，所以实现中印两国在该领域发展战略对接不仅具有可能性，而且具备很强的可行性和可操作性。中印两国通过大力发展包括企业间合作在内的经济合作能够扩大两国关系积极面，抵消不利因素的影响。"更多贸易往来，更多投资往来，更多印度公司来中国、中国公司去印度，这是两国关系稳定性的重要来源。"[②]

二是"莫迪经济学"中的"加强基础设施建设"支柱同落实"一带一路"倡议框架下的"互联互通"对接。基础设施落后是实现"印度制造"的瓶颈和硬伤。印度在交通运输设施（铁路、公路、港口、机场）、电信设施、电力及能源等诸多领域都严重落后于其他新兴经济体，更无法同具有资金和技术优势的中国基础设施状况相媲美。中国的技术和资金优势正好契合印度加强基础设施建设的需要。正如印度著名战略分析家拉贾·莫汉（Raja Mohan）所言，中印两国可加强地区基础设施建设合作，以共建大型基建项目为契机和平台，增进交流合作，增加双方互信。"分歧不会凭空消失。我们需要合作，在合作中化解负面因素，增加积极

[①] "印度制造"（Make in India）、基础设施建设和引进外资是莫迪政府振兴经济战略的三大关键抓手。2014年9月，莫迪政府推出"印度制造"计划，宣称要将印度打造成为全球制造业中心，以制造业的快速增长推动印度经济的持续高速增长。该计划将汽车、化工、制药、纺织、信息技术、港口、航空、旅游、铁路、可再生能源、采矿、电子等25个行业列为发展重点；承诺简化审批程序，给有意投资的国内外企业提供一站式服务，并改革劳动法和税收法；以积极的经济外交来吸引投资，同时扩大对外开放和出口，实现制造业大幅增长和在全球市场的扩张，致力于2025年将制造业占GDP比重从17%提升至25%，并创造大量正式就业岗位，最终将印度打造为全球的制造业中心。"印度制造"内涵莫迪政府的两大执政诉求，即拉动制造业大规模增长，创造就业岗位。

[②] ［印度］拉贾·莫汉（Raja Mohan）：《以经济合作充实中印关系》，2018年5月15日，新华网，http://www.xinhuanet.com/2018-05/15/c_1122836956.htm。

因素。"①

三是莫迪总理提出的"数字印度"构想同中国在低成本智能移动终端设备、移动支付、电子商务等优势合作对接，能够实现共同发展、合作共赢。网络数字新经济是中印两个人口大国实现经济社会持续发展都必须牢牢把握的契机，两国在数字新经济领域合作的规模经济效应和范围经济效应极为显著，在网络技术、数字商贸、智慧城市建设、数字公共产品供给、数字教育服务等领域具有巨大合作潜力和经济效益。由此可见，共同发展、合作共赢绝非仅仅口头上的宣示，而是可以通过实实在在的具体合作达成的。中印两大快速发展中的邻国在相关领域展开对接合作具有得天独厚的合作优势。

四是印度的"萨迦尔玛拉"（Sagar Mala，"香料之路"）②、"亚非增长走廊"（AAGC）③ 同中国"21 世纪海上丝绸之路"的西线在地缘上完全或大部分重合，具有对接合作的必要性和可能性。此外，印度自20世纪90年代以来持续推进的"东向战略"（从 Looking East 到 Acting East）同中国周边战略中的东亚和东南亚方向存在地缘上的契合性，在竞争与合作并存的国际体系均衡状态下，中印两国相关战略之间无疑也存在合

---

① ［印度］拉贾·莫汉：《以经济合作充实中印关系》，2018 年 5 月 15 日，新华网，http://www.xinhuanet.com/2018-05/15/c_1122836956.htm。

② "萨迦尔玛拉"（Sagar Mala，即"香料之路"）计划最早由瓦杰帕伊政府在 2003 年提出，旨在实现印度海洋部门的快速现代化和海洋经济扩张。莫迪政府试图重振该计划，将其扩展至经济和安全领域，以此加强与印度洋地区其他国家之间的联系。"萨迦尔玛拉"计划试图以"港口导向型"发展模式，实现包括印度航运业、造船业和港口业在内的海洋经济扩张与海洋现代化建设，助力"印度制造"目标的实现。印度著名战略分析家拉贾·莫汉（Raja Mohan）不反对印度版的"一带一路"倡议，但是似乎更认可复兴"萨迦尔玛拉"计划，而不是全新的"季风"计划（Project Mausam）。针对印度对"一带一路"倡议的模糊而实为反对的态度，拉贾·莫汉就公开表示，印度必须接受中国经济实力增强的现实。一方面，要摒弃拒绝接受中国投资的想法，利用中国的经济实力来加快印度的经济增长；另一方面，应该停止抱怨中国对印度邻国的大型投资项目，包括巴基斯坦的瓜达尔、斯里兰卡的汉班托塔以及缅甸的油气管道。因为客观上"中国在基础设施建设方面的能力是非凡的，对此感到忧心忡忡没有任何意义"。http://qnzs.youth.cn/2016/0714/4620083.shtml。

③ 印度和日本于 2017 年 5 月联合推出"亚非增长走廊"（AAGC）计划，旨在以发展为导向、以人为中心，大力宣扬国际规范与高质量基础设施建设，促进南亚、东南亚与非洲的互联互通，加强印日两国在印太地区的战略存在与协调。多数国内分析认为，该倡议是在对冲中国的"21 世纪海上丝绸之路"倡议。

作对接的契合点。这就需要两国从战略高度和两国关系长远发展角度看待和处理中印关系，"一带一路"合作倡议同印方的"向东行动"政策加强沟通，找准利益契合点，实现对接，探讨互利共赢的合作模式，促进共同发展。①

五是印度提出的"孟不印尼"（BBIN）次区域合作倡议同中国的"中尼印经济走廊"（China-Nepal-India Economic Corridor）设想、环孟加拉湾经济技术合作倡议（BIMSTEC）同"孟中印缅经济走廊"倡议（BCIM）对接。"孟不印尼"次区域合作倡议是由曼莫汉·辛格政府2013年提出，得到莫迪政府的继承并大力推进。该倡议旨在加强南亚次区域互联互通和一体化进程，合作重点包括水资源管理与水电开发、交运联通两个领域，并有意扩大至斯里兰卡和马尔代夫，形成"BBIN + 2"结构。2015年5月莫迪总理访华期间，习近平主席曾就中印合作帮助尼泊尔灾后重建提出共建"中尼印经济走廊"设想，并得到莫迪总理的积极回应。该设想旨在加强中尼印3国在铁路、公路、航空等领域的合作以推进互联互通建设，加强水资源和文化旅游资源方面的开发合作。② 显然，中印两国的相关倡议和设想在目标和领域上高度契合，是实现两国对接合作的基础。

简言之，实现中印发展战略对接并最终达到合作安全、共同发展、合作共赢的目标具有共享观念基础、共同利益基础和地缘上的近邻优势，可能性和可行性兼备。如果我们把"对接"视为一个过程的话，中印发展战略对接的进程也已经开启，并通过双边和多边多渠道或平台展开对接合作，如双边层面的各种对话合作机制、金砖国家合作机制、上合组织平台，等等，但诸多主客观因素的掣肘使相关对接过程也面临各种挑战和不确定性，实际对接效用也差异明显。

三 中印发展战略对接面临的挑战

如上分析，中印共享发展观念和共同利益等使实现两国发展战略对

---

① 《习近平会见印度总理莫迪》，《光明日报》2015年5月15日。
② 林民旺：《中尼印经济走廊建设：战略价值与建设思路》，《现代国际关系》2017年第2期。

接既有必要又有可能性和可行性，但这些还不足以促使中印两国必然走向合作和对接。国际合作能否达成及其效果如何还取决于国际行为体的合作意愿或意志和行动能力。而合作意愿及强弱程度则受历史文化、安全思维传统与创新、国际抱负、领导力与社会治理、国际体系结构等诸多因素的制约，也是影响国际合作及成效的关键。

鉴于国际合作和发展战略对接是一果多因逻辑，中国和印度共同的发展愿景、目标任务只是为两国展开合作和战略对接提供了基础和必要条件，但非充要条件。两国能否实现发展合作和战略对接关键取决于双方尤其是印方的意愿偏好，因为总体相对占优的中方没有像印度那样背负沉重的历史包袱和强烈的现实疑虑。

国家利益是理解国家行为体的关键所在，"在任何对外政策讨论中，国家利益都是基本的论据……政府官员、国会议员、一般民众经常而广泛地使用国家利益概念"。① 国家的国际合作偏好及强度在很大程度上取决国家行为体在国际体系互动中对自身利益的认知、塑造和再塑造。② 中印两国之间既有着共同利益，但也存在基于认知差异的利益分歧。这种利益分歧，尤其是在认知的核心利益上的分歧制约了合作对接的意愿和行为。单就双边层面来看，中国在经济与安全领域，甚至边界纠纷问题上从未把印度视为威胁或主要竞争对手，这同新国际主义理念近乎成为中国外交的基本元素不无关系。而印度则不然，"中国威胁论"在印度精英层和战略圈很有市场。中印两国多年的信任措施建设并未冲抵历史上的互信赤字而在两大社会之间培育出自由主义预期的"安全共同体"观念，在印度，人们更担忧两国之间的经贸竞争、对华贸易逆差、传统安全问题，制衡与遏制思维似乎更有吸引力。这恐怕也是缘何超出双边层面，中国对印度同美日关系动态颇为敏感的重要原因，安全困境在中印关系和两大社会互动中依然可清晰感知。本质上讲，双方在海上战略通

---

① ［美］约瑟夫·奈：《重新界定美国国家利益》，张茂明译，《战略与管理》1999 年第 6 期。

② 在国际实践中，国家利益又是分层的，美国智库 2000 年 7 月发布的《美国国家利益报告》依据重要程度将美国的国家利益分为"核心利益"（vital interests）、"重大利益"（extremely important interests）、"重要利益"（important interest）、"次要利益"（less important interests or secondary interests）四个层次。参见王逸舟《国家利益再思考》，《中国社会科学》2002 年第 2 期。

道（SLOC）安全利益高度一致，中方基于超越传统地缘竞争思维定式的地缘政治经济学思维也积极参与北印度洋及相关重要海上战略通道的护航行动，并加强同印度等南亚和东南亚国家之间的信任措施建设，尤其关照到印方的舒适度。① 但是，由于地缘竞争观念和势力范围思维的束缚，印度视南亚和印度洋为其传统势力范围，对中国为维护 SLOC 安全而在印度洋的军事存在、发展同南亚其他国家正常的国家间政治经贸关系高度敏感甚至排斥。再加之两国对对方战略意图原本就有的猜忌，处理稍有不慎就极易导致中印两国之间战略上的恶性互动效用。这无疑削弱了中印两国，尤其是印方致力于战略对接的意愿偏好，既是实现两国发展战略对接的挑战，更是制约两国深化多领域和多层面合作、构建更加紧密发展伙伴关系的本源性障碍。

中印两国推进战略对接与合作能力存在着客观上的非对称问题，一定程度上制约了双方的对接合作。英国伦敦国王学院防务研究系教授、印度智库观察家基金会战略分析家哈希·潘特（Harsh V. Pant）特别关注到了中印在国际合作领域的不对称性现象，即中印两国在对接实力、推进合作能力上的非均衡性，这影响到两国开展国际合作的进程和结果。中国在很多领域或事务上的指标明显优于或高于印方。②

此外，国际体系结构性调整和印度看似摇摆不定的所谓超越不结盟"战略自治"甚至"超越战略自治"取向的外交调整③也限制了中印两国双边或多边合作的质量。这一方面表现为在"中印 + X"三方或多边互动中印度的对华战略计算和外交操作上，另一方面则表现为美国试图在中

---

① Xinmin Sui, "China's Strategy South Asia in the Context of the Maritime Silk Road Initiative", in Jean-Marc F. Blanchard, ed., *China's Maritime Silk Road Initiative and South Asia: A Political Economic Analysis of Its Purposes, Perils, and Promise*, Singapore: Palgrave Macmillan, 2017, pp. 86 – 96.

② Harsh V. Pant, "India's Response to China's Belt and Road Initiative: A Policy in Motion", *Asia Policy*, Vol. 24, 2017, pp. 88 – 95.

③ 关于印度 21 世纪外交政策调整的价值取向逐渐偏离"不结盟"传统及其后续发展，参见随新民《印度战略文化与国际行为：基于争论的案例分析》，《国际问题研究》2014 年第 1 期；C. Raja Mohan, "Beyond Non-alignment" & Stephen P. Cohen, "The World View of India's Strategic Elite", both in Kanti P. Bajpai and Harsh V. Pant eds., *India's Foreign Policy: A Reader*, New Delhi: Oxford University Press, 2013, pp. 27 – 50; Rajendra M. Abhyankar, *Indian Diplomacy: Beyond Strategic Autonomy*, New Delhi: Oxford University Press, 2018.

国和印度之间采取的"楔子战略"(wedge strategy),以离间两国合作和伙伴关系发展。这可以说是国际体系结构因素对中印构建更加紧密的发展伙伴关系的挑战和负面影响。当然,至于美国"楔子战略"能否如愿达到离间中印两国合作和发展伙伴关系建设的目标,则很大程度上取决于印方对其超越不结盟的"战略自治"实质性内涵和国家核心利益的认知界定;印度是否会同美国结成类冷战同盟关系则另一层面的话题,对此将在余论部分作简要讨论。

余 论

关于中印发展伙伴关系建构的思考

印度既是一个有着世界抱负且快速崛起中的大国，又是中国的重要邻国。面对后冷战国际体系结构性调整背景下复杂的国际安全形势、增长放缓的世界经济状况、全球治理体系变革，作为两大新兴经济体和有着全球或地区影响力的中印两国无疑应该顺应历史潮流和各自谋求民族复兴的战略需要，超越传统地缘竞争和均势思维的束缚，秉持共同安全、合作安全、共同发展、合作共赢理念，构建更加紧密的发展伙伴关系。从理论合理性和适用性来看，中国倡导的以合作共赢为核心的新型大国关系、人类命运共同体、周边外交理念等均适用于中印发展伙伴关系建设。因为冷战思维和零和博弈已经过时，合作共赢成为普遍共识；"世界长期发展不可能建立在一批国家越来越富裕而另一批国家却长期贫穷落后的基础上。只有各国共同发展了，世界才能更好发展。那种以邻为壑、转嫁危机、损人利己的做法既不道德，也难以持久"。① 从地缘层面来看，思考经略包括印度在内的周边问题、开展周边外交要有立体、多元、跨越时空的视角。②

鉴于此，思考和处理中印发展伙伴关系建设路径时无疑就需要：一是要有全局观念和区域合作整体观；二是既要分析把握某建设路径与机制的经济效应，又要关注其外溢效应；三是秉持路径与制度创新同传承借鉴相结合，既重视"一带一路"背景下中印发展合作路径和制度创新的主渠道功效，又善于利用既有机制，消除疑虑和增进互信，多渠道、

---

① 《习近平谈治国理政》第1卷，外文出版2018年版，第273页。
② 《习近平谈治国理政》第1卷，外文出版2018年版，第297页。

多层面、多机制协同推进两国更加紧密的发展伙伴、引领增长的合作伙伴和战略协作的全球伙伴建设进程。这些是就构建中印两国更加紧密的发展伙伴关系的应然路径而论的，体现出观念和思维的创新，也是构建两国间良性互动关系的观念基础。而就印度外交政策取向调整和两国关系演进实践来看，情况要远比应然路径复杂得多。这里略陈几点管见：

其一，两国政治安全关系持续改进和战略互信提升的全局性影响。良好的政治安全互动是中印关系的基础，也是两国构建更加紧密的发展伙伴关系的核心要义。其影响广泛而深刻地渗透到中印双边关系的各领域和各层面，本研究未单独分析讨论政治安全路径的可行性及效用并非意味着政治和战略安全渠道对构筑两国发展伙伴关系不重要，而恰恰是因为其基础性支持作用太过重要并且广泛融入中印关系的全方位和全领域而不便单独剥离之缘故。第四章（"中印发展伙伴关系与国家安全"）和第五章（"中印发展伙伴关系内涵与建设进程"）算是对此缺憾某种程度上的弥补。

其二，在实践中，本研究涉及的中印双边经贸合作、BRICS 和 SCO 机制、"东盟+"模式下的 RCEP 制度安排、BCIM 次区域合作四种构建中印两国发展伙伴关系的路径是相互关联的，并非各行其道、独立运行。这里只是为了逻辑分析和行文表述上的便利而分别加以考察。四条构架两国发展伙伴关系的路径之间既可正向外溢相互促进，推动中印发展伙伴关系建设，也有可能因不当制度安排或处置而导致负向外溢、相互掣肘，从而对构建两国更加紧密的发展伙伴关系形成负面效应，正向联动毫无疑问是中印两国决策者和两大社会的共同期许和福祉。

其三，"中印+X"互动框架下中印关系的复杂性。冷战后国际体系的结构性调整要求国际政治观念调整和思维创新，国际政治实践也在某种程度上反映出了此类变化，但传统地缘政治思维惯性和现实影响力依然强大，这在学术界和决策层均表现明显，甚至在很多情境下传统思维和现实影响都居于主导地位。在可预期的相当长时段内，国际政治传统观念与创新思维、竞争对抗与合作对话两种思维、两种势力交织互动，使国际社会呈现出纷繁复杂和令人眼花缭乱的景观。竞争与合作一直以来就是以主权国家为主导行为体之国际体系的两种力量和互动方式，究竟是竞争还是合作为主流？这大概率恐怕是见仁见智，并且都能找到足够多且颇具说服力的理论和现实支撑。就中印关系而论，鉴于两国国情、发展战略目标、历史与现实等因素，用看似自相矛盾的竞争性合作描述中印关系现状与走势或许不失为贴切。换言之，在边界和安全以外的绝大多数领域或层面，两国关系互动以对话合作为主流，但可控的竞争也无可避免，甚至特定环境下可能还很激烈，对此我们应该有思想准备。

印度是一个有着世界大国抱负、战略文化和外交政策兼具自主性和功利性的发展中大国，"不结盟"被普遍视作印度的国际身份，而"不结盟"与"结盟或类结盟（alliance-like）"则在印度外交实践中分野非常模糊。即使在两大集团对立的冷战高峰期，"印度的不结盟外交也内含浓厚的经济实用成分"。① 冷战结束以后，被长期尊奉为圭臬的"不结盟"不分政治分野地淡出印度外交政策议程②，开启了印度外交所谓"超越不结盟"的"战略自治"阶段，"结盟思想（尽管以极为有限的形式展现）从此扎根于印度的思维中。在与美国建立某种类同盟关系的同时，保持同俄罗斯的特殊关系，探索深化同欧盟日本的关系，管理好同中国的复杂关系等成为印度的国家战略目标。这即使没有完全取代不结盟，但也已经侵蚀了其核心内涵"。③ 印度外交政策取向的调整一方面彰显其大国诉求和日渐增强的国际实力，另一方面也是其更加灵活自主大国外交的体现。印度无疑会审时度势充分利用看似左右逢源的国际境况，谋求国家利益最大化，甚至在特别时空或领域内同某大国合作平衡抑制中国影响力不可逆式的增长。但是，我们也不宜因此就推断出印度会同某大国或大国集团结成类冷战同盟关系的结论。这既不符合印方长远利益，也有违印度的自主性与功利性兼容并蓄的外交传统。从理性选择视角来看，印度无疑会努力延续左右逢源的国际境遇，这也是其最佳策略选择。鉴于此，即使基于两国竞争考量，印度同某大国或大国集团结成固定的类冷战同盟以全面遏制中国崛起的可能性属于小概率事件。两国关系恢复

---

① C. Raja Mohan, "Beyond Non-alignment", in Kanti P. Bajpai and Harsh V. Pant, eds., *India's Foreign Policy*, p. 33.

② C. Raja Mohan, "Beyond Non-alignment", in Kanti P. Bajpai and Harsh V. Pant, eds., *India's Foreign Policy*, p. 32.

③ C. Raja Mohan, "Beyond Non-alignment", in Kanti P. Bajpai and Harsh V. Pant, eds., *India's Foreign Policy*, p. 47.

以来的实践也足以证明,中印两国决策者有足够的智慧和能力避免小概率事件的出现,构筑两国更加紧密的发展伙伴关系的目标是现实可期的。

其四,历史固然是记事之书①,但研究历史不只是故纸堆里的故事或满足各形各色的谈资,究史以资治是中国史学研究的传统,至于是否准确则都反映史家和读者之家国情怀。本研究用一定篇幅从社会认知视角分析印度对华政策及中印关系的演进,主旨就在于考察观念和利益认知对决策和两国关系发展进程的影响,并获得某些妥善处理两国分歧和推进双边关系健康发展的启示。

其五,边界纠纷和战略互信不足导致中印关系发展中的"天花板效应"。尽管中印关系恢复正常化时两国就积极探索协商解决边界问题的同时发展其他领域友好合作关系达成重要共识,近年来两国在战略沟通和增信措施、边境实控线地区管控等方面业已形成较为成熟的机制且成效显著,两国经贸合作步入 21 世纪后取得突飞猛进成就并从双边关系中的微不足道地位发展成为核心内涵,在全球和地区事务上也有着广泛共识和友好合作,但中印关系的整体状况则不尽如人意,在边境实控线(LAC)地区和以媒体为代表的两大社会之间龃龉不断,两国深化合作和提升双边关系水平的预期或努力总是遭遇常态性且几乎相同的制约因素或阻力,核心是由边界纠纷引发的边境实控线地区对峙危机和"中印+"框架内双边低水平战略互信,中印关系水平很难有实质性的进一步提升,呈现出某种意义上的"天花板效应"。

客观地讲,关于边界问题的谈判对话机制和较为成熟的边境实控线地区管控机制的确发挥了保持边境实控线地区总体稳定和安宁的功效,基本达到制度安排的设计初衷,但边境实控线地区军事领域建立信任措

---

① 吕思勉先生在《中国通史》绪论中指出:"历史虽是记事之书,我们之所探究,则为理而非事。理事概括众事,事则只是一事。"所以,"任何一事一物,要询问它的起源,我们现在,不知所对的很多。其所能对答的,又十有八九靠不住。然则我们安能本于既往,以说明现在呢?这正是我们所愚昧的原因,而史学之所求,亦即在此。史学之所求,不外乎(一)搜求既往的事实,(二)加以解释,(三)用以说明现社会,(四)因以推测未来,而指示我们以进行的途径。往昔的历史,是否能肩起这种任务呢?观于借鉴于历史以应付事实导致失败者之多,无疑的是不能的。其失败的原因安在呢?列举起来,也可以有多端,其中最重要的,自然是偏重于政治的。"吕思勉先生这段治史之卓见也正是本研究着墨印度自独立以来对华认知和对华政策研究演变的初衷。参见吕思勉《中国通史》绪论,陕西师范大学出版社 2010 年版。

施的实际效果则不尽如人意。这其中的关键原因在于中印双方对边境实控线认知存在差异,在各自认知的实控线之间存在一个交叉地带,边境实控线地区的对峙危机具有必然性,只是在对峙危机的时空上存在偶然而已。

　　边界问题和中印关系也因此遭遇另三个层面的困顿:其一,现有的边境实控线地区管控机制本质上是一种过渡性制度安排,其初衷是在边界问题妥善解决前能够保持边境实控线地区的和平与安宁,而非解决两国边界纠纷的制度安排。如前所述,该制度设计的初衷基本实现——边境实控线地区总体上保持了武装对峙下的和平状态,但从解决边界问题的终极目标来看,该机制也在某种程度上抑制了双方尽早解决边界问题的动力和决断力,解决边界问题的决断力无疑受到各自国内舆论的制约。其二,从制度设计的路径依赖视角来看,中印两国边境实控线地区常态性对峙危机和通过管控机制下的一系列互动暂时化解具体危机的做法,固然避免了边境冲突和局势进一步恶化,但也呈现出一种负效应的路径依赖。换言之,每次具体危机或对峙事件因边境管控机制或双方领导人对话机制的存在和有效运作而都不至于使两国再次陷入大规模或高烈度的边境冲突甚至战争,但维持边境管控机制有效运作的交易成本(直接成本和间接成本)极其高昂,而且每次边境对峙危机和暂时化解无不在消磨侵蚀两国间艰难培育起来且原本根基并不牢固的战略信任和中印两大社会之间的互信基础。其三,中印两国各自内部部分舆论也强化了双边关系中的"天花板效应",并进而增加了双方决策层在解决边界问题上做出战略决断的难度和社会成本。

　　边界问题与其他领域双边关系的发展脱钩(下称"脱钩")是20世纪80年代末和90年代初中印关系恢复正常化时中印两国达成的共识,双方还就边境实控线地区管控做了制度性安排。"脱钩"与相关制度安排旨在避免再现20世纪50年代末和60年代初中印关系因边界纠纷乃至冲突而陷入全面倒退和僵冷的境况。从两国的互动实践来看,自20世纪90年代初以来,在探索协商解决边界问题和维持过渡性的边境实控线地区和平安宁、增加军事领域信任等管控机制的同时,中印关系的确摆脱了边界纠纷的束缚而取得实质性改善和发展,经贸合作领域不断拓展并深化,政治安全关系也明显改善,这无疑也是"脱钩"的实践效用。

"脱钩"安排固然使中印关系绕开边界问题再入常态发展轨道，但边界谈判进程和两国关系深化发展之间并未呈现出齐头并进式的良性互动。由边界纠纷引发的、虽不定期但却具必然性的两国边境实控线地区对峙危机时不时地会干扰中印双边关系常态化发展进程，中印发展伙伴关系建设受此干扰而出现严重倒退虽属小概率事件，但其可能性也不能完全排除以达到，甚至在某特定情境下被印方利用实现其他目标。对此，中方应有基本的认知评估并保持警觉。

2020年春夏之交，在中印边境实控线西段多点爆发摩擦对峙甚至冲突，个别对峙持续长达4年之久仍未解除，东段边境实控线地区的蚕食与反蚕食斗争也从未消停下来，中印关系各领域遭遇全面冲击，出现停滞甚至倒退迹象。尽管中印边境实控线地区安全局势总体可控，但冲突对峙以来的事态发展也验证了新形势下中印两国关于解决边界问题与发展双边关系"脱钩"共识的效用正在递减甚至局部失灵，中印关系因此步入一个新的困顿调整期。印度将边界问题同恢复全面中印关系再挂钩耦合，边界问题再次成为构建两国紧密发展伙伴关系绕不开的障碍。印度总理莫迪最近接受《新闻周刊》90分钟专访时的谈话也印证了此变化。莫迪一方面强调恢复全面中印关系对双边和地区乃至世界安全与发展的重要性、必要性、紧迫性；另一方面强调双方必须通过外交和军事领域的建设性接触对话尽快结束旷日持久的边境对峙，只有恢复边境地区和平安宁，中印关系才能结束当前非正常化状态。①

此外，非战争背景下国际体系结构性调整中的诸多变数、中印两国身份再认知与相应国家利益再界定等因素也使中印之间既有互动模式不可避免地做出适应性调整，其间遭遇某种不适或不确定性在所难免。然而，本研究对印度外交政策调整和中印关系基本走势的评估判断保持稳定，认为印度对华政策调整固然会因身份定位和印度教非理性情感极端化的掣肘而在某些方面或领域表现出某种程度上的情绪化甚至捉摸不定，然而其外交政策行为无论以什么言语表达或是以何种形式呈现——是

---

① "'Abnormality in bilateral relations': PM Modi stresses need to address border situation with China", https://www.indiatvnews.com/news/world/pm – modi – stresses – need – to – address – border – situation – with – china – bilateral – relations – lac – dispute – updates – 2024 – 04 – 10 – 925691.

"不结盟2.0""战略自主""超越战略自主"抑或是"多向结盟",等等,印度的大国诉求与独立自主外交传统和政策取向不会根本改变,俄乌冲突以来印度的外交政策行为也足以验证这一判断。在对华政策上,印度无疑会功利性、现实主义取向地利用印度教宗教情感和国际体系结构性调整变迁中的反华势力,谋取更多实惠,但理性决策仍是印度对华政策的主旋律,公开或直接卷入类冷战式、对抗遏制中国的联盟或集团仍是小概率事件。因此,在可预期的中长时段,中印关系中的不确定性是在总体走势大致确定的架构中演进和呈现的,竞争性合作依然是中印关系的常态和主流。

参考文献

档案文献及重要讲话

《邓小平年谱（1975—997）》（上下卷），中央文献出版社2004年版。

《习近平谈治国理政》第1卷，外文出版社2018年版。

《习近平谈治国理政》第2卷，外文出版社2017年版。

《习近平谈治国理政》第3卷，外文出版社2020年版。

习近平：《共同开创金砖合作第二个"金色十年"》，《光明日报》2017年9月4日。

习近平：《携手追寻民族复兴之梦——在印度世界事务委员会的演讲》，《光明日报》2014年9月19日。

《中印关于构建更加紧密的发展伙伴关系的联合声明》，2014年9月19日，中国政府网，http：//www.gov.cn/xinwen/2014-09/19/content_2753299.htm。

《中华人民共和国和印度共和国联合新闻公报》（1988年12月23日），载《中华人民共和国国务院公报》1988年第26期。

《中华人民共和国和印度共和国联合公报》（1991年12月16日），载《中华人民共和国国务院公报》1991年第44期。

《中华人民共和国政府和印度共和国政府关于在中印边境实际控制线地区保持和平与安宁的协定》（1993年9月7日），http：//www.law-lib.com/law/law_view1.asp?id=77408。

《中华人民共和国政府和印度共和国政府关于在中印边境实际控制线地区军事领域建立信任措施的协定》（1996年11月29日），http：//www.law-lib.com/law/law_view1.asp?id=77825。

《中华人民共和国和印度共和国联合声明》，2013年5月20日，新华网，http://www.xinhuanet.com/world/2013-05/20/c_115839518.htm。

《中印战略合作伙伴关系未来发展愿景的联合声明》，2013年10月23日，中国政府网，http://www.gov.cn/jrzg/2013-10/23/content_2513558.htm。

《中华人民共和国和印度共和国联合声明》，2015年5月15日，新华网，http://www.xinhuanet.com/world/2015-05/15/c_1115301080.htm。

《中华人民共和国政府和印度共和国政府关于解决中印边界问题政治指导原则的协定》（2005年4月11日），http://www.fsou.com/html/text/eag/1006673/100667379.html。

《中华人民共和国与印度共和国联合声明》，2005年4月12日，中国政府网，http://www.gov.cn/gongbao/content/2005/content_64191.htm。

《中华人民共和国和印度共和国联合宣言》，2006年11月21日，外交部网站，https://www.fmprc.gov.cn/web/gjhdq_676201/gj_676203/yz_676205/1206_677220/1207_677232/t281112.shtml。

《中华人民共和国和印度共和国关系原则和全面合作的宣言》，2003年6月25日，中国网，http://www.china.com.cn/international/txt/2003-06/25/content_5353051.htm。

中文著作

[美] W. W. 罗斯托：《富国与穷国》（汉译本），王一谦译，北京大学出版社1990年版。

[加拿大] 阿米塔·阿查亚：《建构安全共同体：东盟与地区秩序》（汉译本），王正毅等译，上海人民出版社2004年版。

[美] 芭芭拉·D. 梅特卡夫、托马斯·R. 梅特卡夫：《剑桥现代印度史》（汉译本），李亚兰等译，新星出版社2019年版。

[美] 保罗·肯尼迪：《大国兴衰：1500—2000年的经济变迁与军事冲突》（汉译本），王保存等译，求实出版社1998年版。

[美] 道格拉斯·诺斯：《经济史中的结构与变迁》（汉译本），陈郁等译，上海人民出版社1994年版。

［美］道格拉斯·诺斯：《制度、制度变迁与经济绩效》（汉译本），刘守英译，上海三联书店1994年版。

韩念龙主编：《当代中国外交》，中国社会科学出版社1990年版。

［美］汉斯·摩根索：《国家间政治：寻求权力与和平的斗争》（汉译本），徐昕等译，中国人民大学出版社1990年版。

［英］杰弗里·帕克：《地缘政治学：过去、现在和未来》（汉译本），刘从德译，新华出版社2003年版。

［美］肯尼思·沃尔兹：《国际政治理论》（汉译本），胡少华等译，中国人民公安大学出版社1992年版。

李涛主编：《南亚地区发展报告2017—2018》，国际文化出版公司2019年版。

林太：《印度通史》，上海社会科学院出版社2007年版。

［美］罗伯特·阿特、罗伯特·杰维斯编：《国际政治：常在概念和当代问题》（汉译本），时殷弘等译，中国人民大学出版社2007年版。

［美］罗伯特·吉尔平：《国际关系政治经济学》（汉译本），杨宇光等译，经济科学出版社1989年版。

［美］罗伯特·吉尔平：《世界政治中的战争与变革》（汉译本），武军等译，中国人民公安大学出版社1994年版。

［美］罗伯特·杰维斯：《国际政治中的知觉与错误知觉》（汉译本），秦亚青译，世界知识出版社2003年版。

［美］玛莎·费丽莫：《国际社会中的国家利益》（汉译本），袁正清译，浙江人民出版社2001年版。

曲星：《中国外交50年》，江苏人民出版社2000年版。

四川大学南亚研究所：《风雨兼程半世纪》，时事出版社2014年版。

［英］苏珊·斯特兰奇：《国际政治经济学导论——国家与市场》（汉译本），杨宇光等译，经济科学出版社1990年版。

随新民：《印度中国的认知与对华政策》，河南人民出版社2008年版。

随新民：《中印关系研究：社会认知视角》，世界知识出版社2007年版。

［美］索尔·科恩：《地缘政治学：国际关系的地理学》第二版（汉译本），严春松译，上海社会科学院出版社2011年版。

田增佩主编：《改革开放以来的中国外交》，世界知识出版社1993年版。

王宏纬：《喜马拉雅山情结：中印关系研究》，中国藏学出版社1998年版。

[美] 约瑟夫·奈、约翰·唐纳胡主编：《全球化世界的治理》（汉译本），王勇等译，世界知识出版社2003年版。

张敏秋主编：《跨越喜马拉雅山障碍》，重庆出版社2006年版。

张敏秋主编：《中印关系研究》（1947—2003），北京大学出版社2004年版。

[美] 朱迪斯·戈尔茨坦、罗伯特·基欧汉主编：《观念与外交政策：信念、制度与政治变迁》（中译本），刘东国等译，北京大学出版社2005年版。

英文文献

Nehru, Jawaharlal, *India's Foreign Policy: Selected Speeches, September 1946—April 1961*, Delhi: The Publicaions Division of Ministry of Information and Broadcasting, Government of India, 1961.

Abhyankar, Rajendra M., *India Diplomacy: Beyond Strategic Autonomy*, New Delhi: Oxford University Press, 2018.

Anderson, Philip W., Kenneth J. Arrow and David Pines, eds., *The Economy as an Evolving Complex System*, Reading (MA): Addison-Wesley, 1988.

Axelrod, Robert, *The Evolution of Cooperation*, New York: A Basic Books, 1984.

Bajpai, Kanti P. and Harsh V. Pant, eds., *India's Foreign Policy*, New Delhi: Oxford University Press, 2013.

Baldwine, David A. ed., *Neorealism and Neoliberalism: The Contemporary Debates*, New York: Columbia University Press, 1993.

Betts, Alexander & Phil Orchard, *Implementtation & World Politics: How International Norms Change Practice*, Oxford: Oxford University Press, 2014.

Blanchard, Jean-Marc F., ed., *China's Maritime Silk Road Initiative and South Asia: A Political Economic Analysis of its Purposes, Perils, and Promise*, Singapore: Palgrave Macmillan Ltd, 2018.

Carter, Ashton B. , "America's New Strategic Partner?", *Foreign Affairs*, Vol. 85, No. 4, July/August (2006): 33 -44.

Cohen, Saul B. , *Geopolitics: the Geography of International Relations*, (3rd edition) London: Rowman & Littlefield, 2015.

Das, Gurchran, "The India Model", *Foreign Affairs*, Vol. 85, No. 4, July/August (2006): 2 -16.

Demko, George J. and William B. Wood, eds. , *Reordering the World: Geopolitical Perspectives on the 21st Century*, Boulder (Colo.): Westview Press, 1994.

Dixit, J. N. , *India's Foreign Policy*, New Delhi: Picus Books, 2003.

Finnemore, Martha, *National Interests in International Society*, Ithaca, New York: Cornell University Press, 1996.

Frankel, Francine R. and Harry Harding, eds. , *The India-China Relationship: What the United States needs to Know?* New York: Columbia University Press, 2004.

Fukuyama, Francis, *Identity: Contemporary Identity Politics and the Struggle for Recognition*, London: Profile Books, 2018.

Ganguly, Sumit, ed. , *India's Foreign Policy, Retrospect and Prospect*, New Delhi: Oxford University Press, 2010.

Gilpin, Robert, *US Power and the Multinational Corporation: the Political Economy of Direct Investments*, New York: Perseus Books Group, 1975.

Gilpin, Robert, *The Political Economy of International Relations*, Princeton: Princeton University Press, 1987.

Goswami, Namrata, ed. , *India's Approach to Asia: Strategy, Geopolitics and Responsibility*, New Delhi: Pentagon Press, 2016.

Haas, Ernst B. , *The Uniting of Europe: Political, Social and Economic Forces*, Stanford University Press, 1958.

Huntington, Samuel P. , "The Clash of Civilizations?" *Foreign Affairs*, Vol. 72, No. 3 (Summer, 1993): 22 -49.

——*The Clash of Civilizations and the Remaking of World Order*, New York: Simon & Schuster, 1996.

J. Demko, George and William B. Wood, eds., *Reordering the World: Geopolitical Perspectives on the 21st Century*, Boulder (Colo.): Westview Press, 1994.

Keohane, Robert O., *After Hegemony: Cooperation and Discord in the World Political Economy*, Princeton: Princeton University Press, 1984.

Krasner, Stephen D., ed., *International Regimes*, Ithaca: Cornell University Press, 1982.

Luttwak, Edward N., *The Endangered American Dream: How to Stop the United States from Becoming a Third World Country and How to Win the Geo-economic Struggle for Industrial Supremacy*, New York: Simon & Schuster, 1993.

Kennedy, Paul, *The Rise and Fall of The Great Power: Economic Change and Militry Conflict from 1500 to 2000*, London: Fontana Press, An Imprint of Haper Collins Publishers, 1988.

Malone, David M., *Contemporary Indian Foreign Policy: Does the Elephant Dance?* Oxford: Oxford University Press, 2012.

Mearsheimer, John J., *The Tragedy of Great Power Politics*, New York: W. W. Norton & Company, 2003.

Menon, Shivshankar, *Choices: Inside the Making of India's Foreign Policy*, DLF Cyber City (Haryana): Penguin Random House India Pvt. Ltd, 2016.

Mohan, C. Raja, "India and the Balance of Power", *Foreign Affairs*, Vol. 85, No. 4, July/August (2006): 17 – 32.

——*Impossible Allies: Nuclear India, United States, and the Global Order*, New Delhi: India Research Press, 2006.

Rajan, M. S., *Studies on India's Foreign Policy*, New Delhi: ABC Publishing House, 1993.

Ray, Jayanta Kumar, *India's Foreign Relations: 1947 – 2007*, New Delhi: Routledge, 2016.

Spykman, Nicholas, *The Geography of the Peace*, New York: Harcourt, Brace,

1944.

Stephen D. Krasner, ed., *International Regimes*, Ithaca: Cornell University Press, 1982.

Wendt, Alexander, *Social Theory of International Politics*, Cambridge: Cambridge University Press, 1999.

Zehfuss, Maja, *Constructivism in International Relations: The Politics of reality*, Cambridge: Cambridge University Press, 2002.

附 录

中印政府间重要文献及
领导人重要讲话

1. 增进中印友谊，加强南南合作①
邓小平
（1982年10月22日）

中印两国都是发展中国家，但在世界上都不是无足轻重的国家。中印两国人口最多，加起来有十七亿，占世界人口三分之一以上。我们两国又是近邻，不相互了解、不建立友谊是不行的。在五十年代中期我们合作得很好。周恩来总理和尼赫鲁总理共同倡导的和平共处五项原则为世界所公认。

中印两国之间的问题并不是很大，既不存在中国对印度的威胁，也不存在印度对中国的威胁，无非就是一个边界问题。双方都应该做些事情来恢复五十年代的友谊。只要双方采取合情合理的方式，边界问题我看是不难解决的。一九七九年我见到你们的前外长时就讲过"一揽子解决"，你们让一点，我们让一点，就解决了嘛。因为这是历史遗留下来的问题，你们有人民感情的问题，我们也有人民感情的问题。只有采取"一揽子解决"的办法，才有可能各自说服自己的人民。我们和好多国家解决了边界问题，解决的办法无非是双方相互让步。我相信，我们之间

---

① 这是邓小平同志会见来华访问的印度社会科学理事会代表团时谈话的一部分，摘自《邓小平文选》第3卷，人民出版社1993年版，第19—20页。

最终是会找到一个好的解决方案的。即使一时解决不了，可以先放一放，在贸易、经济、文化等各个领域还可以做很多事情，发展往来，增进了解和友谊，双方合作仍然有广阔的前景。我们希望自己发达，也希望你们发达。

我们很高兴第三世界的国家提出南南合作问题。当然，南北问题也应解决。南北问题不解决，第三世界负债那么多，日子怎么过啊！如果发达国家不拿出钱来帮助发展中国家发展，发达国家在第三世界的市场也就没有了。世界上的国家富的愈富，穷的愈穷，解决这个问题是国际舞台上的一个重要课题。但是，看来这个问题很难解决。中国有句话：愈富的人愈悭吝。要富国多拿点钱出来，它不肯，技术转让更不愿意。所以，第三世界仅寄希望于南北问题的解决是不够的，南南之间还要进行合作。在可能的范围内，通过这种合作总能解决一些问题。这些年来第三世界有一些发展，各国都有一些好的东西，可以相互交流和合作。改变国际经济秩序，首先是解决南北关系问题，同时要采取新途径加强南南之间的合作。

2. 以和平共处五项原则为准则建立国际新秩序[①]
邓小平
（1988年12月21日，北京）

中印两国对人类有一个共同的责任，就是要利用现在有利的和平国际环境来发展自己。为什么这样说呢？因为中印两国共有十八亿人口，占世界总人口三分之一以上。

当前世界上主要有两个问题，一个是和平问题，一个是发展问题。和平是有希望的，发展问题还没有得到解决。人们都在讲南北问题很突出，我看这个问题就是发展问题。我曾多次对一些外国朋友讲，这个问题要从人类发展的高度来认识。现实情况是当今世界只有四分之一的人

---

① 这是邓小平同志会见来华访问的印度总理拉吉夫·甘地时谈话的一部分。摘自《邓小平文选》第3卷，人民出版社1993年版，第281—283页。

口生活在发达国家，其他四分之三的人口是生活在发展中国家，或者叫不发达国家。国际社会虽然提出要解决南北问题，但讲了多少年了，南北之间的差距不是在缩小，而是在扩大，并且越来越大。我们两国是上述占世界人口四分之三的行列里的最大的队伍。

近几年有一种议论，说下个世纪是亚洲太平洋世纪，好像这样的世纪就要到来。我不同意这个看法。亚太地区如果不算美国，就是日本、"四小龙"和澳大利亚、新西兰比较发达，人口顶多两亿，即使把苏联的远东地区、美国的西部地区和加拿大包括进去，人口也只有三亿左右，而我们两国人口加起来就有十八亿。中印两国不发展起来就不是亚洲世纪。真正的亚太世纪或亚洲世纪，是要等到中国、印度和其他一些邻国发展起来，才算到来。这就像巴西不发展就不是拉丁美洲世纪一样。所以，应当把发展问题提到全人类的高度来认识，要从这个高度去观察问题和解决问题。只有这样，才会明了发展问题既是发展中国家自己的责任也是发达国家的责任。历史证明，越是富裕的国家越不慷慨，归根到底，我们要靠自己来摆脱贫困，靠自己发展起来。主要靠自己，同时不要闭关自守，可以多方面找朋友。我们欢迎发达国家同我们合作，也欢迎发展中国家相互之间的合作，这后一种合作是非常重要的。特别是人口众多的发展中国家要有自己的良好政策。中国执行改革开放政策，争取在五十到七十年时间内发展起来。中印两国如果发展起来了，那就可以说我们对人类做出了贡献。也正是在这个伟大的目标下，中国政府提出，所有发展中国家应该改善相互之间的关系，加强相互之间的合作。中印两国尤其应该这样做。这是我国政府的想法。

世界总的局势在变，各国都在考虑相应的新政策，建立新的国际秩序。霸权主义、集团政治或条约组织是行不通了，那末应当用什么原则来指导新的国际关系呢？最近，我同一些外国领导人和朋友都谈到这个问题。世界上现在有两件事情要同时做，一个是建立国际政治新秩序，一个是建立国际经济新秩序。关于国际经济新秩序，早在一九七四年我在联合国发言时，就用了很长时间讲这个问题。这个问题我们一直在提，今后也还要提。至于国际政治新秩序，我认为，中印两国共同倡导的和平共处五项原则是最经得住考验的。这些原则的创造者是周恩来总理和尼赫鲁总理。这五项原则非常明确，干净利落，清清楚楚。我们应当用和平共处五项原则作为指导国际关系的准则。我们向国际社会推荐这些原则来指导国际关系，首先我们两国之间的关系要遵循这些原则，而且我们同各自的邻国之间的关系也要遵循这些原则。从我们自己的角度来考虑，我们两国同邻国的关系应该做些调整。我提出这一建议，请阁下考虑。这是件了不起的事情，不赞成的人会有不少，但只要有高度的智慧和战略的胆识，就一定可以完成。我想，我们就首先在阁下来访的新闻公报中体现和平共处五项原则。

世界在变，人们的思想不能不变。由于过去特别是"文化大革命"中犯的错误，中国耽误了大约二十年的建设时间。粉碎"四人帮"后，我们国内的各种事情都在变。从以阶级斗争为纲转到以四化建设为中心，从停滞封闭转到改革开放，还有当前所进行的各种改革工作，都是在变。我想你们也会遇到这个问题的。要发展就要变，不变就不会发展。

3. 中华人民共和国和印度共和国联合新闻公报
（1988年12月23日，北京）

应中华人民共和国国务院总理李鹏的邀请，印度共和国总理拉吉夫·甘地于1988年12月19日至23日对中华人民共和国进行了正式友好访问。陪同拉吉夫·甘地总理阁下来访的有索尼亚·甘地夫人、外交部长纳拉西姆哈·拉奥阁下、商业部长迪内希·辛格阁下、司法兼水利资源部长尚卡阿南德阁下、外交国务部长纳特瓦·辛格阁下和其他印度官员。

李鹏总理同拉·甘地总理在友好、坦率和相互谅解的气氛中举行了会谈，中华人民共和国主席杨尚昆、中央军委主席邓小平、中共中央总书记赵紫阳先后分别会见了拉·甘地总理。访问期间，两国政府签署了《科学技术合作协定》、《民用航空运输协定》和《文化合作协定1988年、1989年和1990年交流执行计划》，两位总理出席了签字仪式。拉·甘地总理和夫人一行还在北京、西安和上海参观了历史文化和其他名胜。

在会谈和会见中，两国领导人就双边关系及双方感兴趣的国际问题广泛交换了看法和意见。双方认为会谈是有益的，增进了相互了解，有利于两国关系的进一步改善与发展。双方对近年来在贸易、文化、科技、民航等方面的合作、交流情况给予积极的评价,对两国达成的有关协议表示满意,并认为双方可以在广阔的领域里互相学习。

双方强调,经过历史检验、最具有生命力的由中印两国共同倡导的互相尊重主权和领土完整、互不侵犯、互不干涉内政、平等互利、和平共处五项原则,是搞好国与国关系的基本指导原则,也是建立国际政治新秩序和国际经济新秩序的基本指导原则。双方一致认为,在这些原则基础上恢复、改善和发展中印两国睦邻友好关系,是双方的共同愿望,不仅符合两国人民的根本利益,而且对亚洲和世界的和平与稳定也将产生积极的影响。双方重申将为进一步发展两国友好关系做出努力。

两国领导人就中印边界问题进行认真、深入的讨论,同意通过和平友好方式协商解决这一问题。在寻求双方都能接受的边界问题解决办法的同时,积极发展其它方面的关系,努力创造有利于合情合理解决边界问题的气氛和条件。为此,将采取一些具体措施,如建立关于边界问题的联合工作小组和经贸、科技联合小组。

中方对一些西藏人在印度进行反对祖国的活动表示关切。印方重申印度政府长期和一贯的政策,即西藏是中国的一个自治区,印方不允许这些西藏人在印度进行反对中国的政治活动。

关于国际形势,双方认为当前世界出现了从对抗转向对话、由紧张转向缓和的趋势,这是全世界爱好和平的国家和人民为反对强权政治所进行的长期坚持不懈斗争的结果。这一趋势有利于世界和平和地区问题的解决,也有助于世界各国,特别是发展中国家为发展本国经济所作的努力。中印两国将为维护世界和平、推动全面裁军、谋求共同发展作出各自的贡献。

拉吉夫·甘地总理阁下和夫人一行对中华人民共和国政府和人民给予他们的热情、友好的款待,表示衷心的感谢。

拉吉夫·甘地总理邀请李鹏总理在方便的时候访问印度共和国,李鹏总理愉快地接受了邀请,访问日期将通过外交途径商定。

4. 中华人民共和国和印度共和国联合公报
（1991 年 12 月 16 日，新德里）

一、应印度共和国总理纳拉辛哈·拉奥的邀请，中华人民共和国国务院总理李鹏于 1991 年 12 月 11 日至 16 日对印度共和国进行了正式友好访问。李鹏总理同纳·拉奥总理举行了会谈。印度共和国总统拉·文卡塔拉曼和副总统香·达·夏尔马分别会见了李鹏总理。会谈和会见是在诚挚、坦率和相互谅解的气氛中进行的。

二、访问期间，两国政府签署了《中华人民共和国政府和印度共和国政府关于在孟买和上海恢复设立总领事馆的协议》、《中华人民共和国政府和印度共和国政府领事条约》、《中华人民共和国政府和印度共和国政府关于恢复边境贸易的备忘录》、《中华人民共和国政府和印度共和国政府 1992 年贸易议定书》、《中华人民共和国航空航天工业部和印度共和国航天部关于和平利用外空科技合作谅解备忘录》。

三、两国领导人就双边关系以及双方共同关心的重大国际和地区问题广泛地交换了意见。双方就近年来特别是 1988 年印度已故总理拉·甘地访华后，中印关系在两国政府和人民的共同努力下得到改善感到满意。双方重申愿在中印共同倡导的和平共处五项原则的基础上继续发展两国之间的睦邻、友好和互利合作。双方认为，中印之间的合作不仅符合两国人民的根本和长远利益，而且有助于维护亚洲和世界的和平与稳定。

四、双方积极评价在贸易、文化、科技领域的合作，特别强调需要共同努力，使双方在经济领域包括贸易方面的交流多样化并迅速增加。双方还同意可以逐步将两国边境贸易扩大到双方同意的新的地区。两国将在卫生、教育、能源和农业领域积极进行合作。双方还同意印度在中国举办文化节和中国在印度举办文化节。

五、两国领导人重申，将通过友好协商早日达成双方都能接受的边界问题解决办法。双方认为中印边界问题联合工作小组迄今就边界问题举行的会谈增进了相互了解，并一致同意该小组应加紧工作，以便尽早找到边界问题的解决办法。双方决定下一次联合工作小组会议将于 1992

年早些时候双方方便的日期在新德里举行。双方同意，在边界问题最终解决前，保持实际控制线地区的和平与安宁。双方还同意将两国边防人员不定期会晤改为定期会晤。

六、中方对一些西藏人继续在印度从事反对祖国的活动表示关切，并重申西藏是中国领土不可分割的一部分，中方坚决反对任何旨在分裂中国、制造"西藏独立"的企图和行为。印方重申印度政府长期和一贯的政策，即承认西藏是中国的一个自治区，印方不允许这些西藏人在印度进行反对中国的政治活动。

七、双方声明，中印关系的改善不针对任何第三国，不影响各自同其他国家业已存在的友好合作关系。双方表示支持本地区国家通过友好协商和平解决双边关系中的所有问题。中国支持南亚区域合作联盟为加强各成员国间的合作所做的努力。双方认为，南亚地区的和平与稳定不仅符合该地区各国人民的利益，也有利于维护世界的和平与稳定。

八、双方对1991年10月23日巴黎柬埔寨问题会议签署的关于全面政治解决柬埔寨冲突的协定表示欢迎和支持，希望该协定得到全面履行，为在联合国主持和监督下举行自由和公正的选举创造条件，使未来的柬埔寨成为一个独立、主权、和平、中立和不结盟的国家。

九、双方强调早日实现阿富汗问题政治解决的重要性，支持有关方面通过协商和对话，在阿富汗建立一个基础广泛、能为各方接受的联合政府，从而恢复国内和平，确保阿富汗独立、主权、中立和不结盟地位。双方支持联合国秘书长今年5月21日关于政治解决阿富汗问题的五点建议，希望联合国在政治解决阿富汗问题的进程中发挥重要作用。

十、两国领导人认为，近年来国际形势发生了重大变化。双方欢迎国际局势缓和的趋势，同时认为世界和平、安全和发展依然面临挑战。在国际经济关系中，南北矛盾更加突出，经济差距仍在扩大。双方重申致力于和平与发展事业，认为国际社会应继续为维护世界和平、促进人类的共同发展而努力。

十一、双方认为，国际社会应为建立新的国际政治、经济秩序而共同努力。双方强调互相尊重主权和领土完整、互不侵犯、互不干涉内政、平等互利、和平共处五项原则以及联合国宪章的宗旨和原则应成为指导国际关系的基本准则和建立国际新秩序的基础。

双方认为下列原则应用来指导国际新秩序：

（一）国家不分大小、强弱、贫富，都应当作为国际社会平等的成员，参与国际事务的决策和解决，各国都拥有制定和执行最适合本国国情的经济社会发展战略和政策的主权。国际关系中，应严格遵守不干涉内政的原则，国家间的分歧和争端应和平解决，不得使用武力或以武力相威胁。

（二）制止军备竞赛，实现有效裁军。目前的裁军进程应导致全面禁止和彻底销毁一切大规模毁灭性武器，包括核武器、化学武器和生物武器。常规裁军也应进一步取得进展。

（三）消除日益扩大的南北经济差距，以有利于世界各国的方式来解决全球性的经济、社会、人口和环境问题。加强区域合作，扩大对话渠道，促进共同发展，发达国家应解决发展中国家日益沉重的债务负担、不断恶化的贸易条件、资金流入不足和技术转让障碍等问题。

（四）尊重"联合国宪章"和国际人权文件中保护人权的原则，保障和促进整个人类人权和基本自由的普遍实现。发展是消除贫困，满足人民最低限度需要的根本前提，人权是不可分割的，对于广大发展中国家来说，生存权和发展权是最基本的人权。

十二、双方认为，两国领导人互访和对话对促进相互了解和两国在各个领域的友好合作具有重要意义。李鹏总理及其代表团对印度共和国政府和人民给予他们的热情友好接待表示感谢。李鹏总理邀请纳·拉奥总理在方便的时候访问中国，并向文卡塔拉曼总统转达了中国国家主席杨尚昆对他访问中国的邀请。拉奥总理和文卡塔拉曼总统愉快地接受了邀请，访问的时间将通过外交途径商定。拉奥总理邀请中国共产党总书记江泽民在方便的时候访问印度，李鹏总理表示将愉快地转达这一邀请并表示感谢。

5. 中华人民共和国政府和印度共和国政府关于在中印边境实际控制线地区保持和平与安宁的协定
（1993年9月7日，北京）

中华人民共和国政府和印度共和国政府（以下简称双方）根据互相尊重主权和领土完整、互不侵犯、互不干涉内政、平等互利、和平共处五项原则，为保持中印边境实际控制线地区的和平与安宁，缔结本协定如下：

第一条　双方认为，中印边界问题应通过和平友好方式协商解决。双方互不使用武力或以武力相威胁。在两国边界问题最终解决之前，双方严格尊重和遵守双方之间的实际控制线。双方的一切活动不得超过实际控制线。如果一方人员越过实际控制线，在另一方提醒后，越线人员应立即撤回到实际控制线本方一侧。必要时，双方将在对实际控制线有不同认识的局部地区共同核定实际控制线的方向。

第二条　双方将把实际控制线地区各自的军事力量保持在与两国睦邻友好关系相适应的最低水平。双方同意，根据相互同等安全原则的要求，按双方商定的最高限额裁减在实际控制线地区的军事力量。裁减实际控制线地区军事力量的范围、程度、时间和种类由两国协商确定。裁减军事力量应在实际控制线地区逐段地在双方商定的地理区域内分阶段进行。

第三条　双方将通过协商制定在实际控制线地区的有效信任措施。任何一方都不在双方确认的区域内进行特定规模的军事演习。双方在实际控制线附近进行本协定允许的特定规模军事演习应事先通知对方。

第四条　在实际控制线地区如发生意外事件或出现其他问题，双方应通过两国边防人员会晤和友好协商加以处理。边防人员的会晤方式及通讯渠道由双方商定。

第五条　双方同意，采取充分措施以确保不发生侵犯对方实际控制线地区空域的事件。一旦发生侵犯事件，双方应协商处理。双方还将就在实际控制线附近双方商定的地区适当限制空中演习进行磋商。

第六条 双方同意，本协定所提及的实际控制线不损及各自对边界问题的立场。

第七条 为了在实际控制线地区裁减军事力量，保持和平与安宁，双方将根据本协定通过协商确定有效核查监督措施的形式、方法、规模和内容。

第八条 中印边界问题联合工作小组各方指定外交和军事专家，共同协商制定本协定的实施办法。专家们将向联合工作小组就如何解决双方对实际控制线走向的分歧提出建议，并处理为减少实际控制线地区的军事力量重新部署的有关问题。专家们还将根据严守信义和相互信任的原则，协助联合工作小组监督本协定的执行并解决在此过程中所产生的分歧。

第九条 本协定自签字之日起生效。经双方同意可对其进行修改和补充。

本协定于一九九三年九月七日在北京签订，一式两份，每份都用中文、印地文和英文写成，三种文本同等作准。

6. 中华人民共和国政府和印度共和国政府 关于在中印边境实际控制线地区 军事领域建立信任措施的协定 （1996年11月29日，新德里）

中华人民共和国政府和印度共和国政府（以下简称"双方"）认为根据互相尊重主权和领土完整、互不侵犯、互不干涉内政、平等互利、和平共处五项原则，发展长期睦邻关系符合两国人民的根本利益；

确信维护中印边境实际控制线地区的和平与安宁符合两国人民的根本利益，并将有助于最终解决边界问题；重申任何一方不以任何方式对另一方使用武力或以武力相威胁，不谋求单方面的军事优势；

根据一九九三年九月七日签署的《中华人民共和国政府和印度共和国政府关于在中印边境实际控制线地区保持和平与安宁的协定》；

认识到双方有必要在中印边境实际控制线地区的军事领域建立有效的信任措施；

注意到在中印边境实际控制线地区已建立的信任措施的作用；

致力于加强军事领域的信任和增加透明度，达成协议如下：

第一条　任何一方都不将其军事能力用来针对另一方。双方部署在边境实际控制线地区的军事力量，作为双方各自军事力量的组成部分，不用于进攻对方，不进行威胁对方或损害边境地区和平、安宁与稳定的任何军事活动。

第二条　双方重申有决心寻求公正合理和相互都能接受的解决两国边界问题的方案。在边界问题最终解决之前，双方将严格尊重和遵守中印边境地区的实际控制线，任何一方的活动都不得超过实际控制线。

第三条　双方同意在中印边境实际控制线地区共同商定的地理范围内就裁减或限制各自的军事力量采取如下措施：

（一）双方重申，根据相互同等安全的原则，把中印边境实际控制线地区共同商定的地理范围内各自的军事力量裁减或限制到与两国睦邻友好关系相适应的最低水平；

（二）双方将按共同商定的最高限额裁减或限制部署在实际控制线地区共同商定的地理范围内的陆军、边防部队、准军事部队，以及其它双方同意的武装力量。裁减或限制的武器装备的主要种类是：作战坦克、步兵战斗车、75毫米口径以上火炮（包括榴弹炮）、120毫米以上的迫击炮、地对地和地对空导弹，以及双方同意的其他武器装备；

（三）双方将交换裁减或限制军事力量和武器装备的资料，确定每一方在中印边境实际控制线地区共同商定的地理范围内需保留的军事力量和武器装备的最高限额；最高限额应根据相互同等安全原则的要求确定，并适当考虑诸如地形性质、道路交通、其它永久性防御设施及征调部队和武器装备所需时间等参数。

第四条　为保持中印边境实际控制线地区的和平与安宁，避免因误解对方意图而导致边境紧张局势：

（一）双方都不在中印边境实际控制线附近地区进行超过一个师（约15000人）的大规模军事演习。如需进行这类演习，参演主力部队的战略目标不应针对另一方；

（二）任何一方在中印边境实际控制线附近地区进行超过一个加强旅（约5000人）的重大军事演习，须将演习的类型、规模、计划期限和区域及参加演习的部队的人数和类别提前通知对方；

（三）部队演习完毕及部队调离演习区五天内，须将演习完毕或调离日期及时通知对方；

（四）任何一方有权让演习方对本条第二款所列内容及时作出澄清。

第五条 为防止发生军用飞行器飞越中印边境实际控制线的侵犯事件或为军用飞行器空中过境和着陆提供便利：

（一）双方将采取充分措施确保不发生飞越实际控制线的侵犯事件。如发生侵犯，一经发现应立即停止。飞行器所属方须迅速查明事件，并及时通过外交途径或边防会晤将结果通报对方；

（二）除本条第三款和第五款另有规定外，战斗飞行器（包括战斗机、轰炸机、侦察机、军用教练机、武装直升机和其它武装飞行器）不得在实际控制线两侧各十公里内飞行；

（三）如任何一方战斗飞行器需在实际控制线己侧十公里内飞行，必须通过外交途径提前向对方通报并提供下列情况：

战斗飞行器的型别和数量

计划飞行高度（单位为米）

计划飞行期限（通常不超过十天）

计划飞行时刻

飞行区域及经纬度

（四）非武装运输机、勘测机和直升机可被允许在实际控制线己侧飞行；

（五）未经事先同意，任何一方的军用飞行器不得飞越实际控制线；任何一方的军用飞行器如需飞越实际控制线或飞越对方领空或在对方一侧降落，应按国际惯例向对方提供有关飞行的详细资料，事先征得对方许可；

尽管有上述规定，任何一方都有独立自主的权利对对方军用飞行器在实际控制线己方一侧飞行或降落或飞越其领空提出附加条件，包括即刻提出附加条件；

（六）为确保紧急情况下的飞行安全，双方指定的有关部门可用现有最快的通讯方式与对方联系。

第六条 为防止中印边境实际控制线地区发生危险的军事活动，双方同意：

（一）任何一方不得在实际控制线己方一侧两公里范围内鸣枪、破坏生态环境、使用危险化学品、实施爆炸作业、使用枪支或爆炸品打猎。这一禁止措施不适用于轻武器射击场内的日常射击训练。

（二）如作为开发活动的一部分，确需在实际控制线己方一侧两公里范围内实施爆炸作业，应尽可能提前五天通过外交途径或边防会晤通知另一方。

（三）使用实弹在实际控制线附近地区进行训练时，须采取预防措施，以确保子弹或导弹不会意外地射越实际控制线，给另一方造成生命或财产损失。

（四）如果双方边防人员因对实际控制线走向的分歧或其他原因而进入对峙状态时，双方须保持克制，采取一切必要步骤避免事态恶化。同时，双方须立即通过外交途径或其他已有渠道进行磋商，审议局势，防止紧张升级。

第七条 为加强在边境实际控制线地区双方军事人员和机构之间的交往与合作，双方同意：

（一）在实际控制线地区的指定地点保持和扩大双方边防代表之间的定期会晤和旗会制度；

（二）在实际控制线地区的指定地点保持和扩大双方边防会晤站之间的通信联系；

（三）逐步建立双方边防当局之间的中、高层接触。

第八条 （一）当一方人员由于自然灾害等无法避免的情况而越过实际控制线进入另一方，考虑到越过实际控制线是被迫的或非故意的，另一方应向他们提供一切可能的帮助并尽快通知对方。归还有关人员的方式将通过双方磋商确定。

（二）靠近边境地区若发生有可能殃及另一方的自然灾害或传染疾病时，双方应尽早向对方提供信息。信息交换可通过外交途径或边防人员会晤进行。

第九条 当边境地区发生可疑情况时，或一方对另一方遵守本协定的方式产生问题或疑问时，任何一方有权向另一方要求澄清。寻求澄清和给予答复应通过外交途径进行。

第十条 （一）认识到本协定某些条款的完全实施有赖于双方对中印边境实际控制线走向达成共同谅解，双方同意加速澄清和确认实际控制线的进程。作为该进程的第一步，双方即将对有不同认识的局部地区的实际控制线走向加以澄清。双方还同意尽快交换标明各自对整个实际控制线走向认识的地图。

（二）在完成对实际控制线澄清和确认的进程之前，双方将在不损及各自对实际控制线走向和边界问题立场的情况下，制定本协定所述信任措施的临时实施办法。

第十一条 本协定第一条至第十条所要求的具体实施办法将通过中印边界问题联合工作小组的双边磋商决定。中印外交军事专家小组将协助联合工作小组根据本协定制定实施办法。

第十二条 本协定须得到双方批准，自互换批准书之日起生效。

本协定持续有效，直至协定的任何一方决定中止本协定并提前六个月书面通知另一方，则本协定在通知六个月后失效。

本协定经双方书面同意后，可进行修改和补充。

本协定于一九九六年十一月二十九日在新德里签订，一式两份，每份用中文、印地文和英文写成，三种文本同等作准。在发生歧义时，以英文为准。

7. 中华人民共和国和印度共和国关系原则和全面合作的宣言
（2003 年 6 月 23 日，北京）

应中华人民共和国国务院总理温家宝的邀请，印度共和国总理阿塔尔·比哈里·瓦杰帕伊于 2003 年 6 月 22 日至 27 日对中国进行了正式访问。

访问期间，温家宝总理与瓦杰帕伊总理举行了会谈。中国国家主席胡锦涛、中央军委主席江泽民、全国人民代表大会常务委员会委员长吴邦国和国家副主席曾庆红分别会见了瓦杰帕伊总理。会谈和会见是在诚挚友好的气氛中进行的。

两国领导人对近年来两国关系取得的进展表示满意。这不仅有利于两国各自的发展，而且对本地区的稳定与繁荣作出了贡献。双方回顾了两国历史上源远流长的友好交往。中印是世界上两个最大的发展中国家，有着悠久的文明、独特的历史和相似的奋斗目标。双方注意到，占世界人口三分之一的两个国家实现经济社会持续发展，对确保亚洲乃至世界的和平、稳定与繁荣至关重要。

双方一致认为，中印存在着发展睦邻关系的共同愿望和广泛的共同利益。双方同意充分挖掘巨大潜力，抓住有利机遇，深化互利合作。两国友好合作符合中印社会经济发展与繁荣的需要，符合促进地区与全球和平与稳定的需要，也符合推进世界多极化和利用全球化积极因素的需要。双方确认将遵循以下原则，进一步推动长期建设性合作伙伴关系的发展，在此基础上建立新型关系：

（一）双方致力于在和平共处五项原则、相互尊重和照顾彼此关切以及平等的基础上，发展两国长期建设性合作伙伴关系。

（二）作为两个发展中大国，中印双方在维护亚洲和世界的和平、稳定和繁荣方面有着广泛共同利益，双方都希望在地区和国际事务中增进相互理解，实现更加广泛、密切的合作。

（三）双方的共同利益大于分歧。两国互不为威胁，互不使用武力或以武力相威胁。

（四）双方同意，从根本上加强两国在各层次、各领域的双边关系，同时通过公平、合理及双方都可接受的方式和平解决分歧。有关分歧不应影响双边关系的整体发展。

双方同意开展经常性高层交往，这将有利于进一步增进相互了解，拓展双边关系。双方认为，为深化在双边、地区和国际问题上的协调与对话，两国外交部长有必要每年举行会晤。双方还同意，进一步加强两国政府各部委、议会及政党之间的人员往来和友好交流。

双方欢迎近年来两国经贸合作的积极势头，一致认为，不断开拓和深化中印经济合作对加强双边关系至关重要。

双方一致认为，两国现有经济互补性为双方进一步增进经济关系提供了重要基础，开辟了广阔前景。为促进经贸合作，双方将根据本国法律法规和国际义务，采取必要措施消除贸易和投资方面存在的障碍。双方重申中印经贸科技联合工作组部长级会晤的重要性，同意在年内召开下一次（第七次）联合工作组会议。

双方将成立由官员和经济学家组成的联合研究小组，负责研究两国扩大经贸合作的潜在互补关系。该小组还将制定今后5年中印经贸合作的发展规划，以鼓励双方企业界扩大合作。该小组将于2004年6月底之前，向两国政府提交有关全面经贸合作措施的研究报告和建议。

为加强在财金领域的对话与协调，两国将建立财政金融对话与合作机制。

双方一致同意，加强在世界贸易组织中的合作，这不仅有利于中印两国，而且符合广大发展中国家的利益。双方将就此问题展开定期对话。

两国将促进文化、教育、科技、媒体、青年和民间交流，巩固历史和文化联系。双方同意在两国首都互设文化中心并为此提供便利。

双方将努力加强空中和海上直航、旅游、交换双方同意的共有河流的汛期水文数据，促进农业、乳制品、食品加工业、卫生和其它领域的合作。

双方同意，两国国防交流的广度和深度应该得到加强。这将有助于增进和深化两军之间的相互了解和信任。双方确认，将加强两国国防部长以及军方各层次的互访。

双方就中印边界问题交换了意见，阐述了各自立场。双方重申愿通过平等协商，寻求公正合理以及双方都能接受的解决方案。双方同意，在最终解决之前，双方应共同努力保持边境地区的和平与安宁，并重申致力于继续执行为此目的签署的有关协定，包括澄清实际控制线。

双方同意各自任命特别代表，从两国关系大局的政治角度出发，探讨解决边界问题的框架。

印方承认西藏自治区是中华人民共和国领土的一部分，重申不允许西藏人在印度进行反对中国的政治活动。中方对印方的立场表示赞赏，重申坚决反对任何旨在分裂中国、制造"西藏独立"的企图和行为。

印方忆及印度是最早承认只有一个中国的国家之一，其一个中国的政策没有改变。中方对印方的立场表示赞赏。

中国和印度认识到维护世界和平的首要意义。这是包括中印两国在内的所有发展中国家社会和经济发展的前提。世界是丰富多彩的，每个国家都有权选择自己的政治制度和发展道路。作为两个发展中大国，中印认识到各自在推动建立国际政治经济新秩序过程中的重要作用。国际社会应通过对话与合作，消除贫困，缩小南北差距，实现共同繁荣。

双方认为，联合国在维护国际和平、稳定和促进发展中发挥着核心作用。双方决心为加强联合国作用而继续努力。双方重申，愿意就推动联合国的改革开展合作，联合国安理会的改革应优先考虑增加发展中国家的代表性。

双方主张，维护多边军控与裁军进程，在逐渐降低军备水平的基础上，以平等和各国安全不受减损的方式实现共同安全，主张举行旨在裁减核军备和消除核武器的多边谈判。双方坚决反对向外空发展军备，反对对部署在外空的物体使用或威胁使用武力，支持在空间技术和平开发方面进行合作。

双方都认识到恐怖主义对两国及全球和平与安全所构成的威胁。双方坚决谴责任何形式的恐怖主义。国际社会与全球恐怖主义之间的斗争是全面和持久的，其最终目的是要从所有地区铲除恐怖主义。这就要求在全球范围内强化反恐法律体系。双方将通过双边对话机制，推进在反恐问题上的合作。

在推动两国社会和经济快速发展的同时致力于保护环境，中国和印度面临着特殊而相似的挑战。双方同意以务实的态度，在保护环境和保障可持续发展领域进行合作，在相关的多边场合上，就气候变化和保护生物多样性资源等问题协调立场。

双方支持亚洲地区的多边合作，认为上述合作增进了亚洲国家的互利交往、经济发展和凝聚力。双方积极看待对方参与亚洲的区域和次区域多边合作进程。

双方声明，中印关系的改善和发展不针对任何第三国，不影响各自同其他国家业已存在的友好合作关系。

双方表示，此次印度总理对中华人民共和国的正式访问取得了成功，增进了两国政府、两国领导人和两国人民之间的相互理解和信任，标志着中印双方为在新世纪加强全面合作迈出了新的步伐。

瓦杰帕伊总理邀请温家宝总理在双方方便的时间访问印度，同时转达了阿卜杜尔·卡拉姆总统对胡锦涛主席的访印邀请。中方接受邀请并对此表示感谢，具体访问日期将通过外交渠道另行商定。

瓦杰帕伊总理谨代表印度政府和人民向中国政府和人民对他本人及代表团的热情欢迎表示感谢。

本宣言于二〇〇三年六月二十三日在北京用中文、印地文、英文三种文字签署。

8.《中华人民共和国与印度共和国联合声明》
（2005年4月11日，新德里）

一、应印度共和国总理曼莫汉·辛格的邀请，中华人民共和国国务院总理温家宝于2005年4月9日至12日对印度进行正式访问。访问期间，温家宝总理与曼莫汉·辛格总理举行了会谈，会见了印度总统阿卜杜尔·卡拉姆、副总统柏伊隆·辛格·谢卡瓦特、团结进步联盟领袖索尼娅·甘地夫人、外交部长纳特瓦尔·辛格和人民院反对党领袖阿德瓦尼。温家宝总理访问了班加罗尔市，并在德里理工大学发表演讲。两国领导人在诚挚、友好和建设性的气氛中，就双边关系和共同关心的国际和地区问题深入交换意见，达成广泛共识。

二、双方回顾了两国间友好交往和近年来双边关系取得的进展，一致认为，中印关系进入了全面发展的新阶段。双方满意地注意到，随着两国领导人的频繁往来，建立信任与理解的进程不断向前推进。双边贸易与经济合作迅速增长，其他领域的交流与合作日益扩大。双方在解决两国悬而未决问题方面逐步取得积极进展。在国际和地区事务中，双方保持了良好的沟通与合作。双方一致认为，中印长期建设性合作伙伴关系取得了令人满意的进展。双方回顾了两国总理于2003年6月23日签署的《中华人民共和国和印度共和国关系原则和全面合作的宣言》，重申这项宣言就双边关系达成的共识，为两国合作提供了一个共同认可的框架。

三、鉴于中印关系的发展，为了促进睦邻友好和互利合作，并考虑到地区和国际局势的深刻变化，双方同意，当前，中印关系具有全球和战略意义。两国领导人同意，建立中印面向和平与繁荣的战略合作伙伴关系。这种伙伴关系以和平共处五项原则、相互尊重和照顾彼此关切和愿望以及平等为基础，为基于两国人民共同与平等的安全、发展和繁荣的双边关系全面而广泛的发展提供了良好的框架，并有助于双方共同应对全球范围的挑战和威胁。这种伙伴关系反映出双方愿意以积极的姿态消除悬而未决的分歧，避免使其阻碍双边关系的继续发展。

四、双方一致认为，两国政府、议会、政党间的高层交往，在扩大两国全面合作方面发挥了重要作用。双方表示，决心保持和加强这种交往势头，并同意两国领导人举行经常性会晤。双方重申，愿促进两国政府各部委间定期交流，充分利用中印战略对话和两国间其他对话机制。

五、2005年是中印建交55周年。两国将举办一系列纪念活动以兹庆祝。双方注意到，印度正在举办"中国文化月"活动，中国也将于年内举办"印度文化月"。双方还将通过举办其他文化活动来增进相互了解，加深两国人民的友谊。双方宣布，2006年为"中印友好年"。双方对两国加强在文化领域的交流表示满意，重申相互理解和文化交流将促进两国在其他领域的合作。为了加强传统文化联系，两国签署了关于在河南省洛阳市修建一座印度风格佛殿的协议。

六、双方强调，全面拓展包括贸易和投资在内的经济合作，是加强中印关系的重要内容。双方决定，将努力使双边贸易额到2008年实现200亿美元或更高的目标。中印建立联合研究小组旨在考察两国间扩大经贸合作的潜在互补性，双方对联合研究小组的报告表示欢迎。联合研究小组在报告中明确了在货物贸易、服务贸易、投资及其他经济合作领域的一系列相应措施，并建议加快落实上述措施，以清除障碍，推动中印加强经济交往。两国总理责成部长级的中印经贸科技联合小组考虑并协调落实有关建议。为此，双方将积极争取在未来六个月内召开中印经贸科技联合小组会议。联合研究小组已提议建立中印区域贸易安排，包括货物和服务贸易、投资，并在贸易和投资促进及便利化方面达成共识，确认推动指定领域经济合作的措施。两国总理同意指定一个联合工作组，对中印区域贸易安排的可行性以及其带来的利益进行详细研究，并对其内容提出建议。双方注意到，建立财政金融对话机制的协定将进一步有利于两国开展有活力和多领域的经济合作。双方也将继续商签双边投资促进和保护协定。双方满意地注意到，两国已签署了印度葡萄和苦瓜输华植物卫生要求议定书。双方还同意成立一个联合工作组，及时贯彻和履行中国国家质量监督检验检疫总局和印度农业部签署的谅解备忘录。中方对印度大米输华持积极态度，将按照中国的相关法律法规要求，尽快启动对印度输华大米的风险分析程序。

七、双方同意，在互利互惠的基础上，进一步开展教育、科技、卫生、信息、旅游、青年交流、农业、乳制品业和体育等领域的合作。双方决定，成立由两国科技部长任主席的中印科技合作指导委员会，启动中印相互承认学历学位协议的磋商。双方宣布，开展经常性青年交流活动。中方邀请100名印度青年于2005年年内访华。中方将于今年在印度举办"先进适用技术展览会"。

八、双方认识到加强相互联系的重要性，同意将共同努力进一步扩大两国直达航班和轮船、旅游及民间接触。双方对中印两国在此次访问中签署进一步扩大民航运输安排的谅解备忘录表示满意。

九、双方将继续在交换双方同意的跨界河流的汛期水文数据方面保持合作。为回应印方关切，中方同意，一旦各方面条件允许，将采取措施，对帕里河的天然坝体进行有控制的泄洪。两国在此次访问期间签署了提供朗钦藏布江—萨特莱杰河水文资料的协议，双方对此表示满意。双方还同意继续举行磋商，以早日就帕隆藏布江和察隅曲—希特河达成类似安排。双方同意，在能源安全和节能领域开展合作，包括鼓励两国有关部门和单位在第三国协作勘探和开采石油天然气资源。

十、双方注意到军事领域中开展的有益交流与往来，决定进一步加强这种交往。双方认为，扩大与深化两国在国防领域的交流，对增进两军之间的互信和理解，确保有利于各自实现国家发展目标的和平环境至关重要。双方决定进一步推进在上述领域的有效接触和交流。

十一、访问期间，双方就中印边界问题交换了意见，重申愿从两国关系的总体利益出发，通过平等友好协商，寻求公平合理以及双方都能接受的解决方案。双方对两国特别代表会晤取得的进展表示满意，对达成解决边界问题政治指导原则的协定表示欢迎。双方确信边界问题的早日解决符合两国的基本利益，因此应将其视为战略目标。双方重申将致力于通过特别代表机制，从两国长远利益和双边关系大局出发，寻求边界问题的政治解决。在最终解决之前，双方应根据1993年和1996年协定，继续共同努力保持边境地区的和平与安宁。双方同意，在延续特别代表会晤的同时，联合工作小组继续工作以早日澄清和确认实际控制线同样重要。中印边境地区实控线的澄清已经取得了显著进展。双方同意，在已商定的参数基础上，尽早完成交换标明各自对整个实控线走向认识的地图的进程，以实现达到早日达成关于实控线走向共同谅解的目标。双方对执行1993年和1996年协定取得的进展表示满意，并同意加快全面落实上述协定。为实现这一目标，双方达成了在边境实际控制线地区军事领域建立信任措施的补充议定书。

十二、印方重申，承认西藏自治区是中华人民共和国领土的一部分，不允许西藏人在印度从事反对中国的政治活动。印方忆及印度是最早承认一个中国的国家之一，其一个中国政策没有改变。印度表示，将继续遵守一个中国的政策。中方对印方的立场表示赞赏。

十三、双方满意地回顾了中华人民共和国的西藏自治区和印度共和国的锡金邦之间经过乃堆拉山口开展边境贸易的备忘录的执行情况。

十四、双方满意地注意到，两国通过友好协商，就解决长期悬而未决的印度原驻沪总领馆房产问题达成了原则共识。中方将提供一块地皮以代替印度原驻沪总领馆房产。

十五、作为两个发展中大国，中印认识到各自在推动建立国际政治经济新秩序过程中的重要作用。双方在维护亚洲乃至世界的和平、稳定与繁荣中有共同利益，都有在地区和国际事务中建立更加密切和广泛的理解与合作的愿望。双方支持国际关系民主化和多边主义，主张建立公正、合理、平等、互利的国际政治经济新秩序，推进南北对话和南南合作。双方认为，国际社会应通过对话与合作，消除贫困，缩小南北差距，实现共同繁荣。

十六、双方重申联合国在维护全球和平、稳定和促进共同发展方面的重要性，决心和国际社会一道继续加强联合国体系，使其能在合理的多边基础上解决全球问题。中国和印度一致认为，联合国的改革应该是全方位和多层面的，应该注重增加发展中国家的代表性。印方重申其成为联合国安理会常任理事国的愿望。中方重申，印度是重要的发展中国家，在国际舞台上发挥着日益重要的影响。中方高度重视印度在国际事务中的地位，理解并支持印度在联合国和国际事务中发挥积极作用。双方重申，愿意在联合国改革进程中进行密切磋商与合作。

十七、双方认识到恐怖主义对两国及全球和平与安全所构成的威胁，坚决谴责任何形式的恐怖主义。国际社会与全球恐怖主义之间的斗争是全面和持久的，其最终目的是要从所有地区铲除恐怖主义。这就要求在全球范围内强化反恐法律体系。双方注意到两国双边反恐对话机制迄今取得的积极成果，同意进一步加强和巩固双方的探讨和合作。双方同意在今年晚些时候举行下一轮反恐对话。

十八、双方同意就重大国际和地区事务经常性交换意见，加强在世贸组织等国际多边组织中的合作，并就双方共同关心的其他问题继续展开磋商。双方同意共同致力于保持全球经济的稳定和发展，缩小发展中国家与发达国家间的差距。双方支持在法律基础上建立公开、公平、公正和透明的多边贸易体系，决心共同维护发展中国家的合法权益。

十九、双方认识到，中印是亚洲两个最大的国家，又是命运相连的近邻，同意共同致力于在亚洲乃至世界建立相互理解、信任与合作的氛围，努力加强安全与合作的多边协调机制。

二十、访问期间，双方签署和发表了以下文件：

（一）解决中印边界问题政治指导原则的协定；

（二）中印全面经贸合作五年规划；

（三）在中印边境实际控制线地区军事领域建立信任措施的实施办法的议定书；

（四）海关行政互助与合作协定；

（五）启动中印财金对话机制的谅解备忘录；

（六）扩大中印两国间航空运输安排的谅解备忘录；

（七）印度输华葡萄植物卫生要求议定书；

（八）印度输华苦瓜植物卫生要求议定书；

（九）中方向印方提供朗钦藏布江—萨特莱杰河汛期水文资料的谅解备忘录；

（十）电影合作委员会议定书；

（十一）中国人民外交学会与印度世界事务委员会交流合作谅解备

忘录；

（十二）印度在中国洛阳白马寺院西侧建造印度风格佛殿的备忘录；

二十一、双方一致认为，温家宝总理此次对印度共和国的正式访问取得了圆满成功，标志着中印关系提升到新的水平，揭开了两国友好合作的新篇章。

温家宝总理代表中国政府和人民，感谢印度政府和人民的盛情款待，并真诚邀请曼莫汉·辛格总理在双方方便时访问中国。曼莫汉·辛格总理表示感谢并愉快地接受了邀请。印方再次邀请中国国家主席胡锦涛访问印度。具体时间将通过外交途径确定。

9. 中华人民共和国政府和印度共和国政府关于解决中印边界问题政治指导原则的协定
（2005 年 4 月 11 日，新德里）

中华人民共和国政府和印度共和国政府（以下简称"双方"）认为在和平共处五项原则、相互尊重和照顾彼此关切和愿望以及平等的基础上发展长期建设性合作伙伴关系符合中国和印度人民的根本利益；

渴望在各层次和各领域切实提升双边关系，以公平、合理和双方都能接受的方式和平处理分歧；

重申双方致力于遵守和执行一九九三年九月七日签署的《关于在中印边境实际控制线地区保持和平与安宁的协定》和一九九六年十一月二十九日签署的《关于在中印边境实际控制线地区军事领域建立信任措施的协定》；

重申双方于二〇〇三年六月二十三日签署的《中印关系原则和全面合作宣言》；

忆及双方已任命特别代表探讨解决中印边界问题的框架，双方特别代表在友好、合作和建设性的气氛中进行了磋商；

注意到双方从各自总体和长远利益出发寻求边界问题的政治解决；

确信边界问题的早日解决符合两国的基本利益，因此应将其视为战略目标；

就解决边界问题的政治指导原则达成协议如下：

第一条　边界问题的分歧不应影响双边关系的整体发展。双方将通过和平友好方式协商解决边界问题，互不使用武力或以武力相威胁。边界问题的最终解决将大大推动中印睦邻友好关系。

第二条　双方应本着和平共处五项原则，从两国关系大局的政治角度出发，通过平等协商，寻求公平合理以及双方都能接受的解决边界问题的方案。

第三条　双方应本着互相尊重、互相谅解的精神，对各自在边界问题上的主张做出富有意义的和双方均能接受的调整，一揽子解决边界问题。边界问题的解决应该是最终的，包括中印边界各段。

第四条　双方将适当考虑彼此的战略的和合理的利益以及相互同等安全的原则。

第五条　双方将考虑双方的历史证据、民族感情、实际困难、合理关切与敏感因素，以及边境地区的实际情况等。

第六条　边界应沿着双方同意的标识清晰和易于辨认的天然地理特征划定。

第七条　在解决边界问题的过程中，双方将维护边境地区双方定居人口应有的利益。

第八条　双方在商定的最终解决边界问题的框架内，在划界过程中将采用现代制图、测绘手段及联合测绘等方式。

第九条　边界问题最终解决之前，双方应严格尊重和遵守实际控制线，共同努力保持边境地区的和平与安宁。中印联合工作小组和中印外交和军事专家小组应根据一九九三年九月七日和一九九六年十一月二十九日签署的协定继续工作，包括澄清实际控制线和落实建立信任措施。

第十条　边界问题特别代表应继续进行认真的磋商，以期达成解决边界问题的框架，为双方文职、军事和测绘官员随后进行中印边界的划界和勘界奠定基础。

第十一条　本协定自签字之日起生效。经双方书面同意后可对本协定进行修改和补充。

本协定于二〇〇五年四月十一日在新德里签订，一式两份，每份都用中文、印地文和英文写成，三种文本同等作准。如对文本的解释发生分歧，以英文本为准。

（中华人民共和国政府代表戴秉国　印度共和国政府代表纳拉亚南）

10. 中华人民共和国与印度共和国联合宣言
（2006年11月21日，新德里）

1. 应印度共和国总统阿卜杜尔·卡拉姆阁下邀请，中华人民共和国主席胡锦涛于2006年11月20日至23日对印度共和国进行国事访问。

2. 胡锦涛主席今天早些时候与曼莫汉·辛格总理举行了会谈，晚些时候还将会见阿卜杜尔·卡拉姆总统。副总统帕伊隆·辛格·谢卡瓦特先生、人民院议长索姆纳特·查特吉、人民院反对党领袖拉尔·基尚昌德·阿德瓦尼先生将礼节性拜会胡锦涛主席。团结进步联盟主席索尼娅·甘地夫人将拜会胡锦涛主席。今天早些时候，外交部长普拉纳布·慕克吉先生拜会了胡锦涛主席。胡锦涛主席将在科学宫发表政策演讲，出席中印友好年纪念活动。胡锦涛主席还将访问阿格拉，在孟买出席商务峰会并发表讲话，并参加其他一些活动。

3. 两国领导人满意地注意到，近年来中印两国在双边及地区和多边事务中的合作都取得了全面进展。双方重申了两国总理2003年6月23日签署的《中华人民共和国和印度共和国关系原则和全面合作的宣言》和2005年4月11日签署的《中华人民共和国与印度共和国联合声明》体现的中印关系未来发展的共识和基本原则。

4. 双方一致认为，作为世界上两个最大的发展中国家，中印关系具有全球和战略意义。两国都致力于抓住历史性机遇寻求发展。双方欢迎并积极看待对方的发展，认为对方的发展是对亚洲和世界和平、稳定和繁荣的积极贡献。双方一致认为，两国面临着共同发展的光明前景，两国不是对手或竞争者，而是互利合作的伙伴。双方一致认为，两国有足够空间实现更大规模的共同发展，在地区和国际事务中发挥各自作用，同时关注彼此的关切和愿望。中印有着相似的世界观，两国战略伙伴关系同它们作为发展中大国所发挥的作用相一致。在当今全球化形势下，随着两国在所有重大问题上的参与力度和作用日益增大，中印伙伴关系对国际社会应对全球挑战和威胁至关重要。作为正在形成中的多极化国际秩序中的两个主要国家，中印同时发展将对未来国际体系产生积极影响。

5. 为进一步充实和加强两国战略合作伙伴关系，促进中印社会经济可持续发展，全面挖掘各领域合作的巨大潜力，将中印关系提升到新水平，两国领导人致力于追求以下"十项战略"：

一、确保双边关系全面发展

6. 双方决定共同努力，保持近年来中印关系的积极进展和全面合作势头。

7. 双方同意，两国领导人将利用双边和多边渠道进行经常性会晤。双方一致认为，两国政府、议会、政党间的高层交往，为扩大两国全面合作发挥了重要作用。

8. 为保持、推动和促进两国间更广泛的交流，中印将分别在对方国家开设新的总领馆。中国将在加尔各答开设新的总领馆，印度将在广州开设新的总领馆。双方就悬而未决的印度驻上海总领馆房产问题达成了双方都满意的解决办法，这是一项积极进展。

二、加强制度化联系和对话机制

9. 为加强协调与合作，更好地理解对方在重要的国内、地区及国际事务上的政策和立场，双方将加强两国政府在不同领域和层次的制度化联系。两国相关部委和组织将在现有对话机制下加强交流，激活尚未定期召开的机制。访问期间两国签署了《中印外交部合作议定书》，就是朝着这一方向迈出的重要步骤。

三、巩固贸易和经济交往

10. 双方一致认为，中印全面经济和贸易关系是两国战略合作伙伴关系的核心组成部分。双方决定，将努力使双边贸易额到2010年实现400亿美元。为保持和进一步加强两国经贸合作，双方将共同努力扩大贸易范围，消除现存障碍，以最大限度发挥两国经济中现存和潜在的互补优势。为此，双方高度重视通过有关机制，尽早实施2006年3月两国部长级经贸科技联合小组作出的决定，包括联合研究小组的建议。研究中印区域贸易安排可行性和收益的联合研究小组将于2007年10月之前完成有关工作。

11. 双方对访问期间签署《中印双边投资促进和保护协定》表示欢迎，认为协定将为鼓励和促进两国间更大规模的投资提供制度和法律基础。

12. 中方邀请印方参加2010年上海世博会，印方感谢中方邀请，表示将积极支持和参加上海世博会。

四、拓展全面互利合作

13. 双方同意，将进一步加强两国关系全面发展中的积极趋势，充分挖掘贸易、工业、财金、农业、水资源、能源、环境、交通、基础设施、信息技术、卫生、教育、媒体、文化、旅游、青年事务和其他领域的合作潜力。

14. 双方同意，全面落实2006年1月《中印石油、天然气领域合作谅解备忘录》中的条款，鼓励两国企业间的合作，包括在第三国联合开采和开发油气资源。

15. 鉴于两国在信息通讯技术领域具有互补优势，双方同意通过更密切的政策对话和促进两国企业间的合作，包括在第三国合作，加强在这一领域的互利合作。

16. 双方决定全面落实《中印农业合作谅解备忘录》，加强在农业和农村发展，包括食品安全方面的经验交流，并同意为促进双方农产品贸易，早日就农产品标准进行交流和磋商。

17. 双方同意建立专家级机制，探讨就双方同意的跨境河流的水文报汛、应急事件处理等情况进行交流与合作。正在进行的中方向印方提供雅鲁藏布江/布拉马普特拉河和朗钦藏布/萨特累季河水文资料的做法已经被证明有助于预报和缓解洪水。双方同意继续举行磋商，以早日就帕隆藏布江和察隅曲—洛希特河达成类似安排。

18. 双方将通过双边和多边渠道，就可持续发展、生物多样性、气候变化和其它共同关心的环境问题加强磋商。加快野生动物保护合作，特别是进一步推进老虎保护合作。

五、通过防务合作逐步增进互信

19. 防务领域的交流有助于两国国防部门间建立互信和增进相互理解。双方将全面履行2006年5月29日签署的《中印国防部防务领域交流与合作谅解备忘录》，该备忘录为两国防务合作的进一步发展提供了良好的基础和制度框架。

六、寻求早日解决悬而未决的问题

20. 双方致力于通过和平途径，以公平、合理和双方都能接受的积极方式解决悬而未决的分歧，包括边界问题。同时确保这些分歧不影响双边关系的积极发展。

21. 中印边界问题特别代表已经采取步骤，并将继续努力，争取在2005年4月11日签订的关于解决中印边界问题政治指导原则协定的基础上解决边界问题。边界问题的早日解决符合两国的基本利益，因而应将其视为战略目标。特别代表将早日商定一个适当的框架，以便最终一揽子解决边界问题，包括中印边界各段。在边界问题解决之前，双方将根据1993年、1996年和2005年协定的规定，保持边境地区的和平与安宁。

22. 在特别代表会晤的同时，中印边界问题联合工作小组应加快工作，包括澄清和确认实际控制线和落实建立信任措施。双方同意，在已商定的参数基础上，尽早完成交换标明各自对整个实控线走向认识的地图的进程。

七、促进跨边境联系与合作

23. 双方将在中印边境地区共同商定的地点促进跨境合作，将两国边境从划分两国的界线变为联系合作的桥梁。在这一背景下，中印边境贸易具有重要意义，包括近期恢复的通过乃堆拉山口的边境贸易。双方将加强现有的边境贸易，同时继续探讨在中印边境地区增开贸易路线的可能性。

24. 双方对孟中印缅地区经济合作论坛建议组织的加尔各答—昆明（经过孟加拉国和缅甸）公路汽车赛表示欢迎。

25. 中方将为印度香客赴神山圣湖朝圣提供更多便利。双方将探讨增开一条朝圣路线的可能性。

八、促进科技领域合作

26. 双方认为中印科学技术的发展具有优先地位，创新是双方共同努力实现社会经济可持续发展的基石，双方应在科技领域建立中印伙伴关系。双方欢迎在科技领域建立的中印部长级科技合作指导委员会，这是双方在指导、协调和促进双方科技合作方面迈出的积极步伐。双方同意在以下领域联合开展合作：（1）地震工程学（2）气候变化和天气预报

（3）以先进材料为主的纳米技术（4）以生物纳米为主的生物技术和制药。合作框架既包括两国政府、部门和研究机构，也包括双方的企业。

27. 考虑到对于中印双方，扩大民用核能项目是保证能源安全的国家能源计划的重要组成部分，双方同意在遵循各自国际承诺的同时，促进在核能领域的合作。作为拥有先进的科技能力的两个国家，双方强调进一步加深双边以及通过国际热核聚变实验反应堆等多边项目合作的重要性，并加强在相关学术领域的交流。

28. 中印在空间技术上都取得了进步，双方重申致力于和平利用外层空间。双方同意加强在为和平与发展目的利用空间技术方面的合作，包括卫星遥感、卫星通讯、卫星气象和卫星发射服务等。双方还将积极探讨在空间技术应用方面的合作，例如灾害控制和远程教育。为此，双方将全面落实中印于1991年12月和2002年1月签订的和平利用外层空间谅解备忘录规定。

九、增进文化关系，培育民间交流

29. 中印两国人民悠久的文化交往为两国持久友谊提供了坚实的基础。在当今时代背景下，为重温这些历史联系，为其注入新的活力，双方采取了多项举措，包括尽早完成在河南洛阳修建印度风格的佛教寺庙和在那烂陀修复玄奘纪念堂。这些举措将进一步巩固两国间的文化联系。双方同意加强在宗教和文明遗产领域的合作，并就在中国佛经数字化和通过在地区合作的基础上建立一所国际大学将那烂陀重建为学术中心等方面的合作事宜进行探讨。为更好地加深对两国文化的了解，双方决定在中国举办"印度节"，在印度举办"中国节"，并使用共同徽标。具体事宜由有关部门协商决定。

30. 为进一步促进中印学术交流，双方同意推动建立"中印交流基金"，基金的具体模式将通过双方磋商制定。

31. 访问期间签署的新的教育交流计划将进一步加强中印教育领域的合作。

32. 双方还同意制定青年代表团交流五年计划。鉴此，中方今后五年将邀请500名印度青年访华。

33. 为积极促进中印旅游，双方将以共同的徽标在2007年组织"中印旅游友好年"，并采取其他举措，包括中国国家旅游局在印度开设办事处、印度在华开设旅游办事处、改善航空联系、继续简化签证手续。

34. 双方欢迎两国地方政府为促进民间交流开展的合作。

十、扩大在地区和国际舞台上的合作

35. 双方将就亚太和国际安全环境经常性交换意见，并就双方共同关切的紧迫问题进行积极磋商，协调立场，为和平解决此类问题做出积极贡献。双方还将就涉及地区和平、安全与稳定的问题进行经常性磋商，包括地区海上安全、大规模杀伤性武器及相关材料和运载工具的扩散、流行疾病、自然灾害、武器非法走私、毒品和人口贩卖以及环境恶化等。

36. 双方积极看待中印俄三方对话机制，同意进一步充实在这一机制下的交流与合作。

37. 双方认识到恐怖主义作为危害人类的犯罪行为，没有任何存在的正当理由。双方谴责任何表现形式的恐怖主义，同意继续深化和扩大中印反恐对话机制。双方将加强双边和国际合作，共同打击恐怖主义、分裂主义和极端主义，切断恐怖主义与有组织犯罪、非法武器和毒品走私之间的联系。

38. 双方承认联合国在促进国际和平、安全与发展方面的中心作用，重申加强联合国体系的决心。联合国的改革应是全方位的，应确保发展中国家和发达国家在安理会中代表性的平衡，提高联合国及其安理会的工作效率。双方应就联合国改革包括安理会改革进行磋商。印方重申其成为联合国安理会常任理事国的愿望。中方高度重视印度在国际事务中的地位，理解并支持印度在联合国发挥更大作用的愿望。

39. 鉴于能源安全对于产油国和消费国均是关键的战略性问题，建立一个公平、公正、安全、稳定并能惠及整个国际社会的国际能源秩序符合各方的共同利益。双方将就促进全球能源结构多元化和提高可再生能源比例展开双边和国际合作。两国的能源需求是建立稳定、可预见、安全和洁净的未来能源体系的重要组成部分，因此，全球能源体系应该考虑到并满足两国的能源需求。在此背景下，应以创造性和前瞻性的方式推进国际民用核能合作，同时应维护国际防扩散原则的有效性。

40. 双方致力于防扩散的目标，并同意扩大两国在相关领域的双边和国际合作。

41. 作为拥有相对成功经验的两个发展中大国，中印拥有共同的特殊责任，保护和促进发展中国家在正在形成中的国际秩序中的利益，帮助发展中国家从全球化的积极面中受益。鉴此，双方将在北京和新德里分别举行由两国财政部共同主持的国际研讨会，与其他国家和国际社会共同分享两国的发展经验。

42. 双方同意加强在世界贸易组织中的合作。两国支持建立一个公平、合理、平等、透明、以规则为基础的多边贸易体系，早日恢复多哈回合谈判，决心维护发展中国家的合法权益。作为20国集团和33国集团的创始国，两国决心与世贸组织其他成员，尤其是发展中国家，加强合作与协调，以发展为核心，确保早日恢复多哈工作计划谈判。

43. 双方认识到区域一体化是正在形成的国际经济新秩序的重要特征，同意加强两国在地区组织中的协调，探讨实现更为紧密的亚洲区域合作的新架构。双方积极看待对方参与亚洲跨区域、区域和次区域合作进程，包括参与东亚共同体的进程。鉴此，双方同意在东亚峰会开展紧密的合作。印方欢迎中方成为南亚区域合作联盟观察员。中方欢迎印度成为亚欧会议成员。双方同意在上海合作组织内就共同感兴趣的问题扩大合作。

44. 印方忆及印度是最早承认一个中国的国家之一，其一个中国政策没有改变。印度表示，将继续遵守一个中国的政策。中方对印方立场表示赞赏。

45. 印方重申，承认西藏自治区是中华人民共和国领土的一部分，不允许西藏人在印度从事反对中国的政治活动。中方对印方立场表示赞赏。

46. 访问期间，双方签署了以下协议：

《中华人民共和国政府和印度共和国政府关于在广州和加尔各答设立总领事馆的协定》；

《中华人民共和国外交部和印度共和国外交部合作议定书》；

《中华人民共和国政府和印度共和国政府关于印度共和国驻上海总领馆房产问题的协议》；

《中华人民共和国政府和印度共和国政府关于促进和保护投资的协定》；

《中华人民共和国国家质量监督检验检疫总局与印度出口检验委员会关于铁矿石检验的合作协议》；

《中华人民共和国国家质量监督检验检疫总局和印度共和国农业部关于印度大米输华的植物卫生要求议定书》；

《中国证券监督管理委员会与印度远期市场委员会商品期货监管合作谅解备忘录》；

《中国共产党中央委员会党校与印度共和国公共行政管理学院合作谅解备忘录》；

《中华人民共和国国家林业局和印度共和国环境与森林部关于林业合作的协议》；

《中国农业科学院与印度农业研究理事会农业合作谅解备忘录》；

《中华人民共和国教育部与印度共和国人力资源开发部教育合作与交流计划》；

《中华人民共和国国家文物局与印度共和国考古局关于合作保护文化遗产的谅解备忘录》；

《中华人民共和国政府和印度共和国政府关于防止盗窃、盗掘和非法进出境文物的协定》。

47. 双方相信胡锦涛主席对印度的成功访问，使 2006 中印友好年庆祝活动达到高潮，促进了两国的相互理解与信任，有助于充实两国战略合作伙伴关系，给双边关系带来实质性的提升。双方认为，该联合声明为中印关系的持续发展和多样化提供了宝贵蓝图，也充实了两国战略合作。

48. 胡锦涛主席邀请阿卜杜尔·卡拉姆总统和曼莫汉·辛格总理访问中国。印方愉快地接受了邀请。具体访问日期双方将通过外交渠道另行商定。

11. 中华人民共和国和印度共和国关于二十一世纪的共同展望
（2008 年 1 月 14 日，北京）

中华人民共和国国务院总理温家宝和印度共和国总理曼莫汉·辛格于二〇〇八年一月十四日在北京举行会晤，决心通过发展两国面向和平与繁荣的战略合作伙伴关系，推动建设持久和平、共同繁荣的和谐世界。

中国和印度（以下简称"双方"）是世界上两个最大的发展中国家，人口超过世界总人口的三分之一。双方认识到，中印都肩负着确保两国经济社会全面协调可持续发展，推动亚洲和世界和平与发展的重要历史责任。

双方确信，应该面向未来，在平等的基础上建立友好和互信的关系，充分理解彼此的关切和愿望。双方重申，中印友谊和共同发展将对国际体系的未来产生积极影响。中印关系不针对任何第三国，也不影响各自同其他国家的友好关系。

双方相信，在新世纪中，和平共处五项原则，即"潘查希拉"，应继续成为各国发展友好关系、为人类实现和平与发展创造条件的基本指导原则。一个建立在这些原则之上的国际体系将是公平、合理、平等和互利的，有助于促进持久和平与共同繁荣，创造平等机会，消除贫困和歧视。

双方认为，应尊重各国在确保基本人权和法治的基础上，自主选择自身社会、经济及政治发展道路的权利。一个建立在包容和尊重多样性基础上的国际体系，将推进和平事业，减少使用武力或以武力相威胁。双方倡导开放和包容的国际体系，相信以意识形态、价值观和地理标准划线的做法无益于和平与和谐共存。

双方相信，不断推进国际关系民主化和多边主义是新世纪的重要目标。应肯定和加强联合国在促进国际和平、安全和发展上的核心作用。双方支持对联合国进行全方位的改革，包括优先增加发展中国家在安理会的代表性。印方重申其成为安理会常任理事国的愿望。中方高度重视作为发展中大国的印度在国际事务中的地位，理解并支持印度在联合国，包括安理会中发挥更大作用的愿望。

双方支持和鼓励区域一体化进程，认为这是形成中的国际经济体系的重要特征，为发展提供了互利机遇。双方积极看待彼此参与区域合作进程，同意在包括东亚峰会在内的各个地区合作机制中加强协调和磋商，并同其他国家一道，建立更为紧密的亚洲区域合作新架构，共同努力推进亚洲的区域一体化进程。双方将加强在亚欧会议框架下的协调，共同致力于巩固和深化亚欧全面伙伴关系。

双方积极看待彼此参与观点相似国家间的次区域多边合作进程，包括南亚区域合作联盟、环孟加拉湾多领域经济技术合作倡议和上海合作组织。双方认为这不影响各自同其他国家间业已存在的友好关系或合作。

双方欢迎经济全球化的积极面，正视并妥善应对其挑战，愿意同各国一道努力，推动经济全球化朝着均衡和互利方向发展。双方相信建立一个开放、公平、平等、透明和以规则为基础的多边贸易体系是各国的共同愿望。双方支持早日结束多哈发展回合谈判，并将影响最贫困人口的问题放在核心位置。双方决心加强同其他发展中国家的协调，确保实现他们的共同目标。

双方坚信，建立公平、平等、安全、稳定、普惠的国际能源秩序，符合国际社会的共同利益。双方致力于共同努力，促进全球能源结构多元化，提高清洁和可再生能源比例，满足所有国家的能源需求。

双方欢迎两国杰出科学家在国际热核聚变实验反应堆项目上开展合作，这对于以环境上可持续的方式应对全球能源挑战具有重大潜在意义。作为拥有先进科技能力的国家，双方承诺，在同各自国际承诺一致的前提下，促进民用核能领域的双边合作。这将对能源安全和应对气候变化有关风险做出贡献。

双方认识到气候变化给人类带来的挑战。双方重视气候变化问题，重申愿与国际社会共同努力，为应对气候变化做出积极贡献。双方也愿加强两国间技术合作。双方欢迎二〇〇七年十二月在巴厘岛举行的《联合国气候变化框架公约》大会的成果，同意在"巴厘路线图"所确立的公约长期合作行动的谈判进程中紧密合作。双方强调按照《联合国气候变化框架公约》及其《京都议定书》的各项原则和规定，特别是"共同但有区别的责任"原则应对气候变化的重要性。

双方呼吁国际社会致力于推进多边军控、裁军与防扩散进程。外层空间是人类的共同财富。所有发展航天事业的国家都应致力于和平利用外空。双方明确反对外空武器化和外空军备竞赛。

双方强烈谴责世界上任何地区、任何形式及任何表现的恐怖主义。双方承诺共同努力并与国际社会一道，长期、持续和全面地加强全球反恐框架。

双方相信，文化和宗教包容以及不同文明和民族间的对话有助于世界总体和平与稳定。双方赞赏所有促进不同文明和不同信仰间对话的努力。

双方相信，中印双边关系在本世纪将具有重要的地区和全球影响。因此，双方将继续积极发展两国战略合作伙伴关系。作为本地区经济大国，双方相信，中印经贸关系的强劲增长势头对双方有利。双方欢迎两国区域贸易安排可行性研究的完成。可行性研究报告认为，中印区域贸易安排将使双方受益。在亚洲区域经济一体化进程加快的背景下，双方同意就关于启动互惠和高质量的区域贸易安排谈判的可能性问题进行探讨，相信这一安排符合两国的共同愿望，也将惠及本地区。

双方将通过稳步增进国防领域联系，不断加强建立信任措施。因此，双方欢迎中印防务与安全磋商启动，对二〇〇七年十二月双方顺利完成首次陆军联合反恐训练表示满意。二〇〇二年以来，两国在跨境河流问题上的合作树立了典范，双方对此表示欢迎。中国向印度提供汛期水文资料，为印度确保有关河流沿岸地区人民的安全提供了帮助，印方对此表示高度赞赏。双方认为这对增进相互理解和信任产生了积极意义。

双方将继续坚定地致力于通过和平谈判解决包括边界问题在内的遗留分歧，同时确保这些分歧不会影响双边关系的积极发展。双方重申，决心以二〇〇五年四月共同达成的关于解决边界问题政治指导原则的协定为基础，寻求公平合理和双方都能接受的方式解决问题，构建和平与友好的边界。双方特别代表应在该协定基础上尽早达成解决框架。

印方忆及印度是最早承认一个中国的国家之一，其一个中国的政策没有改变。印方表示，将继续遵守一个中国的政策，反对任何违背一个中国原则的活动。中方对印方立场表示赞赏。

双方认识到两国对国际社会所肩负的责任和义务。双方决心加强中印人民间的相互理解和友谊，创造两国和全人类更加光明美好的未来。

（中华人民共和国国务院总理温家宝　印度共和国总理曼莫汉·辛格）

12. 21世纪的印度与中国①
曼莫汉·辛格

中国社会科学院院长陈奎元阁下,中国社会科学院副院长陈佳贵博士,尊敬的各位学者、女士们、先生们,中国社会科学院闻名遐尔,能够在此与诸位交流,我深感荣幸。贵院是一所一流的学术机构,在过去30年里一直走在知识界的前沿,为中国的改革和发展作出了积极的贡献。

我很高兴到这个伟大的国家进行访问。中国在经济上取得的辉煌成就令印度人民钦佩,中国的崛起是当今时代最重要的发展之一。作为中国最大的邻国和朋友,我们对这一重大进程不可能不受到触动。中国伟大的学者、当代最著名的印度学家季羡林教授曾精辟地指出,中印两大文化圈之间相互学习和影响,又促进了彼此文化的发展。这就是历史,也是现实。

女士们、先生们,今天印度和中国都处于快速变革的时期,我们两个社会的中心任务都是发展。我们的社会制度虽然不同,但是创造更加美好的未来是两国人民的共同愿望。当中印人口加起来有25亿的大国摆脱束缚,发挥创造力的时候,它的影响注定是世界性的。世界知道这一点,也在密切地关注着。因此,我想借今天的机会,谈谈印度的发展经验和我认为的21世纪印中合作的特殊机遇。

女士们、先生们,温家宝总理最近在新加坡发表了《只有开放兼容,国家才能富强》的演讲,在过去的几十年里,对外经济开放使中国深深受益,也使印度深深受益,印度正在发生着变化。我承认,中国的成功是促进变化的一种动力,这一进程始于20世纪80年代,于1991年深入发展。在我们的制度下,只有通过公众讨论才能实现变革,而达成政治共识需要时间。

但是,我高兴地告诉大家,自1991年以来的16年间,印度各界政府都致力于推进改革进程,使印度走上了今天的快速发展之路。在过去五

---

① 2008年1月15日上午印度总理曼莫汉·辛格在中国社会科学院的演讲。

年中，我们的年均经济增长达到了8.5%，这是前所未有的，也使我们有信心相信能做得更好。我们力争在不久的将来，将年均增长率提高到10%。印度国内信心十足，对未来充满乐观。

女士们、先生们，在应对全球化带来的挑战方面，印度经济展现出了活力。20年来，我国的工业，特别是大中型工业通过结构重组，变得在全球都具有竞争力，这一进程还在继续。近几年来，我们创造了有利于发展创造力和进取精神的氛围，我们的信息技术产业在国际市场上的成功就充分体现了这一点。还有一些行业也正在兴起，制造业和汽车配件业都颇具竞争力。印度新兴的跨国公司也纷纷投资海外。

我很高兴地告诉大家，其中很多企业也在中国进行投资。几周前，由中央政府各邦和中央直辖区组成的印度国家发展委员会批准印度2007—2012年第十一个五年计划。该计划提出，要在现有增长势头基础上到2012年将经济增长率进一步提高到10%。同时计划也指出，增长速度不是规划的唯一目标，我们还要确保这一增长是人人受益的、公平的，我们必须解决地区之间，特别是城乡之间的发展不平衡，农业复苏，土地紧张和农业人口向工业生产型岗位转移不足等问题，这就是我们所讲的人人受益的增长。这同中国所说的和谐发展异曲同工。

"十一五"计划还决定进行重大的结构调整，以解决阻碍我们实现更快、更多人受益的发展目标的主要瓶颈。发展的首要任务必须是基础设施建设，包括农村基础设施的建设。我们提出，要依靠公共部门和私营部门投资到2012年将基础设施投资由2006年GDP的5%提高到9%。教育包括技能培训，也是我们一个优先领域。我们提出，在"十一五"计划期间，将中央政府的教育和技能培训投入增加两倍，由"十五"计划期间不到总支出的8%提高到19%以上。

事实上，农业、教育、卫生和农村发展的拨款占政府总预算一半以上，这体现了我们对人人受益增长的重视。对印度这样大的国家来说，可持续发展是另一个重点。我们要应对能源、粮食、水安全和气候变化方面的挑战，这些也是中国面临的挑战。

女士们、先生们，印度的国内政策和对外政策的重点是密不可分的。我们外交政策的首要任务是为快速发展创造一个有利的外部环境，我们的政策是要努力扩大发展的选择余地，在世界上实现战略自主。外交政策上的独立自主，使我们能够同世界上的所有主流国家进行互利合作，同邻国建立和平合作关系是我们外交政策的重要组成部分。我们认识到，地理位置和历史渊源将我们的命运联系在一起，印度和中国都寻求周边及地区的安定与稳定。世界多极化正在发展，主要大国经济上相互依赖，寻求互利合作是很自然的事，印度和中国必须参与这一合作框架。

我对未来感到乐观，同时对印度和中国注定要在亚洲和整个世界变革中发挥作用感到乐观。这种乐观根植于我们的一个信念，那就是世界足够大，可以让印度和中国在加强合作的同时共同发展和繁荣。历史上我们这两个伟大的文明并肩发展了数百年，相互交流，相互影响。我们在2005年时建立了面向和平与繁荣的战略合作伙伴关系，目的在于推动广泛印中友谊与交流。同时，我们也认识到我们有义务超越过去曾干扰两国关系的争端和问题。

我们共同的边界是和平的，我们双方都有决心维持边界的和平，双方的特别代表正在寻求边界问题的解决办法。在2005年4月，温家宝总理访印时，我们就解决边界问题的一系列政治指导原则达成一致。我们相信，这些指导原则会引导我们找到一个双方都满意的解决办法。我们还同意建立一个关于跨境河流的机制，并使其成功运转。我们对双方迄今努力的成果感到满意。我们相信，印中关系的潜力是巨大的，也是可以实现的。

下一步我们要做什么？我们对二十一世纪有何展望？昨天，温家宝总理和我就双方《关于二十一世纪的共同展望》达成了一致，我们的出发点就是要认识到印中关系不仅关系到两国人民的福祉，而且会影响到区域和全球的发展趋势。我们正处在一个激动人心的历史时期，全球经济的重心正向亚洲转移。在二十世纪的时候，全球经济曾经以西方国家为重心，而到了二十一世纪这个重心变成亚洲。到二十一世纪中期，亚洲很可能占有超过一半的全球贸易、收入、储蓄、投资和金融交易。因此，我们必须确保印度和中国一同合作，创造一个拥有积极的外部因素和共同繁荣的世界，而不是一个建立在力量对比的算计和敌对基础上的世界。这需要印度和中国紧密地合作，来维护全球秩序，使得我们的共同发展不仅仅对我们各自的经济和人民产生积极影响，同时也对世界上其他的经济体产生积极影响。

女士们、先生们，我想在此重点谈一谈未来发展的一些重要领域。首先，我们必须拉近印度和中国之间的认知距离，我们应该长期地努力，来确保相互之间有正确的了解。不仅了解彼此的文化和历史，也了解彼此目前的发展。我们应该加强人文交流，消除误解和偏见。我们需要在学术界、媒体、非政府专业人士和文艺界之间开展广泛、全面地对话。

第二，我们应该在一系列务实领域拓展我们的合作，这包括相互学习发展经验。我们希望学习中国的成功经验，包括在基础设施建设，在非农领域创造生产性就业和中国的减贫经验等。其他合作的领域包括科技、公共卫生、教育、制度建设、水资源管理以及灾害管理。

第三，我们应该利用好我们在经贸领域的互补性，形成合力。印度拥有日益庞大的消费市场，高素质的人力资源和出色的软件业，而中国自己也有巨大的市场，出众的制造业和成本优势，两者结合起来可以为两国经贸关系迅猛发展提供平台。中国现在已经是印度第二大贸易伙伴，昨天，我们双方同意要在2010年实现双边贸易额600亿美元的目标。

今天的亚洲在货物贸易、服务贸易、资本和知识投入方面的一体化程度是前所未有的。在东亚峰会和其他场合，我们正就一些建设性想法展开讨论，这些想法是关于建立一个从印度洋到太平洋开放的、包容的经济格局。我们期待着在这方面与中国共同努力。我曾经谈到过一个亚洲经济共同体，我很高兴看到我们正朝着这个方向前进。

在实现上述目标的过程中，我们将会而且应该要采取亚洲的方式，那就是避免对抗，建立信任，协商一致。只有在和平的环境中，亚洲才能够享有持久的繁荣。印度和中国在建立本地区和平、安全与稳定方面大有可为。

在全球层面，我们两国应该起带头作用，推动建立一个更加民主的国际秩序和采取多边手段解决全球问题。如今，包括联合国安理会在内的一些国际组织，已经不能够反映现实。因此，我们必须推动他们的民主化。我们有合作的成功经验，我们力争使世贸组织多哈回合谈判取得成功，并使发展问题成为谈判的核心。而发展问题应该成为本轮谈判的核心，这样的合作经验使得我们能够进一步努力，创立一个更加开放、公平的贸易和金融格局。

环境是我们人类共同的遗产，我们的人民有权享有公平的机会改善他们的生活。这种权利不应该由于其他人浪费地球资源，造成环境破坏而被剥夺。因此，责任的承担必须是公平的，应该考虑到历史排放。最近召开的"巴厘岛会议"为我们未来在此基础上开展合作制定了框架，印度和中国应该继续努力，加强在此基础上的国际合作。

女士们、先生们，印度和中国的快速发展会带来对能源需求的增长，我们别无选择，只能够寻求能源供给的多样化，并制定可行的能源安全战略。我们可以进一步的合作，共同研发清洁和高效的能源技术。印度希望在民用核能领域同中国以及其他各国开展合作。

另一个值得我们关注的问题是粮食安全。国际粮食生产和价格的走向以及消费结构的变化将给基本粮食品种的供应和价格造成越来越大的压力，这些发展趋势对我们今后如何管理粮食经济提出了重大的挑战。我们有共同的利益，我们可以相互学习对方采取的措施，也就是在农业和粮食经济领域的措施。

最后，我们的发展所面临的最大威胁可能是来自各种形式的极端主义，包括那些披着宗教外衣的或借口清算历史的。最近在我们周边发生的事情再次说明我们有必要一起行动，打击一切形式的恐怖主义和极端主义。我们两国的社会大而多元，我们恰好有条件能够向人们展示温和不极端以及和平共处的好处。非国家实体的出现通常是建立在不宽容和对身份的狭隘认识基础之上的，这对所有的文明国家来说都是一个威胁。

女士们、先生们，进一步发展印中关系的确是我们的共同责任，两国政府在这方面要发挥重要的作用。但是，我们也必须请你们，也就是中国的知识分子、思想家和学者们和其他的人们发挥带头作用，同你们的印度同事紧密合作。的确，通过思想和不同观点的自由交流，我们两国社会可以进一步地巩固我们两个文明之间的联系。

我的演讲到此结束，谢谢大家！

13. 中华人民共和国和印度共和国联合声明（2013 年 5 月 20 日，新德里）

一、应印度共和国总理曼莫汉·辛格邀请，中华人民共和国国务院总理李克强于 2013 年 5 月 19 日至 22 日对印度进行正式访问。李克强总理与辛格总理举行会谈，并会见印度总统普拉纳布·慕克吉。两国领导人在诚挚友好的气氛中，就双边关系和共同关心的国际、地区问题深入交换意见，达成广泛共识。

二、双方满意地回顾了新世纪以来中印关系的全面快速发展。多年来，中印探索出一种行之有效的友好相处、共同发展的模式，成为相邻大国之间关系的典范。双方重申遵循两国领导人多年来共同确定的发展中印关系的原则和共识，致力于在和平共处五项原则和相互照顾彼此关切和愿望的基础上，进一步巩固面向和平与繁荣的战略合作伙伴关系。

三、中印面临经济社会发展的历史机遇，实现两国的发展将促进亚洲乃至世界的和平与繁荣。双方欢迎对方的和平发展，认为这是一个相互促进的过程。世界有足够空间供中印共同发展，世界也需要中印实现共同发展。作为世界上两个最大的发展中国家，中印关系超越双边范畴，具有地区、全球和战略意义。双方视对方为互利伙伴，而非竞争对手。

四、双方认为，应尊重各国在确保基本人权和法治的基础上，自主选择自身社会、经济及政治发展道路的权利。双方不允许任何势力利用本国领土从事反对对方的活动。双方承诺积极看待并支持各自与其他国家的友好关系。

五、考虑到不断发展的双边关系和中印两国日益上升的全球重要性，双方同意保持两国国家元首/政府首脑定期互访。两国领导人也将继续利用重要的多边场合举行会晤。

六、双方高度重视中印战略经济对话对促进两国宏观经济政策协调和多领域务实合作所发挥的积极作用，并对对话目前取得的进展表示满意。双方同意进一步加强在节能环保、新能源和可再生能源、高科技等领域的合作。双方同意加强铁路合作，包括重载运输和车站发展等。

七、考虑到国际经济形势的快速变化，双方指示战略经济对话机制研究宏观经济政策协调问题，并就两国可能的应对措施提出建议。两国在防止贸易保护主义和建设开放多边贸易体系方面拥有共同利益。双方同意继续推动多哈回合谈判，研究双边区域贸易安排的潜力，并回顾区域全面经济伙伴关系谈判的状况。

八、李克强总理访印期间，双方举行了中印企业首席执行官论坛的首次会议。两国总理期待论坛提出的建议能够促进双边贸易和投资。

九、两国同意在努力实现 2015 年双边贸易额达到 1000 亿美元目标的同时，采取措施应对贸易不平衡问题，包括开展药品监管（含注册）合作，加强中方企业和印信息产业的关系，完成农产品植物检疫磋商。印方欢迎中国企业赴印投资，参与印度基础设施建设，进一步加强两国企业间的工程承包合作。

十、双方愿在产业园区建设领域开展合作，为中印企业提供集群式发展平台。

十一、双方同意，加强两国金融监管机构之间的合作，在符合相关法律法规要求的前提下，为对方国家银行机构在本国设立机构和开展业务提供支持。促进两国金融机构之间的合作，为两国经贸合作项目提供融资支持。

十二、双方同意在中印科技合作指导委员会框架下，重点加强地震和自然灾害减灾和管理、天文学和天体物理学、气候变化技术研究、传统知识和医药方面的合作。

十三、为追求互利共赢和实现国际合作目标，双方同意考虑在第三国开展共同关心的开发项目。

十四、双方决定将 2014 年定为"友好交流年"，共同纪念和平共处五项原则发表 60 周年。双方认识到青年交流对促进相互理解发挥着重要作用，决定继续举行百人青年代表团年度互访活动。双方鼓励中国国家汉办与印度中等教育中央委员会加强汉语教学合作。

十五、双方同意，根据双方签订的促进省（邦）、市合作联系协议，鼓励两国地方省市缔结友好关系。

十六、为促进跨边境的贸易、人员往来和互联互通，双方同意考虑加强通过乃堆拉山口的边境贸易。中方将为印度香客赴中国西藏自治区神山圣湖朝圣提供更多便利。印方对中方为改善朝圣设施所做的努力表示赞赏。

十七、双方同意，加强两国新闻媒体交流与合作，增进两国人民相互了解和友好感情。双方同意举办"中印媒体高峰论坛"。两国外交部将在这方面密切合作。双方决定于 2014 年完成《中印文化交流百科全书》编撰工作，同意启动中印经典作品互译工程。

十八、双方对孟中印缅地区合作论坛框架下的次区域合作进展表示赞赏。鉴于2013年2月孟中印缅汽车拉力赛的成功举行,双方同意与其他各方协商,成立联合工作组,研究加强该地区互联互通,促进经贸合作和人文交流,并倡议建设孟中印缅经济走廊。

十九、鉴于不断扩大的商贸合作和日益增长的人员往来,双方同意协商简化签证手续。

二十、作为致力于推广利用清洁能源的两个发展中大国,中国和印度相信发展民用核能是各自国家能源计划不可或缺的组成部分,有助于确保能源安全。双方将根据各自国际承诺,在民用核能领域开展双边合作。

二十一、双方重申,致力于推进多边军控、裁军与防扩散进程,支持全面禁止和彻底销毁所有核武器,反对外空武器化和外空军备竞赛。

二十二、双方同意开展海上合作对话,进一步加强在海上安全、海上搜救、海洋科研及环境保护等领域的双边合作,共同致力于应对日益突出的海上非传统安全威胁,在亚丁湾及索马里海域护航等领域加强合作,切实维护国际航道安全和航行自由。

二十三、双方认识到两国加强防务领域交流有利于建立互信。双方同意今年晚些时候举行新一轮联合训练。双方还决定加强两国陆、海、空军之间的交流。

二十四、两国领导人对中印边界问题特别代表的工作表示满意,鼓励他们继续推进谈判进程,根据已达成的政治指导原则,积极寻求公平合理和双方都能接受的解决框架。在边界问题解决前,双方将共同努力,根据已签协定,维护边境地区的和平与安宁。

二十五、双方对中印边境事务磋商和协调工作机制迄今举行的富有成果的会议表示满意。

二十六、印方感谢中国向印度提供汛期水文资料和在应急事件处置方面提供协助。双方将进一步加强跨境河流合作。双方同意通过专家级机制,就水文报汛、应急事件处置开展合作,并就其他共同关心的问题交换意见。

二十七、双方对在一系列地区和全球性问题上开展的工作层磋商表示满意。近期双方举行了阿富汗、西亚、非洲和反恐磋商,不久还将举行中亚、海上问题、军控与防扩散等磋商。

二十八、双方认为，阿富汗问题攸关本地区安全稳定。作为本地区重要国家，中印重申支持"阿人主导、阿人所有"的和解进程，致力于与本地区国家和国际社会一道，帮助阿富汗早日实现和平、稳定、独立、发展。

二十九、亚太地区在全球事务中的作用日益上升。双方认为，维护地区和平与稳定，促进地区共同发展，在遵循国际法基本原则的基础上，在亚太地区建立开放、透明、平等、包容的安全和合作架构，是当前本地区的首要任务。

三十、双方支持亚洲地区多边合作机制，积极看待对方参与亚洲区域和次区域合作进程，支持对方加强同中印共同邻国的友好关系，实现互惠互利、合作共赢的目标。双方同意在东亚峰会、上海合作组织、南亚区域合作联盟、亚欧会议内扩大合作。

三十一、双方相信，21世纪应该是和平、安全、发展与合作的世纪。推动世界多极化、经济全球化、文化多样化、社会信息化，成为全球性主要议题。双方将共同推动国际关系民主化，加强联合国在促进国际和平、安全和发展上的核心作用。

三十二、鉴于中印在全球性问题上的共同点，双方同意加强在多边组织包括联合国中的合作。中方高度重视印度作为发展中大国在国际事务中的地位，理解并支持印度在联合国包括安理会发挥更大作用的愿望。

三十三、作为发展中国家，中印在气候变化、多哈回合谈判、能源和粮食安全、国际金融机构改革和全球治理等重大全球性问题上拥有共同利益。两国在金砖国家和二十国集团框架内开展了密切协调与合作。双方同意在联合国可持续发展大会后续进程及2015年后国际发展议程有关讨论和气候变化国际谈判中加强协调。

三十四、双方重申坚决反对任何形式及任何表现的恐怖主义，并强调有必要执行联合国所有相关决议，特别是联合国安理会1267、1373、1540和1624号决议。

三十五、李克强总理代表中国政府和人民，感谢印度政府和人民的热情接待。李克强总理邀请曼莫汉·辛格总理在双方方便的时候访问中国，辛格总理愉快地接受了邀请，具体时间将通过外交途径商定。

14. 携手追寻民族复兴之梦[①]
习近平
（2014年9月18日在印度世界事务委员会的演讲，新德里）

尊敬的安萨里副总统，
尊敬的巴迪亚主席，
女士们，先生们，朋友们：

纳玛斯代（Namaste）！大家好！非常高兴应印度世界事务委员会邀请，在这里同大家见面。首先，我谨代表中国政府和中国人民，并以我个人的名义，向伟大的印度人民，致以诚挚的问候和良好的祝愿！向长期以来为中印两国友好合作作出贡献的人士，致以崇高的敬意和衷心的感谢！

1997年，我曾经访问过贵国，留下了十分美好的印象。时隔17年，再次踏上这片生机勃勃的土地，我又亲眼目睹了印度人民取得的巨大发展成就，亲身感受到印度人民勤勉奋进的精神风貌。今天的印度发展，确实如人们所说的那样，"是令人难以置信的"。

印度是一个神奇而又多彩的国度，孕育了绵延数千年的古老文明，走过了曲折漫长的独立自强之路，踏上了充满希望的复兴进程。来到印度，就像走进了一条斑斓的历史长廊，昨天恢宏瑰丽，今天令人振奋，明天精彩可期。在莫迪总理领导下，印度人民对未来更加充满信心，国际社会对印度更加充满期待。

这次来，我同莫迪总理就双边关系和共同关心的重大问题全面深入交换了意见，达成广泛共识，我们的很多想法不谋而合。我们一致同意，充实两国战略合作伙伴关系内涵，建立更加紧密的发展伙伴关系。

邓小平先生说过，只有中印都发展起来了，才会有真正的"亚洲世

[①] 这是2014年9月18日习近平主席访印时在印度世界事务委员会的演讲。

纪"。尼赫鲁先生也说过，印中走到一起是亚洲乃至世界的一件大事。作为亚洲最大的两个国家，中印在维护亚洲和平稳定、实现亚洲繁荣振兴方面承担着历史责任和时代使命。

女士们、先生们、朋友们！

中印两国人民毗邻而居，古有往来互鉴之情，近有患难与共之交，现有共同复兴之业。圣雄甘地说："中国和印度是同舟共济、患难与共的同路人。"莫迪总理对我说，中印两国是"两个身体，一种精神"。这些话道出了中印两大文明和平向善的共同本质和心灵相通的内在联系。

中印两国有文字可考的交往史长达2000多年。佛兴西方，法流东国，讲的是中印两国人民交往史上浓墨重彩的佛教交流。公元67年，天竺高僧迦叶摩腾、竺法兰来到中国洛阳，译经著说，译出的四十二章经成为中国佛教史上最早的佛经翻译。白马驮经，玄奘西行，将印度文化带回中国。中国大航海家郑和七次远航、六抵印度，带去了中国的友邦之谊。印度歌舞、天文、历算、文学、建筑、制糖技术等传入中国，中国造纸、蚕丝、瓷器、茶叶、音乐等传入印度，成为两国人民自古以来互联互通、互学互鉴的历史佐证。

近代以来，中印两国人民在争取民族独立和解放的斗争中彼此同情、相互支持，共同推动了亚洲的觉醒。印度为中国反对鸦片斗争呼号，中国为印度独立运动鼓劲。在中国人民抗日战争期间，印度援华医疗队的事迹感人至深。他们的杰出代表柯棣华大夫长眠于中华大地，中国人民对他的高尚品德永记在心。

1950年中印建交，掀开了两国关系新篇章。印度是最早承认新中国的国家之一，也是首先提出恢复中国在联合国合法席位的国家之一。中国、印度、缅甸共同倡导了和平共处五项原则，成就了国际关系史上的一个创举，是东方智慧对现代文明的杰出贡献。

进入新世纪以来，中印两国建立了面向和平与繁荣的战略合作伙伴关系，双方关系进入了发展快车道。10多年来，中印双边贸易额增长了20多倍，人员往来增加了近2倍，两国交流合作的广度和深度都得到了空前扩展。可以说，两国关系发展站在了新的历史起点上。

女士们、先生们、朋友们！

我们所处的时代，国际格局正在发生前所未有的深刻调整，其中一个重要趋势就是亚洲在全球格局中的地位不断上升。中印两国作为世界多极化进程中的两支重要力量，作为拉动亚洲乃至世界经济增长的有生力量，又一次被推向时代前沿。中印关系已经远远超出双边范畴，具有广泛的地区和全球影响。中印携手合作，利在两国，惠及亚洲，泽被世界。

为此，我主张，中印两国要做更加紧密的发展伙伴、引领增长的合作伙伴、战略协作的全球伙伴。

第一，中印两国要做更加紧密的发展伙伴，共同实现民族复兴。发展是中印两国最大的共同战略目标。中印两国当务之急都是让本国人民生活得更舒心、更安心、更幸福。我们应该聚焦发展、分享经验，深化互利合作，努力实现两国和平发展、合作发展、包容发展。

中国被称为"世界工厂"，印度被称为"世界办公室"，双方应该加强合作，实现优势互补。我们要推动中国向西开放和印度"东向"政策实现对接，打造世界上最具竞争力的生产基地、最具吸引力的消费市场、最具牵引力的增长引擎。我们还要扩大投资和金融等领域合作，实现双方务实合作全面发展。

国之交在于民相亲。中国太极和印度瑜伽、中国中医和印度阿育吠陀有惊人的相似之处，两国人民数千年来奉行的生活哲理深度相似。这次访问期间，双方制定了中国—印度文化交流计划，目的就是弘扬两国古代人文精神，重现中印两大文明交流互鉴的盛景。双方已同意拓展青年、文化、教育、旅游、宗教、媒体和广播影视、地方省市等各领域交流合作。中方决定增开经乃堆拉山口的朝圣路线，以便利印度香客赴中国西藏的神山圣湖朝圣。

对印度文明，我从小就有着浓厚兴趣。印度跌宕起伏的历史深深吸引了我，我对有关恒河文明、对有关吠陀文化、对有关孔雀王朝、贵霜王朝、笈多王朝、莫卧儿帝国等的历史书籍都有涉猎，特别关注印度殖民地历史以及印度人民顽强争取民族独立的斗争史，也十分关注圣雄甘地的思想和生平，希望从中参透一个伟大民族的发展历程和精神世界。泰戈尔的《吉檀迦利》、《飞鸟集》、《园丁集》、《新月集》等诗集我都读过，许多诗句让我记忆犹新。他写道，"如果你因为失去了太阳而流泪，那么你也失去了群星"，"当我们是大为谦卑的时候，便是我们最接近伟大的时候","错误经不起失败,但真理却不怕失败","我们把世界看错了,反说它欺骗我们","生如夏花之灿烂,死如秋叶之静美",等等,这些优美又充满哲理的诗句给了我很深的人生启迪。

第二,中印两国要做引领增长的合作伙伴,携手推进亚洲繁荣振兴。中印两国要成为地区驱动发展快车,带动地区各国共同发展。双方要努力凝聚地区合作共识,与相关国家一道推进区域经济一体化和互联互通进程,加快孟中印缅经济走廊建设,早日完成区域全面经济伙伴关系谈判;要做地区和平的稳定双锚,共同致力于在亚太地区建立开放、透明、平等、包容的安全与合作架构,实现共同、综合、合作、可持续安全。

第三,中印两国要做战略协作的全球伙伴,推动国际秩序朝着更加公正合理的方向发展。当前,和平、发展、合作、共赢的时代潮流更加强劲。然而,国际关系中的不公平不合理现象仍然突出,全球性挑战层出不穷,各种地区冲突和局部战争此起彼伏。维护世界和平、促进共同发展任重道远。中印两国在全球事务中面临相似挑战、拥有广泛共同利益,也肩负着重大责任。

中印两国,人口加起来有25亿多。中印一个声音说话,全世界都会倾听;中印携手合作,全世界都会关注。中印两国应该加强在全球事务中的战略协作,继承和发扬和平共处五项原则,坚持主权平等、公平正义、共同安全,坚持共同发展、合作共赢、包容互鉴,维护两国和广大发展中国家共同利益。

中印两国要以自身发展为世界经济增长和全球治理作出更大贡献,为气候变化、粮食安全、能源安全、网络安全等全球性问题提供代表广大发展中国家利益的方案。中国愿同印度加强在中俄印、金砖国家、二十国集团、上海合作组织等多边机制内的战略协作。中国支持印度在联合国包括安理会发挥更大作用的愿望。

邻居之间难免磕磕碰碰。中印两国要正视边界等历史遗留问题,通过和平友好协商,争取早日找到公平合理、双方都能接受的解决方案。同时,我们不能只把眼睛盯在分歧上而忽略了友谊和合作,更不能让两国发展进程和两国关系大局受到干扰。我相信,作为两大古老文明,中印两国有能力、有智慧走出一条相邻大国友好相处之道。

女士们、先生们、朋友们!

许多印度朋友非常关注中国发展，希望中国发展得更好。改革开放30多年来，中国经济社会发展取得了显著成就，人民生活不断改善，世界各国都从中国发展中受益。我们也注意到，国际上有的人宣称，中国发展起来后会走"国强必霸"的老路，对其他国家构成"威胁"。我想明确告诉大家，中国将坚定不移走和平发展道路。

中华民族历来爱好和平，和平、和睦、和谐的追求深深植根于中华民族的精神世界之中。中国自古就倡导"强不执弱，富不侮贫"，深刻总结了"国虽大，好战必亡"的箴言。以和为贵、和而不同、化干戈为玉帛、天下大同等理念在中国世代相传。古代中国曾经长期是世界强国，但中国对外传播的是和平理念，输出的是丝绸、茶叶、瓷器等丰富物产。中华民族主张的"天下大同"和印度人民追求的"世界一家"、中华民族推崇的"兼爱"和印度人民倡导的"不害"是相通的，我们都把"和"视作天下之大道，希望万国安宁、和谐共处。

中华民族历来注重学习，强调"博观而约取，厚积而薄发"，强调"三人行，必有我师焉。择其善者而从之，其不善者而改之"，提倡"博学之，审问之，慎思之，明辨之，笃行之"。中华民族之所以历经数千年而生生不息，正是得益于这种见贤思齐、海纳百川的学习精神。我一直强调中国要做学习大国，不要骄傲自满，不要妄自尊大，而是要谦虚谨慎、勤奋学习，不断增益其所不能。

中华民族历来注重敦亲睦邻，讲信修睦、协和万邦是中国一以贯之的外交理念。中国视周边为安身立命之所、发展繁荣之基。我们提出了亲、诚、惠、容的周边外交理念，就是要诚心诚意同邻居相处，一心一意共谋发展，携手把合作的蛋糕做大，共享发展成果。

作为有着13亿多人口的国家，中国用几十年的时间走完了发达国家几百年走过的发展历程，这是历史性的成就。同时，我们也清醒认识到，中国仍然是世界上最大的发展中国家，仍然处于社会主义初级阶段。中国经济总量虽大，但除以13亿多人口，人均国内生产总值还排在世界第八十位左右。让13亿多人都过上好日子，还需要进行长期艰苦努力。

在相当长一个时期内，中国的中心任务是经济建设，并在经济发展的基础上推动社会全面进步。中国确定了自己的发展目标，这就是到2020年国内生产总值和城乡居民人均收入比2010年翻一番、全面建成小康社会,到本世纪中叶建成富强民主文明和谐的社会主义现代化国家。我们形象地把这个目标概括为实现中华民族伟大复兴的中国梦。

为了实现中国梦,中国需要长期和平稳定的外部环境。中国只有走和平发展道路,才能实现自己的发展目标。中国人民近代以后经历了100多年战乱频发的惨痛历史,决不希望这样的悲剧在任何地方重演。"己所不欲,勿施于人。"中国珍视和平、珍爱和平、维护和平的决心是不可动摇的。

女士们、先生们、朋友们!

从尼泊尔到马尔代夫,从阿富汗到孟加拉国,南亚人民对美好生活的热望、对国家振兴的追求,展现了南亚发展的光明前景。我坚信,南亚是充满希望、潜力无穷的次大陆,可望成为亚洲乃至世界经济新的增长极。

一个和平稳定、发展繁荣的南亚,符合本地区国家和人民利益,也符合中国利益。中国愿同南亚各国和睦相处,愿为南亚发展添砖加瓦。中国提出"一带一路"倡议,就是要以加强传统陆海丝绸之路沿线国家互联互通,实现经济共荣、贸易互补、民心相通。中国希望以"一带一路"为双翼,同南亚国家一道实现腾飞。

中国和南亚各国是重要的合作伙伴。中国同南亚的合作,犹如等待发掘的巨大宝藏,令人憧憬。中国愿同南亚国家携手努力,争取在未来5年将双方贸易额提升至1500亿美元,将中国对南亚投资提升到300亿美元,将为南亚国家提供200亿美元优惠性质贷款。中国将扩大同南亚国家人文交流,未来5年向南亚提供1万个奖学金名额、5千个培训名额、5千个青年交流和培训名额、培训5千名汉语教师。中国将同南亚国家一道实施中国—南亚科技合作伙伴计划,充分发挥中国—南亚博览会作用,打造互利合作的新平台。

中国是南亚最大邻国,印度是南亚最大国家。中国期待同印度一道,为本地区发展贡献更大力量,让喜马拉雅山脉两侧的30亿人民共享和平、友谊、稳定、繁荣。

女士们、先生们、朋友们!

90年前,中国人民喜爱的印度伟大诗人泰戈尔访问了中国,受到中国人民热烈欢迎。一踏上中国的土地,泰戈尔就说:"我不知道什么缘故,到中国就像回到故乡一样。"在离开中国时,他伤感地说:"我的心留在这里了。"

今天在座的有中印两国的青年代表。青年人是中印两国的未来,也是亚洲和世界的希望。青年人有现实主义者的喜怒哀乐,更有理想主义者的信念和执着。希望你们从中印古老文明中汲取智慧,在追求真理的道路上一路向前。希望你们加强心灵沟通,把年轻的心留在中国,把年轻的心留在印度,大家心心相印、共创未来。

女士们、先生们、朋友们!

最后,我想告诉印度朋友的是,中国人讲求"己欲立而立人,己欲达而达人"。中国在谋求自身发展的同时,真诚希望印度繁荣富强,期待同印度携手前行。在印度人民实现发展复兴的道路上,中国人民愿意始终同印度人民走在一起。我相信,深刻影响了人类文明发展的中印两国人民,一定会为亚洲和世界发展作出新的更大的贡献!

丹尼瓦得(Dhanyavad)!谢谢!

15. 中华人民共和国和印度共和国关于构建更加紧密的发展伙伴关系的联合声明
(2014年9月19日,新德里)

一、应印度共和国总统普拉纳布·慕克吉邀请,中华人民共和国主席习近平于2014年9月17日至19日对印度进行国事访问。习近平主席会见了印度总统普拉纳布·慕克吉,同总理纳伦德拉·莫迪举行会谈。

二、两国领导人积极评价近年来中印关系取得的进展,注意到双方始终从战略和全局的角度看待中印关系。双方重申将遵守共同确定的原则与共识,愿在和平共处五项原则、相互尊重和照顾彼此关切和愿望的基础上,进一步夯实面向和平与繁荣的战略合作伙伴关系。双方一致认为,作为两大发展中国家和新兴经济体,中印的发展目标相通契合,应通过相互支持的方式加以推动和实现。双方认识到,两国各自的发展进程相互促进,决定实现优势互补,构建更加紧密的发展伙伴关系。两国领导人同意,发展伙伴关系应成为两国战略合作伙伴关系的核心内容。

这一发展伙伴关系不仅符合中印共同利益，而且有利于本地区乃至世界的稳定与繁荣。

三、两国决定加强政治对话，深化战略互信，保持两国各层级政治对话磋商机制。鉴此，双方同意保持国家元首/政府首脑定期访问，两国领导人也将在国际多边场合保持频繁会晤。习近平主席欢迎纳伦德拉·莫迪总理早日访华，莫迪总理表示感谢并欣然接受，期待尽早访问中国。

四、两位领导人决定，双方应通过中印战略经济对话探讨新的经济合作领域，包括产业投资、基础设施建设、节能环保、高技术、清洁能源、可持续城镇化等。中印战略经济对话将探讨设计智慧城市的共同示范项目和倡议。双方同意在各自国内各确定一个城市，作为智慧城市的示范项目。

五、在最近召开的中印经济贸易联合小组第十次会议上，双方重申拓展经贸合作的决心。双方同意采取积极步骤，促进双边贸易再平衡，解决影响两国贸易可持续发展的贸易结构不平衡问题。这些措施包括进一步加强药品监管（含注册）合作，加快对中印互输农产品的检验检疫磋商，加强印度IT企业与中国企业的联系，促进旅游、电影、医疗保健、IT和物流等服务产业贸易。印方对中方同意进口更多印度电影进入商业院线表示感谢。双方签署了《经贸合作五年发展规划》，为全面深化和平衡中印经济关系制定了路线图。

六、中方宣布在印度古吉拉特邦和马哈拉施特拉邦建立两个工业园区。中方也表示将争取在未来五年内向印度工业和基础设施发展项目投资200亿美元。印方欢迎中方企业参与印度制造业和基础设施项目。双方也将为对方国家公司在本国投资经营提供便利。双方将共同打造生产和供应链，发展基础更为广泛、可持续的经济伙伴关系。

七、两国领导人满意地注意到中印铁路合作取得的进展。双方签署了铁路合作备忘录和行动计划，包括以下几点：一是双方将合作确认金奈—班加罗尔—迈索尔路段既有线提速所需的技术投入。二是中方将为印100名铁路技术官员提供重载运输方面的培训。三是双方将在车站再开发、在印建立铁路大学等领域开展合作。四是印方愿积极考虑与中方合作建设一条高速铁路。

八、双方同意于年内在新德里召开第七次财金对话，加强两国金融监管部门之间的合作。印方原则批准中国银行在孟买设立分行，中方对此表示欢迎。

九、双方同意建立中国国务院发展研究中心与印度政府经济事务局的对话机制。

十、作为致力于促进使用清洁能源的发展中大国，双方认为拓展民用核能项目是本国能源安全计划的重要组成部分。鉴此，双方将根据各自国际承诺，开展民用核能领域的双边合作，包括中国国家原子能机构和印度原子能委员会之间的工作层磋商。

十一、鉴于中印之间深厚的文明联系，双方同意启动"中国—印度文化交流计划"，进一步推动两国文化及人员交往。主要内容包括：

（一）两国领导人决定，2015年在中国举办"印度旅游年"，2016年在印度举办"中国旅游年"。期间，双方将开展一系列推广活动，促进双向游客往来，加强民间纽带。中方同意协助印方在华宣传与公元7世纪中国僧人玄奘相关的印度旅游产品和线路。

（二）鉴于青年交流对增进相互了解的重要意义，两国领导人决定继续开展青年互访，2015年至2019年每年各派200名青年互访。

（三）双方签署了相关谅解备忘录，为两国博物馆和其他文化机构交流搭建了框架。印度将于2014年至2015年在中国举办印度佛教艺术展和当代印度艺术展。中国也将在印度举办类似展览。中国将作为伙伴国出席2016年德里国际书展。

（四）双方同意成立文化部部级磋商机制，以加强文化领域的合作。

（五）两国将加速推进中印经典及当代作品互译工程。

（六）双方将在电影、广播和电视领域加强交流合作。两国签署了视听合拍协议，为联合拍摄视听作品提供便利。中国将作为主宾国出席2014年印度国际电影节。

（七）双方将互相支持中国的印地语教学和印度的汉语教学。

十二、双方签署了广东省与古吉拉特邦缔结友好省邦协议，以及上海与孟买、广州与艾哈迈达巴德缔结友好城市协议。

十三、印方感谢中华人民共和国外交部和西藏自治区政府在每年接待印度香客朝圣方面给予的支持和配合。为进一步促进两国宗教交往、为印方朝圣香客提供便利，应印方要求，中方决定增开经乃堆拉山口的朝圣路线。印方对此表示欢迎及感谢。

十四、印方感谢中国向印度提供汛期水文资料和在应急事件处置方面提供协助。双方将通过专家级机制，继续开展跨境河流水文报汛、应急事件处置的合作，并就其他共同关心的问题交换意见。

十五、双方重申愿在和平共处五项原则的基础上，通过和平友好协商积极解决所有悬而未决的分歧，不让有关分歧影响双边关系的总体发展。双方确认致力于在相互同等安全以及相互照顾彼此关切和愿望的原则基础上，巩固面向和平与繁荣的战略合作伙伴关系。

十六、访问期间，双方就中印边界问题交换了意见，重申致力于从两国关系总体利益出发，寻求一个公平合理、双方都能接受的解决方案。双方忆及2005年4月签署的解决边界问题的政治指导原则协定，重申将致力于早日解决边界问题，坚信这符合两国的基本利益，将作为一项战略目标推进。双方一致认为为政治解决边界问题而建立的特别代表机制，以及为处理边境事务而建立的中印边境事务磋商和协调工作机制具有重要作用和意义。

十七、双方认为，中印边境地区的和平与安宁是双边关系发展和持续增长的重要保障。在边界问题最终解决前，双方将共同维护边境地区的和平与安宁。

十八、双方认识到加强中印两军关系有利于增进互信，同意保持两国防务部门和两军领导人定期互访，拓展各领域务实合作；同意于双方方便的时候举行第四次陆军联合训练，适时开展海、空军联合演练，加强维和、反恐、护航、海上安全、人道主义救援减灾、人员培训、智库交流等合作。

十九、双方决定于年内举行首轮海上合作对话，就海洋事务、海上安全交换意见，议题包括反海盗、航行自由和两国海洋机构合作。双方还决定尽早举行裁军、防扩散和军控事务磋商。

二十、双方注意到在推进孟中印缅经济走廊合作方面取得的进展。双方忆及孟中印缅经济走廊联合工作组第一次会议，同意继续努力，落实会议达成的共识。

二十一、双方一致认为，21世纪应该是和平、安全、发展和合作的世纪。作为发展中国家，中国和印度在包括气候变化、世贸组织多哈回合谈判、能源和粮食安全、国际金融机构改革和全球治理等国际议题上拥有共同利益。因此，中印在金砖国家、二十国集团等多边机制中开展密切协调合作。

二十二、推动世界多极化、经济全球化、文化多样化、社会信息化，已成为全球性主要议题。双方将共同努力推动国际关系民主化，加强联合国在促进国际和平、安全和发展上的核心作用。

二十三、双方支持对联合国进行全面改革，包括承认有必要加强发展中国家参与联合国事务和管理，从而使联合国发挥更多效力。中方高度重视印度作为发展中大国在国际事务中的地位，理解并支持印度在联合国包括安理会发挥更大作用的愿望。

二十四、双方重申以"零容忍"的态度坚决反对任何形式和任何表现的恐怖主义，承诺在反恐上开展合作。双方强调有必要执行联合国所有相关决议，特别是联合国安理会1267、1373、1540和1624号决议。

二十五、双方认识到气候变化是全人类的共同关切和21世纪面临的最大的全球性挑战之一，需要在可持续发展框架下通过国际合作来应对。双方将共同并与其他各方一道，推动多边谈判进程于2015年在《联合国气候变化框架公约》下达成一项全面、均衡和公平的协议，以加强公约在2020年后的全面、有效和持续实施。双方重申2015年协议应全面遵循公约的原则、规定和架构，特别是公平原则、"共同但有区别的责任"原则和各自能力原则。

二十六、双方对两国工作层就广泛的地区和国际重大问题加强接触表示满意。双方已经就阿富汗问题、西亚、非洲、中亚和反恐等议题举行了富有意义的磋商。

二十七、亚太地区在国际事务中发挥日益重要的作用。双方都认为，该地区目前的优先任务是维护地区和平与稳定，促进地区共同发展，并在国际法基本原则的基础上建立开放、透明、平等、包容的安全和合作架构。双方支持亚洲地区多边合作机制，同意扩大在相关地区合作组织下的合作。

二十八、习近平主席感谢印度政府和人民的热情接待，并邀请普拉纳布·慕克吉总统在双方方便的时候访问中国。慕克吉总统愉快地接受了邀请。

16. 中华人民共和国和印度共和国联合声明
（2015 年 5 月 15 日，北京）

一、应中华人民共和国国务院总理李克强邀请，印度共和国总理纳兰德拉·莫迪对中国进行正式访问。中华人民共和国主席习近平会见莫迪总理，李克强总理与莫迪总理举行会谈，全国人民代表大会常务委员会委员长张德江会见莫迪总理。莫迪总理对习近平主席和李克强总理为此访作出的特殊安排深表谢意，对中国人民给予的热情欢迎表示感谢。

二、两国领导人回顾了双边关系取得的进展。双方一致认为，2014 年 9 月习近平主席访问印度是双边关系发展的重要里程碑。两国领导人注意到，习主席访印期间双方一致同意构建更加紧密的发展伙伴关系，以此作为双边关系的核心内容，这为双方充实双边关系内涵提供了历史机遇。

三、两国领导人同意，作为地区和世界大国，中印同时复兴为实现亚洲世纪提供了重要机遇。他们注意到，中印关系将在 21 世纪的亚洲乃至全球发挥决定性作用。两国领导人同意，中印必须在追求各自发展目标和维护安全利益的进程中相互支持，同时尊重和照顾彼此关切、利益和愿望。作为两个最大发展中国家、最大新兴经济体和国际格局中的重要力量，中印两国之间的建设性关系模式为推进国与国关系、完善国际体系提供了新的基础。

加强政治对话和战略沟通

四、鉴于中印双边关系不断拓展，两国国际地位日益提升，双方需要增进战略互信，两国领导人同意保持频繁高层交往，并充分利用现有对话机制，以加强彼此沟通。

五、双方同意开展国家元首或政府首脑定期访问，充分利用两国领导人出席多边活动的机会就双边关系及地区和国际问题进行协商。

六、鉴于中国各省和印度各邦对推进双边关系发挥越来越重要的作用，双方同意成立地方合作论坛。首次论坛于 2015 年 5 月 15 日在北京举行，李克强总理和莫迪总理共同出席。

七、鉴于中国共产党中央委员会对外联络部与印度外交部组织的高层交往为促进两国了解与合作所作贡献，双方同意将有关交流机制制度化并予以扩大。

八、为进一步便利和促进两国文化、旅游、经济、人员往来，双方决定互相在对方国家增设一个总领事馆。中国将在金奈开设总领事馆，印度将在成都开设总领事馆。

九、双方认为加强两军联系有助于增进互信。印方欢迎中国中央军委副主席年内访印，中方邀请印国防部长等军队领导人年内访华；两国陆军第五次联合反恐训练于2015年在华举行。双方将开展军舰互访并举行通过演习和海上搜救演习。

十、双方肯定已签署的协议和议定书对维护边境地区和平与安宁所发挥的积极作用，致力于加强边防合作，开展两军总部和相邻军区年度访问和交流，努力开通两军总部间热线电话，在中印边界各段设立边防会晤点。

十一、双方确认，早日解决边界问题符合两国的根本利益，是两国政府努力实现的战略目标。双方决心着眼两国关系大局和两国人民长远利益，积极寻求边界问题的政治解决。双方积极评价中印边界问题特别代表会晤机制取得的重要进展，重申将坚持"三步走"路线图，在已有成果和共识基础上，继续推进框架谈判进程，争取早日找到一个公平合理和双方都能接受的边界问题解决方案。

十二、双方愿以积极态度解决突出分歧，包括在边界问题上的分歧。上述分歧不应阻碍双边关系的持续发展。边境地区的和平与安宁是双边关系发展和持续增长的重要保障。在边界问题最终解决前，双方致力于落实现有协议，并继续努力维护边境地区的和平与安宁。

构建更加紧密发展伙伴关系的下步规划

十三、双方决心共同努力，进一步加强两国更加紧密的发展伙伴关系，为两国以及地区乃至世界经济增长和繁荣注入动力。

十四、双方认为，近年来两国双向贸易和投资的增长促进了双边关系整体发展，并为两国各自经济增长与发展提供了支持。鉴此，双方同意采取必要措施消除双边贸易和投资障碍，相互提供更多市场准入便利，支持两国有关地方加强贸易投资往来，以充分挖掘2014年9月签署的经贸合作五年发展规划中所指定领域的现有和潜在互补性，包括印度药品、印度信息技术服务、旅游、纺织和农产品。

十五、双方决心共同采取措施缓解双边贸易不平衡问题，实现双边贸易可持续发展。这些措施包括进一步加强药品监管（含注册）合作，加快对中印互输农产品的检验检疫磋商，加强印度信息技术企业与中国企业的联系，促进旅游、电影、医疗保健、信息技术和物流等服务产业贸易。双方将充分发挥中印经贸联合小组会议的作用，为此作出努力。两国领导人欢迎双方在亚太贸易协定框架下加强协商，在互利合作的基础上努力妥善解决降低印度有关产品的关税问题。

十六、两国领导人同意，战略经济对话是双方探讨双边经济合作新领域的重要机制。下次战略经济对话将于2015年下半年在印举行，由中国国家发展和改革委员会主任与印度国家转型委员会副主席共同主持。

十七、两国领导人对当前两国相互投资的积极势头感到满意，中国企业积极响应"印度制造"倡议，印度企业也在中国拓展业务。

十八、两国领导人对双方开展铁路合作所采取的措施和取得的进展感到满意，包括印度金奈—班加罗尔—迈索尔路段提速、德里—那加普尔高速铁路可行性研究、布巴内什瓦尔和拜亚帕那哈里车站再开发规划、重载运输培训和设立铁道大学方面的合作；对双方商定铁路这一重要基础设施领域的下阶段合作行动计划表示欢迎。

十九、两国领导人欢迎中国国务院发展研究中心与印度国家转型委员会签署关于建立对话机制的谅解备忘录。

二十、双方愿继续加强两国金融监管部门和金融企业之间的合作，为两国构建更加紧密的发展伙伴关系提供支持。

人文交流

二十一、2015年5月15日，李克强总理和莫迪总理在北京共同出席"太极瑜伽相会"活动。双方同意2015年6月21日共同组织国际瑜伽日相关活动。两国领导人欢迎云南民族大学与印度文化关系委员会开展合作。

二十二、两国领导人注意到加强教育机构交流将为两国社会经济发展发挥积极作用，欢迎双方相关部门签署教育交流计划。

二十三、双方对"中国—印度文化交流计划"取得的进展感到满意。

双方将于 2015 年下半年各派 200 名青年互访。

二十四、双方欢迎四川省和卡纳塔卡邦缔结友好省邦关系，重庆市和金奈市、青岛市和海德拉巴市、敦煌市和奥兰加巴德市缔结友城关系。

二十五、为进一步加强对话、增进相互了解，双方决定设立"中印智库论坛"，每年召开一次，在两国轮流举办。双方同意将媒体高峰论坛机制化，由中国国务院新闻办公室和印度外交部负责，每年一次，轮流在两国举办。两国领导人欢迎上海复旦大学设立甘地印度研究中心。

新的合作领域

二十六、两国领导人欢迎双方拓展新的合作领域，不断充实中印更加紧密的发展伙伴关系。两国领导人欢迎双方在以下领域开展和扩大合作，并指示相关部门切实推进有关项目：

（一）加强职业培训和技能发展合作，包括签署关于在古吉拉特邦甘地那加/艾哈迈达巴德建立圣雄甘地国家技能开发和创业学院的合作行动计划。

（二）启动智慧城市合作，指定印度古吉拉特邦国际金融科技城和中国深圳为试点，开展联合示范项目。

（三）在和平利用外层空间与和平利用核能领域开展合作。

（四）在公共卫生、医学教育和传统医药领域开展合作。

（五）双方欢迎两国航天部门成立合作机制，并签署《2015—2020年中华人民共和国国家航天局与印度共和国空间研究组织航天合作大纲》，同意加强两国在卫星遥感，天基气象学，空间科学、月球及深空探测，卫星导航，宇航元器件，搭载发射服务，教育培训等领域的合作。

（六）中国司法部长日前访问印度期间，双方同意加强两国执法机构合作，包括采取措施提高在本国服刑的对方国家公民的福利待遇。双方并欢迎启动两国移管被判刑人条约磋商。

跨境合作

二十七、印方感谢中国向印度提供汛期水文资料和在应急事件处置方面提供协助。双方将通过专家级机制，继续开展跨境河流水文报汛、应急事件处置的合作，并就其他共同关心的问题交换意见。

二十八、双方认识到，通过边境贸易、香客朝圣以及其他交流加强两国在边境地区的合作是增进互信的有效办法，同意进一步扩大上述合作，使边境地区变为双方交流与合作的桥梁。双方同意就扩大边境贸易商品清单问题进行磋商，采取措施扩大两国在乃堆拉、强拉/里普列克山口和什布奇山口的边境贸易。

二十九、印方感谢中华人民共和国外交部和西藏自治区政府在每年接待印度香客朝圣方面给予的支持和配合。中方将于2015年开通经乃堆拉山口的朝圣路线，进一步促进两国宗教交往、为印方朝圣香客提供便利。

塑造国际地区议程

三十、作为国际新秩序中的两个主要国家，中印之间的互动超越双边范畴，对地区、多边和国际事务具有重要影响。双方同意，不仅要就影响国际和平、安全和发展的动向加强协商，还将协调立场，并共同塑造地区和全球事务议程和结果。双方同意继续加强在中俄印、金砖国家、二十国集团等多边机制中的协调配合，促进发展中国家的利益，推动建设美好世界。印度将支持中国主办2016年二十国集团峰会。

三十一、两国领导人欢迎双方建立世界贸易组织事务双边磋商机制，认为这是中印在全球贸易谈判背景下加强协作的积极举措。

三十二、双方重申强烈谴责并坚决反对任何形式和表现的恐怖主义，承诺开展反恐合作。双方一致认为，恐怖主义没有存在的理由，敦促所有国家和实体根据《联合国宪章》和国际法相关原则和宗旨，真诚合作，切断恐怖分子网络和资金来源，制止恐怖分子跨境活动。双方呼吁早日完成全面反恐公约谈判。

三十三、双方支持对联合国进行全面改革，包括承认有必要加强发展中国家参与联合国事务和管理，从而使联合国发挥更多效力。中方高度重视印度作为发展中大国在国际事务中的地位，理解并支持印度在联合国包括安理会发挥更大作用的愿望。

三十四、双方愿继续在上合组织框架下开展合作。中方欢迎印度申请成为上海合作组织正式成员。

三十五、双方同意同有关各方一道加快推动亚洲基础设施投资银行筹建过程，促进本地区基础设施建设和经济发展。

三十六、双方对在孟中印缅经济走廊框架内的合作进展表示欢迎。双方忆及孟中印缅经济走廊联合工作组第二次会议，同意继续努力，落实会议达成的共识。

三十七、双方同意扩大在南亚区域合作联盟内的合作。

三十八、双方认识到亚太经合组织（APEC）在促进区域经济一体化和区域经济增长与繁荣方面的重要作用，欢迎北京 APEC 会议取得成功。中国认识到印度在推动全球经济增长方面发挥的重要作用，支持 APEC 保持开放性，欢迎印度加强与 APEC 联系。

三十九、双方对 2015 年 4 月 17 日在北京举行的中印军控与防扩散磋商表示欢迎。双方注意到中印在处理全球军控和防扩散问题时具有共同点，同意继续通过双多边渠道就军控和防扩散问题保持接触。中方注意到，印度为加强国际社会防扩散努力，表达了加入核供应国集团的愿望。

四十、双方一致认为，气候变化问题对当今和未来世界都至关重要。双方强调，重要的是两国共同努力并同其他各国一道，推动今年在巴黎举行的《联合国气候变化框架公约》第 21 次缔约方大会达成一份有雄心的、全面、普遍适用、均衡和公平的协议，并鼓励实现真正的技术转让、适应和减缓合作以及资金支持，以应对共同的全球性挑战。双方并于此访期间发表《中华人民共和国政府和印度共和国政府关于气候变化的联合声明》。

四十一、莫迪总理邀请李克强总理在双方方便时访问印度。李克强总理愉快地接受了邀请。

后　记

《中印发展伙伴关系及路径研究》是在同名国家社科基金项目最终成果的基础上修改而成的。从申请立项到鉴定结项再到修改杀青，前后历时近 8 年，世界地缘政治经济环境、中印双边互动在其间经历了诸多变化，有些变迁甚至看似是质性的。面对各种国际环境和中印关系出现的新情况、新问题甚至挑战，笔者一方面对中印两国构建更加紧密的发展伙伴关系和路径的理论合理性作进一步的思考；另一方面，也在观察与反思、倾听与交流中对既有研究设计和议程作了些许修正调整。这里特向 5 位匿名的项目成果鉴定评审专家表示感谢，他们提出的意见建议有些在书稿的修改过程中被吸纳，有些则因研究设计和议程缘故而不无遗憾地未能在本书中反映出来，但那些基于不同视角的中肯意见建议无疑会影响本人随后的研究与思考。此外，一些尖锐甚至近乎严苛的批评，只要是建设性的，即使没能在本书中得到反馈，也会对后续研究产生影响。学以致用、研以资政既是一种治学传统，更是学人家国情怀的反映。基于此，对中印关系作实事求是的分析、讲真话更难能可贵，同样也是学人的责任。

尽管基于国际地缘政治经济环境变迁和中印关系新发展对研究议程作了微调，但本书对中印关系的基本走势、发展前景、互动方式、构建更加紧密的发展伙伴关系相关路径的效用与风险评估等基本判断和预期并没有质性变化。

同国内外同行间的交流使笔者受益匪浅。这种学术交流对于笔者至少展现出双重功效：既拓宽了研究视野和思路，又进一步坚定了对中印发展伙伴关系建构前景的信心。受益于国家留学基金委"高级研究学者"

项目和"区域国别研究人才支持计划"、河南省外国专家局"高层次人才国际化培养资助计划"和"河南省高校哲学社会科学基础研究重大项目支持计划"基金资助，本人有机会先后到印度中国研究所、尼赫鲁大学国际关系学院、英国剑桥大学南亚研究中心、伦敦国王学院、牛津大学亚洲研究中心等知名学术机构作累计近2年的学术访问交流，所以要特别向上述基金机构、受访学术机构及同行专家表示衷心的感谢。这里，虽未一一列举出那些中外同行的尊姓大名，但其帮助都铭记于心。

感谢我的年轻同事刘红涛博士，他爽快且高效地承担了第六章（"中印构建更加紧密发展伙伴关系的路径"）中"路径之四：次区域合作层面的孟中印缅经济走廊（BCIM）路径"的撰写任务。

感谢中国社会科学出版社责任编辑范晨星老师，他的敬业精神和专业水准使本书在几经周折后得以顺利付梓出版。此外，还要感谢人民出版社王世勇编审，他在书稿的前期编校中倾注了大量心血。

最后，感谢家人的理解和支持，妻子虽非业内同行，但总能以一个语言学研究者特有的方式和视角对本人的研究提出警醒或建议，许多颇具启发；这8年也正是女儿经历从求学到择业从业的蜕变期，其间父女虽聚少离多，但在心理和情感上一直零距离。此生有妻女为伴，足矣。